비러브드 이코노미

BELOVED ECONOMIES:
Transforming How We Work

Copyright © 2022 by Jess Rimington and Joanna Levitt Cea
All rights reserved.

Korean translation rights arranged with Transatlantic Literary Agency Inc.,
through Danny Hong Agency, Seoul.

Korean translation copyright ©2024 by BooksnDigital

이 책의 한국어판 저작권은 대니홍 에이전시를 통해 저작권사와 독점 계약한
북스앤디지털에 있습니다.
저작권법에 의해 한국 내에서 보호를 받는 저작물이므로 무단전재와 복제를 금합니다.

비러브드
이코노미

일을 변화시키는 7가지 실행 방안

제스 리밍턴 · 조안나 레빗 세아 지음

정민용 옮김

차례

공동학습 커뮤니티 — 9

1장 일하지 않는 일 — 15
2장 디자인할 권리를 되찾기 — 51
3장 7가지 실행 방안 — 75
    런웨이 — 93
4장 의사 결정권 공유하기 — 101
    심장연구연합 — 123
5장 관계를 우선순위에 두기 — 131
    인커리지 커뮤니티 재단 — 152
6장 역사를 존중하기 — 159
    텐스퀘어드 — 180
7장 다양성 추구하기 — 185
    스탠딩 락 — 201
8장 다양한 출처에서 지식 습득하기 — 209
    크리에이티브 리액션 랩 — 225

9장 시간이 있다는 것을 신뢰하기 — 231
    콘코디아 — 249

10장 사업 초기에 자주, 프로토타이핑하기 — 255
    이노베이션 엔지니어링 — 275

11장 혁신하려는 노력에는 저항이 따른다 — 283
    푸시 버펄로 — 309

12장 사랑받는 경제의 실천 — 315
    썬더밸리 커뮤니티 개발 회사 — 336

13장 삶을 향해 일의 방향을 바꾸기 — 343

    에필로그 — 355
    변화를 시작하기 위해 — 362
    7가지 실행방안과 생명의 원칙 — 370
    연구 과정 — 385

    감사의 말 — 395
    미주 — 404

사랑받는 경제는 당신의 탄생과 같습니다.
특별한 공동의 목표를 가진 평범한 사람들이
삶을 창조하고 서로를 돌보는 일과
연결될 때 태어납니다.

버질 A. 우드 박사

일러두기

1. 책, 잡지, 매체 이름은 겹꺽쇠(《 》) 안에, 프로그램명, 기사 제목, 작품명은 홑꺽쇠(〈 〉) 안에 넣었다.
2. 원문에서 이탤릭체로 강조된 내용은 밑줄로 표시하였다.
3. 각주는 모두 옮긴이주이다.

공동학습 커뮤니티

100명 이상의 사람들이 함께 연구하고 이 책을 만들어냈습니다. 그중 각각의 연구 결과와 분석에 기여한 바가 두드러진 60명을 소개합니다. 이들은 연구의 특정 단계에만 참여하거나 모든 단계에 걸쳐 지속적으로 참여하여 새로운 분석을 형성하는 등 다양한 역할을 수행했습니다. 우리는 함께 공동 학습 커뮤니티를 만들었습니다.

우리 공동 학습 커뮤니티의 모든 구성원은 기존 업무 방식business as usual에서 벗어난 권한 공유 방식을 수용하고 일하는 방식을 바꾸겠다는 강력한 실천과 헌신을 공유합니다. 각 학습자의 이름과 함께 각자가 속한 단체와 역할을 소개합니다. (이 연구에 참여하는 중에 소속되었거나 현재 소속된 곳입니다.) 일부는 더 이상 기재된 곳에 소속되어 있지 않거나 여러 단체에 소속되어 있습니다.

앞으로 펼쳐질 페이지에서 많은 사람들을 만나게 될 것입니다. 그들의 말, 아이디어 또는 이야기가 공유될 때마다 이들은 해당 페이지에 등장하는 내용에 대한 공동 제작자로의 권리를 가집니다. 많은 사람들이 이 책의 서사, 아이디어, 구조를 읽고 정보를 제공했고 공동 창작 워크북과 연구 결과 및 콘텐츠 초안의 프로토타입 제작을 통해 참여할 기회를 가졌습니다.

다음에 거명된 인물을 이 책의 본문에서 최초로 언급할 때에는 이름과 성, 직책으로 소개합니다. 그 후에는 독자를 우리와 함께하는 커뮤니티로 초대한다는 의미에서 주로 이름으로 지칭합니다. 단, 버질 우드 박사는 예외로 책 전체에서 우드 박사로 부릅니다.

아이샤 실링포드Aisha Shillingford, 인텔리전트 미스치프Intelligent Mischief

알프레도 크루즈Alfredo Cruz, 루이지애나 재단Foundation for Louisiana

앤드류 델콘트Andrew Delmonte, 버펄로 협동조합Cooperation Buffalo

안티오네트 D. 캐롤Antionette D. Carroll, 크리에이티브 리액션 랩Creative Reaction Lab

애쉬비 몽크Ashby Monk,
  스탠포드 장기 투자 연구팀Stanford Research Initiative on Long-Term Investing

뱅크스 베니테즈Banks Benitez, 언차티드Uncharted

벤 주스텐Ben Joosten, 인커리지 커뮤니티 재단Incourage Community Foundation

베스 마운트Beth Mount, 그래픽 퓨처스Graphic Futures

베스티 우드Betsy Wood, 인커리지 커뮤니티 재단Incourage Community Foundation

바비 힐Bobbie Hill, 콘코디아Concordia

브라이언 맥라렌Brian McLaren, 목사

브라이언 미쿨렌칵Brian Mikulencak, 블루닷 애드보커츠Blue Dot Advocates

브루킹 게이트우드Brooking Gatewood, 이머전스 컬렉티브The Emergence Collective

브루스 캠벨Bruce Campbell, 블루닷 애드보커츠Blue Dot Advocates

브라이아나 디폰조Bryana DiFonzo, 푸시 버펄로PUSH Buffalo

코너 맥마누스Connor McManus, 콘코디아Concordia

던 노이먼Dawn Neuman, 인커리지 커뮤니티 재단Incourage Community Foundation

데비 맥콜Debbe McCall, 심장연구연합Heart Research Alliance

데보라 비드웰Deborah Bidwell,

　생체 모방을 통한 사회혁신 연구Biomimicry for Social Innovation

에드 휫필드Ed Whitfield, 시드 커먼스Seed Commons

에드가 빌라누에바Edgar Villanueva, 부의 탈식민 프로젝트Decolonizing Wealth

　Project

에녹 엘웰Enoch Elwell, 코-스타터스CO.STARTERS

에린 와이즈Eryn Wise, 스탠딩 락Standing Rock

유진 에릭 김Eugene Eric Kim, 패스터댄20Faster Than 20

파하드 에브라히미Farhad Ebrahimi, 코러스 재단Chorus Foundation

이사벨라 진Isabella Jean, 독립 컨설턴트 겸 조직 고문

제인 황Jane Hwang, 사회적 책임 인터내셔날Social Accountability International

제롬 세구라 3세Jerome Segura III, 지역 경제학자

제사민 샴스-라우Jessamyn Shams-Lau, 자선사업 컨설턴트

제시카 아몬Jessica Amon, 커뮤니티 조직가 종합대학Community Organizers Multiversity

제시카 노우드Jessica Norwood, 런웨이RUNWAY

조 테리Joe Terry, 인커리지 커뮤니티 재단Incourage Community Foundation

존 아이커드John Ikerd, 미주리대University of Missouri 농경제학 명예교수

칼숨 라카니Kalsoom Lakhani, 인베스트투이노베이트Invest2Innovate

카타라이나 데이비스Kataraina Davis, 모레아 디자인Maurea Design

캐서린 타일러 스콧Katherine Tyler Scott, 키 소트브릿지Ki ThoughtBridge

켈리 부울레스Kelley Buhles, 부울레스 컨설팅Buhles Consulting

켈리 라이언Kelly Ryan, 인커리지 커뮤니티 재단Incourage Community Foundation

카일 화이트Kyle White,

　썬더밸리 커뮤니티 개발 회사Thunder Valley Community Development Corporation

린 쿠니Lynn Cuny,

    썬더밸리 커뮤니티 개발 회사Thunder Valley Community Development Corporation

매기 니콜스Maggie Nichols, 이노베이션 엔지니어링Innovation Engineering

마일 켈리피오 아코바Maile Keli'ipio-Acoba,

    하와이 원주민 교육 및 문화 연구소Institute for Native Pacific Education and Culture

마리온 웨버Marion Weber, 플로우 펀딩Flow Funding

마르케스 브라이언트Markese Bryant, 리믹스Remix: The Soul of Innovation

모리스 BP-위크스Maurice BP-Weeks, 인종과 경제에 관한 행동 센터Action Center on Race & the Economy

맥콜 랭포드McCall Langford, 생체 모방을 통한 사회혁신Biomimicry for Social Innovation

멜리사 리Melissa Lee, 콘코디아Concordia

낸시 자미에로프스키Nancy Zamierowski, 옐로우 시드Yellow Seed

니나 솔 로빈슨Nina Sol Robinson, 런웨이RUNWAY

폴라 앙투안Paula Antoine, 스탠딩 락Standing Rock

라화 기르마치온Rahwa Ghirmatzion, 푸시 버펄로PUSH Buffalo

레베카 페젤Rebecca Petzel, 이버전시 컬렉티브The Emergence Collective

세레나 웨일스Serena Wales, 텍스티즌Textizen

샤론 맥인타이어Sharon McIntyre, 뉴 코티지 인더스트리New Cottage Industries & Co.

스테파니 윌슨Stephanie Wilson, 사회적 책임 인터내셔날Social Accountability International

스티븐 빙글러Steven Bingler, 콘코디아Concordia

테이트윈 민스Tatewin Means,

    썬더밸리 커뮤니티 개발 회사Thunder Valley Community Development Corporation

토비 헤르츨리히Toby Herzlich,

    생체 모방을 통한 사회혁신Biomimicry for Social Innovation

베라 트리플렛Vera Triplett, 노블 마인드 인스티튜트Noble Minds Institute

버질 A. 우드Virgil A. Wood, 교육자 겸 목회자

1장

일하지 않는 일

점점 더 많은 사람들이 같은 결론에 다다르고 있다. '현재 우리가 일하는 방식은 소용이 없다'는.

이 책은 크고 작은 단체, 기업, 조직이 효과 없는 업무를 혁신하여 이에서 벗어날 수 있는 실행 방안을 제시한다. 이 실행 방안들은 행복한 삶과 연결되는, 사랑받는 느낌이라는 특별한 형태의 성공을 경험하고 있는 팀에 대한 연구를 기반으로 한다.

우리는 일하는 방식을 변화시키는 출발점이 될 7가지 구체적인 실행 방안을 제시한다. 또한 현재 상태에서 벗어나는 것이 어떤 효과를 불러오는지게, 대안으로 가는 경로가 적극적으로 억압된 원인은 무엇인지 공유한다. 이를 통해 기존업무방식에 대한 불편한 진실을 드러낸다. 또한 품질과 재무적 성공과 같은 전통적인 지표와 함께 웰빙, 의미, 연결, 회복탄력성을 대담하게 우선시하는 혁신을 창출하는 방법을 발견하게 된 과정을 공유한다. 이 책은 일하는 방식을 바꾸면 가능한 성공을 놓치지 않도록 변화를 위한 집단적 힘에 동참하라는 행동 촉구call to action이다.

일명 '대퇴사Great Resignation'라는 현상이 일어났다. 수백만 명의 사늘이 이유를 불문하고 현재의 직장이 지속 가능하지도 않고 그럴 가치가 없다고 판단한 것이다. 미국에서는 2021년의 5개월간 1,900만 명 이상의 사람들이 직장을 그만두었으며[1], 이 중 40%는 옮겨갈 직장을 구하지 못한 채 이직했다.[2]

왜 점점 더 많은 사람들이 일의 현재 모습에 질리고 지쳐가는지는 데이터를 보면 쉽게 알 수 있다. 동시에 수많은 통계는 직장에서의 육체적, 정신적 긴장이 우리의 삶을 어떻게 피폐하게 만드는지, 떠나는 대부분의 사람들을 어떻게 재정적으로 궁핍하고 종종 빚마저 지게 만드는지를 말해준다.

일 때문에 우리가 죽어가고 있다 해도 과언이 아니다. 미국에서는 직장 관련 질병 및 건강 문제로 인해 매년 2,000억 달러 이상의 의료비용이 발생하고 있다.[3] 스탠포드경영대학원의 제프리 페퍼Jeffrey Pfeffer 교수가 주도한 연구에 따르면 미국에서 직장은 주요 사망 원인 중 다섯 번째를 차지한다[4]. 이는 2020년 자동차 사고로 인한 사망자 수의 3배를 넘는다.[5] 수 세기 동안 노동 인권 단체들은 노동자들이 겪는 신체적 피해에 대해 우리의 관심을 환기시켜 왔다.

페퍼 박사에 따르면, 직장 관련 스트레스와 질병은 미국 근로자와 의료 시스템에 점점 더 큰 타격을 주고 있다. 페퍼 박사는 "한 설문조사 결과, 직장 스트레스로 인하여 병원에 입원한 적이 있다는 응답자가 7%이며 스트레스로 인해 결근한 적이 있다는 응답자는 50%에 달했다. 사람들은 스트레스 때문에 직장을 그만두고 있다."[6]라고 설명한다.

페퍼 박사는 미국의 질병 부담의 75%가 만성 질환이라는 통계를 인용하며[7] 다음과 같이 지적한다. "(당뇨병, 심혈관 질환, 대사 증후군 등의) 많은 만성 질환이 스트레스에서 기인한다는 역학 문헌이 대단히 많이 존재합니다. … 스트레스로부터 … 많은 데이터가 스트레스의 가장 큰 원인이 직장이라는 것을 나타냅니다."[8] 즉, 연구자들은 직장이 만성 질환을 유발한다고 생각한다. 페퍼 박사는 "직장을 바라보면 스트레스, 해고, 더 긴 근무 시간, 일과 가정의 갈등, 막대한 경제적 불안정 등이 보입니다. 저는 직장들이 충격적일 정도로 비인간적이라고 봅니다."[9]라고 페퍼 박사는 말한다.

동시에 수백만 명의 사람들은 수당을 받고 청구서를 처리할 수 있을 만큼 충분한 근무 시간을 확보하는 데 어려움을 겪고 있다. 많은 근로자들이 고용주나 고객의 요구에 따라 변동되는 근무 스케줄에 따라 일하며 예측 가능하고 안정적인 일정을 확보하기 위해 고군분투하고 있다. 2020년 미국 연방준비제도이사회는 미국 시간제 근로자와 임시직 근로자의 16%가 고용주의 필요에 따라 근무 일정이 변동된다는 사실을 발견했다.[10] 경제 저널리스트 브라이스 코버트Bryce Covert는 〈뉴욕 타임스〉 사설에 다음과 같이 요약했다. "통상적인 9-5로 절대 합산되지 않는 저스트인타임 스케줄링just-in-time scheduling*으로 고통받는 사람들은 근무 외 시간을 여가에 보내지 않는다. 그들은 두 번째, 세 번째 일을 하고 있다. 어플리케이션 위에 손을 놓고 직장에 불려갈지 여부를 확인하고, 출근할 때에는 육아 및 교통 문제를 해결하기 위해 동분서주한다."[11] 안정적인 직업을 가진 사람들조차도 생계를 유지하거나 저축을 하는 데 어려움을 겪는 경우가 많다.[12]

미국 근로자의 절반 이상이 번아웃 상태라는 보도는 놀라운 일이 아니다.[13] 우리 중 많은 사람들이 매주 반복되는 업무에 자신의 생명

---

* 원재료와 재고로 인한 낭비를 최대한 줄이고 완제품을 최종 고객에게 배송하는 시간을 최소화하는 것을 목표로 하는 생산 방식.

력을 쏟아붓고 있으며, 이로 인해 지치고 건강이 나빠져 이 정신없는 컨베이어 벨트에서 벗어나거나 휴식을 취할 경제적 여유가 없는 경우가 많다.

무엇보다도 일이 인간을 망치고 있을 뿐만 아니라, 우리가 일하며 유지하는 지배적인 경제 시스템이 지구상의 다른 형태의 생명체들을 위험에 빠뜨리고 있다는 사실도 명백히 드러나고 있다. 전례 없는 규모의 산불과 가뭄과 같은 기후 변화의 실제적인 영향부터 수많은 생물종을 멸종시키는 거대한 파도, 농토의 고갈에 이르기까지,[14] 세상은 "일은 이래서는 안된다"라고 외치고 있다.

우리 둘은 10년 전부터 현재의 업무 방식에 대한 문제의 심각성을 인식하기 시작했다. 거의 매일 일터로 출근했지만, 이전에는 일에 대해 진지하게 연구해 본 적이 없었다. 물론 우리는 일에 대해 많은 생각을 해왔다. 우리의 경험상, 새로운 사람에게 자신을 소개할 때 가장 먼저 듣는 질문 중 하나는 "무슨 일을 하세요?"였다.

처음 만났을 때 우리는 그 질문에 대한 서로의 답에 놀랐다. 우리는 각자 어떤 일을 하는지 공유하면서 그 일을 어떻게 해 나갔는지에 대해서도 이야기했다. 서로에게서 공통점을 발견한 순간이었다. 우리는 무엇을 하느냐 뿐 아니라 어떻게 하는지에 대해서도 끊임없이 몰두했다. 우리는 여성 리더십 교육에서 만났고, 둘 다 젊은 나이에 큰 비전을 가진 소규모 비영리단체의 상임이사로 조직의 리더가 되었다. 제스Jess는 지역 사회에서 행동을 이끌어내는 청소년 참여형 교육에 대한 새로운 접근 방식을 구축했고, 조안나Joanna는 세계은행과 같은 국제기구에서 수혜 대상자에게 책임을 다할 수 있도록 원조

정책 개혁을 지원했다. 우리 둘의 일의 핵심에는 우리가 믿는 가치에 맞게 일하는 방식을 조정하려는 헌신이 있었다. 그렇게 시작된 깊은 우정은 이후 긴밀한 협력 관계로 발전했다.

협업은 당면 과제를 공유하며 시작되었다. 왜 우리는 진을 빼는 해로운 업무 방식에 사로잡혀 있으며, 이를 벗어나 혁신한다면 어떤 일이 가능할까?

많은 사람들에게 그러한 것처럼 우리에게도 직업은 스스로의 맥락과 정체성을 인식하는 방식, 또는 사회에 적응하는 방식의 주춧돌이 되었다. 우리 둘 다 10대에 일을 시작했고, 더 나은 업무 방식을 배우기 위해 대학에 진학하여 학자금 대출을 받은 세대의 일원이다. 하지만 결국 이 책으로 우리를 이끈 연구를 2015년에 시작하면서 비로소 우리는 우리가 어떻게 일하는지, 왜 현재의 업무 패턴이 우리를 비협조적인 시스템에서 일하게 하는지, 다른 방법은 없는지 깊이 살펴보게 되었다.

우리는 새로운 눈으로 사물을 보기 시작했다. 우리는 생존과 초과 성취를 위한 분주함이 자신과 동료들에게 깊숙이 자리잡고 있음을 보았다. 다음 단계로 나아가는 '보상'이 단지 더 많은 일을 의미할 뿐만 아니라 월급쟁이 생활을 지속하는 것을 의미하기도 한다는 것을 경험했다. 비영리 단체에서 일할 때조차도 우리는 종종 현상 유지에 동참하고 있으며 이는 인류나 지구를 위한 것이 아니라고 느꼈다.

우리의 뜨거운 질문은 결국 스탠퍼드대학교의 단기 객원 연구자 직책 공유와 다각적인 연구 협력자를 모으는 조직을 구성하는 등 7년에 걸친 연구 여정으로 이어졌다. 공동 연구자들은 각자의 추가적인 질문과 통찰을 논의 테이블로 가져왔고 이들의 의견을 통해 새로운 분석이 더욱 구체화되었다. 시간이 지남에 따라 다양한 팀과 기업에서 온 60명의 사람들이 함께 공동 학습 커뮤니티를 형성하여 우리의 열렬한 질문에 대한 명확한 답을 찾아냈다.

기존업무방식에서 벗어나기

이 책에서는 현재의 해로운 일의 방식을 논의할 때 보다 명확성을 띠기 위해 '기존업무방식'이라는 용어를 사용한다.[15] 이러한 업무 방식은 현재의 비즈니스 및 경제가 운영되는 방식과 뗄 수 없는 관계에 있다. 이전 학자들의 연구를 바탕으로 우리는 기존업무방식을 '어떤 대가를 치르더라도 금전적 이익과 성장의 극대화를 지향하고, 다른 목표나 전략을 제시하는 정보를 차단하거나 축소하는 업무 방식'이라고 정의한다. 기존업무방식이라는 말은 일이라는 용어를 본질적으로 긍정적이거나 부정적인 것이 아니라 상황에 따라 긍정적이거나 부정적인 영향을 미칠 수 있는 일련의 활동으로 사용할 수 있게 해준다.

우리는 기존업무방식과 다른 방식으로 협업하는 팀이나 그룹을 찾을 수 있는지, 있다면 의미 있는 성공을 경험하고 있는지 알아보기 시작했다. 효과 없는 일에서 벗어나는 데 성공한 사례가 있을까?

이 연구 여정에서 우리는 실제로 그러한 그룹을 많이 발견했다. 이들은 종종 더 나은 품질의 제품과 서비스, 낮은 이직률, 역량 향상, 비용 절감, 재정적 성공 등 기존업무방식에서 우선시하는 종류의 성공을 달성했다. 그러나 이 그룹에 속한 사람들이 가장 강조하는 것은 더 큰 유대감과 소속감, 일에 대한 평화, 행복감, 자신감, 새로운 목적의식과 만족감, 심지어 행복과 희망의 감정과 같은 다른 유형의 성공을 달성한 것이다. 이 그룹은 효과 없는 일에 대한 불만족에 대한 해독제처럼 느껴지는 성공을 찾아낸 것 같았다.

일은 제품부터 프로세스, 구조, 조직 시스템 또는 그 이상을 여러 사람이 함께 상상하고, 설계하고, 창조하는 방식이라고 정의할 수 있다. 예를 들어 고객에게 판매할 새로운 제품을 개발하거나, 회사의 채용 방식을 재설계하거나, 제품을 조립하는 가장 효율적인 방법을 결정하는 등 유급으로 이루어지는 일이 있다. 사회적 대의를 위한 자원봉사 캠페인을 조직하거나, 가족 내 간병 지원 시스템을 설계하거나, 자원봉사 커뮤니티 그룹의 일원으로 교육 콘텐츠를 제작하는 등 무급으로 이루어지는 일도 있다.

우리는 사람들이 함께 창조하고 상상력을 발휘해야 하는 공동의 목표를 향해 시간을 투자하는 것이라는 의미로 일이라는 단어를 사용한다. 상상력은 팀이 아직 존재하지 않는 것을 만들어 내거나 이미 존재하는 것을 수정할 때에 발휘된다. 이러한 관점에서 볼 때 일은 화이트칼라, 블루칼라, 핑크칼라, 비영리 및 영리, 전통적인 고용 형태나 긱 이코노미 등 산업 전반을 아우르는 다양한 활동을 포괄한다. 상상력과 협업은 주로 손으로 창작하여 가치를 제공하는 사람부터 컴퓨터를 통해 가치를 창출하는 사람까지, 그룹의 활성화, 조직화 또는 코칭을 통해 성과를 제공하는 사람, 두세 명으로 구성된 팀부터 수백 명 이상의 회사 전체에 이르기까지 모든 맥락에서 여러 사람이 사용한다. 이 광범위한 일에는 특정 종류의 혁신을 필요로 한다. (또는 그로부터 이익을 얻을 가능성을 가진다.) 즉, 더 나은 것, 새로운 것, 다른 것을 함께 상상하고 서로가 이러한 혁신을 현실로 가져오는 것을 기반으로 한다.

우리는 대부분의 일은 기존의 방식이 효과가 없을 때에도 기존의 방식을 우선시하고 강화하는 관행으로 가득 차 있다는 것을 목격했다. 우리 대부분과 커뮤니티에게 도움이 되지 않는 기존업무방식 문화 속에서 우리는 혁신을 이미 존재하는 것의 업그레이드 버전으로만 받아들인다. 이는 우리가 만드는 제품과 서비스 뿐 아니라, 아마도 가장 중요하게, 그것을 만드는 과정에서 우리가 서로 어떻게 관계를 맺는지에 대해 대담하게 꿈을 꾸는 것과는 대조적이다.

많은 사람 및 그룹과 수백 번의 대화를 나눈 결과, 우리는 기존업무방식에서 뚫고 나올 수 있는 탈출구가 있다고 믿게 되었다.

우리는 더 넓고 대담한 관점에서 혁신을 이끌어내는 업무 방식을 찾아냈다. 이러한 작업은 현상 유지에서 벗어나 놀라운 결과와 더 많은 연결, 활력, 의미를 창출하는 방식으로 진행된다. 지금 이 순간에도 팀원, 커뮤니티 그룹 또는 기업 전체와 함께 이미 완전히 다른 무언가를 향해 나아가고 있는 사람들이 있을 뿐 아니라 탈출구도 존재한다.

우리는 전 세계에서 발견한 여러 그룹으로부터 영감을 받았지만 연구 범위를 미국 내 그룹으로 한정하고 관찰 범위를 미국 내의 기존업무방식에서 벗어난 사례로 좁혔다. 여러 가지 방식의 효과 없는 일이 미국에만 국한되지 않고 존재하지만, 기존업무방식에 영향을 미치고 강화하는 경제 역학은 전 세계에 걸친 여러 국가의 주체들에게 영향을 미치고 있다. 이 책에서 제시하는 실행 방안은 전 세계 사람들이 개발한 전략과 기술을 반영하고 보완한다. 따라서 이 책에서 제시하는 기존업무방식에서 벗어나는 방법은 다양한 지리적 맥락에서도 적용될 수 있다.

스탠포드대학교의 객원 연구원으로서 연구 파티션에서 출발해 먼 길을 왔다. 여러 가지 일을 병행하고 때로는 저녁별을 보며 이 프로젝트의 연구원으로 일했다. 천 페이지가 넘는 인터뷰 녹취록으로 만든 노트와 색인카드 무더기를 꼼꼼하게 정리했다. 시간이 지남에 따라 함께 연구하던 그룹들 사이에서 파급 효과가 커지는 것을 관찰했다. 이 팀들이 일하는 방식을 바꾸면서 관련된 사람들의 내면에도 변화가 일어났고 그 변화는 미래의 공간, 업무 서클, 커뮤니티로 이어졌다. 이러한 변화는 더 큰 경제 변화의 그물망으로 이어졌다. 이러한 변화는 일 뿐 아니라 삶 전반을 더욱 '사랑받도록' 만드는 일종의 변화이다.

이 사실을 알게 된 것은 매우 흥미롭고 고무적인 일이었다. 동시에 한 가지 의문이 생겼다. 해롭고 지친 패턴에 갇혀 있어야만 우리의 노력이 성공하는 것이 아니라면, 왜 더 많은 사람들이 사랑받는 업무 방식을 채택하지 않는 것일까?

현명한 물고기 친구에게 "물이란 무엇일까?"라고 묻는 어린 물고기의 우화에서 볼 수 있듯이 우리는 현재의 업무 방식에 너무 깊이 몰입한 나머지 우리가 현재 일하고 있는 특정 경제 시스템을 구성하는 규칙과 가정, 바람직한 업무의 방식을 인식하기 어려울 수 있다는 것을 배웠다. 이것이 바로 우리가 헤엄치고 있는 속담의 물이다. 그러나 이 물을 인식하는 데 주의를 기울이면 과거와 현재의 인간이 내린 일련의 구체적인 결정을 통해 구축된 특정 경제 시스템에 우리가 빠져 있다는 사실을 더 쉽게 알 수 있다. 이 시스템도 다른 모든 인간이 만든 시스템과 마찬가지로 사람들의 결정을 통해 만들어졌다는 것을 알게 되면 우리가 실제로 다른 규칙과 가정을 바탕으로 다른 시스템을 상상하고 구축할 수 있으며, 이를 통해 우리의 업무 방식을 바꿀 수 있다는 것을 더 쉽게 깨닫게 된다.

기존업무방식의 경제는 부를 창출하고 소수의 사람들이 많은 부를 축적할 수 있도록 설계되어 의도대로 정확하게 작동한다.

우리가 일하는 방식은 현재 경제가 운영되는 방식에 깊은 영향을 받고 있으며 이 방식은 매일 매일 이 비즈니스를 영속화하는 데 기여한다. 소수의 손에 부를 집중시키고 많은 사람들을 지치게 하고 번아웃, 파산에 이르게 하는 경제 시스템의 힘은 많은 사람들이 현재의 업무 방식이 불가피하다고 느끼게 하는 데에도 영향을 미친다. 하지만 꼭 이럴 필요는 없다. 기존업무방식은 수 세기에 걸쳐 현재까지 사람들이 내린 특정한 선택의 결과이다.

미국과 전 세계 대부분의 지역에서 현재 경제는 자본주의라는 경제적 사상 체계에 뿌리를 두고 있다. 자본주의에는 오랜 시간 동안 존재해 왔으며 오늘날에도 다양한 종류의 자본주의가 존재한다. 예를 들어, 미국의 자본주의는 지난 수십 년과 수 세기에 걸쳐 다양한 형태로 변화해 왔다. 전 세계 자본주의 경제를 가진 국가들에서 (법률에 의해 정해지는 한) 자본주의가 운영되는 방식과 그에 따라 사람들이 자본주의를 경험하는 방식은 다양하다.

어떤 경제 이데올로기 또는 이즘ism도 어떻게 설계되느냐에 따라 사람들을 지치게 하고 해치는 업무 방식이 끊임없이 계속되게 할 수 있다는 점을 이해하는 것이 중요하다. 또한 현재 자본주의의 문제적 역학을 지적한다고 해서 자동으로 사회주의와 같은 다른 이념이 유일한 대안이라는 것을 의미하지는 않는다는 점 또한 염두에 두어야 한다. 경제가 어떻게 운영될 수 있는지에 대한 옵션은 우리의 상상력만큼 광범위하다. 현재는 자본주의가 지배적인 패러다임이므로 자본주의의 핵심 메커니즘, 즉 현재 자본주의가 발현되는 방식이 우리의 업무 방식에 어떤 영향을 미치는지 살펴보고자 한다.

자본주의는 사적 소유를 기반으로 하며 시장에 의해 자원의 사용과 배분이 결정된다는 뜻으로 정의된다. 자본주의는 일반적으로 직장에 출근해서 일정 시간 일하고 물건을 만드는 등의 일을 하는 사람들을 노동자로 분류한다. 마찬가지로 자본주의는 노동자가 일자리에 출근하여 일하고 물건을 생산하는 데 필요한 물건을 확보하기 위해 자본(돈)과 기타 자산(토지, 건물 등)을 앞세우는 사람들을 자본가로 분류한다. 자본주의의 경제 이데올로기에 따르면 자본가는 노동자가 종일 하는 일과 관련된 중요한 결정의 대부분을 내리는 주체가 되어야 한다. 또한 자본가들은 노동자들이 창출한 이익의 대부분을 획득하여 소유주, 대출기관, 투자자, 주주 등 노력에 관여한 자본가들에게 어떤 방법으로 분배하지만 일반적으로 노동자들에게는 분배하지 않는다.

자본을 소유하고 자산으로 위험(새로운 사업을 시작하기 위해 자금을 조달하거나, 건물을 구입하거나, 파산으로 어려움을 겪고 있는 회사를 인수하는 등)을 감수할 수 있는 위치에 있는 사람들은 사업 전후의 위험을 감수한 대가로 해당 사업에서 발생한 수익을 받게 된다는 약속이 이루어졌다는 것이 핵심이다. 다시 말해 자본주의에서는 임금과 생산에 대한 직접 비용을 지불하고 남은 모든 재정적 이윤이 돌아간다.

현재 경제에서는 자본가들이 일반적으로 물건을 만드는 데 필요한 직장 등만 아니라 주택에서 식료품점, 휴대폰 네트워크에 이르기까지 일상 생활에 필요한 인프라를 모두 소유하고 있기 때문에 돈은 일반적으로 한 방향으로, 즉 가장 많은 자본을 가진 자본가에게 흘러간다. 소수에 부가 집중됨에 따라, 가장 많은 자산을 가진 소수가 그 자산으로 가장 큰 위험을 감수할 수 있고 그 혜택이 배가됨에 따라 이러한 지배적인 경제 패러다임은 더욱 불평등해지고 있다. 현재의 시스템에서는 부의 편중이 심해질수록 규칙과 의제를 지배하는 능력도 커진다.

이념적으로 자본주의는 노동자와 자본가를 구분하지만, 현재 상황에서는 많은 사람들이 노동자와 소규모 자본가(소규모 사업체 소유, 부동산 소유, 은퇴 저축으로 투자 등) 사이를 오가며 두 가지 역할을 동시에 수행하기도 한다. 노동자로서의 역할보다 소규모 자본가로서의 역할에서 일의 진행 방식에 더 많은 영향력을 행사할 수 있지만, 그럼에도 불구하고 일상 업무와 관련된 중요한 결정은 종종 자신의 손을 벗어나는 경우가 많고 수익을 얻거나 보유할 수 있는 능력은 제한되어 있다. 예를 들어 작은 가게를 소유하거나 미용실을 운영하는 사람은 엄밀히 말해 자본가이다. 그러나 임대료를 지불하는 회사나 사업 대출 상환 조건을 설정하는 은행과 같은 더 큰 자산 보유자에 의해 결정되는 통제를 경험할 수 있다.

이 시스템에서 돈은 노동자나 소상공인의 손을 거치기도 한다. 하지만, 기존업무방식의 흐름에 반하는 행동을 하는 자본가나 노동자 집단, 소수에게 돈이 집중되지 않도록 하는 정부의 규칙과 제약이 존재하지 않는다면 소수에게 집중된다.

불평등의 복합화

막대한 자산을 보유한 사람들이 제도에 막강한 영향력을 행사할 수 있기 때문에 현재 전 세계의 많은 사람들이 자신의 복지나 지역 사회의 부를 창출하는 데 초점을 맞추지 않는 경제를 경험하고 있다. 2019년 경제 이론가이자 저술가인 마조리 켈리Marjorie Kelly와 비영리 조직 민주주의 협동조합the Democracy Collaborative의 테드 하워드Ted Howard 는 이를 다음과 같이 설명한다.

"26명의 억만장자가 지구 인구의 절반만큼의 부를 소유하고 있습니다. 미국에서 가장 부유한 세 사람은 … 미국의 하위 50%인 1억 6천만 명의 재산을 합친 것보다 더 많은 부를 소유하고 있습니다 … 한편, 미국인의 47%는 비상 사태에 직면했을 때 400달러도 준비할 수 없습니다."[16]

위스콘신 중부의 지역 경제학자인 제롬 세구라 3세Jerome Segura III박 사는 "불평등의 심화는 건강하지 못한 시스템의 증상"이라고 지적한 다. 우리는 2017년에 제롬을 만나 연구 결과에서 제기된 경제적 질문에 대해 논의했다. 당시 제롬은 스티븐스 포인트에 있는 위스콘신대학교의 교수로 재직 중이었다. 학생들이 제롬의 수업과 그의 지적 용기를 좋아했음에도 불구하고 대학내의 경제적, 정치적 요인으로 인해 그의 직책은 몇 년 후 사라졌다. "한 친구가 저를 슈퍼히어로 경제학자라고 말한 적이 있습니다."라고 제롬은 웃으며 말한다. "그 말에 얼굴이 붉어지고 미소가 지어졌죠. 하지만 변변찮게도 저는 경제 성장과 발전이 공동체와 지역 내에서 사람을 키울 때 더 잘 이뤄진다는 것을 이해하고 있기 때문 그 말에 공감합니다." 제롬은 이러한 이해를 케이즌Cajun* 전통의 덕으로 본다. 그는 어릴 때부터 이웃에 대한 투자의 중요성을 배웠다.

실직 후 제롬은 전업주부가 되기로 결심했고, 아이들의 어머니는 최근 마을에서 시작한 소규모 사업을 계속 이어나갔다. 제롬은 어린 두 아들을 돌보는 것 외에도 버섯을 재배하여 지역 식당과 개인에게 판매하는 버티컬 비즈니스**를 시작했다. 제롬과 자녀들의 어머니는 기업가 정신으로 성공을 거두었지만 제롬은 박사 학위와 가족의 생생한 경험을 통해 얻은 지식을 바탕으로 미국 경제 시스템이 얼마나 망가졌는지 잘 알고 있다. 제롬은 "대다수의 사람들에게 효과가 없는 것으로 보이는 시스템이 있다면, 그 내재적 실패가 무엇인지 살펴봐야 한다"고 주장한다.

불평등의 증가는 공동체에 의한 부의 유지, 개인의 행복, 생태계의 건강을 증진하는 업무 방식을 장려하지 않는 현재의 경제를 반영한다고 제롬은 지적한다. 대신, 현재의 경제는 재정적 부를 소수의 손에 집중시키는 방향으로 나아가고 있으며 그 결과 소수의 삶과 대다수의 삶 사이에 점점 더 큰 격차가 벌어지고 있다.

핵심 단어는 재정이다. 우리는 재정적 부를 그 자체로 중요한 목적으로 생각하도록 훈련받아 왔지만, 사실 재정적 부는 거의 항상 실제 부에 대한 청구권이라는 사실을 간과하고 있다. 실제 부는 강, 나무, 지구의 광물 등 천연 자원, 제지 공장이나 아파트 건물 등 물리적 자산, 나아가 실제 사람들에게 실제 상품을 판매하여 얻을 수 있는 미래의 임금, 주택 가치 또는 예상되는 회사 수익과 같은 것이다. 실

---

* 프랑스어 고어의 한 형태인 케이즌어를 사용하는 미국 루이지애나 사람
** 특정 상품이나 서비스를 전문적으로 취급하는 사업 형태

제 부를 재정적 부로 환산하면 우리가 무엇을 얻고 무엇을 할 수 있는지, 어떤 기간에 할 수 있는지에 대한 선택의 폭이 넓어질 수 있다. 하지만 현재 경제에서는 이러한 재정적 부로의 전환이 균형을 잃고 있다.

돈만이 부를 설명할 수 있는 유일한 형태는 아니다. 사실 돈은 그 자체로는 별다른 의미가 없다. 돈은 실제로 가치를 지닌 것, 즉 주거, 음식, 의복, 여가 활동 등의 형태로 웰빙을 위한 자원과 서비스를 조달하는 도구를 대신하는 것에 지나지 않는다. 돈은 우리가 가치를 부여하기 때문에 가치가 있는 것이다.

우리는 종종 인간으로서의 웰빙well-being에 직접적으로 기여하는 다른 형태의 부를 간과한다. 사람들이 행복을 측정하는 방법에 대한 글로벌 연구[17]는 직업적(매일 하는 일에 대한 즐거움), 사회적(친밀하고 지지적인 개인적 관계), 커뮤니티(지역 사회의 활동과 일에 참여하는 것), 신체적(좋은 건강과 안전한 환경), 영적[18](목적의식 및 자신보다 더 큰 무언가에 대한 연결) 등 다양한 비금전적 형태를 행복의 척도로 제시하였다.

우리의 기존업무방식은 돈이 그러한 행복을 조달하는 데 사용될 수 있는 한에서만 중요하다는 현실을 보기 어렵게 만들었다. 경제는 이 사실을 철저히 숨기고 있으며 다른 대부분의 진정한 부와 행복을 돈으로 바꾸기 위해 파괴하는 것을 장려한다. 직장에서 근로자의 복지에 관심을 기울이더라도 그 자체가 정당한 최종 목표가 되는 경우는 거의 없다. 근로자의 복지는 생산성의 핵심으로만 주목받는 경향이 있으며, 이는 현재 경제가 작동하는 방식에서 보다 효율적으로 재정적 부를 축적할 수 있는 방법으로 해석된다.

부를 추출하는 경제

물론 재정적 부를 창출하는 과정에서 지식이나 새로운 유형의 기술과 같은 추가적인 형태의 실질적 부를 창출할 수도 있다. 그러나 작가이자 공공 신학자인 브라이언 맥라렌Brian McLaren은 "현재의 추출 경제*는 실제 행복과는 아무런 관련이 없다. 오히려 웰빙의 상실과 거의 모든 관련이 있다."라고 요약한다. 2018년에 우리는 현재 경제의 본질과 그것이 점점 더 많은 사람들에게 정신적 의미의 위기를 불러일으키고 있다는 브라이언의 여러 글을 접했다. 그 후 그는 우리의 연구에 참여하게 되었다.

브라이언은 대학 영문학과 교수로 경력을 시작한 후 20대 후반에 목사가 되어 워싱턴 DC 인근의 한 교회에서 24년 동안 봉사했다. 자연과 문학에 대한 사랑, 사회 정의에 대한 관심, 영적 수행은 작가, 대중 연설가, 활동가로서 자신의 목소리를 찾으면서 함께 어우러졌다.

브라이언은 "국내총생산(GDP)은 우리가 지구를 파괴하고 이를 돈으로 환산하는 속도를 측정하는 척도일 뿐이다"라고 설명한다. 우리는 실재하는 것을 파괴하고 허구로 바꾼다. 이는 이 작은 종이 조각, 이 작은 숫자에 가치를 부여하겠다는 합의에 의해서만 유지되는 허구이다."라고 말한다. 현재 경제는 실제 부에서 재정적 부를 추출하여 특정 유형의 부를 창출하는 데 집중하고 있다.

추출은 일반적으로 노력이나 힘으로 무언가를 가져간 후 돌려주

---

* 현재 경제의 패러다임(이윤을 남기고 판매되는 상품과 서비스를 생산하기 위해 자원과 자본을 활용하며, 이 자원과 자본이 재생산되지 않을수 있다는 단점을 가진다)을 설명하는 개념

지 않는 행위이다. 이는 자원의 일방적인 흐름이다. 현재의 경제가 작동(현재의 맥락에서는 생산성의 혜택을 대부분 자본가들이 받고 사회에서 가장 부유한 사람들이 불균형적으로 혜택을 받는 것으로 정의된다)하기 위해서는, 우리는 대다수의 사람들과 지구의 자원을 추출할 수 있는 방식으로 운영해야만 한다. 오늘날의 지배적인 패러다임에서는 이것이 경제가 성장하는 방식이다.

이러한 추출적 역학 관계는 일하지 않는 일의 핵심이다.

사람들의 노동력이든 숲의 나무든, 빼앗긴 것은 적절하게 보충되거나 수리되거나 다시 온전하게 만들어지지 않는다. 추출적 경제는 재정적 부의 창출이 실질적 부를 고갈시킨다는 것을 의미한다. 재정적 부를 최적화하기 위해 시스템은 거의 모든 것을 어떤 식으로든 돈으로 전환하도록 장려한다. 그렇지만 이로 인해 대부분의 사람들이 다른 형태의 부, 즉 우리가 소중히 여기는 삶의 사회적, 신체적, 문화적 측면에 접근하는 것은 점점 더 어려워진다.

추출은 지역 사회 전반에 발생한다. 기존업무방식은 지역 사회 부의 추출이라는 만연한 현상을 지속시키는 경향이 있다. 여기에는 단기적인 이익을 추구하는 기업 같은 주체가 지역 사회에 들어와 그 안에 있는 자원(노동력, 석유, 나무 등)을 추출하는 것이 포함된다. 이는 이익을 창출한 사람들(노동자, 장기 거주자 및 기타 이해관계자)과 그 노력의 영향을 받은 사람들이 이익을 누리지 못하게 하는 동시에, 그 이익을 누리는 것을 부정하는 행위이다.

우리는 위스콘신 주 중부의 위스콘신 래피즈 커뮤니티에 봉사하고 지역 기관과 행동의 촉매제로서 커뮤니티 재단의 역할을 재구상하는 소규모 조직인 인커리지 커뮤니티 재단Incourage Community Foundation

의 직원들이 공유한 통찰력을 통해 커뮤니티 부의 추출에 대해 더 깊이 이해할 수 있었다. 공동 학습 커뮤니티의 구성원인 이들은 이 마을의 주요 고용주이자 한 세기 넘게 지역 경제의 중심이었던 제지 회사와 공장이 2000년에 매각되었을 때 지역 사회에 어떤 일이 일어났는지 공유했다. 매각 후, 시간이 지남에 따라 직원과 영업활동이 크게 감소하고 본사가 다른 곳으로 이전했다. 점점 더 많은 사업장이 지역 사회에서 멀어지면서 지역 비즈니스와 공급업체에 부정적인 영향을 미쳤다. 2005년까지 전체 고용의 거의 40%를 잃은 제지 회사와 지역 공장은 이후 여러 차례 주인이 바뀌었고, 2020년에 공장은 무기한 가동 중단되었다.

이 제지 공장은 다른 회사를 사고파는 데 사용되는 자금을 운용하는 사모펀드가 지배하는 회사에 두 번이나 인수되었다. 이 회사 중 한 곳의 투자자들은 제지 회사를 유지하기보다는 가능한 한 많은 부를 추출하려는 의도를 보여주는 일련의 움직임을 보였다.

이 회사는 소유권을 인수하면서 제지 공장에 남아있는 직원들의 미래 노동력을 포함하여 제지 공장에 남아있는 자산을 담보로 상당한 대출을 받았다. 인커리지 커뮤니티 재단의 전 CEO인 켈리 라이언 Kelly Ryan이 지적했듯이 새 회사와 투자자들은 대출받은 자본금을 제지 회사를 지원하는데에 도움이 되는 방식으로 사용하지 않았다. "그들은 R&D에 대한 투자를 계속하지 않았고, 지속 가능한 비즈니스를 성장시키기 위해 할 수 있는 모든 일을 하지 않았다."라고 켈리는 설명한다.

대신 회사는 규모를 더욱 축소했다. 공장을 인수한 지 12개월 만에 "자원을 빼돌린 후 파산을 선언했다"고 켈리는 말한다. 이 회사는 지역 가족 소유의 케이터링 회사, 인쇄소, 인력 교육 프로그램을 위한 인커리지 커뮤니티 재단에 수많은 부채와 미지급 청구서를 남겼다. "그들은 또한 엄청난 양의 천연 자원, 즉 벌목지를 지역 사회에 전혀 알리지 않고 매각했다. 물론 제지 공장 운영은 일정 규모의 다운사이징이 필요했지만, 새 소유주들은 원래대로 돌아가야 할 수준을 넘어 뼈대까지 축소했다. 우리 변호사가 소송 절차를 살펴봤기 때문에 확실하게 말할 수 있다." 회사는 24억 달러의 부채를 장부에서 털어내고 파산에서 벗어났다.

현재 시스템에서는 이 모든 일이 합법적일 뿐만 아니라(현재 금융 거래에 대한 조사가 진행 중이지만[19]) 금융의 언어로 표현하자면 새로운 소유 회사가 한 일을 <u>부의 창출</u>이라고 부르기도 한다.

위스콘신 래피즈에서 일어난 일은 확연히 눈에 띄는 사례이지만, 지역 사회의 부를 빼돌리는 행위는 여러 가지 형태로 나타날 수 있으며, 그 중 일부는 교묘하고 파괴적이다. 이 모든 사례에는 한 가지 공통점이 있다. 자본가들이 한 곳에서 자원을 빼내어 다른 곳으로 통합하면서 자원이 추출된 곳에는 자원을 보충하지 않는다는 점이다.

지역 사회 부의 유출로 인한 영향은 지역 사회에서 문을 닫고 다시는 열지 않는 소규모 사업체의 물결처럼 보일 수 있고, 카운티 전체에 달러 스토어가 우후죽순처럼 생겨나[20] 그 수익을 기업 본사로 보내는 반면 동네 식료품점은 없어지는 것처럼 보일 수도 있다. 병원이 문을 닫거나[21] 세수 감소로 인해 자녀의 학교가 주 4일제로 전환해야 하거나[22] 재산세가 너무 많이 올라 동네에서 쫓겨나는 것처럼 보일 수도 있다. 또한 어떤 지역 부의 혜택도 보지 못한다. 현금이 부족한 지방 당국이 수입을 늘리기 위해 지역 공공 공원[23]을 매각하는 것처럼 보일 수 있다. 이러한 자연, 문화 및 노동 자원의 추출은 투자 중단, 소유권 박탈 및 이주로 이어진다.

또한 이는 개인에게도 불공평한 영향을 미치고 있다. 예를 들어, 최근 몇 년 동안 미국에서는 흑인과 라틴계 개인 및 가족의 재정적 자산이 감소하는 추세가 잘 기록되어 있다. 2017년 출간된 〈부의 영점으로 가는 길The Road to Zero Wealth〉이라는 제목의 보고서에서는 부를 다음과 같이 정의했다. "부는 실직이나 자동차 고장 등 예기치 못한 경제적 충격에 직면했을 때 가족에게 필요한 완충 장치이다. 또한 부는 주택 구입, 대학 학자금 저축, 투자 등 경제적 기회를 활용할 수 있는 자본이다."[24] 즉, 빈곤에 빠지지 않으려면 소득이 필요하지만 빈곤에서 벗어나려면 부도 필요하다.[25] 언론인, 정치인, 연구자들은 소득 불평등 증가에 주목하지만 실제로는 부의 불평등이 훨씬 더 심각하다.[26]

미국의 부의 불평등에 있어서는 인종 간 격차가 극명하다. 중간 소득 백인 가구는 중간 소득 흑인 가구보다 거의 8배, 중간 소득 라틴계 가구보다 10배 많은 부를 소유하고 있다.[27] 장애[28]와 성별에 따른 불평등도 존재한다.[29] 일례로, 최근 미국의 한 연구에 따르면 여성 응답자의 자산 중앙값은 남성 응답자의 자산 1달러당 55센트에 불과한 것으로 나타났다.[30]

현재 경제가 설계되고 여러 세대에 걸쳐 운영되어 온 방식은 특권의 정체성이 관통하는 사람들이 국가의 부를 불균형하게 보유하게 만든다. 역사적으로 소외된 정체성을 가진 사람들, 특히 여러 정체성이 교차하는 사람들에게는 불균형적으로 카드가 쌓여 있다.

때때로 이는 특권을 가졌으나 여전히 경제적으로 어려움을 겪고 있는 사람들에게는 혼란스러워 보일 수 있다. 상황이 그들에게 유리하게 왜곡되어 있는데 어떻게 어려움을 겪을 수 있을까? 현재 경제가 부를 추출하도록 설계되어 있기 때문에 우리 대부분은 속고 있는 것이다. 그러나 상대적 특권의 차이는 삶의 경험에 극적인 차이를 가져올 수 있다.

인종과 경제에 관한 행동 센터Action Center on Race & the Economy(ACRE)의 공동 상임이사이자 기업의 책임을 주장하는 모리스 BP-위크스Maurice BP-Weeks가 이를 가장 잘 설명한다. "이 나라와 경제 시스템은 인종차별적이고 성차별적인 시각을 바탕으로 설립되었기 때문에 경제는 백인과 남성으로부터 멀어질수록 다르게 영향을 미칩니다." 모리스는 디트로이트에서 아내와 어린 자녀와 함께 살고 있다. 대부분의 평일 아침 10시경이면 집에서 한 블록 거리에 있는 임대 사무실로 힘차게 걸어가는 그를 볼 수 있다. 모리스는 곧 책상 앞에 앉아 마치 컴퓨터 프로그래머처럼 두 대의 대형 컴퓨터 모니터 앞에 앉는다. 화면에는 캘린더, 이메일, 방금 참여한 화상 회의, 캠페인 계획 템플릿이 있는 문서, 그리고 어젯밤의 스포츠 경기 결과가 표시된 탭이 가득하다. 모리스가 유색 인종 커뮤니티와 노동계급 커뮤니티에 불균형적으로 영향을 미치는 기업 행위자들의 해로운 관행을 밝히고 책임이 있는 기업가들의 책임과 변화를 확보하기 위한 경제 정의 캠페인을 진행하고 있는 모습을 이곳에서 볼 수 있다. 모리스는 평생을 이 일에 헌신해 왔다.

뉴저지 북부에서 자라면서 가난과 체계적인 경제적 방치를 직접 경험한 그는 그것을 바꿀 수 있는 방법이 있다는 것을 몰랐다. 하지만 성인이 된 후 모리스는 어떤 깨달음을 얻었고, 이후로 뒤돌아보지 않았다. 그가 하루 중 가장 먼저 하는 통화는 종종 그가 조언을 구하는 여러 단체의 캠페인 조직자 중 한 명과 하는 것이다. 이 일이 ACRE에서 그의 공식적인 역할은 아니지만 그는 더 나은 세상을 위해 싸우는 동료 흑인 조직가 및 운동가, 특히 조직가와 활동가의 수를 늘리는 것이 중요하다고 생각한다.

모리스는 "기업들은 가능한 한 많은 부를 창출하기 위해 유색 인종 거주 지역에 들어오는데, 그 대가로 거의 아무것도 제공하지 않습니다. 그들은 들어와서 노동자를 학대하고 오랫동안 운영해 온 사업체를 폐쇄하도록 강요하고 지역을 오염시키며 엄청난 돈을 벌고 있습니다."라고 설명한다. 이러한 역학 관계는 미국 경제만큼이나 오래되었다. 식민지 개척자들은 처음부터 원주민을 폭력적으로 이주시켜 토지를 획득하고 주로 아프리카에서 노예로 팔려온 사람들의 강제 노동을 통해 부를 추출했다. 인종에 따른 착취와 추출은 오랫동안 미국 경제 운영의 핵심이었다.

미국을 비롯한 전 세계 많은 지역에서 현재의 추출적 경제의 핵심 신조는 어떤 대가를 치르더라도 돈이 많을수록 더 좋다는 것이다. 그러므로 우리는 웰빙을 재정적 부의 축적이라는 관점에서만 측정하는 경향이 있다. 우리는 돈이 많을수록 더 잘 사는 것이라고 들었다. 가장 중요하게는 이 변수만을 극대화하도록 설계된 업무 방식이 생겨나 돈은 대부분 소수의 손에 들어가게 된다.

모리스는 "경제의 규칙은 돈을 극대화하는 것을 매우 중요하게 만들었습니다. 기업은 이를 위해 비용을 절감하고 근로자에게 피해를 줄 뿐만 아니라, 사람들은 앱 기반 긱 이코노미 일자리를 통해 말 그대로 시간을 분 단위로 팔게 될 것입니다."라고 말한다. 경제의 규칙이 사람들로부터 빼앗고 천연자원을 빼앗고 지역 사회로부터 보충 없이 빼앗도록 설계된 경우, 그 빼앗음은 개인의 안전를 약화시켜 이는 결국 우리 가족의 안녕과 궁극적으로 우리 공동체의 안녕을 약화시킨다. 현재의 경제 패러다임은 여러 세대에 걸쳐 다양한 형태의 지속적인 추출을 장려하기 때문에 인류 시스템 전체가 약화된다. 모리스는 "사실 대부분의 사람들이 바랄 수 있는 최선은 그저 살아남는 것"이라고 말한다.

사랑받는 경제

부의 추출이 가져오는 파급 효과는 심각하고 압도적일 수 있다. 대학 교육을 받은 백인 비장애 시스젠더cisgender*여성으로서 우리는 둘은 많은 특권을 누리고 있다. 또한 우리 둘의 계급적 배경은 서로 다르지만, 성장 과정에서 각자 가정에서 광범위한 부의 편중과 추출로 인한 어려운 경제적 영향을 경험했다. 그러나 이 연구에 이끌린 핵심 요소는 우리 각자가 다른 방법이 가능하다는 것을 보여준 일과 지역 사회 경험을 가지고 있다는 점이었다. 우리는 근로자와 지역 사회 전체의 웰빙과 부의 유지를 지향하는 직장과 단체의 사례를 목격했다. 그것이 가능하다는 것을 확인한 이상, 우리는 모른척 할 수 없었다.

제스는 블루칼라 직종의 작은 사업을 운영하는 가정에서 자랐다. 때때로 경제적으로 어려움을 겪었지만, 그의 가족은 인간 관계와 커뮤니티 구축에 중점을 두는 방법을 찾았다. 자신들의 신념에 따르기

---

* 생물학적 성별과 심리적인 성별이 서로 일치함. 또는 그러한 사람

위해 제스의 가족은 정부가 정한 경제 운영 방식에 대한 규칙과 항상 일치하지 않는 선택을 하기도 했다. 이 경험은 제스의 상상력을 일깨워 <u>현재를 넘어선 가능성을</u> 꿈꿀 수 있는 능력을 키워주었고, 이후 제스는 사회 변화를 위한 핵심 전략으로 과감하게 의사 결정권을 공유하는 글로벌 팀과 기업을 구축하고 이끄는 데 이 능력을 활용했다. 현장에서의 경험을 바탕으로 제스는 경제 규칙의 가능성에 대한 이야기를 바꾸기 위해 헌신하는 국제적인 집단에 합류하게 되었다.

조안나는 캘리포니아 팔로알토의 중산층 가정에서 자랐다. 이 지역이 조용한 대학가에서 기술 분야의 실리콘 밸리 중심지로 변모하던 시절이었다. 여러 가족과 친구들이 이 붐에 동참했지만 조안나는 이 모든 '진보'가 무엇을 의미하고 누구를 위한 것인지 의문을 품게 되었다. 조안나의 부모님과 형제자매는 조안나가 이러한 질문을 따라 라틴 아메리카, 남아시아, 동남아시아의 동료들로부터 배울 수 있는 길을 따라갈 때 지지해 주었다. 그는 지역 사회가 주도하는 단체들이 추출적인 '개발' 프로젝트를 성공적으로 중단시키고 대신 경제 번영을 위한 대안적인 경로를 구축하는 풀뿌리 운동에 협력했다. 여기에는 지역 비즈니스를 지원하는 방식으로 은행 및 대출을 위한 커뮤니티 시스템이 포함되었다. 조안나는 또한 자본을 가진 사람들과 협력하여 금융을 비추출적인 것으로 재구상했다.

기존업무방식에서 과감하게 벗어나는 것이 가능할 뿐만 아니라 매우 성공적일 수 있으며, 지역 사회의 복지와 경제적 활력에 중요한 역할을 할 수 있다는 것을 우리는 함께 확인했다. 현재 시스템이 부를 축적한 사람들에게 유리하게 조작되어 있지만, 개인과 기업이 함께 힘을 합치면 풀뿌리 수준에서 제도적 변화를 강력하게 촉발할 수 있다는 사실도 직접 경험했다. 이러한 경험을 통해 우리는 기존업무 방식에 머물러 있을 필요가 없다는 것을 깨달았다. 우리는 희망이 있다는 것을 알았다.

또한 의도적으로 끔찍한 일을 저지르는 나쁜 행위자들도 분명히 존재하지만 현재 경제 시스템의 무자비함은 대부분 규칙을 따르고 있다고 생각하는 사람들에 의해 지속된다는 것을 알고 있다. 이 사람들은 이대로도 괜찮고 이 게임의 방법은 오직 하나뿐이며 다른 실행 가능한 옵션은 없다고 생각하는 경우가 많다.

우리는 직장에서 일을 계속해 나갈 수 없다고 느끼게 하는 것의 상당 부분이 각 직장에서 개별적으로 일어나는 일을 넘어 우리 경제 전체를 뒷받침하는 추출적 역학을 포함한다고 생각한다. 또한 이로 인해 직장에 있는 우리 각자가 이러한 시스템을 영속화하는 데 갇혀 있다고 느낄 수 있다고 믿는다.

이 책에서는 전 세계를 지배하며 많은 사람들에게 영향을 미치고 있는 추출적 자본주의를 '사랑없는 경제'라고 부른다. 선구적인 문화 비평가이자 다작의 흑인 페미니스트 학자인 벨 훅스bell hooks는 미국 사회의 여러 층위에서 경험하고 실행하는 영적 굶주림과 진정한 사랑의 결핍을 반영하기 위해 <u>사랑없는 경제</u>라는 용어를 만들었다. 그는 《사랑에 대한 모든 것All About Love》에서 이렇게 말한다. "나는 최면 상태에서 깨어났다. 내가 살고 있는 현재의 세상이 더 이상 사랑할 수 있는 세상이 아니라는 사실에 충격을 받았다. 그리고 내 주변에서 사랑 없는 세상이 시대의 질서가 되었다는 증언을 들었다."[31] 훅스는 그의 글에서 현재 경제의 기본 원칙이 사랑의 윤리와 양립할 수 없는 방식을 지적한다.[32]

이 연구를 통해 우리는 현재 경제에 매일 참여하는 것이 사랑처럼 느껴지지 않는다는 사실을 민감하게 깨닫게 되었다. 처음에 우리의 친구와 가족들은 이러한 통찰이 다소 이상하다고 생각했다. 왜 그것이 사랑처럼 느껴질<u>까</u>? 경제에서 사랑을 느끼는 이유는 무엇일까?

우리가 서로에게 물었던 질문은 "하지만 왜 <u>안</u> 될<u>까</u>?"이다. 우리가 스스로를 가치 있고 보살핌 받는다고 느낄 수 있는 경제를 가지면 안 되는 이유는 무엇일까? 우리를 안전하게 느끼게 해주고 이해가 되고 영감을 주는 경제 말이다.

이러한 질문은 목회자이자 교육자이며 70년 이상 경제 정의와 변화를 위해 노력해 온 소중한 협력자 버질 우드Virgil A. Wood박사 덕분에 생겨났다. 연구를 시작한 지 3년 째 되는 해에 처음으로 온라인 세미나에서 박사를 만났다. 우리는 우드 박사가 세미나에서 공유한 경제의 본질, 경제에서 우리의 역할, 그리고 가능성에 대해 깊은 인상을 받았고 그에게 연락을 취했다. 그는 기꺼이 우리와의 통화에 응했다. 그 통화는 많은 대화 중 첫 번째 대화였으며 결국 우리는 우드 박사가 거주하는 휴스턴에서 함께 시간을 보내게 되었다. 우드 박사와의 대화는 지금까지도 계속되고 있으며, 이 연구 여정의 실타래를 엮는 데 중요한 역할을 하고 있다.

우드 박사는 우리에게 질문을 던졌다. "누가 우리에게 사랑받는 경제를 가질 능력과 자격이 없다고 말합니까? 이 문제는 전국적으로 진지하게 논의할 가치가 있습니다."

이 문구가 우리의 발걸음을 멈추게 했다. <u>사랑받는 경제</u>. 사랑받는 경제란 무엇인가? 사랑받는 경제에서 살고 참여한다는 것은 무엇일까? 어떤 느낌일까? 과연 가능할까? 우리는 일과 관련하여 무엇이 작동하지 않는지 연구하는 데 많은 시간을 보냈다. 사랑받는 경제라는 문구는 마치 약속된 불협화음과 같은 느낌을 주었다. 더 깊이 들어가면 풍성한 미래를 심을 수 있는 비옥한 토양을 찾을 수 있을 것이다.

우드 박사는 1975년 남부기독교지도자대회에서 동료 민권 지도자들과 함께 경제 변혁이라는 '미완의 과제'에 집중하고 있을 때 이 용어를 만들었다.[33] 그들은 우드 박사의 친구이자 동료였던 마틴 루터 킹 주니어Martin Luther King Jr. 박사가 강력하게 주장한 사랑받는 공동체의 약속을 실현하려면 다른 경제가 필요하다고 인식했다.[34] "저는 사랑받는 경제와 사랑받는 공동체는 쌍둥이라고 말하고 싶습니다. 이는 동전의 양면과도 같습니다."라고 우드 박사는 말한다.

거의 50년이 지난 지금, 90대에 접어든 우드 박사는 교회 단체, 여러 비영리 단체 및 학술 기관과의 협력을 통해 여전히 사랑받는 경제의 실현을 위해 평생을 헌신하며 대변하고 있다. 그는 우리의 연구 결과를 특징짓고 설명하기 위해 기꺼이 이 용어를 수여해 주었다.

현재의 사랑없는 경제는 공동체가 금전적 이윤을 추구하기 위해 파괴되고, 우리 대부분이 삶을 풍요롭게 하기 위해 함께할 시간, 에너지, 자원을 갖기 어렵게 만드는 방식으로 일하도록 강요한다. 재정적 부가 강화되면서 실제 부의 원천을 의미 있게 보충하지 않고 실제 부의 자리를 비우고 가져간다. 우리 모두는 이 영향을 느낀다. 그리고 시간이 지남에 따라 기능적인 사회 구조와 풍부한 자원을 가진 커뮤니티에서 사람들이 누릴 수 있는 행복은 박탈된다. 사랑없는 경제로 인해 우리 중 많은 사람들이 부의 추출로 인한 파괴적인 부산물과 이를 지속하기 위한 분주함만이 유일한 방법이라고 믿게 되었다. 우리 중 많은 사람들이 기존업무방식이 불가피하다고 믿도록 속고 있다.

벨 훅스는 "우리나라가 사랑을 외면하고 있음을 느낀다. 이는 우리가 다시는 집으로 돌아갈 수 없을 정도로 강렬한 정신의 광야로 나아가는 위험이다"[35]라고 썼다. 브라이언 맥라렌은 미국 전역과 전 세계에서 열리는 그의 강연 행사에 참석하는 교인들과의 대화에서 목도한 이러한 정서를 상기한다. 그는 우리 경제의 영향으로 사람들 사이에 의미의 위기가 증가하고 있다고 믿는다. 그는 이를 사람들이 너무 빠르고 열심히 달려가면서 경험하는 영적 고갈이라고 말한다. 우리는 희망이 있다는 것을 보았지만, 우리 자신과 가족의 삶에서도 이를 경험했다. 때때로 우리 자신이나 사랑하는 사람들이 "내가 무엇을 위해 이 모든 것을 하고 있는가? 이게 전부인가?" 라는 생각에 사로잡힐 때가 있다.

사람들 대부분의 노력에 대한 보상이 불균형적으로 빼돌려지기 때문에, 우리 중 많은 사람들이 우리의 행복을 유지하는 데 접근하거나 참여할 수 있는 신체적 또는 정신적 건강, 시간, 특권이 부족한 상황에 놓여 있다. 지역 사회에서의 소속감, 더 높은 목표로의 연결, 놀이에 참여하는 것, 단순히 충분한 휴식 시간을 즐기는 것 등을 놓치고 있다.

페퍼 박사의 《월급에 목숨 걸다 Dying for a Paycheck》에는 기존업무방식이 어떻게 사회적 '공해'를 유발하는지 설명하는 누리아 친칠라 Nuria Chinchilla 박사의 연구가 요약되어 있다. 여기에는 부부간 불화, 자녀 양육에 대한 부담, 건강과 사회생활에 대한 전반적인 혼란이 포함된다.[36] 과중한 부담을 주어 정신과 육체를 갉아먹는 업무 방식은 앞서 언급한 만성 질환, 불안, 우울증으로 이어지게 만들어 서로의 관계를 악화시키고 공동체를 형성하며 살아가는 방식을 악화시킨다.

이 모든 것의 폐허 속에는 우리가 있다. 이 시스템에 속한 대다수의 사람들, 지친 대다수[37]는 우리의 행복에 도움이 되지 않는 업무 방식과 경제의 손아귀에 갇혀 있다고 느낀다.

일, 나아가 우리의 업무 경험을 형성하는 광범위한 경제 시스템에 근본적인 문제가 있다는 사실을 깨닫게 되면 사람들은 브라이언의 설명처럼 "그 생각을 날벌레처럼 수백 번씩 털어버려야 한다. 왜냐하면 그들의 일은 그것에 대해 생각하지 않아야 하기 때문이다". 지치고, 좌절하고, 방향 감각을 잃고, 한 발 앞만 보고 달려가다 보면 애초에 살 만한 가치가 있는 삶을 파괴하는 시스템 안에서 소수의 사람들을 위해 일하고 있다는 현실을 직시하기 어려울 수 있다.

매우 많은 사람들이 깨어 있는 시간의 대부분을 일에 소비한다. 이 일은 우리가 필요할 때 돌봄을 받을 수 있는 자원이나 보장을 제공하지 못하고, 복잡하고 통찰력 있고 영혼이 충만한 존재로서 우리를 참여시키지 못한다. 우리 중 많은 사람들이 자신과 가족, 지역 사회의 건강과 웰빙에 도움이 되지 않는 선택지 사이에서 위태로운 줄타기를 하는 데 익숙해져 있다.

휴대폰에서 끊임없이 울리는 알림음, 얽힌 고속도로와 오래된 숲을 깎아 만든 스트립 몰*, 슈퍼마켓 형광등은 모두 영혼이 없는 상태로 울려 퍼진다. 어떤 것에는 신성함이 넘쳐난다는 의심마저 느껴질지도 모르겠다. 투두리스트는 체크되지 않고, 의료비와 공과금은 쌓여만 가고, 내면에서는 끊임없이 "이게 다인가?"라는 질문을 독백으로 던진다.

---

* 상점과 식당들이 일렬로 늘어서 있는 번화가

일하는 방식을 혁신하기

이번 연구를 통해 확인된 사실과 이 책에서 여러분과 공유하고자 하는 내용은 반드시 그렇게 해야 한다는 것이 아닙니다. 이 조사에 참여한 사람들 중 점점 더 많은 이가 <u>일하는 방식을 혁신</u>하는 것이 우리 모두에게 훨씬 더 나은 경제로 가는 길이라는 확신을 공유하고 있다.

우드 박사는 일상 생활에서 우리 모두가 경제 변화에 영향을 미칠 수 있다고 강조한다. "제가 생각하는 사랑받는 경제는 거창하고 거시적인 개념이 아닙니다. 대신에 가족, 학교, 기업, 커뮤니티 그룹이 사랑받는 경제 공동체가 될 수 있다는 생각입니다. 이들 공동체는 사람들이 서로 관계를 맺고 서로를 돕는 방식을 형성하는 데 도움이 되는 특정 가치를 가집니다."

이 연구 여정 동안 점점 더 많은 사람들이 희망의 이유가 많다는 것을 증명하기 위해 우리와 함께 했다. 이 공동 학습 커뮤니티는 일에 대한 공통된 뜨거운 질문을 중심으로 형성되었고, 그 이후로 연구에 조언과 정보를 제공했다.

우리의 연구 방법은 전통적인 연구 방법론을 뛰어넘어 조사를 생성, 분석 및 적용하는 방법을 시간의 흐름과 함께 완전히 아우른다. 그렇기에 우리는 스스로를 공동 학습 커뮤니티라고 부른다. 이 커뮤니티는 많은 인터뷰에 참여했을 뿐만 아니라 깊은 통찰력과 관대한 정신을 발휘하여 진화하는 연구 조사를 함께 만들고 결론에 대한 스트레스 테스트를 진행했다. (연구에 대한 자세한 내용은 385쪽에서 확인할 수 있다.) 이 책에서는 공동 학습 커뮤니티에 속한 사람들을 공동 학습자라고 지칭한다.

공동 학습자에는 스타트업 기업 및 사회 운동, 병원 부서 및 지방 정부, 종교 지도자 및 금융 투자자 등이 포함된다. 이들은 모두 관련된 모든 사람의 삶을 더 좋게 만드는 데 탁월한 방식으로 기여하는 형태의 성공을 달성한 그룹 또는 팀에 속해 있다.

공동 학습 커뮤니티의 씨앗은 연구 첫해에 다양한 기업, 커뮤니티 그룹, 팀, 조직 등 눈에 띄는 업무 방식과 성공을 이룬 다양한 사람들과 대화를 나누면서 유기적으로 생겨났다. 테크 기업, 청년 주도의 사회 운동, 병원 부서 등 다양한 그룹에서 우리는 공통점을 발견했다. 바로 다른 방식으로 일하는 사람들이 기존업무방식과는 차별화된 성과를 거뒀다는 점이다. 그 후 몇 년 동안 지속적인 연구와 소개를 통해 공동 학습자의 범위를 넓혀 이 공통점을 가진 더 많은 그룹을 포함시켰고, 나중에는 일부 관련 주제에 대한 전문성을 가진 개인을 포함하도록 확장했다.

우여곡절이 많았던 연구 여정에서 성장한 이 커뮤니티는 우리의 기준이 되어주었다. 바로 이 책은 두 가지 방식으로 멤버들과 함께 만들었다. 첫째, 책 전반에 걸쳐 언급된 인사이트는 인터뷰 및 대화를 바탕으로 한 질적 연구를 함께 진행한 결과의 요약이다. 둘째, 공동 학습 커뮤니티의 많은 구성원이 이 책의 초안을 발전시키는 데 직접 인사이트와 피드백을 제공했으며 그들의 답변은 여러 차례의 반복 작업에 상당한 영향을 미쳤다. 이 커뮤니티는 그룹 줌Zoom 회의, 팀의 사무실과 커뮤니티에서 시간을 보내거나 단순히 새로운 연구 질문이나 결론에 대한 공동 학습자의 생각을 듣기 위해 전화하는 등 이 과정 전반에 걸쳐 우리가 업무에 대해 보고 믿게 된 것에 풍부하게 기여해 주었다.

앞으로의 페이지에서는 이들 공동 학습자의 이야기를 직접 들을 수 있다. 이 책은 우리를 지치게 하고 죽이는 기존업무방식에서 벗어나 삶을 긍정하는 대안적인 업무 방식으로 나아간 평범한 개인과 그룹의 여정을 기록한다. 현상에 해로운 것들을 버린 실제 조직과 기업을 소개하고, 여러분도 자신만의 길을 찾을 수 있는 방법을 안내한다.

이 책은 탈출구를 열어 자신과 팀을 더 사랑받는 업무 방식으로 안내할 방법을 찾고 있거나 갈망하는 모든 사람을 위한 책이다. 이 책은 소용 없는 일에 지치고 소진된 사람을 위한 것이며, 변화하고자 하는 의지를 가지고 변화를 꾀하는 팀, 부서, 커뮤니티 그룹 또는 기업 내 일원, 또는 전체 팀으로서 함께 읽는 책이다.

경제와, 경제가 우리의 일상과 지구에 미치는 영향은 경제 운영 방식을 이끄는 법과 정책, 특정 행동과 행위를 금지하고 다른 행동과 행위를 장려하는 법과 정책 등의 요소에 의해 형성된다. 법과 정책은 이를 시행하는 정치 시스템과 떼려야 뗄 수 없는 관계에 있다. 따라서 우리는 정책 개혁, 노동자 집단 조직화, 새로운 법적 판례 등 모든 수준에서, 모든 곳에서 변화가 절실히 필요한 경제 시스템 내에서 가동되고 있다. 12장에서 자세히 살펴보겠지만 우리는 일하는 방식을 혁신하는 것이 경제 변화를 가져올 수 있는 가장 잘 활용되지 않지만 강력한 방법 중 하나라고 믿게 되었다. 모든 형태의 변화는 중요하며 일하는 방식을 바꾸는 것은 사랑없는 경제에서 벗어나기 위한 전략의 도구 상자에 추가할 수 있는 여러 가지 수단 중 하나이다.

이 책은 연구 결과와 함께 그룹, 조직, 기업의 잠재력을 활성화하여 경제 변화를 위한 강력한 지렛대로 전환할 수 있는 7가지 구체적이고 실천 가능한 실행 방안을 제시한다. 또한 이 여정에서 함께 배웠던 사람들과 독자 여러분께 보내는 연서이기도 하다. 이 책은 기존 업무방식에서 벗어나 대담하고 치유적인 미래로 나아가는 우리의 집단적 힘에 찬사를 보낸다. 그리고 우리가 사랑하는 경제에 생명을 불어넣는 업무 방식을 꿈꾸고 구축하는 데 동참해 달라고 요청한다.

더 많은 그룹이 다양한 업무 방식을 재구상하고 실행에 옮길수록 더 나은 삶을 만들어가는 팀의 생생한 사례가 점점 더 많아질 것이다. 이것이 우리의 희망이자 확고한 신념이다. 이들 사례는 가능성에 대한 우리의 집단적 상상력을 확장하고 커뮤니티에서 구축하는 것에 영감을 주며 우리 경제의 작동 방식을 근본적으로 바꾸는 변화를 촉발할 수 있다고 믿는다.

이 변화는 우드 박사가 말한 '사랑받는 경제'라는 개념의 약속, 즉 경제가 더 이상 우리를 고갈시키지 않는 세상, 권력, 주체성, 연결에 굶주리지 않는 세상으로 우리를 초대한다. 이러한 일의 방식은 한 사람 한 사람을 소중히 여기며 삶을 좋게 만드는 것에 중점을 둔다. 우리가 초대받는 세상은 대담한 새로운 미래를 상상하고 구축할 뿐만 아니라 과거의 피해로 인해 건강하지 못한 부분을 복구하고 보충하는 데 우선순위를 두고 균형을 유지하며 풍요로운 일상을 누릴 수 있는 곳이다. 우리의 업무 방식이 우리 고유의 연결성을 가능성과 회복력을 가진 달콤한 공간처럼 느끼게 하는 공간이다. 삶이 잘 풀리기를 바라는 기도문처럼 비즈니스 관행이 사랑을 표현하는 곳이다. 우리 모두가 소속감을 느끼는 세상이다.

사랑처럼 느껴지는 경제를 실현하는 곳이다.

2장

디자인할 권리를 되찾기

공동 학습 커뮤니티 멤버를 찾기 위해 우리는 기존업무방식에서 벗어나 혁신을 이루고 주목할 만한 성공을 거둔 약 200여 개의 사례를 조사했다. 추천, 온라인 조사, 전화 통화, 그리고 수년간의 업무 혁신을 통해 형성한 네트워크를 통해 잠재적인 그룹을 찾아냈다. 초기 인터뷰 후, 때로는 직접 방문하거나 관련 이해관계자들과 대화를 나누며 그들의 업무를 더 완전히 이해하기 위해 노력했다. 더 많은 팀을 만나고 이야기를 나눌수록 그들이 경험하고 있는 특별한 성공 유형에서 더 많은 영감을 얻었다.

참가자들은 기존업무방식의 전통적인 지표만을 중요시하는 대신 자신과 커뮤니티, 고객 및 기타 이해관계자에게 가장 의미 있는 것을 우선순위에 두는 독특한 비전을 제시했다. 경제적 어려움을 겪고 있는 작은 마을에서 소규모 지역 양조장의 맥주를 판매하고 모든 양조 과정에 대한 장비, 수업, 교육을 제공하는 커뮤니티 공간을 가까이에 마련하는 자가 양조 술집에 대한 아이디어가 떠오른 사례도 있다.

인터뷰 참여자들은 프로젝트, 프로세스, 제품이 얼마나 열정적으로 받아들여졌는지에 대해서도 공유했다. 예를 들어, 신성한 상수원을 보호하기 위한 캠페인은 수십 명이 참여한 지역적 활동에서 국제적인 헤드라인을 장식하고 25,000명 이상의 지지자가 이 운동에 동참하도록 영감을 준 글로벌 캠페인으로 성장했다.

인터뷰 참여자들은 운영 방식을 혁신하면서 자신과 동료들이 업무에 접근하는 방식이 근본적이고 영구적으로 바뀌었다고 강조했다. 회사의 독특한 업무 접근 방식에 매료되어 같은 철학이 깃들지 않은 후속 기회에서 손을 뗀 기술 스타트업의 공동 창립자이자 CTO의 사례도 있다.

이 특별한 업무 방식은 인터뷰 대상자의 삶의 다른 영역에서도 지속적이고 긍정적인 영향을 미쳤다. 지방 자치 단체의 한 직원은 자신의 업무 경험이 육아 스타일에 어떻게 영향을 미쳤는지 공유했다. 우리는 사례 연구와 인터뷰를 통해 패턴을 발견하기 시작했다. 각 그룹이 경험하고 있는 특정한 형태의 성공이 있었다. 우리는 이러한 그룹과 그 안에 속한 개인을 브레이크아웃 활동가Breakout actor라고 부르기로 했다.

브레이크아웃 활동가들이 기존업무방식의 수행자들과 다른 점은 그들이 만들어내는 혁신이 견딜 수 없는 상황을 조금 더 낫게 만드는 데 그치지 않고, 사랑없는 경제에서 도외시되는 다양한 형태의 복지를 의미 있게 우선시하는 방식으로 협력함으로써 기존업무방식에서 벗어난다는 점이다. 이들이 경험하는 특별한 종류의 성공을 우리는 브레이크아웃 혁신이라고 부르게 되었다.

브레이크아웃 혁신

브레이크아웃 혁신은 현재의 사랑없는 상태에서 벗어나 광범위하고 지속적이며 상상력을 발휘하는 혁신적인 변화이다. 브레이크아웃 혁신으로 만들어지는 계획, 프로세스, 제품은 세 가지의 주요 특성을 공유한다.

1. 더욱 좋은 삶을 만들도록 지원하는 대담한 재구상

이러한 아이디어는 기존 접근 방식의 세부 사항을 조정하는 것 그 이상이다. 획기적인 혁신은 특정 분야의 통상적이고 당연한 제약을 뛰어넘어 무엇이 될 수 있는지에 대한 깊은 상상력을 제공한다. 이러한 대담한 출발은 시스템 전반에 걸쳐 다양한 형태의 부와 복지를 향상과 유지. 현재 경제의 사랑없음으로부터의 탈출에 가치를 둔다.

한 가지 예로 앞으로 소개할 금융 혁신 기업 런웨이RUNWAY의 사례를 들 수 있다. 기존업무방식에서는 초기 단계 기업이 투자를 받으려면 지원서, 피치 세션, 역량 입증 단계 등 까다로운 과정을 거치도록 요구 받았다. 이는 투자자의 재정적 위험을 방지하는 데 초점을 맞추는 경향에 따른 것이다. 투자자가 설정한 기준에 부합하는 기업만이 재정적 파트너십을 맺을 수 있는 기회를 얻게 된다. 런웨이는 투자 경험을 완전히 새롭게 재구성하여 초기 단계의 기업에 힘을 실어주고, 창업자와 관련 팀에게 정서적 지지와 기쁨을 줄 수 있는 경험을 선사한다. 그 과정에서 런웨이의 투자자 및 기업가 커뮤니티는 새로운 투자 접근 방식과 상품을 혁신하여 BIPOC*비즈니스에 대한 기존의 장벽을 없애고 이전에는 존재하지 않았던 기회를 창출했다.

---

* 백색 인종 외의 인종(Black, Indigenous, People of Color.)

2. 아이디어의 광범위한 채택

많은 혁신이 완전히 실현되는 데 필요한 지원을 받지 못한다. 그러나 브레이크아웃 혁신은 조직, 커뮤니티 또는 업무 분야 전체에 걸쳐 광범위하게 구현할 수 있는 방식을 포함한다. 사람들이 혁신을 사용하거나 접근하는 데 그치지 않고 혁신을 개선하거나 그 범위를 확장하기 위해 주도적으로 노력하는 것이 이 탄탄한 수용의 특징이다.

그 대표적인 예로, 다음 장章에서 소개할 브레이크아웃 활동가이며 지역 사회 중심의 계획, 디자인 및 건축 회사인 콘코디아Concordia가 주도한 도시 복구 계획인 '통합 뉴올리언스 계획'이 있다. 허리케인 카트리나가 뉴올리언스를 강타한 후, 여러 재해 복구 계획이 시 전체의 승인을 얻는 데 실패했다. 콘코디아는 일반적인 계획 수립 방식에서 과감히 벗어난 대안적 접근 방식을 추진했다. 그 결과 9천 명 이상의 주민이 직접 참여한 통합 뉴올리언스 계획은 긴급하게 필요한 연방 구호 자금을 확보하는 데 필요한 광범위한 지지와 공식 승인을 얻은 유일한 복구 계획이 되었다.

3. 혁신에 대한 깊은 주체 의식을 일깨우는 프로세스

새로운 아이디어를 창출하고 실행하는 과정은 관련된 이해관계자들 사이에서 지속적인 변화를 일으킨다. 그 결과 커뮤니티, 기업 또는 산업 내에서 더 많은 사람들이 주도권을 잡고 현재의 노력을 지속적으로 개선할 뿐만 아니라 향후 업무에 다른 접근 방식을 새롭게 도입하게 된다. 예를 들어, 환자와 그 가족, 의사, 간호사, 병원 행정 직원에게 의학 연구의 문호를 개방한 심장연구연합Heart Research Alliance의 획기적인 사례를 생각해 볼 수 있다. 이들은 의학 연구 결과에 이해관계가 있는 사람들이 연구자들과 동료로서 협력하여 조사할 주제와 질문을 결정했다. 한시적인 프로젝트가 종료된 지 몇 년이 지난 지금도, 협업 경험은 참여했던 사람들을 계속 고무시키고 있다. 참여했던 많은 환자들이 새로운 공간과 상호작용을 통해 많은 사람들의 삶의 질을 개선하는 데 필수적인 연구 질문에 계속 기여하고 있다.

브레이크아웃 활동가들의 성공에서 이 세 가지 공통점을 발견할 수 있었지만, 처음에는 이질적인 그룹이 이러한 동일한 특성을 가진 성과로 연결되는 것이 무엇인지 파악하는 것은 더 어려웠다. 표면적으로는 설명할 수 있는 것이 거의 없었다. 우리가 추적한 브레이크아웃 활동가들은 다양한 산업 분야에서 매우 다른 일을 하고 있었다. 또한 각자의 업무 방식을 설명할 때 사용하는 용어도 매우 달랐다. 그러나 우리가 이러한 결과를 더 깊이 탐구하기 위해 공동 학습 커뮤니티로 모이기로 결정했을 때, 그들은 마치 서로 만나자마자 알아볼 수 있는 비밀을 공유하는 것처럼 보였다.

　무언가 끈끈한 유대감이 그들을 묶어주었다.

　이들의 업무 방식 저변에 존재하는 연결점을 파악함으로써 브레이크아웃 활동가들의 성공 비결을 발견할 수 있을 것이라는 직감이 들었다. 이 직감을 탐구하는 과정에서 처음에는 전혀 관련이 없어 보였던 또 다른 현상도 발견했다. 바로 브레이크아웃 활동가들이 하는 일이 때때로 기존업무방식을 운영하는 사람들의 반응을 불러일으킨다는 것이었다. 우리는 비범한 성취를 이룬 일부 브레이크아웃 활동가들이 상당한 수준의 저항에 직면하는 것을 지켜보았다. 혼란스러웠다. 현상 유지의 혜택을 가장 많이 누리고 있는 사람들이 익숙한 것에서 과감하게 벗어나려는 노력을 저지하려는 이유는 이해할 수 있었다. 의아한 것은 저항의 일부가 무의식적인 충동처럼 자동적으로 보였고, 종종 현 시스템에서 특별히 혜택을 받지 못하는 협력자들로부터 나온다는 점이었다. 부와 영향력의 지속적인 강화를 위해 행동하는 것이 자신에게 아무런 이익이 되지 않더라도 무언가가 사람들을 움직이도록 자극하는 것 같았다.

이 현상에 대해서는 11장에서 자세히 살펴보겠다. 지금 중요한 것은 브레이크아웃 혁신과 관련된 업무 방식이 기존업무방식에서 실행 가능하고 효과적이라고 생각하는 것과는 정반대되는 경우가 많다는 점이다. 브레이크아웃 혁신을 달성하는 과정에는 시간이나 리소스를 사용하는 방식, 의사 결정을 위해 회의실에 초대하는 사람, 대담한 상상력 등 여러분이 선택한 일과 그 방식이 기업의 파멸로 이어질 것이라고 확신하는 회의론자들의 합창과 마주하는 것이 포함될 수 있다. 브레이크아웃 활동가들은 종종 '현실적으로 행동해라', 특히 금전적 이익에 관한 한 현실 세계의 치열한 경쟁이 그들의 노력을 성공으로 이끌지 못한다는 '현실을 받아들여라'는 말을 듣곤 한다.

그러나 우리가 관찰한 바에 따르면, 브레이크아웃 혁신은 재정적 성공을 희생하면서까지 이루어지지 <u>않는다</u>. 오히려 브레이크아웃 활동가들은 상당한 투자, 풍부한 고객과 소비자, 보조금을 유치하여 재정적으로 번창하는 경우가 많다. 또한, 코로나19 팬데믹의 경제적 영향과 같이 어려운 상황이 닥쳤을 때에도 브레이크아웃 활동가들은 놀라운 회복력을 보여주었다.[1]

지금까지 살펴본 바에 따르면 브레이크아웃 활동가에 대한 회의론은 근거가 없다. 오히려 현실을 직시하라는 회의론자들의 주장은 "소수의 부와 권력을 비축하는 기존업무방식의 목적에 반하기 때문에 받아들일 수 없다"는 의미일 때가 많다. 우리는 비효율성에 대한 반대론자들이 무의식적으로 근시안적인 가정을 세우는 경우가 많다는 것을 배웠다. 혁신은 현재 현상 유지 내에서 가장 많이 받아들여지는 범위에 한계를 지을 필요가 없다. 효과가 없는 것에서 벗어나고자 한다면, 소위 불가능하거나 불가능하다고 여겨지는 것에 발을 들여놓는 것이 올바른 길을 가고 있다는 의미일 수 있다.

우리는 브레이크아웃 활동가들을 연결한 요인이 기존업무방식에 회의적인 사람들의 반응을 촉발한 것과 관련이 있는지 궁금했다. 브레이크아웃 활동가들의 업무 방식이 기존업무방식의 핵심과 정반대 되는 무언가를 활성화하고 있었을까? 이 특별한 요소가 성공의 열쇠가 될 수 있었을까?

결과는 '그렇다'였다.

기존업무방식의 뿌리와 역사를 풀어가면서 우리는 근본적인 힘이 작용하는 것을 보았다. 공동 학습 커뮤니티와 함께하면서 우리는 더 많은 사람들이 의사 결정 테이블에 둘러앉았을 때 얻을 수 있는 풍부한 컨텍스트, 정보 및 통찰력과의 연결을 사랑 없는 업무 방식이 적극적으로 억제한다는 사실을 이해하게 되었다. 그리고 우리를 서로, 그리고 더 큰 삶의 그물망으로부터 분리시켜 특정 유형의 권력으로부터 우리를 단절시키려는 체계적인 노력이 있었다는 사실도 알게 되었다.

브레이크아웃 활동가들과의 대화에서 우리는 종종 그들이 어떻게 무언가를 '활용'하거나 '잠금 해제'하고 있는지에 대해 이야기했다. 많은 조사 끝에, 우리는 그들이자 신도 모르게 특정한 유형의 힘, 즉 기존업무방식이 우리의 단절을 부추기는 것과 같은 힘을 발휘하고 있다는 사실을 깨달았다. 우리는 이 힘을 디자인에 대한 우리의 권리라고 부르게 되었다.

우리의 디자인 권한

디자인 권한은 우리가 함께 상상하고 결정하고 구축할 때, 즉 디자이너의 펜을 들고 개인과 집단의 미래를 스케치할 때 행사할 수 있는 권리이다. 이 권한은 현재(우리 주변의 상황)에 대한 통찰력을 생성하고, 될 수 있는 것(아직 존재하지 않는 잠재적 상황)에 대한 가능성을 상상하며, 그러한 가능성을 실현하는 방법을 결정하고 소유권을 갖는 우리의 보편적인 능력에 뿌리를 두고 있다.

디자인 권한은 국제적으로 인정되는 권리와 연계되어 있으며,[2] 주로 일상 생활의 환경을 상상하고, 결정하고, 구축하는 데 참여할 수 있는 권리이다. 기업의 수익이 누구에게 어떻게 사용되는지, 또는 더 큰 커뮤니티에 미치는 영향을 염두에 두고 제품 개발에 대한 비전과 결정에 기여하는 것일 수 있다. 또는 조직 내에서 자신의 일정과 근무 시간을 유연하게 설정하는 것과 같이 단순한 것일 수도 있다.

우리의 디자인 권한을 지키기 위해서는 우리 각자가 자유롭고 온전하게 고유한 통찰력과 아이디어를 제공할 수 있어야 하며, 아이디어를 구현하는 방법을 결정하는 책임을 공유하여 함께 나아갈 길을 찾을 수 있어야 한다.

그러나 기존업무방식에서는 이러한 디자인 권한이 고도로 편중되어 있다. 1장에서 살펴본 바와 같이, 상대적으로 소수의 사람들이 막강한 영향력을 행사할 수 있는 힘을 축적하고 있으며 이들 모두는 막

대한 부를 보유하고 있거나 부와 연결되어 있거나 부를 통해 힘을 얻고 있다. 이는 경제를 형성하는 데 있어 소수의 사람들만이 디자인 권한을 온전히 행사할 수 있다는 중요한 사실을 드러낸다. 대부분의 직장에서 볼 수 있듯이 사랑없는 업무 방식에서는 이러한 권한이 주어진 시스템 전체에 분산되기보다는 집중된다. 이것이 바로 디자인 권한의 집중이다.

디자인 권한의 집중은 투자자, 최고 경영진, 이사회 구성원이 기업의 우선순위에 대해 유일한 발언권을 갖고 있기 때문에 발생할 수 있다. 이들은 지역 사회 구성원에게 피드백을 요청하면서 실제 의사결정에는 참여하지 않는 조직이다. 또는 디자이너의 펜을 손에 쥐어주는 것은 고사하고 프로세스에 이해관계자를 의미 있게 포함시키지 않은 채 많은 사람들의 삶에 직접적인 영향을 미칠 계획을 추구하는 회사이다.

사랑없는 경제에서 부와 디자인 권한은 기존업무방식을 뒷받침하는 편견 때문에 함께 집중되는 경향이 있는데, 이러한 편견은 너무 널리 퍼져 있어 많은 사람들이 거의 알아차리지 못한다. 경제 이론가인 마조리 켈리Marjorie Kelly는 이를 자본 편향이라고 부른다. 자본 편향은 "돈이 있는 사람에게 유리한 태도와 제도"로 정의된다.[3] 자본 편향은 사랑없는 경제가 자본가들의 재정적 이익을 최적화하는 것과 직접적으로 관련이 없는 것의 우선순위를 낮추도록 강요하는 방식과도 연관되어 있다.

때로는 이러한 편견이 회사나 조직의 구조 자체에 내재되어 있기도 한다. 재무적 투자자와 고액 연봉을 받는 임원들만 의사 결정에 참여하는 방식이 대표적이다. 자본 편향은 문화적으로도 비공식적인 방식으로 나타날 수 있다. 예를 들어, 회의에서 누군가가 자본이나 금융 지식과 연관된 방식으로 발언하면 다른 사람들은 자본 축적과 무관한 우선순위를 제안하는 사람의 의견보다 그 사람의 의견을 더 중요하게 생각할 수 있다.

따라서 사랑없는 경제는 부를 강화하는 동시에 상상, 결정, 구축할 수 있는 권한을 동일한 소수의 사람들에게 몰아준다. 우리의 직장은 대개 효율성이라는 명목으로 또는 다른 방법으로는 불가능하다고 판단 하에 이러한 불평등을 정상화한다.

사랑없는 경제에서는 불평등이 인정되지만 이는 불가피하거나 자연스러운 것이 아니다. 능동적으로 만들어진 것이다. 막대한 불평등한 자본이나 영향력의 축적은 자연적으로 발생하지 않았다. 우리가 직장에서 정상적인 관행이라고 생각하는 많은 것들이 실제로는 폭력적으로 부를 추출하고 그에 따른 설계권을 강화하기 위한 수단으로 사람들을 정복, 노예화, 억압, 정복하기 위해 명시적으로 개발된 기술에서 파생되었다는 것이 추악한 진실이다.

과장이 아니다. 기존업무방식의 많은 현재 전술과 관습은 미국 남부의 플랜테이션으로 직접 거슬러 올라가는 뿌리를 가지고 있다. 사람들을 노예로 부리는 이들이 개발했으며, 강제 노동의 잔인성과 관련이 있다. 스프레드시트 사용, 규모에 대한 사고방식, 직원 감독 방식, 원가 회계, 상품 시장과의 상호 작용 방식, 감가상각 개념, 담보 개념 등은 모두 미국 농장 경제에서 노예제도의 일부로 개발되었다.[4]

기존업무방식은 어떤 사람은 디자인 권한을 행사할 수 있어야 하고 어떤 사람은 행사할 수 없어야 하며, 부는 영향력이 있는 사람들에게만 축적되어야 한다는 우월주의적 관념을 강화하는 전술을 평소와 같이 반복하고 있다. 인종, 계급, 성별, 성적 취향, 신체적, 정신적 능력 등 다양한 속성이 타자화, 분열, 착취에 이용되어 왔다.

"착취에 저항하는 우리의 능력을 약화시키기 위해 사람들 사이의 모든 가능한 분열이 활용되었다."라고 공동 학습 커뮤니티의 회원인 에드 휫필드Ed Whitfield는 강조한다. 사회 비평가이자 작가, 지역 사회 활동가인 에드는 미국의 착취가 초기 및 현재 경제의 구축과 어떻게 깊이 얽혀 있는지에 대해 깊이 사유思惟하고 많은 글을 썼다.

아칸소 주 리틀락 출신인 에드는 10대 시절 리틀락센트럴고등학교 재학 중 반전 운동을 펼치며 정치 활동을 시작했다. 코넬대학교에서 흑인 연구 운동에 참여한 후 노스캐롤라이나로 이주하여 처음에는 말콤엑스리버레이션대학교에서 가르치다가 지역 사회 및 노동 조직 활동을 계속했다. 30년 동안 그린스버러에 있는 노조 담배 공장에서 일한 후 은퇴하여 미국 남부의 소외된 지역 사회에서 경제 민주주의와 협동조합 개발에 주력하는 소규모 민간 재단인 민주적 지역 사회를 위한 기금을 공동 설립하고 공동 이사장을 맡았다. 그는 미국의 경제적 불공정의 뿌리에 대해 연구하고, 생각하고, 글을 쓰는 데 집중했으며, 지역 사회 경제 협동조합인 시드커먼스Seed Commons를 비롯한 여러 획기적인 기획을 통해 경제 및 인종 정의를 위한 대안 경제 모델을 조직했다. 에드는 현재 미시시피에 거주하며 이 일을 계속하고 특히 젊은이들과 공유하기 위해 노력하고 있다.

"인종 구분이 가장 분명하고 극적이었지만, 언덕 거주자와 계곡 거주자, 숲속 거주자와 늪지대 거구자 등 사람 사이의 구분은 모두 착취의 고삐를 조이는 데 사용되었습니다. 미국에서 가장 가난한 지역이 현재 가난한 이유는 원주민으로부터 땅을 빼앗고, 노예로 강제

이주한 아프리카인들의 수입, 계약직 하인의 이주, 다양한 억압을 피해 기회를 찾던 유럽인들의 정착, 그리고 최근에는 우리 이웃의 이민으로 거슬러 올라가는 억압과 착취의 역사적 패턴 때문입니다."라고 에드는 인터뷰에서 말한다.

시간이 지남에 따라 기술이 변화했지만 기존업무방식의 상당 부분은 여전히 비인간적인 접근 방식을 필요로 하며, 이를 답습하고 있다. 이러한 업무 방식은 암묵적으로 특정 사람, 존재, 장소를 다른 사람과 구별지어 덜 중요한 것으로 간주한다. 기하급수적인 재무 수익률과 끝없는 자본 성장 등 기존업무방식에서 흔히 말하는 많은 것들은 인간과 인간 외의 생명을 점점 더 타자로 간주하는 업무 방식에서만 가능하다. 사람과 삶을 대하는 이러한 방식은 일종의 냉철하고 차분한 합리주의, 즉 "전문성"으로 위장될 수도 있다.

선망받는 하키 스틱 모양의 성장 곡선을 그리는 기업을 보면, 우리는 이러한 엄청난 재정적 성장이 비인간적인 업무 기대치를 인간 근로자에게 적용한 결과인지 궁금해진다. 예를 들어, 아마존Amazon이 엄청난 수준의 재정적 성공을 거둘 수 있었던 것은 근로자에게 비인간적인 수준의 생산성을 요구하는 것이 합법적이고 심지어 권장되는 환경이 있었기 때문에 가능했을 것이다. 한 보도에 따르면 아마존은 한 시간 내에 400개의 상품을 진열대에서 골라내거나(상품당 7초), 시간당 1,800개의 패키지를 검사하고 스캔하는 등 효율성 기준(분당 30개)에 미달할 경우 근로자를 전근시키고 심지어 해고하기도 한다.[5] 이러한 기준은 일반적으로 어떤 종류의 착취를 필요로 하며, 이러한 착취는 사람 간, 즉 아마존의 경우에는 투자자 또는 경영진과 아마존 창고 근로자 간에 인식적 분리를 만들면 더 쉽게 이루어진다.

기존업무방식에는 이러한 분리를 의도적으로 만들어내는 것이 포함되는데, 이는 폭력적인 수탈을 가능하게 할 뿐만 아니라 다수인 우리가 더 나은 경제를 설계하고 건설할 권리를 되찾기 위해 단결하지 못하도록 하기 위한 것이다. 극단적인 예로 의도적인 백인성Whitenes 만들기를 들 수 있다. 노스웨스턴대학교의 사회학 교수인 빌나 바시 트레이틀러Vilna Bashi Treitler 박사는 "백인성은 극심한 부의 계급적 지위를 보호하고자 하는 엘리트들이 만들어낸 허구"라고 날카롭게 지적했다. 2013년 수상 경력에 빛나는 그의 저서 《민족 프로젝트The Ethnic Project》에서는 미국에서 백인이라는 개념이 어떻게 만들어졌는지 자세히 살펴본다.

> 영국인들은 "흑인과 백인 사이의 계급적 유사성을 억누르고 인종적 차별을 가하기 위해" 노예제도를 개발하여 이를 만들어진 흑인 인종에 적용했다. 엘리트들은 부를 공유하지 않고도 가난한 사람들의 지위를 인종적으로 높여 가난한 유럽인과 그 후손들을 억압하고 불안하게 하고 달래기 위해 의도적으로 백인을 만들었다.[6]

로버트 라이시Robert Reich 전 노동부장관은 사랑없는 경제는 우리 대부분이 "부와 권력이 어디로 갔는지 알 가능성이 적도록 설계되어 있다"고 설명한다. "**우리는** 시장에서 **우리에게** '가치 있는' 대가를 받고, **우리가** 직면하는 장애물은 **우리가** 스스로 만든 것이라는 능력주의적 신화에 집착할 것이다. 인종주의는 **우리가** 함께 힘을 합쳐 그 시스템을 위협할 가능성을 낮춘다."[7]

오늘날 자본 편향과 백인 우월주의는 서로 뒤섞여 불평등을 더욱 심화시키고 있다. 공동 학습 커뮤니티를 통해 이러한 상호 작용이 어떻게 사랑없는 경제와 불가분의 관계에 있으며, 분열을 조장하는 인종화된 자본주의를 만들어내는지에 대한 이해를 깊게 할 수 있었다.

공동 학습자인 모리스 BP-위크스는 이 문제에 대한 명확한 분석을 제시했다. "인종과 경제에 관한 행동 센터(ACRE)에서는 인종과 계급이 본질적으로 연결되어 있으며, 우리 경제의 구조적 문제를 인종 중립적인 방식으로는 해결할 수 없다고 믿습니다. 금융 및 기업 엘리트들은 특히 흑인과 라틴계 커뮤니티를 표적으로 삼는 구조적 인종주의를 이용해 우리를 분열시키고 서로를 대립시키면서 우리의 생계를 파괴하고 있습니다." ACRE의 활동은 이러한 역학 관계를 집중 조명하고 이를 지속시키는 특정 기업가들에게 책임을 요구한다. "구조적인 인종차별에 맞서고 지역 사회의 위기를 통해 이익을 얻는 금융 엘리트들에게 우리의 요구를 직접 전달하기 전에는 경제적, 환경적, 교육적 정의를 달성할 수 없습니다."라고 모리스는 설명한다.

모두를 위한 시스템을 구축하려면, 우리는 사랑없는 경제에서 진보 또는 혁신으로 받아들여지는 것을 넘어서야 한다. 1장에서 언급했듯이 현 상황을 약간 개선하는 데 그치거나 기존의 제약 내에서 약간의 변화를 주는 것에 불과한 것이 혁신으로 간주되고 있다. 마치 망가진 기계에 반짝이는 새 부품을 추가하는 것과 같다. 타자가 존재한다는 근본적인 신화는 부와 영향력의 추출과 강화를 계속 정당화하고 유지한다. 아이러니하게도 사랑없는 경제에서 혁신을 가장 강력하게 추진하는 사람들이 바로 이러한 수준 이하의 기존업무방식 역학 관계에 가장 깊이 뿌리내리고 있으며, 이로 인해 혁신을 주도하는 사람들이 성공을 거두지 못하는 경우가 많다.

이와는 대조적으로 브레이크아웃 활동가들은 타자의 사회적 구성을 강화하는 관행을 되풀이하지 않기로 선택함으로써 이러한 제한적인 기반 역학을 방해한다. 이들은 디자인 권한을 광범위하게 분산시킴으로써 이를 수행한다. 우리 대부분은 기존업무방식에 익숙하고 자본 편향에 따라 디자인 권한을 집중하도록 훈련받았기 때문에 처음에는 저항의 충동을 불러일으킬 수 있다. 새롭고 예상치 못한 일로 느껴질 수 있다. 하지만 디자인에 대한 분산된 권한과 관련된 힘을 발휘하는 것이야말로 획기적인 혁신을 이끌어내는 열쇠이다.

브레이크아웃 혁신의 비결

이것이 여러 산업 분야의 혁신가들이 함께 일할 수 있었던 비결이었다. 이들은 모두 분산하는 방법을 알아냈다. 디자인 권한을 분산한다는 것은 디자인 권한을 시스템 전반에 걸쳐 광범위하게 재분배하는 것을 의미한다.

이를 통해 브레이크아웃활동가들은 사랑없는 경제에서 비인간화를 뒷받침하는 백인 우월주의와 가부장제 같은 우월주의의 사회적 구조를 해체하기 위해 노력한다. 그들은 기존업무방식이 초래한 분열을 치유하기 시작한다.

디자인 권한이 분산되면 팀은 어떻게 일할까? 창업자, 신입 직원, 구매자, 회사 제품의 최종 사용자 등 관련된 모든 사람이 동료로 모여 경험을 공유하고 회사가 나아갈 방향을 함께 결정하는 소규모 회사처럼 보일 수 있다. 5세부터 수백 명의 교사, 관리자, 가족, 학생이 학교의 모습과 지역 사회 생활의 중심이 될 수 있는 학교의 모습을 상상하는 학군 전체의 계획 과정처럼 보일 수 있다. 심지어는 팀원들이 앞으로 나아갈 길을 결정하는 과정에서 서로의 생생한 경험으로부터 배울 수 있는 의사결정 프로토콜을 갖춘 팀처럼 단순할 수도 있다.

이러한 변화는 미미해 보일 수 있지만, 디자인 권한을 되찾는다는 것은 일하는 방식에 큰 변화임을 의미한다.

사람들이 사랑없는 경제의 패권주의적 역학 관계 속에서 계획과 문제 해결 등의 활동을 할 때, 일반적으로 제한된 통찰력만을 바탕으로 의사 결정을 내린다. 디자인 권한이 소수의 손에 집중되면 다수의 지식과 지혜의 혜택을 받지 못한 채 아이디어가 형성되고 의사 결정이 이루어진다. 이러한 배제로 인해 우리 커뮤니티는 접근 가능한 통찰력과 창의적인 천재성을 잃게 된다.

반면, 디자인 권한을 분산하는 업무방식에서는 훨씬 더 풍부한 정보를 얻을 수 있다. 디자인 및 의사 결정 테이블에는 기존업무방식에서 가능하다고 믿는 것보다 훨씬 더 많은 자리가 있기 때문이다.

디자인 권한의 분산은 변혁의 힘을 드러내며, 이는 생명 시스템이 가장 잘 작동하는 요소를 반영한다. 생명체는 여러 독립적인 요소가 상호 작용하여 예측하기 어려운 돌발적인 결과를 초래하는 복잡한 적응시스템으로 존재한다. 예를 들어 숲은 복잡한 적응시스템이다. 인간의 이웃, 비즈니스 또는 경제도 마찬가지이다. 건강하고 탄력적인 복합 적응시스템은 상호 연결된 많은 견제와 균형을 통해 상황이 변화함에 따라 전체 시스템이 생존을 향해 적응할 수 있도록 한다. 이러한 견제와 균형은 피드백 루프의 형태로 나타난다.

피드백 루프에는 교정 피드백 루프와 강화 피드백 루프 두 가지가 있다.[8] 교정 피드백 루프는 기하급수적인 성장과 같은 불균형의 발생을 제한한다. 이는 자연에 내장된 기능으로 우리 몸에서도 관찰할 수 있다. 예를 들어, 피부와 다른 기관의 센서가 과열되면 땀을 생성하고 피부 홍조를 통해 체온을 낮춰 체온을 조절하는 뇌의 일부에 신호를 보내 시스템이 제대로 작동할 수 있는 수준까지 체온을 낮춘다. 강화 피드백 루프는 시스템에서 발생하는 기존 변화의 방향을 강화하여 더 많은 변화가 일어나도록 유도한다. 실제로는 드물지만, 예를 들어 출산의 경우 옥시토신이 자궁 수축을 자극하여 더 많은 옥시토신oxytocin과 프로스타글란딘prostaglandins을 생성하고, 출산으로 이 사이클이 깨질 때까지 더 많은 수축과 옥시토신을 자극하는 현상에서 관찰할 수 있다.

복잡한 적응시스템은 교정 피드백 루프와 강화 피드백 루프의 균형이 유지되면 정보가 업데이트되면서 지속적으로 시스템을 조정할 수 있고, 조정과 수정을 통해 시스템의 건강 상태를 유지할 수 있다. 피드백 루프가 작동하지 않거나 최적으로 작동하지 않으면 불균형한 기하급수적 성장이 발생하여 시스템이 붕괴될 수 있는 불안정성을 초래할 수 있다. 이러한 현상은 생태계와 사회 시스템 모두에서 볼 수 있다. 비즈니스와 같은 복잡한 적응시스템에서는 설계 권한이 광범위하게 분산되어 있으면 정보의 수정과 보강이 자유롭게 이루어지고 시스템 전체가 이에 대응하여 적응할 수 있다. 그러나 디자인 권한이 편중되면 사용 가능한 정보의 범위가 제한되어 필요한 시스템 조정 및 수정이 이루어지지 않을 수 있다.

자본 편향은 기업과 부유층을 균형 잡힌 정보 순환으로부터 영구적으로 보호하는 것을 목표로 하는 기존업무방식을 장려한다. 피드백을 바로잡을 수 있는 잠재력은 시스템의 건전성에 중요한 기여를 하는 것이 아니라 자본 축적에 대한 위험으로 간주된다. 예를 들어, 한 연구에 따르면 미국 근로자의 57%라는 충격적인 숫자가 비밀유지계약에 구속되어 있으며[9], 이러한 계약은 중요한 교정 피드백을 제공할 수 있는 능력을 제한하는 역할을 할 수 있다.

시스템 적응에 도움이 될 수 있는 중요한 정보는 그러한 정보(다양한 작업 방식에서 나오는 반대 목소리나 아이디어 등)가 단기 이익 극대화를 방해할 수 있다는 포괄적인 해석으로 인해 억제된다. 안전 문제를 해결하기 위한 한 달 동안의 생산 중단, 지역의 길목을 파괴하지 않도록 개발 계획 조정, 법적으로 요구되지 않더라도 접근성을 위해 경사로와 난간을 만들드는 것, 근로자와 의사 결정을 공유하는 것 등이 단기적인 이익 극대화에 방해가 될 수 있다.

기존업무방식은 피드백의 건전한 순환 대신 한 가지 유형의 정보, 특히 재정적 부의 추출과 강화를 확인하는 정보, 증거, 아이디어, 결정을 강화하는 피드백의 무분별한 확장을 조장한다. 문제는 강화 피드백과 교정 피드백이 정기적으로 순환하지 않는 시스템은 건강하지 않다는 것이다. 심지어 부서질 정도로 취약해질 수 있다. 소수의 관점에서 볼 때, 이미 일어나고 있는 일만 강화하는 시스템은 우선순위를 정하기보다 현재 일어나고 있는 일의 지속을 장려한다. 간단히 말해, 이러한 시스템은 효과적으로 적응하지 못한다.

대신에 브레이크아웃 활동가가 디자인 권한을 분산시키면 시스템이 발전하고 번성할 수 있는 요소를 활용하게 된다. 시스템 전반에 걸쳐 피드백을 수정할 수 있는 채널을 효과적으로 다시 열어 훨씬 더 풍부하고 폭넓은 정보를 얻을 수 있다. 디자인 권한을 분산하는 업무

방식은 장기적인 관점에서의 지혜와 우리 공동체의 안녕을 위한 건전한 안목을 제공한다. 현명한 계획, 프로세스 및 제품은 추출이 아닌 영양을 공급하는 디자인에 기여하며, 이는 현상 유지와 차별화된다.

이러한 정보 풍부화 역학의 성공은 여러 연구를 통해 뒷받침된다. 예를 들어, 2004년 제임스 서로위키James Surowiecki의 영향력 있는 저서 《대중의 지혜The Wisdom of Crowds》에서는 군중의 판단이 가장 전문적인 컨설턴트의 판단보다 더 효과적일 수 있다고 설명한다.[10] 서로위키는 충분히 많고 다양한 사람들에게 독립적인 예측을 요청하면 각자가 가진 오류와 편견이 상쇄되어 가장 정확한 정보가 남는다고 제안한다. 비즈니스 및 산업 동향에 대한 연구에 따르면, 비즈니스 학자 벤카트 라마스와미Venkat Ramaswamy 박사와 프랜시스 귈라트Francis Gouillart가 공동 창조 패러다임(다양한 이해관계자와 고객이 모여 통찰력을 공유하고 기업이 직면한 주요 결정을 내리는 것)이라고 명명한 것에 참여할 때, 결과적으로 기업이 높은 금전적 수익을 포함하여 부유해지는 경향을 보여주었다고 한다.[11]

브레이크아웃 활동가들은 기존업무방식에 의해 디자인 권한을 행사하도록 테이블에 초대된 소수의 선택된 사람들과는 달리 다양하고 수많은 그룹이 신중하게 고려하고, 연마하고, 수용하여 앞으로 나아갈 길을 만들어낸다. 이것이 바로 브레이크아웃 혁신의 비결이다.

브레이크아웃 혁신을 위한 실행 방안

우리는 브레이크아웃 활동가들이 업무를 혁신하는 방식을 연구하면서, 디자인 권한을 분산하는 데 있어 명확한 패턴이 있다는 것을 알게 되었다. 이 패턴이 바로 이 책에서 여러분과 공유하는 7가지 실행 방안이다. 이 7가지 실행 방안은 디자인 권한을 분산하고 사랑없는 경제에서 벗어나 혁신의 길로 나아갈 수 있는 방법이다.

연구 여정 초기에 우리는 뉴올리언스에서 공동 학습자들과 함께 모여 3일 동안 빡빡한 일정을 소화하고 밤늦게까지 많은 대화를 나눈 끝에 그들이 업무를 혁신한 구체적인 방법을 함께 찾아냈다. 이들에게는 12가지 공통점이 있었다. 우리는 이 패턴을 정의한 첫 번째 초안을 더 다듬을 필요가 있다는 직감이 들었다. 더 많은 실무자를 대상으로 스트레스 테스트를 진행하기 위해 피드백 랩Feedback Labs이라는 조직과 협력하여 여러 차례 가상 프로토타이핑 세션을 진행하여 실행 방안을 테스트하고 다듬었다.

이 세션에는 자체 공동 학습 커뮤니티의 일부 사람들과 피드백 랩에서 추천한 추가 브레이크아웃 활동가들이 참여했다. 이 프로토타이핑을 통해 12가지 사례를 5가지로 범주화하고 압축할 수 있었으며, 의료, 첨단 기술, 커뮤니티 기획 및 디자인 등 다양한 산업 분야의 50명 이상의 실무자가 이에 동의했다. 그런 다음 연구 풀을 다시 확장하여 첫 번째 단계에서 확인된 사례 외의 사례를 독립적으로 테스트하고 검증했다. 그 결과, 다시 한 번 다양한 사례들이 확인되었다. 그 결과를 공유하는 첫 번째 기사를 게시하고[12] 각자의 일터에서 이러한 방안을 실행하고 있는 전 세계 사람들의 의견을 듣기 시작했다.

우리는 실무자로서 사랑없는 업무 방식을 넘어설 수 있는 방법을 알아보기 위해 연구를 시작했다. 그래서 우리는 '사랑받는 경제'가 이러한 실행 방안을 의도적으로 실행하기 위해 팔을 걷어붙이고 나서기를 열망했다. 우리는 조직과 기업이 이 실행 방안을 도입할 수 있도록 지원하고 싶었다. 2년에 걸쳐 영리 부문의 사회적 마인드를 가진 기술 스타트업, 비영리 옹호 네트워크, 자선 커뮤니티 재단 등 세 기업이 처음부터 대규모 프로젝트에 이를 도입할 수 있도록 지원했다.

  이 과정에서 초기의 패턴 정의에서 놓친 두 가지 핵심 실행 방안이 있다고 생각하게 되었다. 실제 실행을 통해 새로운 시각을 갖게 된 우리는 이러한 실행 방안이 실제로 처음부터 인터뷰와 데스크 리서치에 포함되어 있었음을 알 수 있었다. 이 두 가지 관행을 추가로 업무에 통합하면서 더욱 깊은 성과를 올렸다. 긍정적인 효과를 직접 경험한 후, 우리는 공동 학습 커뮤니티 구성원들과 함께 두 가지 추가 관행에 대한 논의로 돌아왔다. 또 한 차례의 인터뷰를 통해 많은 공동 학습자들이 같은 경험을 했다는 사실을 알게 되었다. 2019년에는 7가지 실행 방안의 명확한 패턴이 생겨났고, 공동 학습 커뮤니티에서 활발하게 테스트, 개선, 확인을 거쳤다.

  1 의사 결정권 공유하기
  2 관계를 우선순위에 두기
  3 역사를 존중하기
  4 다양성 추구하기
  5 다양한 출처에서 지식 습득하기
  6 시간이 있다는 것을 신뢰하기
  7 사업 초기에, 자주 프로토타이핑하기

다양한 공동 학습자 모두가 이들 실행 방안이 자신의 기본적인 업무 방식을 정확하게 요약한 것이라고 인정했다. 이는 우리가 연구 여정에서 기대했던 것을 훨씬 뛰어넘는 것이었다. 우리는 브레이크아웃 혁신의 길을 발견한 것이다.

3장
7가지 실행 방안

연구 과정의 마지막 해에 우리는 디자인 권한을 분산하여 일하는 방식을 변화시키는 것이 획기적인 혁신과 연결될 뿐만 아니라 전체 시스템, 지역, 산업 또는 경제 자체에 영향을 미칠 수 있는 변화에도 의미 있게 기여하는 것을 관찰했다. 이러한 변화에 대한 자세한 내용은 12장에서 확인할 수 있다.

    이러한 변화에 주목하자 한 가지 수수께끼가 생겼다. 사랑없는 경제의 주요 특징 중 하나는 영향력의 강화인데, 조직과 그룹 내에서 사람들이 일하는 방식의 변화가 경제 전체에 영향을 미칠 만큼 강력한 변화의 원에 불을 붙일 수 있는 방법은 무엇일까? 처음에는 일하는 방식을 바꾸는 것이 이 정도 규모의 변화의 지렛대가 될 수 있을지에 대해 회의적이었다. 하지만 공동 학습 커뮤니티와 대화를 나누면서 모순적으로 보이는 이 현상 속에 담긴 진실을 이해하게 되었다.

    사랑없는 경제가 계속 존재할 수 있는 이유는 상당수의 사람들이 기존업무방식에 따라 운영되어야 한다는 믿음을 가지고 그것을 매일 반복하기 때문이다. 1장에서 논한 바와 같이, 기존업무방식에 대한 대안이 없다고 가정하고 단순히 규칙을 따르고 있다고 생각하는 사람들 또는 사랑없는 경제의 추출적 역학 관계에 갇혀 다른 결정을 내릴 수 없다고 느끼는 사람들에 의해 현상 유지가 강화되는 경우가 가장 많다. 정도의 차이는 있지만, 우리 모두는 다른 것을 적극적으로 선택하지 않고 기존의 것을 새롭게 바꾸지 않으면서 기존업무방식을 유지하는 데 연루되어 있다.

이 수수께끼에 대한 해답은 우리 사이에 공유된 공모가 사실 희망을 가질 이유라는 것이다. 우리는 일터에서 매일 사랑없는 경제를 옹호하고 강화할 수 있는 많은 기회에 관여하고 있기 때문에, 일하는 방법을 바꾸는 것만으로도 실제로 다른 경제로 나아갈 수 있다.

우리는 경제 변화를 위한 이 지렛대에 대해 거의 배우지 못한다. 우리 대부분이 강의실에서, 뉴스에서, 동료들로부터 경제는 정부, 입법 규칙, 거대 다국적 기업의 행동에 의해서만 변화한다는 메시지를 받는다. 그러나 실제로는 풀뿌리, 즉 직장과 지역 사회 내의 개인으로 이루어진 집단으로부터도 경제 변화가 촉발될 수 있다.

경제의 핵심은 사람들이 가용한 공동 자원을 관리하기 위해 내린 일련의 결정을 공유하는 것이기 때문이다. 뉴욕주립대 경제학 교수이자 미국 생태경제학회the US Society for Ecological Economics 전 회장인 발레리 루자드Valerie Luzad 박사는 "경제는 우리가 스스로를 부양하는 방법이며 이상적으로는 삶을 유지하고 질을 향상시키기 위해 스스로를 조직하는 방법"이라고 설명한다."[1] 경제는 우리가 상호 의존적이기 때문에 필요하며, 경제는 우리가 상호 의존성을 협상하는 주요 방법 중 하나로, 어떻게 일할지, 자원을 어떻게 관리할지, 어떤 우선순위가 우리를 안내할지 등을 결정하는 것이다. 어떤 사회의 경제는 그 사회의 일상적인 운영 방식을 반영하여 만들어진 구조이다.

경제 지리학자이자 경제의 본질에 관한 수많은 획기적인 책과 기사의 공동 저자인 J.K. 깁슨-그래함(캐서린 깁슨Katherine Gibson과 줄리 그래함Julie Graham의 필명)의 설명처럼, 우리는 "우리가 살고 있는 경제를 구축한다."² 따라서 경제는 우리가 무엇을 중요하게 여기고, 무엇을 필수적인 것으로 간주하며, 서로를 어떻게 배려하는지에 따라 구축되는 우리 윤리의 표현이다. 경제는 우리가 일하는 곳, 즉 회사, 정부 기관, 자원봉사자 단체 등 우리가 일하는 곳에서 일상적으로 내리는 결정에 의해 영향을 받고 만들어진다.

경제는 다양한 팀과 그룹에 속한 모든 사람들이 함께 만들어가는 틀이다. 우리는 경제가 존재한다는 믿음에 따라 행동함으로써 경제를 현실로 만든다. 따라서 우리가 선택한 일하는 방식은 경제 전반에 영향을 미치고 경제를 구성한다는 점에서 중요하다. 경제는 우리와 분리된 추상적인 것이 아니라 바로 우리이다. 우리가 경제이다.

우리가 경제이기 때문에 우리가 일하는 방식은 기존 경제를 재구성하는 데 기여할 수도 있고, 우리가 더 원하는 다른 경제를 만드는 데 기여할 수도 있다. 하지만 결코 중립적일 수는 없다. 또한 이러한 경제적 변화에 참여하기 위해 반드시 기업 내 팀 내에서만 일할 필요는 없다. 우리가 내리는 결정에 변화를 가져올 수 있는 비옥한 공간은 가족, 긱 워킹, 자원봉사 단체 또는 조직 내에 존재한다. 회의를 운영하는 방식부터 가족 사업을 구성하는 방식, 이웃의 공유 자원을 조직하는 방식, 판매 및 구매 시 상호 작용하는 방식에 이르기까지 우리 모두는 경제를 형성한다.

경제는 사회적 구성물이지만 그 영향은 부인할 수 없을 정도로 실재하며 파괴적일 수 있다. 우리는 수많은 과거의 결정을 통해 구축된 현재의 맥락에서 존재한다. 공동 학습자인 브라이언 맥라렌이 설명했듯이 "백만 개의 작은 결정이 축적되어 있으며, 그 중 90만 개의 결정이 같은 방향을 향하고 있다". 이러한 결정이 합쳐져 현재의 맥락이 만들어졌다.

일하는 방식을 바꾸는 것은 강력한 도구이지만 누적된 결정의 무게로 인해 변화를 만드는 것이 어려운 경우가 많다. 사람들이 변경을 수행해야 하는 위도는 불평등하게 분산된 장벽과 파급효과로 인해 다양하다. 일이 작동하는 방식에 도전할 때 직면하게 될 잠재적 비용의 크기에는 개인의 지위, 사회적 정체성, 사회경제적 지위 및 기타 여러 요인이 영향을 미친다. 우리의 연구에서 공동 연구자들은 많은 사람들이 직장 내 업무 방식의 변화를 옹호하기 위해 목소리를 내는 것이 일자리를 위협할 수 있다고 지적했다.

그러나 공동 학습자들은 이러한 변화에 대한 비전을 세우기 위해 함께 협력하여 대안을 마련한 후 이를 실행하는 것이 가능한 정도에 대해 놀랐다고 이야기했다. 그들은 일하는 방식을 바꾸기 위한 한 번의 성공적인 시도가 다른 변화의 도미노 효과를 촉발할 수 있다고 지적했다. 우리의 연구 결과에 따르면 리스크도 존재하지만 사람들은 때때로 생각보다 더 많은 자율성을 가지고 있으며 이는 기업 내 다양한 직급에 걸쳐 존재할 수 있다.

2019년 〈하버드 비즈니스 리뷰Harvard Business Review〉에 실린 "한 사람이 어떻게 조직의 양심을 바꿀 수 있는가"라는 제목의 기사는 이러한 사실을 뒷받침한다. 저자인 니콜라스 아이리치Nicholas Eyrich, 로버트 퀸Robert Quinn, 데이비드 페셀David Fessell은 "기업의 혁신은 거의 보편적으로 탑다운 프로세스라고 생각하지만, 실제로는 중간 관리자와 일선 감독자가 올바른 사고방식을 가지고 있다면 상당한 변화를 일으킬 수 있다."³고 주장했다. 이들의 연구는 대규모 조직 내에서 변화에 성공한 수십 명의 전문가를 기록했다. "포춘지 선정 50대 기업의 한 여성은 현상 유지에 도전하는 것은 누구나 개발할 수 있는 기술이며, 이는 모든 직급에 적용된다고 말한 예가 있다." 팀을 이끌든, 조직에서 지원 역할을 하든, 복잡한 커뮤니티 생태계의 참여자이든, 누구나 여전히 직장의 운영 방식에 대해 어느 정도 권한을 가지고 있을 수 있다.

원주민 작가이자 베스트셀러 작가, 활동가, 자칭 '천사 같은 트러블메이커'인 에드가 빌라누에바Edgar Villanueva는 이 점을 강조한다. "커뮤니티의 개인으로서, 그리고 조직의 전문가로서 우리는 일상 생활에서 선택할 수 있는 지점이 있으며 그에 따라 취할 수 있는 행동이 있습니다." 에드가는 2018년에 공동 학습 커뮤니티에 합류했다. 그의 표현을 빌리자면, 그의 사람들은 재정적 부는 없지만 관계, 사랑, 커뮤니티가 풍부한 남부의 럼비the Lumbee *족이다. 지난 18년 동안 에드가는 자선 분야에서 일하면서 국내 및 글로벌 자선 재단과 기업에 유색 인종 커뮤니티에 부를 환원하는 사회적 영향력 전략에 대한 자문을 제공했다. 또한 자신을 치유자라고 생각하는 그는 추출적인 경제 시스템으로 인해 소외되고 피해를 입은 커뮤니티의 균형을 회복하고 치유하는 신성한 목적에 사용된다면 돈이 약이 될 수 있다고 믿는다. 에드가는 "사람들은 종종 정부, 조직, 기업 내부의 제도적 사고방식과 방식에 갇혀 있기 때문에 자신이 가진 힘을 자각하지 못하는 경우가 많다고 생각한다."라고 말한다.

---

* 미국 노스캐롤라이나 지역의 아메리카 원주민

우리 중 많은 사람들이 기존업무방식에 참여하게 하는 것은 바로 이러한 고정된 사고방식, 즉 다른 것은 불가능하다는 느낌, 심지어는 확신이라고 생각한다. 디자인 권한의 집중은 무의미함을 느끼게 하고, 이는 우리가 가진 작은 영향력이라도 행사하지 않게 만들어 다른 가능성을 상상하지 못하게 함으로써 현상 유지를 더욱 고착화할 수 있다.

브라이언 맥라렌은 "상상력을 제한하는 경제 시스템이 저에게 큰 영향력을 끼치는 것에 매우 큰 충격을 받게 되었습니다. 저는 경제적 가정에 의해 얼만큼 제 두뇌가 형성되어 틀이 잡히고 제한되며 세뇌되는지를 새롭게 깨닫고 있습니다. 요즘 우리 경제 시스템이 작동하는 방식이 마치 종교집단처럼 우리 마음의 틀을 짜고 형성하는 데 많은 영향을 미친다는 것을 느끼고 있습니다."라고 말한다. <u>현실적인 것</u>과 <u>가능한</u> 것의 정의가 현재의 패러다임을 유지하는 것으로 좁혀지면 다른 방식, 세계, 미래를 상상하는 능력이 제한된다.

상상력이라는 주제는 공동 학습자들의 대화에서 놀라울 정도로 자주 언급되었다. 우리는 디자인 권한이 분산되면 더 많은 사람들이 자신의 비전적 통찰력을 쉽게 제공할 수 있기 때문에 상상력의 고유한 다양성을 키울 수 있다는 이야기를 자주 나누었다. 우리는 브레이크아웃 혁신가들에게 상상력은 실제 이빨을 가진 강력한 도구라는 것을 이해하게 되었다. 많은 혁신가들은 상상력이 업무 방식을 변화시키는 데 필수적이라고 생각한다. 시인 루실 클리프턴Lucille Clifton의 말을 인용하면 다음과 같이 요약할 수 있다. "상상할 수 없는 것을 창조할 수는 없다."

기존업무방식에서 벗어나기 위해서는 많은 경우, 비전과 창의적인 발상이 필요하다. 그룹이 업무에서 무엇이 가능한지 대담하게 상상할 때, 즉 경제적 상상력을 발휘할 때 기존업무방식이 지속적으로 재창조되는 기반 구조에 영향을 미칠 수 있다. 이 책의 다음 부분에서는 이러한 변화가 어떤 모습일 수 있는지 공유한다.

상상력의 중요성은 공동 학습자인 안티오네트 D. 캐롤Antionette D. Carroll과의 대화에서 자주 언급되었다. 안티오네트는 크리에이티브 리액션 랩Creative Reaction Lab의 설립자이자 사장 겸 최고경영책임자로, 수상 경력에 빛나는 평등 중심 커뮤니티 디자인이라는 창의적 문제해결 방식을 개척했다. 이 접근 방식을 현실로 구현한 크리에이티브 리액션 랩은 조직의 본거지인 미주리주 세인트루이스와 미국 전역의 흑인 및 라틴계 인구에 영향을 미치는 인종 및 건강 불평등에 도전하도록 청소년을 교육하고 배치하고 있다. 안티오네트는 디자인 씽킹이라고도 불리는 인간 중심 디자인 분야의 선두주자이며, 현재는 자신이 공동 창안한 새로운 분야인 에퀴티 디자인equity design으로 활동 영역을 확장하고 있다. 최근 몇 년 동안 수많은 국제적인 상과 상금을 수상했으며, 전 세계의 강연회와 시설에 초청받기도 했다. 안티오네트는 많은 디자이너 지망생들의 멘토이자 영감이 되어 왔으며, 자신이 개발한 리더십 모델인 '정의를 위한 재설계자Redesigners for Justice' 네트워크를 육성하고 있다.

"우리는 상상력을 잃도록 배웠기 때문에 다른 경제가 어떤 모습일지 상상할 수 없습니다."라고 안티오네트는 말한다. "우리는 한 가지 방식으로만 생각하도록 배워왔습니다. 우리는 우리가 원하는 방식으로 생각하지 않는 사람들을 평가절하합니다. 그들을 밀어내죠." 안티오네트는 모든 사람이 대담하게 상상할 수 있는 방식으로 일하는 것에 열정을 가지고 있다. 이는 자신의 생생한 경험, 특히 자신을 형성한 커뮤니티에서 비롯된 것이다. 그는 자신의 정체성과 삶의 지식을 "다양성, 포용성 전문가로써 매일 행동하는 연쇄 사업가, 엄마, 아내, 딸, 자매를 포함하여, 정의의 재설계자에 중심을 두는 흑인 여성"이라고 설명한다. 그는 경제 변화에 대해 깊은 관심을 갖고 있다. 노예제도의 역사로 인해 문화적 고향과의 연결고리가 지워진 것부터 가족이 살던 흑인 거주 지역이 더 이상 '존재하지 않는'(지인들이 여전히 난민으로 그곳에 거주함에도 불구하고) 것까지, 역사적으로 그의 가족이 경제 변화에 의해 지워졌기 때문이다. 안티오네트는 세인트루이스 출신이라는 조상에 뿌리를 두고 있으며, 세인트루이스 주민들이 가장 좋아하는 질문인 "어느 고등학교를 다녔나?"에 담긴 뉘앙스와 편견, 고정관념을 이해한다고 말한다.

안티오네트는 업무 방식을 재구상할 때 종종 자신이 참석했던 강연에서 공유한 교육 사례를 떠올린다.

>학교에서 우리는 "2 더하기 2는 무엇인가?"와 같은 질문에 답하는 법을 배웁니다. 그리고 그 질문을 받으면 답은 한 개라는 말을 듣습니다. 상상력은 없습니다. 답이 한 개라는 말을 들으면 그 답에 충실해야 합니다. 저는 그것을 현상 유지와 동일시합니다. 하지만 실제로 사람들에게 가르쳐야 하는 것은 '4는 무엇인가'라는 질문에 답할 수 있도록 하는 것입니다. <u>이런</u> 질문을 던지면 무한한 답을 얻을 수 있습니다.
>
>저는 이것이 모든 환경, 특히 업무 환경에서 필요한 상상력의 전형이라고 생각합니다. 비즈니스, 교육 수업, 정책 등 어떤 것을 만들

려고 할 때, 특히 현 상태의 해악에 도전하는 렌즈를 통해 재설계하는 경우에는 상상력이 필요합니다. 이전에는 경험하지 못한 것을 시도해야 합니다.

일하는 방식을 변화시키기 위해서는 상상력을 키우고, 업무에 어떤 일이 일어날 수 있을지 상상하고, 불가능해 보이는 크고 어려운 질문을 던지는 적극적인 자세를 가져야 한다. 안티오네트의 말처럼 우리는 한 번도 경험하지 못한 것을 시도할 준비가 되어 있어야 한다. 과거와 현재의 업무 현실, 그리고 우리 경제 전반이 상상을 통해 존재하게 된 것처럼, 우리도 다양한 업무 방식을 상상하고 구축할 수 있다.

디자이너의 펜을 더 많은 사람들의 손에 돌려줌으로써 브레이크아웃 활동가들은 야성적이고 활기찬 상상력을 발휘할 수 있다. 우리 사이의 연결 채널을 복구하여 우리 모두가 다른 사람의 기여를 통해 배우고 성장할 수 있게 될 때 혁신적인 아이디어가 생겨난다. 디자인 권한이 분산되면 모든 상상력은 대담한 꿈으로 받아들여질 수 있다.

따라서 7가지 실행 방안은 상상력 근육을 강화하는 것처럼 팀원들이 업무에 대해 꿈꾸는 것을 확장한다. 획기적인 혁신으로 가는 길을 탐색하는 과정에서 우리는 7가지 실행 방안이 그룹이 업무 방식이나 기업 전체 기능에 대해 더욱 대담한 꿈을 꿀 수 있게 함으로써 경제적 상상력을 키울 수 있다고 믿는다. 상상력의 경계를 따라 실행하고 협업자의 비전에 기여하고 이를 바탕으로 구축할수록 그룹이나 팀은 조직에 대한 변화든 경제에 대한 더 넓은 비전이든 가능한 더 많은 것을 상상할 수 있다.[4] 상상력이 확장되면 대담하게 해야 하던 일이 예상 가능하고 실용적이며 심지어 습관적인 일로 자리잡는다. 신경계, 직감, 마음 등 우리 몸속의 상상력을 일깨우고 그곳에서 미래를 느끼는 연습을 함으로써 우리는 끊임없이 진화하는 가능성에 눈을 뜨게 된다.

다음 장에서는 7가지 실행 방안의 정의, 각 방안의 작동 방식과 원리, 실제 사례, 자신의 사례를 시작하거나 심화할 수 있는 방법에 대한 팁 등을 살펴보겠다.

각 실행 방안에 대한 장은 공유된 정보와 조언을 형성하는 데 도움을 준 많은 사람들의 목소리와 경험을 바탕으로 한다.[5] 공동 학습 커뮤니티 내에서 실행 사례를 직접 적용한 경험을 제공하는 브레이크아웃 활동가들의 목소리를 직접 들을 수 있다. 이들은 자신의 작업에서 얻은 사례, 일반적인 함정을 피하는 방법에 대한 통찰력, 브레이크아웃 혁신을 위한 견고한 기반을 구축하는 방식으로 실천하는 팁을 공유한다. 또한 연구 여정에서 배운 내용과 팀에서 직접 업무에 적용하면서 얻은 내용을 바탕으로 한 자체 분석과 시사점을 공유한다.

각 장의 중간에는 특별한 브레이크아웃 활동가들의 프로필과 그들의 업무 방식이 소개되어 있다. 이를 통해 다양한 혁신가들이 디자인 권한을 분산하고, 상상력을 자극하며, 작업을 통해 사랑받는 경제를 구축하는 일상적인 방식을 엿볼 수 있다.

각 사례에서 우리는 7가지 실행 방안의 여러 가지를 엿볼 수 있다. 브레이크아웃 활동가들의 일터를 들여다보는 이 창을 통해 어떤 일이 가능할지 상상력을 자극할 수 있기를 바란다.

본론으로 들어가기 전에 알아두어야 할 몇 가지가 있다.

더 많은 실행 방안이 가능하다

먼저, 우리의 연구에 따르면 이 7가지 실행 방안은 팀이 획기적인 혁신을 달성하는 데 효과적인 토대가 될 수 있지만 이것이 모든 것을 포괄하는 것은 아니라는 점을 분명히 해두고 싶다. 이 7가지 실행 방안은 현명한 업무 방식을 구현함으로써 팀이 사랑받는 경제를 구축하도록 기여할 수 있는 보다 넓은 범위의 가능한 실천 중 일부일 가능성이 높다고 생각한다.

공동 학습 커뮤니티 회원인 캐서린 타일러 스콧Katherine Tyler Scott의 말이 이를 가장 잘 설명한다. "이 책은 정답을 찾는 것보다 훨씬 더 중요한, 올바른 질문을 하는 데 도움이 된다고 생각합니다. 곧 우리가 추구하는 사랑받는 커뮤니티가 되는 데 도움이 될 다양한 접근 방식이 등장할 것이기 때문입니다."

캐서린과 이야기를 나눌 때마다 성찰하는 기분이 든다. 그는 수십 년 동안 미국 전역의 여러 단체에서 적응형리더십 개발과 조직 변화를 지원했다. 그의 고객으로는 지역 사회 단체, 기업, 대학, 미국 최대 규모의 자선 재단 등이 있다. 그는 작가이자 교육자, 시인으로서 자신의 작품에는 "고객과 동료들로부터 얻은 지혜가 녹아 있다"고 말한다. 몇 년 전에 함께 일했던 사람들이 캐서린의 지도가 얼마나 큰 변화를 가져왔는지 즉, 더 나은 동료, 리더, 심지어 가족 구성원이 되었다고 말하는 것을 두 번이나 목격했다. 우리 역시 수년 동안 캐서린과의 대화를 통해 얻은 많은 통찰력에 감사함을 느낀다.

지속적인 실행이 중요하다

캐서린이 자주 공유하는 한 가지 조언이 있다. 많은 공동 학습자들이 우리가 함께 조명한 7가지 실행 방안을 발표하면서 강조하고 싶었던 점은 이러한 방안을 적용하고 구현하는 법을 배우는 것은 캐서린이 요약하는 것처럼 "한 번으로 끝나는 것이 아니"라는 점이다. "시간을 들여 지속적으로 해야 하는 일"이다. 실제로 이는 <u>실천</u>이다.

브레이크아웃 활동가는 실행을 통해 이 7가지 영역에서 배우고 적응하며 역량을 쌓는다. 7가지 실행 방안은 체크박스에 한 번 체크하는 것처럼 한 번 하는 것으로 끝났다고 생각할 수 있는 활동이 아니다. 대신 지속적으로 시도하고, 배우고, 성장하기 위해 노력하는 것이다. 연습은 실수하는 것에 익숙해질 수 있는 기회를 제공한다. 이것이 바로 학습이 일어나는 방식이다. 안티오네트는 "지속적으로 성장하지 않는다면 솔직히 우리는 아무데도 갈 수 없습니다. 완벽이란 존재하지 않으니 완벽을 버리세요."라고 설명한다.

7가지 실행 방안에 잘 따른다고 항상 옳은 것은 아니며 계속 배우고 있다는 사실을 받아들이는 것이다. 스포츠나 예술 분야의 훈련과 마찬가지로 지속적으로 성장하고 개선하기 위해 몇 번이고 연습을 반복하는 것이다. "그거 아세요? 새롭게 시작하는 모든 사람은 항상 새로운 여정을 시작하고 새로운 것을 배웁니다. 그것이 바로 여러분이 지금까지 해온 모든 일의 과정이자 인생의 모든 것입니다. 이는 인생의 또 다른 자연스러운 부분입니다."라고 안티오네트는 말한다.

**7가지 실행 방안은
이미 존재했다**

브레이크아웃 혁신은 아직은 새로운 혁신의 가능성에 관한 것이지만, 7가지 실행 방안이 새로운 것이 아니라는 점을 유념해야 한다. 이들 요소는 오랫동안 많은 원주민의 생활 방식과 전 세계의 풀뿌리 사회운동에서 중요한 부분을 차지해 왔다. 따라서 여러 해에 걸쳐 인터뷰에 응한 수많은 사람들이 이러한 실행 방안을 따르는 것이 종종 기억을 되새기는 것처럼 느껴진다고 언급한 것은 당연한 일이다.

**다양한 스펙트럼으로
존재하는 실행 방안**

7가지 실행 방안은 어떤 프로세스에 있거나 없는 이분법적인 특징이 아니다. 각 방안이 너무 많거나 적지 않은지 의식하면서 적절한 균형을 맞추기 위해 지속적으로 노력하는 것이다. 기존업무방식에서는 이러한 실천을 적극적으로 우선시하지 않기 때문에 공동 학습자들은 이러한 관행을 수정 조치로 통합하는 것에 대해 이야기하는 경향이 있다. 이는 사랑없는 경제가 이러한 실행 방안에서 벗어나는 방향으로 흘러가는 것을 보완하기 위한 것이다. 하지만 이들 방안조차도 지나칠 수 있다. 궁극적으로 우리는 각 방안에서 지속적으로 균형을 찾으려고 노력하고 있다.

모든 실행 방안은 연결되어 있다

7가지 실행 방안에는 특정한 순서가 정해져 있지 않다. 선형적인 순서로 일을 처리해야 하는 레시피가 아니다.

또한 각 실행 방안은 각 장으로 나누어 있지만, 이들은 서로 연결되어 하나의 세트로 기능한다. 서로 깊이 연관되어 있기 때문에 어느 하나만으로는 성공적으로 작동할 수 없다. 일하는 방식의 총체적인 변화의 일환으로 이 모든 것을 실천하려고 노력할 때 획기적인 혁신이 일어난다.

하나 또는 몇 가지를 골라 선택하는 게 아니라 모든 실행 방안에 접근하여 시작하는 것이 중요하다. 이 글을 읽다가 특정 방안 한두 가지가 너무 어렵게 느껴져 건너뛰고 싶은 유혹을 느끼는 자신을 발견한다면 그 느낌에 주목하기를 바란다. 여러분에게 가장 어렵게 느껴지는 사례는 여러분과 여러분의 팀이 가장 필요로 하는 변화를 반영하는 사례일 수 있으며 가장 의미 있는 결과를 창출할 수도 있다. 그리고 안티오네트가 강조했듯이 완벽을 추구하는 것이 중요한 것이 아니라 시작하는 것이 중요하다는 것을 기억해야 한다. 시간과 노력을 기울이면 각 영역에서 여러분과 그룹의 역량이 강화될 것이다.

우리는 브레이크아웃 활동가들이 디자인 권한을 분산하는 방식에 대해 알아가면서 눈에 띄는 점을 발견했다. 브레이크아웃 활동가들은 자신들이 일하는 방식이 특정 문제를 해결하지 못했다고 보고했다. 실행 방안이 잘못인 것 같았다.

역사를 함께 살펴보고 이해하면, 캐서린이 설명하듯이 "사람들이 의문을 제기하지 않고 당연하게 여기거나 가정하는 패턴과 트렌드, 심지어는 항상 인식하지 못하는 가치까지 드러낼 수 있다." 이 경우, 그들이 풀어내는 것은 많은 상상력을 가두어 두는 사랑 없는 기존업무방식의 역학 관계의 무의식적인 부분이다. 캐서린은 역사를 함께 조사하고 이해하면 "사람들이 의문을 제기하지 않고 당연하게 여기거나 가정하는 패턴과 추세, 심지어는 항상 인식하지 못하는 가치까지 드러낼 수 있다"고 설명한다. 잘못라는 생각은 <u>언러닝</u>unlearning, <u>언트레이닝</u>untraining, <u>디프로그래밍</u>deprogramming과 같은 단어와 함께 혁신과 밀접한 결합을 가지고 반복해서 등장했다.

사랑없는 업무 방식에는 역사와 맥락이 있다. 직장 내에서 우리가 서로 관계를 맺는 방식에 대해 내리는 선택은 중립적이지 않다. 우리가 받아들이는 가치와 우선순위, 세계관을 반영한다는 점에서 본질적으로 정치적이다. 그룹이 이러한 인식을 가지고 실천하면 획기적인 혁신을 달성하는 데 도움이 될 수 있다고 캐서린은 말한다.

> 잘 진행이 된다면, 역사를 되돌아보는 것은 사람들이 항상 편안하게 이야기할 수 없는 것을 드러내어 의식하게 하고 특히 필요한 변화를 만들 수 있게 한다. 현재 우리나라에서 벌어지고 있는 일들은 사람들이 직면하고 싶지 않은 편협함과 특정 집단에 대한 편견 등 무의식적인 것이 많다. 그리고 이것들은 그들의 행동에 연료를 공급한다. 태도와 행동에 영향을 미친다. 모든 것에 영향을 미친다. 이는 문화를 이해하는 것과 매우 밀접한 관련이 있다. 그리고 문화는 매우 강력하며, 특히 무의식적인 측면에 영향을 미친다.

브레이크아웃 활동가는 과거에 대한 인식과 현재 우리가 선택할 수 있는 가능성에 대한 인식을 함양하여 사랑없는 경제에서 정상으로 자리잡은 해로운 행동을 되돌릴 수 있다.

이 책의 다음 부분에서는 공동 학습 커뮤니티의 구성원들이 각 실천을 통해 기존업무방식에 대해 어떤 점을 발견했는지, 그리고 실행 방안에 참여하려면 핵심 개념에 대한 이해의 전환이 필요할 수 있는지에 대한 인사이트를 들어볼 수 있다. 그룹과 팀은 업무에서 반복하지 <u>않기</u>로 선택한 사항에 주의를 기울일 수 있을 때 가장 명확하고 헌신적으로 실천할 수 있다는 사실을 발견했다.

우리는 함께 일하지 않는 일에서 벗어나는 현명한 계획을 세우는 데 필요한 것들을 가지고 있다. 7가지 실행 방안의 아름다운 점은 각 실천 방법 하나하나가 실천하는 사람을 중심으로 진정성 있고 의미 있는 관계망을 풍부하게 구축하는 데 기여한다는 것이다. 우리 모두가 디자이너의 펜을 공유할 때 우리는 혼자가 아니다. 공동 학습자 우드 박사는 시작에 대해 말한다. "가장 먼저 해야 할 일은 내가 갇혀 있지 않다는 것을 이해하는 것입니다. 저에게는 아무 일도 일어나지 않을 것 같지만 잠깐만요. 당신이 있고 내가 있잖아요. 우리에겐 서로가 있잖아요?"

함께 탈출구를 통과하여 사랑없는 업무 방식에서 벗어나 삶을 행복하게 하는 것을 우선순위에 두는 경제로 여러분을 초대한다.

브레이크아웃 활동가의 일터
:
런웨이

2020년 봄, 전 세계가 코로나19 팬데믹으로 몸살을 앓고 일상적인 비즈니스가 멈춘 가운데 흑인 해방의 이름으로 제도적 장벽을 허물고 금융 정책과 관행을 재구상하는 획기적인 금융 혁신 기업 런웨이[1]는 자신이 투자한 기업가 커뮤니티와 '가족 회의'를 열었다. 가족끼리 대화하듯 서로에게 이 전례 없는 시기를 극복하는 데 필요한 것이 무엇인지 물었다. 많은 사람들이 일시적인 사업 중단으로 어려움을 겪고 있었으며 가족을 먹여 살리고 가정을 안전하게 지키는 것에 대해 걱정하고 있었다. 다른 사람들은 코로나19 방역규칙을 준수하며 사업을 하도록 노력하고 있었다. 흑인에 대한 국가 차원의 폭력이 그들의 지역사회와 뉴스에서 계속되고 있는 상황 속에서도 모두 이러한 노력을 기울이고 있었다.

런웨이의 직원들은 기업가들이 동료, 직원, 지역 사회를 위해 보여준 관심과 사랑에 깊은 감동을 받았다. 또한 이들은 이 시기에 절실히 필요한 서비스를 제공할 수 있는 훌륭한 아이디어도 가지고 있었다. 그러나 코로나19 팬데믹의 영향으로 인한 불안정하고 예측할 수 없는 수입과 흑인 기업가와 가족들이 매일 직면하는 자금 조달에 대한 인종적 불평등이라는 현실은 기업가들이 사업을 유지하거나 지역 사회의 필요를 지원하도록 움직이는 것을 거의 불가능하게 만들었다.

이 중요한 시기에 런웨이의 비즈니스 파트너들이 진정으로 자신의 역량을 발휘하고 지역 사회에 봉사하기 위해서는 예측 가능하고 안정적인 수입이 필요하다는 간단한 진실을 깨달았다. 그래야만 숨을 고르고, 제품의 기회를 명확하게 파악하고, 팬데믹의 변화하는 현실에 창의적으로 대응할 수 있었다. 구성원들은 "기업가들이 그 어느 때보다 우리를 필요로 한다는 사실을 깨닫고, 우리는 보편적 기본소득(UBI, Universal Basic Income)이 마음의 평화를 원하는 기업가들을 지원하기 위해 제공할 수 있는 가장 영향력 있는 단일 방안이라고 판단했다."라고 2021년 런웨이 간행물에서 밝혔다. "우리는 긴급 구호 기금을 신속하게 모금하기 위해 행동에 옮겼고, 흑인 기업가를 위한 최초의 보편적 기본소득 이니셔티브인 런웨이 보편적 기본소득 파일럿RUNWAY's Universal Basic Income Pilot을 만들었다."[2]

가족, 비즈니스, 지역 사회를 유지하기 위한 중요한 자금을 가장 잘 사용할 수 있는 방법을 결정하는 흑인 기업가들의 지혜에 대한 신뢰에 뿌리를 둔 런웨이 보편적 기본소득 파일럿 프로그램은 강력한 영향력을 발휘했다. 팬데믹이 2년 이상 지속된 후에도 런웨이의 비즈니스 파트너 중 100%가 여전히 운영 중일 뿐만 아니라, 87%는 연방 정부의 급여 보호 프로그램에서 탕감 가능한 대출을 받았다. 전국적으로 흑인 소유 기업의 1.9%만이 대출을 받은 것과 비교된다.[3]

런웨이 보편적 기본소득 파일럿 프로그램의 지원을 받은 기업가들은 끼니를 마련할 방법을 걱정할 필요 없이 그들의 사업을 계속 운영하며 무료 마스크, 의료 종사자를 위한 면역력 강화 식음료, 직원과

공급업체를 위한 강화된 안전 프로토콜 등과 같은 지역 사회에 의미 있는 공헌을 할 수 있었다.[4]

런웨이의 보편적 기본소득 파일럿 프로그램 출시와 월례 커뮤니티 통화는 긴급 자금의 사용 방식을 결정하는 데 중요한 역할을 하는 새로운 기업가 관리 단체의 출범을 촉진했다. 이 단체의 설립은 집단적 지혜와 금융 부문에서 가장 큰 영향을 받고 역사적으로 소외된 지역 사회 및 개인과 의사 결정권을 공유하는 것의 중요성에 대한 런웨이의 신념을 자연스럽게 확장한 것이다. "그렇게 해서 런웨이 가족이 탄생했다."라고 런웨이의 펀드 디렉터인 니나 솔 로빈슨Nina Sol Robinson은 말한다. "팬데믹이 시작되기 전까지는 기업가들로 구성된 공식적인 관리 그룹이 없었다. 매월 커뮤니티간 통화를 통해 무슨 일이 일어나고 있는지 듣기 시작했고, 기금을 확보한 후에는 이 그룹을 더 많은 관리 단체로 활용하기 시작했다."

기업가 커뮤니티에 의사 결정권을 부여하는 것은 투자 방식에 대한 규칙을 대담하게 다시 쓴다는 런웨이의 더 큰 사명 중 하나이다. 2016년 제시카 노우드Jessica Norwood가 런웨이를 설립한 이래, 런웨이는 자본 투자를 흑인 기업가와 커뮤니티에 대한 애정을 바탕으로 하는 '친구와 가족' 같은 접근으로 재구상하겠다는 약속으로 스타트업 투자 분야에서 주목을 받아왔다.

주류와는 완전히 다른 방식으로 스타트업 투자에 접근하겠다는 제시카의 결심은 허리케인 카트리나의 여파로 탄생했다. "사람들을 위해 존재해야 할 모든 시스템이 실제로 실패하는 것을 본 것은 제 인생에서 처음이었습니다."라고 말한다. 앨라배마에서 태어나고 자란 제시카는 "실패의 모습과 재난으로부터 복구하는 능력에 인종적 요소가 있다는 것을 예리하게 인식했다. 그는 수많은 흑인, 가족, 지역 사회에서 흑인 소유의 중소기업이 복구와 번영의 중심 역할을 할 수 있다는 사실을 점점 더 명확하게 알게 되었다. 그러나 이러한 기업 중 창업과 성장, 예상치 못한 난관을 극복하는 데 필요한 초기의 유연한 재정 지원을 받을 수 있는 기업은 너무 적었다. 소수만이 투자 업계에서 '친구 및 가족' 자본이라고 부르는 종류의 자금을 이용할 수 있었다. "만약 친구나 가족이 자본을 가지지 못했다면 어떻게 될까요?"라고 제시카는 묻는다. "재난이 닥쳤을 때 그로부터 구해줄 수 있는 친구나 가족이 없을 것입니다." 제시카가 허리케인 카트리나 이후 목격한 사업 자금에 대한 인종적 불평등은 기존업무방식에서의 부의 축적 방식에 걸쳐 모든 계층에 퍼져 있는 더 큰 인종적 부의 격차를 반영한다.

제시카는 친구와 가족 투자를 흑인 기업가들에게 널리 알리고 투자의 개념을 재정의하겠다는 대담한 비전을 가지고 런웨이를 시작했다. 이러한 접근 방식을 실행하는 데 있어 런웨이는 수표를 발행하는 것 이상의 일을 한다. 제시카는 그들의 투자는 '비즈니스와 인생의 성공에 대해 깊은 관심을 갖고 함께해 주는 사람'에 대한 것이라고 설명한다.

제시카와 런웨이 팀은 포트폴리오 기업가들을 투자 업무의 모든 측면에서 사고의 리더이자 의사 결정 파트너로서 신뢰하고 존중한다. 커뮤니티에 기반을 둔 흑인 기업가들의 탁월함에 대한 이러한 존경심은 런웨이의 2019년 임팩트 보고서에도 반영되어 있다.

우리는 매일 어려운 상황에서도 자신과 커뮤니티를 위해 더 큰 꿈을 꾸는 사람들에게서 영감을 받는다. 그들은 과감히 자신에게 베팅한다. 우리는 중요한 갭 자본, 즉 초기 단계의 '친구와 가족'을 위한 자금을 제공하게 되어 영광이다. "나는 당신을 믿는다." 는 믿음은 행동하는 사랑이다. 이러한 믿음은 우리의 현재 상태를 바꾸기 위한 필수 조건이다. 우리가 서로를 믿을 때 세상은 변화할 수 있다고 믿는다.[5]

친구와 가족 자본에 대한 런웨이의 대담하고 색다른 접근 방식은 널리 영향을 미치는 결과를 가져왔다. 12명으로 구성된 팀과 엄선된 전략적 파트너의 지원을 받아 4년간 43개 비즈니스에 투자하여 재정적 성공을 거두었을 뿐만 아니라 지역 사회에 예술적이고 치유적이며 필수적인 제품과 서비스를 제공했다. 식물성 식품, 천연 헤어 및 스킨케어 제품부터 그래픽 디자인, 전략적 마케팅 서비스, 힐링 뷰티 제품, 모임 공간에 이르기까지 다양하다.

이들 비즈니스를 지원하면서 런웨이는 자체적으로 수십만 달러를 투입했지만, 영향을 미친 자본의 규모는 훨씬 더 크다. 런웨이는 은행, 지역 사회 개발 금융 기관, 가족 투자 사무소를 비롯한 주요 금융 기관의 관행, 용어, 문화에 변화를 일으켰다. 그리고 제시카는 이제 종종 이 분야의 '사고思考의 리더'로 불린다.[6]

"은행과 기관이 친구나 가족 스타일의 자본을 제공하도록 유도한다는 사실 자체가 혁명적이다."라고 니나는 강조한다. 중소기업 투자 및 역량 강화 분야에서 수년간 일해 온 그는 런웨이의 접근 방식이 얼마나 혁신적인지 더욱 잘 알게 되었다. 니나는 런웨이에서 중소기업 금융 분야에서 쌓은 경험은 물론, 대담한 예술성과 창의성을 자신이 살고 있는 오클랜드와 다른 지역에서 사랑받는 초청 DJ가 되는데에 활용하고 있다. 그에게 DJ와 독특한 금융 혁신 기업의 일원이라는 두 가지 업무 영역은 모두 근본적으로 사람들의 마음과 정신을 움직이는 일이다.

"네, 런웨이에서 우리는 돈을 움직이고 있습니다."라고 니나는 말한다. "하지만 인상적인 점은 은행과 기관이 지원 대상 그룹의 친구나 가족처럼 유연성, 배려, 사랑, 관계를 보여주며 운영하도록 유도하고 있다는 점입니다. 가족에게 돈을 빌려줄 때는 담보나 신용 점수가 아니라 이 모든 것을 기준으로 합니다. 이러한 정신과 운영 방식을 초기 단계의 중소기업을 위한 기관 자금 조달에 도입하고 있으며, 이를 전반적으로 확대하고자 합니다."

런웨이의 접근 방식의 핵심 정신은 올바른 관계이다. 제시카의 말을 빌리자면, 올바른 관계란 "힘의 불균형이 느껴지지 않고, 서로 협력하고 함께 일하며 기업가들과 함께 온전한 모습을 보여줄 수 있는 정말 넓고 사려 깊은 계약을 맺는 것 같은 느낌"이다. 런웨이에게 올바른 관계의 핵심은 강력한 투명성, 즉 프로세스와 의사결정을 공개적으로 공유하는 것뿐만 아니라 런웨이의 운영 방식에 대한 의사 결정권을 공유하여 그들의 기업가 가족에게 최상의 서비스를 제공하는 것이다. 이러한 배려와 존중, 서로에 대한 믿음의 철학을 구현함으로써 런웨이는 상상력이 번성할 수 있는 여건을 조성한다.

제시카는 "오늘의 상황을 감내하지 않고 내일의 모습을 드러낼 것이라 깊이 믿는 상상력이 존재한다"고 말했다."라고 강조한다.

저는 그런 상상력, 특히 흑인의 상상력에 대해 생각해요. 정말 마음에 들어요. 왜냐하면 그것은 정말 방법이 없는 곳에서 길을 만들어내는 것을 요구하기 때문입니다. 기업가는 세상을 만드는 사람입니다. 그들은 말 그대로 상상 속에서 무언가를 꺼내어 세상에 내놓고, 여러분은 그들의 영화나 패션, 또는 비전에 참여하게 됩니다. 그런 창의력과 상상력이 우리가 다시 시작하려는 일에 필수적이라고 생각합니다. 그것이 바로 회복의 의미 중 하나라고 생각합니다.

투자 방식을 근본적으로 바꾸어 금융이 회복과 회복탄력성, 기쁨을 가져다주는 힘이 될 수 있는 방법을 런웨이는 재구상하고 있다.

4장

의사결정권 공유하기

런웨이의 권한 공유 정신은 공동 학습 커뮤니티의 모든 활동가들에게도 마찬가지로 혁신의 비결이 되는 특별한 소스를 만드는 주요 재료이다. 사려 깊고 신중한 프로세스를 통해 의사 결정권을 공유하면 직장에서의 단절된 개인들의 집합처럼 느껴지던 팀을 긴밀한 커뮤니티로 운영할 수 있게 해준다. 또한 우리 모두가 진정으로 이해관계가 있는 무언가를 만들기 위해 창의력과 주도성을 발휘하여 각자의 역량을 최대한 발휘하도록 영감을 준다. 의사 결정권 공유는 업무가 기존업무방식에서 벗어나 획기적인 혁신을 촉발할 수 있는 핵심 요소이다.

하지만 의사 결정권을 공유한다는 이야기를 친구나 동료에게 꺼내면 대부분 우려의 목소리를 낸다. 대개는 자신이 참여했던 합의 도출 시도가 실패로 돌아갔다는 불만, 길고 부담스러운 회의에 대한 두려움, 리더가 없는 혼란스러운 자유의 장에 대한 상상을 토로한다.

많은 사람들이 의사 결정권 공유 시도에 대해 부정적인 경험을 한 적이 있을 수 있지만, 이러한 경험은 프로세스가 제대로 관리되지 않을 때 어떻게 전개될 수 있는지를 반영하는 것일 뿐이다. 이러한 문제 없이 의사 결정권을 공유하는 것은 얼마든지 가능하다. 이 장에서는 일반적인 함정을 피하는 데 도움이 되는 지침을 제공한다.

브레이크아웃 활동가들은 의사 결정권을 공유하는 것이 간단하거나 쉬운 일은 아니지만, 브레이크아웃 혁신으로 가는 필수적인 경로이며 그 과정에서 예상치 못한 재미를 느낄 수 있다고 강조한다.

의사 결정권 공유는 팀과 그룹에서 동료로서 서로를 신뢰하며 책임을 지고, 통찰력을 제공하며, 결정의 위험과 결과를 함께 짊어지는 실행방안이다. 의사 결정권을 공유한다는 것은 의제 설정, 비전 수립, 실행, 창의적 문제 해결, 평가 등의 기능을 관련된 모든 사람에게 분배하는 것을 의미한다. 즉, 디자이너와 소비자, 전문가와 수혜자, 관리자와 직원 등 기존업무 방식의 이분법적 업무 구분을 없애고, 공유 업무의 각 영역에 대한 명확한 의사결정 프로토콜을 지정하면서 관련자 또는 영향을 받는 모든 사람이 기여하고 조정할 수 있는 배려심 있는 방법을 마련하는 것이다. 강력한 의사 결정권 공유는 현 상태에 대한 커다란 도전이며, 소유권의 공유와 재정적 수익을 가져올 수 있다.

권한을 이해하는 방식 변화

의사 결정권을 공유하려면 먼저 권력의 개념을 이해하는 방식부터 바꿔야 한다. "올바른 질문은 '어떻게 하면 모든 사람이 동등한 권한을 가질 수 있는가'가 아닙니다. 오히려 '어떻게 하면 모든 사람이 힘을 가질 수 있는가'가 올바른 질문입니다."라고 작가, 연구원이자 전 비즈니스 코치인 프레데릭 라루Frederic Laloux는 설명한다. 그는 2014년, 영향력 있는 저서 《조직의 재창조Reinventing Organizations》에서 권한의 재

개념화에 대해 논한다. "권한은 내가 가지려면 반드시 당신에게서 빼앗아 와야하는 제로섬 게임으로 간주되지 않는다. 대신, 우리 모두가 서로 연결되어 있다는 사실을 인정한다면 당신이 더 강력해짐에 따라 나도 더 강력해질 수 있다. ... 여기서 우리는 아름다운 역설을 발견하게 된다. 사람들은 서로 다른 수준의 힘을 가졌지만 모두가 강력해질 수 있다는 것이다."[1]

라루의 권한 이해는 수많은 독자들에게는 놀라운 것이지만, 기존 업무방식과는 다른 세계관을 가진 많은 원주민과 기타 커뮤니티에게는 전혀 새로운 것이 아니다. 공동 학습자인 카타라이나 데이비스 Kataraina Davis가 지적했듯이 마오리족 커뮤니티에서 권한에 대한 이해는 오랜 지식이자 상식이다.

카타라이나는 사회 디자인 분야의 선도적인 실무자이다. 국제적으로 그리고 고국인 뉴질랜드에서 수많은 주민들이 함께 협력하여 획기적인 정책 변화와 새로운 사회 프로그램을 창출하는 공동 창작 프로세스를 설계하고 촉진해 왔다. 의사 결정권을 공유하는 것은 효과적인 사회 설계의 핵심일 뿐만 아니라 마오리족의 핵심 가치와도 일치한다고 카타라이나는 말한다. "우리에게는 마나아키탕아manaakitanga라는 뜻을 가진 매우 중요한 가치가 있습니다. 기본적으로 마나아키탕아를 세분화하면 마나키manaaki는 마나mana를 강화하는 관계를 구축한다는 뜻입니다. 그리고 마나는 힘 또는 힘을 의미합니다. 권위. 연대. 존중을 뜻합니다. 마나아키탕아는 다른 사람의 마나를 강화하는 것입니다. 따라서 환대를 통해, 사물을 쉽게 이용할 수 있게 하고, 프로세스에 쉽게 접근할 수 있게 함으로써 마나를 향상시킨다는 개념입니다." 그는 이 가치가 마오리족의 생활 방식에 얼마나 본질적인 것인지 강조하며 계속 설명한다. "마오리족의 세계에서 가지고 있는 많은 프로토콜과 프로세스의 주된 목적은 이것들을 통해 상대방의 마나를 강화하는 것입니다. 그리고 그렇게 함으로써 자신의 마나도 강화할 수 있습니다."

마찬가지로, 많은 브레이크아웃 활동가들은 운영 방식에 있어 권한보다는 철학ethos에 우선순위를 두는 것이 중요하다고 이야기한다. 이들은 그룹이 제로섬 분석에 따른 권한에 대한 이해에서 벗어나면 희소성에 대한 사고방식에서 모두가 공유할 수 있는 풍부한 권한에 대한 신뢰로 전환하기 시작한다고 지적한다. 이러한 변화는 타자화 관행에 뿌리를 두고 부의 강화를 가능하게 하도록 설계된 불필요한 위계 구조에 대해 경각심을 불러일으킬 수 있다. 권한을 가진 사고방식mindset은 관련된 모든 사람의 힘과 권한을 강화하는 운영 방식을 실현하는 데 도움이 될 수 있다.

의사 결정권 공유하기

의사 결정권을 공유하는 방법에는 정해진 공식은 없지만, 공동 학습 커뮤니티 구성원들과 관찰하고 논의한 몇 가지 공통적인 요소가 있었다. 그중 눈에 띄는 것은 다음과 같다.

- 맞춤형 의사 결정 프로토콜
- 완전하고 접근 가능한 정보 공유
- 리더십 공유, 책임 공유, 보상 공유

맞춤형 의사 결정 프로토콜

이번 연구에서 가장 주목할 만한 결과 중 하나는 의사 결정권 공유가 다루기 힘든 혼돈이 <u>아니</u>라는 점이다. 그 대신 각 종류의 의사결정에 대한 책임, 구조, 프로세스를 신중하고 사려 깊게 정의하는 것이 중요하다. 목표는 개인과 하위 그룹이 일상적인 의사 결정을 내릴 수 있도록 권한을 부여하고, 다른 한편으로는 어떤 상황에 더 폭넓은 숙의를 해야 하는지 명확히 하는 의사 결정 프로토콜을 만드는 것이다. 보다 폭넓은 숙의에는 전체 팀, 전체 조직, 또는 결정에 영향을 받는 이해관계자 및 커뮤니티 구성원까지 참여할 수 있다. 모든 주요 결정을 자동으로 고위 경영진이 내리는 위계적이거나 획일적인 접근 방식이 아니라 상황마다 다양한 사람들이 아이디어와 피드백을 제공하고 이를 반영하여 올바른 결정을 하는 방법을 함께 결정해야 한다는 점을 인식하는 것이 중요하다.

공동의 업무 전반에 걸쳐 내려야 하는 특정 종류의 의사결정에 대한 프로토콜을 함께 만들고, 각 유형의 의사결정을 <u>누가 어떻게</u> 내릴지 신중하게 고민함으로써 브레이크아웃 활동가들은 민첩하고 현명한 방식으로 협업할 수 있다.

신중하게 만들어진 맞춤형 의사결정 프로토콜은 정치학자 조 프리먼Jo Freeman 박사의 1972년 동명의 에세이에서 영감을 얻은 용어인 '구조 없는 억압tyranny of structurelessness'을 방지하는 데 핵심적인 역할을 한다.[2] 이러한 억압은 명확한 구조와 프로토콜이 부족하여 그룹 내 가장 지배적인 목소리가 불균형적인 의사 결정권을 행사할 때 발생하며, 그 결과 비위계적 리더십을 모델로 삼으려는 그룹이라도 기존 사회 권력 구조를 답습하는 경우가 많다. 조 프리먼은 에세이에서 이러한 무구조성과 이로 인한 의도치 않은 권한 집중을 피하려면 '민주적 구조화'의 원칙에 따라 가치에 부합하는 의사결정 프로토콜과 조직 구조를 구축해야 한다고 지적한다. 이러한 프로토콜과 구조는 그룹 구성원 간에 책임감을 부여하고 팀이 "건강한 기능에 가장 적합한 조직 형태를 자유롭게 개발"할 수 있도록 한다.[3]

모든 브레이크아웃 활동가들은 의사 결정의 명확한 선을 설정하는 것이 중요하다고 지적하지만, 이 과정에서 정해진 공식을 따르지 말 것을 강조한다. 모든 그룹은 각자의 상황과 목표에 가장 잘 맞는 정확한 권한 공유 시스템에 도달한다. 모든 브레이크아웃 팀과 기업에서 공통적으로 나타나는 점은 그룹이 의도적인 팀 차원의 프로세스에 참여하여 의사 결정권의 공유 방식에 대해 정기적으로 질문하고 함께 재구상한다는 점이다.

팁_ 기존 의사 결정 프레임워크를 사용해 보자

의사결정 프로토콜을 만들 때 맨처음부터 시작할 필요는 없다. 커뮤니티 룰[4]과 같은 툴킷이나 다양한 종류의 의사결정을 형성, 결정, 실행할 책임이 있는 사람을 명확히 하는 DARCI, RACI,[5] 또는 MOCHA[6]와 같은 의사결정 프레임워크의 사용을 고려할 수 있다. 브레이크아웃 활동가들은 역할과 책임에 대한 RACI 매트릭스와 같은 의사결정 프레임워크의 가치를 강조하며 이를 통해 팀은 특정 의사결정에 대해 책임과 의무를 지고, 자문을 구하고, 정보를 제공받을 사람을 지정할 수 있다. 이러한 도구는 그룹이 한편으로는 동일한 소수의 리더가 모든 것을 결정하도록 하거나 다른 한편으로는 모든 사람이 모든 것에 대해 동등한 발언권을 갖는 다루기 힘든 합의 구축에서 벗어나는 데 도움이 될 수 있다.

의사 결정 프레임워크는 기존업무방식 환경에서도 자주 사용되지만, 브레이크아웃 활동가와 차별화되는 점은 프로토콜과 관련된 이해관계자의 범위가 더 넓다는 점이다. 더 넓은 범위의 이해관계자는 의사 결정에 대한 정보만 제공하는 것이 아니라 평가하고 실제로 결정하기도 한다. 의사 결정권을 공유는 결정을 내리는 사람들이 그 결정으로 인해 가장 큰 영향을 받게 될 사람들, 결정을 실행할 사람들, 현명한 결정을 내리는 데 필요한 중요한 경험, 전문성, 관점을 가진 사람들로 구성된다는 것을 의미한다.

명확한 프로토콜과 예측이 필수적이지만, 의사 결정권을 공유하는 관행은 즉흥적인 적용을 통해 함께 만들어가는 것이기도 한다. 브레이크아웃 활동가들은 이를 예술이라고 부르기도 한다. 공동 학습 커뮤니티 멤버이자 뉴올리언스에 기반을 둔 커뮤니티 중심 계획, 디자인 및 건축 회사인 콘코디아의 설립자이자 대표인 스티븐 빙글러Steven Bingler는 이러한 관행의 균형을 유지하는 것이 중요하다고 지적한다. 그는 특히 변화가 필요하다는 징후가 있을 때 구조와 프로토콜이 너무 경직되지 않도록 해야 한다고 강조한다. 스티븐은 "프로토콜을 로봇처럼 따르기보다는 나침반처럼 여기되, 변화의 필요성에 계속 귀를 기울여야 한다."라고 조언한다. 현명한 교사는 교실에 들어갔을 때 웅성거리는 소리를 들으면 학습이 진행되고 있는지 알 수 있다는 말이 있다. 프로세스의 균형이 깨지면 사람들로 가득 찬 교실이 영안실처럼 느껴질 수 있다. 프로세스가 균형이 잡혀 있으면 웅성거림은 협력적이고 활발하며 상상력이 살아 있다." 스티븐은 전국적으로 유명한 건축가이지만 음악에 대한 열정도 그 못지않다. 그는 콘코디아의 업무 방식을 재즈의 스윙에 대한 윈튼 마살리스Wynton Marsalis*의 개념에 비유한다.

> 한 사람이 밀물과 썰물을 통제할 수는 없다. 스윙에는 세 가지가 필요하다. 스윙은 다른 사람들과 함께 스텝을 만들어가는 춤이기에 극도의 협응력이 필요하다. 자신에게 가장 좋은 것이 반드시 그룹이나 그 순간에 가장 좋은 것은 아니기 때문에 현명한 의사결정이 필요하다. 또한 자신과 다른 뮤지션들이 훌륭한 음악을 만드는 데 동등하게 관심이 있고 자존심이나 해결되지 않은 음악적 결점에 휘둘리지 않는다는 것을 믿어야 하므로 좋은 의도가 필요하다. … 다른 훌륭한 인간 활동과 마찬가지로, 스윙은 언제, 어떻게, 얼마나 해야 하는지를 아는 균형의 문제이다.[7]

의사 결정권을 공유하는 실행 방안에서 브레이크아웃 활동가들은 의사 결정 프로토콜을 통해 효과적으로 협력하는 데 필요한 기술을 받아들인다. 그렇게 함으로써 이 도구는 규모가 작든 크든 그룹의 각 개인이 디자인에 대한 자신의 권리를 충분히 표현할 수 있도록 미묘한 차이가 있고 유연한 채널로 발전한다.

완전하고 접근 가능한 정보 공유

브레이크아웃 활동가들은 의사 결정권 공유는 것은 모든 사람이 자신이 속한 상황에 대한 정확한 정보에 액세스할 수 있을 때만 효과가

---

* 모던 재즈를 주로 연주하는 트럼펫 연주자이자 작곡가

있다고 강조한다. 모든 사람이 큰 그림을 이해할 수 있도록 다양한 출처에서 정보가 오가야 한다. 관련 정보에 동등하게 접근할 수 없다면 사람들은 의사 결정에 최선을 다할 수 없다.

공동 학습자인 존 아이커드John Ikerd는 브레이크아웃 활동가들의 정보 공유에 대한 여러 가지 요점을 설득력 있게 설명한다. "모든 사람을 참여시키고, 정직하고 공정해야 한다. 할 수 있는 일에 제약이 있다면 모든 사람에게 '이런 제약이 있다'라고 미리 알려야 한다. 이 범위 내에서 '우리는 원하는 것은 무엇이든 할 수 있다'라고 말해야 한다. 솔직해야 한다."라고 그는 설명한다.

존은 최근 지구에서 8번째 10년을 시작했다. 존과 그의 아내는 아이오와주 페어필드에 살고 있는데, 존의 말에 따르면 그들은 작은 마을에서 남은 여생을 마무리하고 싶어서 10년 전에 이사를 왔다. 60대에 미주리대학교에서 은퇴하기 전에는 농업 경제학자로 30년 동안 학계에서 경력을 쌓았다. 기존업무방식으로 시작했지만, 1980년대와 그 시대의 농업 위기를 겪으면서 존은 자신이 농민들에게 대변하던 정책의 실패를 경험했다. 그는 자신이 배웠고 가르치고 있던 경제학이 효과가 없다는 것을 확신하게 되었다.

"생태적, 사회적, 심지어 경제적으로도 지속 가능하지 않았다. 대부분의 사람들의 삶을 개선하기는커녕 악화시키고 있었습니다."라고 존은 회고한다. 그는 높은 명성을 얻을 수 있지만 더 이상 자신의 마음속 깊은 곳의 옳은 것에 대한 기준에 와닿지 않는 직업적 기회를 버리고 지속 가능한 농업과 자원 공유에 대한 지역 사회 중심의 혁신적인 접근 방식을 지원하는 데 다시 집중했다. 그는 미국 농무부의 농업 연구 및 확장 이니셔티브와 주 및 지역 농업 단체와의 이니셔티브를 통해 이 작업을 수행했다. 또한 지속 가능성을 달성하기 위해 농업과 경제에 필요한 변화에 대해 연설하고 글을 쓰기 시작했다. 의사 결정권을 공유하는 관행은 농업 공동체를 활성화하는 데 핵심적인 역할을 하며, 더 광범위한 경제 및 식품 시스템의 재구상과도 연결된다고 존은 믿는다.

이 관행은 제약 조건에 대한 정보를 포함하여 중요한 정보를 관련된 모든 사람과 공개적으로 공유할 때만 효과가 있다고 그는 지적한다. "대부분의 경우 돈이 수반되는 일에는 몇 가지 경계가 존재합니다. 약속한 사항이 있으면 모든 사람에게 알려야 합니다." 브레이크아웃 활동가들은 단순히 정보를 제공하는 것만으로는 충분하지 않다고 지적한다. 관련된 모든 사람이 정보에 접근할 수 있도록 사전에 정보 공유가 이루어져야 의사 결정권 공유가 그 잠재력을 최대한 발휘한다.

공동 학습자인 이사벨라 진Isabella Jean은 인도주의적 지원 노력에서 얻은 교훈을 기록한 전 세계 경험을 바탕으로 "정보가 사람들의 권력을 약화시키는 방식으로 공유될 수 있다는 것을 보았다."라고 설명한다. 첫해부터 공동 학습 커뮤니티의 회원이었던 이사벨라는 자신이 평가한 다양한 이니셔티브에서 통찰력을 공유했다. 호평을 받은 책 《경청할 시간Time to Listen[8]》의 공동 저자인 이사벨라와 그의 동료들은 원조를 받는 이해관계자들이 가장 효과적인 원조 방법을 결정하는 데 성공적으로 참여한 프로그램을 목격하고 그 일부가 되어 왔다. 성공을 이끈 핵심 요소는 모든 이해관계자와 접근 가능한 방식으로 정보를 공유하기 위해 그룹 구성원이 기울인 노력이었다. 이사벨라는 "지식은 곧 힘이기 때문에 게이트키퍼의 손에 보관된 정보나 소수만이 접근, 사용할 수 있는 방식으로 공유되는 정보는 강화된 권력을 유지하는 도구가 될 수 있습니다."라고 지적한다. 심지어 의사 결정권을 공유하려는 의도를 가진 그룹에서도 그렇다.

광범위한 이해관계자 그룹이든 소규모 팀 안에서든 정보 공유 방식은 중요하다. 여기에는 회의가 열릴 때까지 기다렸다가 그 자리에서 문서를 꺼내 피드백을 요청하는 대신 검토를 위해 미리 문서를 보낸 다음 회의에서 논의하는 것과 같이 사소해 보이는 디테일도 포함된다. 의사 결정 프로토콜과 마찬가지로, 각 그룹은 정보에 대한 접근성을 높이고 협력하여 의사 결정권을 공유하는 데 도움이 되는 정보를 만들 수 있다.

> **팁_ 접근하기 쉬운 방식으로 정보를 공유해야 한다.**
>
> 적극적으로 정보를 제공하고 관련된 모든 사람이 접근할 수 있는 방식으로 정보를 제공해야 한다. 공동 학습자인 이사벨라는 정보를 여러 언어로 번역하고, 일부에게만 익숙할 수 있는 전문 용어를 제거하고, 주요 이해관계자와 정보 중개자 역할을 할 수 있는 사람을 참여시켜 모든 사람이 관련 정보를 소화하고 이해할 수 있도록 지원함으로써 그룹이 함께 내릴 결정에 충분한 정보를 제공할 수 있도록 하는 등의 단계를 고려할 것을 제안한다.

리더십 공유, 책임 공유, 보상 공유

의사 결정권을 공유하는 실행 방안은 의사 결정이 내려지는 순간 끝나는 것이 아니라, 반대로 의사 결정으로 인해 발생하는 모든 것을 공유하는 것이기도 하다. 스티븐 빙글러는 "제 경험상 이 관행은 두 가지 조건을 고려합니다. 첫째, 일이 잘되었을 때 의사 결정에 따른 보상을 공유하고 둘째, 일이 잘되지 않았을 때 의사 결정에 따른 책임과 위험을 공유하는 것입니다."라고 말한다. 즉, 솔루션을 고안하고 실행하는 부담을 분산하는 동시에 의사 결정으로 인한 성공과 이익을 공유하는 것이다.

여러 브레이크아웃 활동가들은 그룹이 의사 결정권을 공유하는 실행 방안을 재무적 수익과 소유권의 영역으로 확장하여 재무적 의사 결정과 이익 분배 방식을 함께 상상할 때 이의 이점이 더 커진다고 지적한다. 공동 학습자 에드 휫필드는 재무적 수익과 소유권에서 공유된 의사 결정의 중요성을 강력하게 강조한다. 의사 결정권 공유가 이러한 영역으로 확장되지 않는다면, "누가 무엇을 소유하고 결과적으로 누가 함께 창작할 수 있는 권한이 있는지에 대한 변화가 없다면 이는 혁신이 아닙니다."라고 설명하며 다음과 같이 덧붙인다.

> 한쪽 끝에는 돈을 가득 든 사람이 있고 다른 쪽 끝에는 돈을 구걸하는 사람이 있는 큰 테이블에서 하루를 시작했다고 합시다. 하루가 끝날 때에도 여전히 한쪽 끝에는 돈을 가득 가진 사람이 있고 다른 쪽 끝에는 돈을 구걸하는 사람이 있다면, 그 사이에 공동 창조가 이루어졌든 그렇지 않든 간에 아무런 변화도 일어나지 않은 것입니다. 따라서 결국에는 구조적으로 뭔가 혁신적인 변화가 일어나야 합니다.
> 그리고 이는 개인에게만 해당되는 문제가 아닙니다. … 이것은 개인의 문제가 아니기 때문입니다.

사랑없는 경제에서 부의 편중이 디자인 권한과 밀접하게 연결되어 있다는 점을 고려할 때, 여러 사람이 함께 의사 결정 방식과 의사 결정에 따른 재정적 수익을 공유하는 방법을 재구상해야 혁신이 일어날 가능성이 가장 높다는 것은 당연한다.

공동 학습 커뮤니티의 일원이자 블루닷 애드보커츠 로펌Blue Dot Advocates의 창립 변호사인 브루스 캠벨Bruce Campbell은 자신의 팀이 근로자 소유 협동조합으로 전환한 후 업무의 질과 창의성이 어떻게 강화되었는지에 대해 이야기한다. 블루닷은 소규모 변호사 팀이 일반적인 법률 및 재무 구조를 뛰어넘는 혁신을 통해 긍정적인 변화를 위해 노력하는 고객에게 최고의 서비스를 제공하는 독특한 로펌이다. 기업이 진정으로 가치에 부합하는 구조를 구현할 수 있도록 비추출적 대출 계약, 공동 소유 구조, 관리 정관을 만드는 선례가 되는 작업을 수행해 왔다.

블루닷은 설립자 브루스가 단독 소유주로 있는 전형적인 구조의 기업으로 시작했다. 그러나 기존의 규칙과 한계를 뛰어넘어 혁신하는 고객의 과정을 함께하면서 얻은 심화 학습 경험을 통해 블루닷 팀은 자신들도 그렇게 해야겠다는 영감을 얻었다. "더 이상 단독 소유주가 되고 싶지 않았습니다. 저뿐만 아니라 다른 사람들도 불편하게 느꼈을 것입니다."라고 브루스는 말한다. "그래서 우리는 함께 모여 여러 소유주가 있는 로펌이 어떤 모습일지 이야기하는 과정을 시작했습니다." 대안적 소유권 및 지배구조에 대한 전문성을 갖춘 변호사들로 구성된 이 팀에게도 쉬운 변화는 아니었다. 브루스는 "새로운 조직의 궁극적인 형태를 결정하고 거버넌스가 어떻게 작동할지 고민하는 데 오랜 시간이 걸렸습니다."라고 말한다. "하지만 결국에는 우리의 가치를 반영하고 정말 독특한 조직을 만들어 냈습니다." 협동조합이자 비콥 인증*을 받은 블루닷 팀은 재정적 책임과 수익을 공유함으로써 의사 결정권을 공유한다.

블루닷의 파트너인 브라이언 미쿨렌칵Brian Mikulencak은 현재 이 구조 내에서 운영되는 팀의 이점에 대해 "책임감이 확실히 높아졌고 신뢰감이 공유되었습니다."라고 말한다. 브루스는 비즈니스 소유자가 그들이 쥐고 있는 권한에 대해 스스로에게 심오한 질문을 던질 때 변화가 일어나는 것을 목격한다. "제 생각에는 궁극적으로 영적인 요소가 있습니다."라고 브루스는 회고한다.

> 이는 올바른 관계에 관한 것입니다. 집중된 권력과 재원은 역사의 실수입니다. 그것들은 세상과의 올바른 관계를 반영하지 않습니다. 따라서 권력과 재원의 공유는 무언가를 포기하는 것이 아니라 더 자연스러운 존재 방식으로 돌아가는 것입니다.

많은 브레이크아웃 활동가들이 이러한 감상을 표현한다. 이들은 의사 결정권 공유를 실천하는 것은 쉽지 않지만, 일단 그룹이 권한을 공유하는 업무 방식으로 전환하면 개인이 보고하는 경험은 매우 긍정적이라고 말한다. 팀원들이 업무에 대한 더 많은 자율성을 누리는 것 외에도, 의사 결정권 공유의 경험에 대한 가장 일반적인 설명은 "안심", "더 재미있다", "짜릿하다", "살아있다" 등이었다.

브루스처럼 많은 사람들이 이 경험을 통해 주변 사람들, 삶 자체, 심지어 신과도 새롭게 연결되는 느낌을 받았다고 말한다. 우리의 연

---

* 기업이 직장 문화 / 공정 임금 / 기후 위기 대응 등의 주제 전반에 걸쳐 환경적 성과, 투명성, 책무성을 갖췄다는 인증. https://bcorporation.kr/

구에 따르면 금전적 부를 축적하거나 물려받은 사람들에게도 이러한 현상이 일어난 것으로 밝혀졌다. 예를 들어, 부유한 상속자 마리온 웨버Marion Weber는 의사 결정권 공유로의 전환을 자선사업가로서의 활동과 인생 전반의 전환점으로 보고 있다. 마리온은 평생 동안 물려받은 재산을 기부하기로 결심했지만, 그렇게 하는 것이 자신을 지치게 만든다는 것을 알게 되었다. 그는 점점 더 압도당하고 마비되는 느낌을 받았다. "돈을 다루는 일은 지치고, 고갈되고, 우울하고, 전혀 창의적이지 않았다."라고 마리온은 말한다. 결국 그는 플로우 펀딩flow funding이라고 부르는 보조금 지급 방식을 개발하게 되었다.

플로우 펀딩은 풀뿌리 활동가와 예술가들로 구성된 서클을 중심으로 이루어지며, 이들은 각각 보조금을 받을 사람과 단체를 선정한다. 기부자는 8명의 플로우 펀딩 서클을 모아 3년 동안 활동하게 한다. 서클 멤버들은 매년 한자리에 모여 지원 대상 선정 과정, 지원 대상 단체와 사람들에 대해 감동받은 점, 배운 점 등을 공유한다. 3년의 서클이 끝나면 서클을 시작한 개인이 열정적인 회원을 초대하여 새로운 서클을 시작하고, 커뮤니티와 부문에 걸친 신뢰 네트워크를 기반으로 분산된 보조금 제공자 네트워크가 성장한다. 플로우 펀딩을 통해 부를 나누기 시작한 후, 마리온은 자신의 일이 "관계에 기반하고, 영감을 주며, 놀라움으로 가득하고, 신선함과 모험으로 가득 차게 되었습니다"라고 회고한다. 또한 그는 번아웃에서 치유되었다. "한 사람을 천 명으로 나누면 엄청난 차이가 납니다."라고 마리온은 말한다. "마치 지구의 면역 체계, 생명의 필요에 따라 작동하는 다양한 세포와 더 잘 조율되는 듯합니다."

다양한 산업 분야의 브레이크아웃 활동가들은 의사 결정권을 공유하며 새로운 연결감을 느낄 수 있다고 말한다. 이는 구성원들이 프레임을 가지고 일하는 기술을 효과적으로 탐색할 수 있는 원동력이 될 수 있다.

팁_ 효과적인 리더십에는 내면의 노력이 필요하다는 점을 기억해야 한다
의사 결정권을 공유할 때 긴장하거나 두려움을 느낀다면, 특히 자신이 권한을 잃게 될지도 모른다는 걱정이 든다면 자신의 내면을 주의 깊게 살펴보기 바란다. 브레이크아웃 활동가들은 스스로의 반응을 주의 깊게 관찰하면, 이것이 권력이 제로섬 게임이라고 배웠던 것에서 비롯된 반응인지 더 잘 분별할 수 있다는 점에 주목한다. 의사 결정권을 성공적으로 공유하는 그룹은 구성원 개개인이 이에 필요한 개인적 성장에 대해 책임을 진다. 이는 여러분에게 두려움이 언제 발생하는지 살펴보는 것처럼 보일 수 있다. 내 반응은 팀과 함께 문제를 해결해야 할 중요한 문제를 가리킬 수 있는가요? 자신의 반응이 배우고 싶지 않은 신념을 가리키는 것은 아닐까? 팀, 조직 및/또는 커뮤니티의 모든 사람이 강력해진다는 것은 어떤 모습일지 생각해 보자.

의사 결정권 공유 실행 사례

콘코디아는 기존업무방식의 한계를 훨씬 뛰어넘는 방식으로 의사 결정에 참여하는 사람을 넓히는 모범을 보여준다. 권한 공유 철학은 회사 설립 미션의 핵심이었지만 허리케인 카트리나로 인한 대피해로부터 뉴올리언스를 복구하는 과정에서 콘코디아 팀이 의사 결정권 공유를 실천하는 방식은 더욱 깊어졌다.

카트리나가 지나간 지 1년이 지난 후에도 뉴올리언스는 여전히 재건에 어려움을 겪고 있었다. 시에서 주도한 두 번의 계획 수립 과정이 실패로 돌아갔기 때문이다. 이 탑다운식 계획은 뉴올리언스의 복잡한 지역 재건 문제에 대한 계획이 지나치게 단순하고 차별적인 해결책에 기반을 두었다고 생각한 시민 단체의 격렬한 반대에 부딪혔다. 콘코디아는 기존의 계획 프로세스와 반대되는 접근 방식으로 세 번째 노력을 주도했고, 그 결과 수립된 계획은 주민들의 넓은 수용과 시의 승인을 받아 결국 복구와 재건을 위해 절실히 필요한 연방 기금을 확보할 수 있었다.

콘코디아의 성공은 주민들이 프로세스의 모든 단계에서 의사 결정권자가 되는 그들 팀의 접근 방식에 뿌리를 두고 있다. 콘코디아의 회장 바비 힐Bobbie Hill은 "우리는 수년 동안 사람들이 좋은 정보를 가지고 있으면 신중하게 결정을 내린다는 사실을 발견했습니다. 그리고 대규모로 계획을 세울 때는 그 자리에 사람이 '너무 많다'는 없다고 생각합니다. 각 사람이 자신의 경험을 바탕으로 중요한 관점을 제시하기 때문에 모두가 더 나은 정보에 접근할 수 있기 때문입니다."라고 말한다.

이러한 신념은 바비 인생의 큰 힘이 되었다. 공동 학습 커뮤니티에서 가장 활발하게 활동하는 멤버 중 한 명인 바비는 의사 결정 테이블에 앉는 사람의 수를 기존업무방식에서 실현 가능하거나 신중하다고 말하는 것 이상으로 늘리는 것의 가능성에 대해 많은 것을 가르쳐 주었다. 또한 바비는 매우 체계적이면서도 인간적인 방식으로 그렇게 하는 방법을 공유한다. "저는 루이지애나에서 이모, 삼촌, 사촌들과 함께 자란 7남매 중 맏이입니다."라고 바비는 말한다. "저는 관계와 커뮤니티를 만드는 것을 좋아합니다. 이것이 제 인생의 모든 여정을 이끌어 왔습니다." 바비는 수십 년 동안 진정성 있는 참여를 설계하고 지원하는 일을 천직으로 삼았다. "저는 어떤 결정에 의해 영향을 받는 사람이라면 누구나 테이블에 앉을 자격이 있다고 믿습니다."라고 바비는 확신을 갖고 말한다.

허리케인 카트리나 이후 뉴올리언스가 지금까지 경험하지 못한 계획 프로세스를 수립할 수 있었던 것은 모든 팀원이 공유한 이러한 정신 덕분이었다. 콘코디아는 주민들을 고용하여 광범위한 풀뿌리 커뮤니티 참여 프로세스를 진행했고, 그 결과 9천 명 이상의 뉴올리언스 주민들이 연구자, 설계자, 의사 결정권자로 참여했다. 모든 도시 구역에서 정기적인 계획 회의가 열렸으며, 컨벤션 센터에서 도시 전체의 커뮤니티 의회 회의도 여러 차례 열렸다. 이 회의에는 약 2천 명의 주민이 참석했으며, 휴스턴, 배턴루지, 잭슨, 애틀랜타, 그리고 수많은 뉴올리언스 주민들이 폭풍을 피해 피난처를 찾은 16개 도시에서 동시에, 양방향 동시 방송으로 회의를 진행하기도 했다.

공동 작성된 복구 계획을 어떻게 실행할지 결정하기 위해 콘코디아 팀은 각 지역 주민들이 가장 선호하는 계획과 회사에 투표하는 선거 과정을 거쳤고, 그 결과 각 지역에 맞는 복구 계획을 함께 만들 수 있었다. 주민들이 정보를 바탕으로 하는 선택을 할 수 있도록 콘코디아는 전국에서 온 수십 개의 계획 및 개발 회사가 각자의 접근 방식에 대해 10분간 프레젠테이션을 하는 행사를 주최했다. 그런 다음 주민들은 가장 마음에 드는 회사에 투표했다. 그 결과 모든 지역이 1순위 또는 2순위로 선택한 회사와 협력할 수 있었다.

콘코디아 팀은 처음에 선거 이벤트의 결과가 어떻게 전개될지 긴장했다. 모든 동네가 1순위 업체와 함께 일할 수 있을까? 하지만 우려에도 불구하고 주민들이 직접 플래너를 선택해야 한다는 사실에 의문을 품지 않았다고 바비는 설명한다. "주민들이 이 과정의 모든 측면에 지속적으로 참여하지 않았다면 모든 것이 무너졌을 수도 있습니다. 그리고 이 과정에 참여한 사람들은 동네의 상황을 가장 잘 알고 있는 사람들이었기 때문에 무엇을 되살려야 하고 무엇을 다시 해야 하는지 잘 알고 있었습니다. 그들이 바로 전문가였습니다."

통합 뉴올리언스 계획이 열광적인 지지를 이끌어내는 과정에서 콘코디아 팀은 소규모 그룹이 제안을 하는 것부터 모두가 투표하는 대규모 그룹, 커뮤니티 동료 또는 '의장'으로 나선 사람들을 초대하여 그룹을 위한 최선의 다음 단계를 결정하는 것까지 다양한 방식으로 의사 결정권을 공유하는 방안을 실천했다. 콘코디아의 접근 방식은 공유된 의사 결정 프로세스에 투자하면 궁극적으로 시간과 비용을 절약할 수 있을 뿐만 아니라 관련된 모든 사람 사이에 새로운 관계가 형성될 수 있다는 것을 보여주었다.

의사 결정권 공유는 어떻게 혁신으로 이어지는가

의사 결정권을 공유하면 기존업무방식에서보다 더 많은 사람들이 기업 업무에 참여하게 되므로 디자인 권한이 분산될 수 있다. 자신의 구조를 결정하는 로펌이든 재건을 위한 계획을 세우는 동네든 많은 사람이 그룹의 궤도에 영향을 미치면 대응력을 높이고 경로를 수정하는 행동이 증가하여 그룹이 더 현명한 결정을 내리도록 유도할 수 있다. "함께 일했던 팀원들과 권한을 공유한 경우, 제가 직접 결정을 내렸을 때보다 훨씬 더 인상적인 결과를 얻을 수 있었습니다."라고 존 아이커드는 회고한다. 공동 작업의 맥락이 무엇이든 의사 결정권 공유는 관련된 개인의 잠재력을 최대한 끌어올린다. 사람들은 자신이 구축하는 것에 대한 진정한 주인 의식을 가지고 있기 때문에 최선을 다할 수 있다.

이 실행 방안은 쉽지 않다. 종종 갈등을 탐색하고, 현재 업무에 가져올 수 있는 과거 경험의 짐을 다루고, 유전된 패턴에 맞서기 위한 지속적인 내적 작업이 필요하다. "현실은 이것이 올바른 길일 뿐만 아니라 우리 중 누구라도 일생에 걸쳐 가장 힘든 일이라는 것입니다."라고 스티븐은 인정한다. 그룹이 이러한 실천을 유지하면 모든 사람이 설계되는 내용에 관심을 갖고 함께 만든 프로세스와 프로토콜에 대해 책임감을 느끼는 팀을 육성할 수 있다. 철학과 함께 하는 권한이 있다면 그룹 내 개인도 무언가 잘못되었을 때 솔선하여 나서는 경향이 있다. 팬데믹으로 인한 경제적 충격의 첫 번째 물결에 대응한 런웨이의 사례에서 볼 수 있듯이 개인이 그룹의 성공으로 인한 혜택을 누리게 되면 도전이 닥쳤을 때 최선을 다할 수 있는 자원을 더 많이 확보할 수 있으며, 나아가 이러한 도전을 혁신의 기회로 전환할 수도 있다.

의사 결정권을 혼자 어깨에 짊어거나 접근권을 갖기 위해 싸우는 것에서 창의적으로 함께 접근하는 것으로 바꾸면 우리 각자는 더욱 강력해진다.

브레이크아웃 활동가의 일터
:
심장연구연합

데비 맥콜Debbe McCall은 처음 심방세동(AFib) 진단을 받았을 때의 느낌을 아직도 기억한다. "저는 충격을 받았어요. 아니요, 저는 절망하지 않았습니다. 화가 났습니다. 심방세동이 발병했을 때 나는 가장 건강했는데 너무 화가 났어요."라고 데비는 회상한다. "저의 어머니는 돌아가시기 전에 네 번 심장마비를 겪었고, 첫 번째 심장마비는 50세 이전에 발생했습니다. 저는 유전적 요인이 제게 어떤 영향을 미칠지 알고 있었고 그런 일이 일어나지 않도록 최선을 다했습니다." 진단 결과는 충격적이고 속상했지만 데비는 동일한 건강 상태를 겪고 있는 다른 사람들과 커뮤니티를 찾기로 결심했다. 데비는 곧 동료 심방세동 환자 그룹과 연결되었고 새롭게 발견한 연결감, 희망, 연대감은 물론 우정으로 깊어진 새로운 관계가 삶에 변화를 가져왔다. 그는 그 이후로 환자 지지 그룹 및 네트워크의 활동적인 회원이 되었다.

자신의 경험과 동료 환자들의 이야기를 통해 데비는 "모든 환자 커뮤니티의 누구라도 진단을 받으면 갑자기 '외롭고 고립된 느낌'을 가장 먼저 느낍니다. 그래서 그들은 지원 그룹에 손을 내밉니다."라는 점을 이해한다. 데비는 이렇게 설명한다. "공유할 수 있는 정보가 있습니다. 그렇죠. 과학에 대한 학습이 있어요. 하지만 그것은 '당신은 혼자가 아닙니다'에 관한 것입니다." 데비는 사람들의 삶에 즉각적이고 긍정적인 변화를 가져오는 것은 연대감과 공동체 의식이라는 것을 발견했다. "새 회원을 환영할 때 제가 가장 먼저 말하는 것 중 하나는 바로 '숨쉬세요'입니다. 숨을 쉬고 당신이 혼자가 아니라는 것을 알아 두세요. 우리는 모두 여기에 있고 모두 당신의 자리에 있었습니다."

심방세동 진단을 받고 이러한 새로운 관계의 힘에 기초하여 데비는 심장연구연합Heart Research Alliance이라는 '환자 중심' 연구 이니셔티브의 창립 참가자 중 한 명이 되었다.[1] 이는 캘리포니아주 샌프란시스코 메디컬센터에서 주도하고 여러 심장 건강 후원 단체와 협력하여 연방정보의 보조금을 통해 가능하게 된 공동 연구 이니셔티브였다. 심장연구연합은 환자 목소리의 가치를 인정한다는 조직 원칙에 따라 환자의 관점에서 의료 시스템과 중재의 질을 개선하고, 심방세동 환자의 삶의 질을 의미 있게 개선하는 방법을 포함해 심장 질환에 대한 심층 연구를 촉진하기 위해 노력했다.

브루킹 게이트우드Brooking Gatewood는 "연구자들의 연구 과제 결정 방법을 설계하는 과정에 환자가 연구비 지원을 통해 참여하도록 요구했다."라고 말했다. 브루킹과 그의 동료 레베카 페젤Rebecca Petzel은 연구 질문을 식별하는 환자 기반 연구 네트워크의 생성을 설계하고 촉진하기 위해 캘리포니아대학교University of California, San Francisco(UCSF)에 고용되었다. 브루킹은 자칭 '네트워크 너드'로 어려서부터 체계적 변화에 대해 깊이 생각하고 연구해 온 사람이다. 시인이자 작가이기도 한 그는 예술성이 협력적인 사회 변화의 필수 요소임을 인식하고 있다. 브루킹과 레베카는 개인의 기관과 집단 지성을 모두 육성하기 위해 권력을 재분배하는 데 중점을 둔 촉진 작업에 예술과 과학의 정신을 접목했다. 이러한 지향을 통해 그들은 UCSF를 지원하여 심장연구연합이 처음부터 최종 결정 및 연구 권장 사항에 이르기까지 진정으로 환자의 힘을 발휘할 수 있도록 지원하는 데 매우 유리한 위치에 있게 되었다. 브루킹은 다음과 같이 말한다.

> 우리는 운영 위원회를 구성했고 참가자들이 신뢰와 관계를 구축할 수 있도록, 즉 실제로 서로를 인간으로 알고 동료로서 함께 일할 수 있도록 설계된 철저한 출범 프로세스를 마련했습니다. 그런 다음 많은 환자 의견을 바탕으로 의사, 연구자, 환자가 함께 모여 프로젝트 아이디어를 탐구하는 초기 이벤트를 설계했습니다. 이벤트를 디자인하면서 참가자들은 환자가 한 세트의 초대장을 받고 의사와 연구원이 또 다른 세트를 받아 각자가 일상적인 운영 방식에 도전하기 위해 불편함의 경계에 들어서도록 초대받는 매우 구체적인 기본 규칙을 설정하기로 결정했습니다. 환자들에게는 "말씀해주세요", 의사들에게는 "들어주세요"였습니다.

환자 참가자인 캐시 시고나Kathi Sigona는 브루킹, 레베카 및 모든 참가자가 공동으로 만든 접근 방식이 어떻게 심장연구연합의 성공의 핵심이 되었는지 회고한다. "그룹의 성공을 이끄는 데 실제로 도움이 된 것은 우리에게 계층 구조가 없다는 사실입니다. 때로는 환자가 여러 수준에서 의사와 함께 일하는 것은 다소 두려울 수 있습니다. 하지만 우리는 동료가 되었어요. 우리 모두 같은 방식으로 바지를 입습니다"*

심장연구연합의 협력자들은 환자들이 진정으로 많은 대화와 과정을 주도할 수 있도록 신뢰 관계를 위한 조건을 만들었다. 데비는 "엄청난 변화였습니다."라고 말한다. "그리고 그것은 연구원보다 우리 환자가 더 많았기 때문에 나타났습니다. 연구원들이 아닌 우리가 대화를 주도했습니다. 연구원들이 어려운 단어를 사용하려고 할 때마다 우리는 그들을 불렀고, 다른 곳에서는 그런 일이 결코 일어나지 않았습니다." 데비는 "환자들은 심장연구연합이 어떻게 운영될 것인지에 대한 기초를 마련하는 과정이 우리의 컨퍼런스라는 확신을 가졌습니다. 연구원들을 우리 세계로 데려오기 위해 거기에 있었던 것이며 수백 년 동안 연구가 진행되어 온 반대 방식이 아니었습니다."라고 강조했다.

심장연구연합 이니셔티브의 또 다른 독특한 측면은 연구자와 환자 참가자 등 관련된 모든 사람에게 임금을 지급한다는 점이다. "큰 변화를 가져왔습니다. 그리고 그 덕분에 나처럼 연구에 관심이 있는 우리 대부분은 그것을 디딤돌로 사용할 수 있었습니다."라고 데비는 단언한다. 급여를 받음으로써 데비와 다른 사람들은 일상적인 업무에서 벗어나 시간을 보내서 수입을 놓칠 염려 없이 동료 참가자, 연구원 및 의사와 함께 참여하고 학습하는 데 더 많은 시간을 보낼 수 있었다. 연구 질문과 방법론을 설계하면서 쌓은 상당한 경험 덕분에 데비는 연방 정부 지원 연구 이니셔티브에서 환자 PI(책임 연구자)로 활동하는 컨설팅 사업을 구축할 수 있었고, 심지어 의학 컨퍼런스에

---

* 우리는 모두 평등하므로 서로를 존중해야 한다는 관용적 표현

참석하고 소셜 미디어를 취재하는 대가로 돈을 받기도 했다. 캐시는 또한 심장연구연합 이니셔티브에 참여하면서 "많은 시민 과학자들이 임상시험과 연구의 계획과 실행을 주도하고 참여할 수 있는 기회를 얻게 되었습니다. 이 모델은 매우 성공적이었습니다."라고 말한다.

창립 행사 이후 심장연구연합은 확고히 자리잡았고 계속 성장해 나갔다. 초기 프로젝트는 시간 문제로 2019년에 중단되었지만 그 결과는 오늘날에도 계속해서 반향을 일으키고 있다. UCSF 전염병학 및 생물통계학과의 마크 플레처Mark Pletcher 박사는 프로젝트의 창립 멤버 중 한 명이었다. 그는 심장연구연합이 "연구 연구에 대한 환자의 깊은 참여를 계속 지원하고 있다"고 밝혔다. 이는 의미 있는 의학 연구를 형성하는 데 있어 환자가 동료이자 선도적인 전문가로서 참여할 수 있는 방법에 대한 새로운 기준을 세웠다. 예를 들어, 그는 최근의 연구 이니셔티브인 가정 혈압 모니터링에 대한 무작위 시험인 BP Home을 언급하며 "심장연구연합을 통해 환자 자문위원회를 구성하고 지원하여 참가자의 온보딩, 설문조사 및 교육 자료를 개발하는 데 도움을 주었습니다."라고 설명한다. BP Home 연구 결과를 공유할 준비가 되었을 때, "환자 자문위원회 위원과 연구 책임자가 패널로 참여한 가운데 연구 결과를 연구 참여자들에게 발표하는 웨비나webinar를 개최했습니다."라고 플레처 박사는 말한다. 플레처 박사는 심장연구연합의 접근 방식과 이전 참가자들의 영향을 받아 BP Home이 일반적으로 연구 결과를 발표하는 방식과 대상에 대한 인식을 전환하게 되었다고 설명한다.

브루킹과 레베카는 환자들이 협력자로서 서로 형성한 진정성 있고 배려하는 관계에 기초하여 펼쳐지는 경험과 강력한 결과에 깊은 영향을 받았다. 관계 구축에 대한 이러한 집중은 심장연구연합 이후 미래의 동료 및 고객 협력자들과 함께 집단적 리더십을 지속적으로 실천하고 육성하기 위해 결성한 협업 컨설팅 실험인 이머전스 컬렉티브The Emergence Collective와 함께 후속 작업에도 이어졌다. 심장연구연합 프로젝트의 관계형, 권력 이동 및 참여형 설계 원칙은 모든 후속 프로젝트에 영향을 미쳤다.

브루킹은 심장연구연합에서 가장 인상 깊었던 것은 환자 커뮤니티의 구성원들이 "서로를 진정으로 위하는" 방식과 환자들이 연합 회원들이 함께 하는 모든 일에 이러한 돌봄과 연대의 정신을 발휘하는 것을 경험한 것이라고 회상한다. 이 커뮤니티의 일원으로 환영받은 결과, 브루킹은 관점의 변화를 경험했다. 그는 이러한 변화가 자신에게 일어나기 시작한 초기의 한 순간을 회상한다.

> 환자 중 한 명이 재단 중 하나를 지원하는 5km 걷기에 저를 초대했습니다. 과거에는 "아, 그건 아니야, 시간이 안 맞는 것 같아"라고 생각했을 것입니다. 하지만 저는 가서 걷고 심장연구연합 셔츠를 입었습니다. 그리고 저는 이 모든 사람들을 만났고 환자 커뮤니티의 수많은 사람들에게 이들이 인생에서 가장 좋은 친구라는 것을 깨달았던 것을 기억합니다. 이들 중 많은 사람들은 수십 년 동안 서로 알고 지냈고 무서운 죽음의 순간과 수술, 친구의 상실을 통해 서로를 보았고 자신의 상태에서 잘 사는 방법에 대해 배우고 있는 내용에 대해 모두 공유하고 있었다. 정말 강력했어요. 그리고 그 경험을 통해 '아, 이게 진짜 관계구나'라고 깨달은 기억이 납니다.

브루킹과 마찬가지로 심장연구연합에 참여하는 환자, 의사, 연구자 등 많은 사람들은 그들의 협업을 특징짓는 강력한 관계를 강조한다. 이는 심장연구연합이 공식적으로 완성된 지 몇 년이 지난 오늘날 회원들 간의 지속적인 협력에서 분명하게 드러난다. 이전 참가자들은 계속해서 서로를 돌보고, 새로운 연구 기회와 정보를 공유하며, 새로운 의학 연구 질문에 관해 생각을 나누고 동료로서 서로 연락한다. 이들 관계의 힘은 연합의 정신을 살아있게 해 주었으며, 의학 연구를 재구상하는 데 있어 지속적인 영향력을 발휘하는 핵심이다.

5장
관계를 우선순위에 두기

심장연구연합의 가장 큰 특징은 환자, 의사, 연구자 구분 없이 모든 참여자가 서로를 배려하고 존중한다는 점이다. 관계에 중점을 두고 운영하는 것은 우리가 함께 학습한 모든 브레이크아웃 활동가들이 강력하게 강조하는 부분이다. 그들은 처음부터 공동 학습 커뮤니티에 이러한 정신을 불어넣었다. 뉴올리언스에서 열린 공동 학습자 모임의 첫날 저녁을 잊지 못할 것이다. 공동 학습자들은 배턴루지에서 차를 몰고, 애틀랜타에서 버스를 타고, 전국 각지에서 비행기를 타고 모여들었다. 집에서 만든 음식으로 저녁을 먹은 후 우리는 접이식 의자, 소파 팔걸이, 피아노 의자에도 앉아 큰 원을 그리며 모였다. 모두 "이 모임에 참여하게 된 계기는 무엇인가?"라는 한 가지 질문에 대한 답변을 나누며 간단히 자신을 소개했다.

사람들은 자신이 하는 일의 성격에 대해 이야기하고, 연구 질문이 자신도 품고 있던 질문과 일치한다고 이야기하고, 서로 만나서 배우는 것에 대한 관심을 공유했다. 서클의 마지막 발표자 중 한 명인 공동 학습자 유진 에릭 김Eugene Eric Kim은 그날 자신의 컨설팅 회사인 패스터댄20Faster Than 20이 자리한 샌프란시스코에서 도착했다. 우리는 연구 인터뷰를 통해 유진의 작업에 대해 알게 되었는데, 두 명의 다른 참가자는 '고高성과 협업'에 대한 그의 뛰어난 접근 방식과 이를 통해 기업의 효율성을 획기적으로 개선한 방법에 대해 극찬했다.

유진은 "여러분들이 공유한 많은 내용에 공감합니다."라고 말문을 열었다. "제가 여기 온 이유도 마찬가지입니다. 저는 제스와 조안나를 직접 만난 적이 없습니다. 말 그대로 전화 통화를 두 번밖에 안 했어요. 저는 거절하고 싶은 행사에 초대하는 전화와 이메일을 많이 받습니다. 제가 이곳에 온 이유 중 가장 큰 부분은 제스와 조안나가 친절했기 때문입니다." 유진이 잠시 말을 멈췄는데, 바늘이 떨어지는 소리가 들릴 정도로 조용했다. "그게 중요하죠. 친절하고 진실한 태도가 중요합니다. 그게 우리 모두가 여기 있는 이유 중 큰 부분을 차지한다고 생각합니다."

그 순간 이전에는 솔직히 말해, 우리 둘 다 느낌표와 웃는 얼굴 이모티콘을 줄여서 이메일을 더 간결하게 만드는 데 노력해야 한다고 생각했었다. 우리는 우리의 배려하는 성향이 전문가로서의 능력과 연결되지 않는다고 생각했다. 유진의 말에 생각이 바뀌었다. 저녁 늦게 뒷마당에서 가재 껍데기를 쓸고 있을 때, 우리는 유진과 공동 학습자인 스티븐 빙글러가 접이식 의자를 쌓으며 성공의 지표에 대해 열띤 대화를 나누는 것을 우연히 들었다. 유진은 자신이 개인적으로 가장 좋아하는 지표 중 하나인 여러 이해관계자가 모인 회의에서 주고받은 포옹 횟수를 언급했다. 그와 스티븐은 포옹의 횟수로 최종 결과가 얼마나 성공적인지 알 수 있다는 데 동의했다.

당시에는 몰랐지만, 유진은 지금 우리가 획기적인 혁신을 촉발하는 업무 방식의 근간으로 인식하고 있는 것, 즉 그 자체로 하나의 실행 방안일 뿐만 아니라 다른 여섯 가지 실행 방안에 모두 녹아 있는 관계 우선주의에 대해 이야기하고 있었던 것이다.

관계를 우선순위에 두기는 팀원 및 업무에 영향을 미치는 더 넓은 커뮤니티의 사람들과의 일상적인 상호 작용에 배려의 정신을 도입하는 실행 방안이다. 거래의 목적이 아니라 관계의 본질적인 목적으로 관심을 가지는 것이다. 당면한 업무를 위해 사람으로부터 가치를 얻는 것이 주된 초점이 아니다. 그 대신, 그 사람을 전인격적인 인격체로서 배려함으로써 다른 어떤 목적과도 별개로 서로의 관계의 질을 돌보는 것이다. 여기에는 우리가 함께 구축하는 관계에서 발생할 수 있는 모든 것에 대해 호기심을 갖고 관심을 기울이는 것이 포함된다. 관계를 우선한다는 것은 우리 자신, 서로, 그리고 지구와 올바른 관계를 맺는 것이 획기적인 혁신의 가능성을 여는 데 핵심이라는 것을 인식하는 것이다.

관계를 이해하는 방식의 전환

기존업무방식에서는 관계가 중요하다고 가르친다. 즉, 무엇을 아는지가 아니라 누구를 아는지가 중요하다는 것이다. 업무 관계에 대한 기존업무방식 관점과 브레이크아웃 활동가들의 관점에는 분명한 차이가 있다. 의식하든 의식하지 못하든 기존업무방식에서는 종종 사람들이 미리 정해진 목표를 향해 관계를 활용하고 모든 상호작용을 그 특정 결과를 향해 이끌어야 한다고 가르친다. 사랑없는 경제에서 우리는 관계를 주로 목적을 위한 수단으로 생각하도록 배운다. 의제 진행과 명확히 관련이 없는 방식으로 상호 작용이 전개되면 많은 사람들이 불편함을 느낄 수 있다. 예를 들어, 예정된 안건은 처리하지 않은 채 비즈니스 통화 중에 동료의 안부를 묻는 대화를 나누며 시간을 보내는 경우 죄책감을 느낄 수도 있다. 기존업무방식은 이러한 관계의 순간은 업무 외의 시간, 즉 유급 시간 외에 이루어져야 한다고 생각하도록 여러 세대에 걸쳐 우리를 훈련시켜왔다. 이와는 대조적으로, 브레이크아웃 활동가들은 진정으로 성공적인 업무는 관련된 사람들 간의 진정성 있고 배려하는 관계 없이는 이루어질 수 없다는 것을 잘 알고 있다. 간단히 말해, 브레이크아웃 활동가들은 업무에 대한 거래적 접근 방식이 덜 효과적이라는 사실을 발견했다.

여기에는 역설이 존재한다. 목표를 달성하기 위해 누군가로부터 얻을 수 있는 것에만 집중하는 것을 멈추고 관계 그 자체에 관심을 갖기 시작하면, 우리 주변의 사람들이 당면한 과제에 가장 큰 축복이 된다. 서로를 진심으로 대하는 관계의 질은 우리가 상상하거나 계획할 수 있는 것 이상으로 우리의 공유 가능성을 높여준다. 진정성 있는 관계에 기반을 둔 그룹 구성원들은 최선을 다할 수 있는 영감을 얻고, 가장 날카로운 생각을 공유할 수 있는 안전함을 느낀다.

동시에, 이러한 실천방안이 직장에서 자신의 모든 면을 공개하거나 공유해야 한다는 부담을 느껴야 한다는 의미는 아니다. 때때로 우리는 그렇게 하고 싶지 않을 수 있고, 그래도 완전히 괜찮다. 때로는 그렇게 하는 것이 안전하지 않다고 느낄 수도 있다. 관계에 우선순위를 두는 것은 친밀한 공유나 친숙함을 요구하거나 기대하는 것이 아니다. 직장의 팀은 가족이나 친구 그룹과는 다르다.[1] 협업에서 우정과 직업적 관계가 겹치는 경우가 많지만 우리가 업무에 투입하는 창의적인 에너지를 통해 자신을 표현하는 방식은 우정이나 가족 관계에서 자신을 표현하는 방식과 다를 수 있고 또 다를 수 있다.

이러한 다양한 표현 모두가 우리 자신이다. 모두 진실하다. 그리고 그 표현들이 얼마나 겹치는지는 우리 각자가 스스로 결정한다.

진정한 관계를 우선시하는 실행 방안은 우리 각자가 업무에 가져다주는 창의성, 통찰력, 노력에 담긴 인간성, 즉 우리 각자를 온전한 인격체로 존중하는 것이다. 직장에 있을 때 우리가 온전한 자아이며 인간이라는 사실을 기억하는 것이다. 기존업무방식 환경에서는 그러한 정신으로 인간관계에 대해 배우거나, 관심을 기울이거나, 돌볼 여유가 거의 없다. 하지만 우리 삶의 다른 모든 영역에서와 마찬가지로, 거래 관계만을 발전시키다 보면 많은 것을 놓치게 된다.

관계를 우선순위에 두기

브레이크아웃 활동가들은 일에서 크고 작은 방식으로 이러한 실천을 보여준다. 이들이 관계를 우선시하는 방식에는 몇 가지 공통적인 요소가 두드러진다.

- 배려하는 문화 구축
- 용감한 대화를 받아들이기
- 관계적 세계관 키우기

이 모든 요소는 앞으로 7장에서 논의할 다양성 추구하기를 이끌어내는 데 핵심적인 역학 관계를 가진다. 브레이크아웃 활동가에게 관계를 우선시하는 실행 방안은 다름을 넘어 서로를 배려하는 강력한 관계를 구축하는 것이다. 우리가 강한 관계를 형성하는 사람들 사이에 의미 있는 형태의 차이와 다양성이 없다면, 관계에 우선을 두는 실행 방안이 균형을 크게 깨뜨리며 배타적이거나 차별적인 업무 방식을 만들거나 강화할 수 있다. 브레이크아웃 활동가들은 기존업무 방식이 사람들을 잡아 두고 있는 배타적 역학에서 의도적으로 벗어나 차이를 뛰어넘는 배려와 연결의 윤리를 바탕으로 활동한다.

배려하는 문화 구축

본질적으로, 관계를 우선시하는 실행 방안은 서로를 배려하고 일상적인 행동에서 이러한 관심을 표현하는 것으로 귀결된다. 공동 학습자인 카타라이나 데이비스는 관계적 존재 방식 및 돌봄 윤리와 깊이 연관되어 있는 통합의 개념인 마오리의 카이티아키탕아kaitiakitanga 가치에 대해 이야기한다. "기본적으로 누군가를 티아키Tiaki한다는 것은 누군가를 배려하고 편안함을 느끼게 하는 것입니다."라고 그는 설명한다.

카타라이나는 카이티아키탕아가 다양한 방식으로 작용할 수 있다고 말한다. 때로는 누군가가 어려움을 겪을 때 도움을 받을 수 있도록 돕는 것을 말한다. 때로는 피드백을 요청받았을 때 흔들리지 않고 정직해야 하는 것이다. 그는 우리가 일상적으로 함께 일할 때 이러한 관심과 책임에 대한 접근 방식이 우리가 서로의 이야기와 지식에 대한 보호자 또는 수호자인 카이티아키kaitiaki로 활동하는 데까지 확장된다고 지적했다. 우리가 가장 강력한 통찰력과 제안을 서로 공유할 수 있게 하는 것은 바로 이러한 깊은 존중의 정신으로 운영할 때이다. 즉, 카타라이나가 설명처럼 "깊은 이야기를 들을 수 있는" 것이다.

팁_ 체크인으로 회의를 시작하자

거의 모든 소규모 회의 진행자가 정기적으로 실행하는 간단한 방법이다. 회의 참석자 수에 관계 없이, 안건으로 들어가기 전에 각자가 그 순간에 원하는 만큼 서로를 더 깊이 연결할 수 있는 방식이다. 모든 사람의 응답을 유도하는 프롬프트나 질문을 공유하는 것으로 시작하며 체크인 질문에는 무궁무진한 가능성이 있다. 이러한 질문은 "좋아요. 당신은요?"와 같은 기본적인 교류 이상의 방식으로 우리를 연결하고 공유하는 것을 목표로 한다. 체크인 질문은 "주말의 하이라이트는 무엇이었나요?"가 될 수도 있고 우리 자신의 덜 진지한 면을 공유하도록 하는 "어떤 노래의 가사를 다 알고 있나요?"가 될 수도 있다. 예를 들어, 이 일을 하도록 영감을 준 사람은 누구인가요? 라는 질문은 우리가 나누고자 하는 대화의 주제가 얼마나 진지한 것인지에 대한 근거를 제시하는 데 도움이 될 수도 있다. 웃음을 유발하든 가슴 찡한 이야기를 나누든 체크인은 팀원들 간의 유대감과 신뢰를 강화하는 데 도움이 될 것이다.

브레이크아웃 활동가들이 배려의 윤리를 키우는 방법에는 여러 가지가 있다. 특별한 날이 아니더라도 단순히 서로의 몸과 마음에 양분을 공급하기 위해 맛있는 음식과 음악으로 모임을 시작하는 것일 수도 있다. 그룹 구성원에게 어려운 일이 생겼을 때 한 발짝 다가가 도움을 주는 것일 수도 있다. 또한, 일상적인 회의나 업무에서는 서로의 안부를 묻고 대답을 깊이 경청하는 시간을 갖는 것만으로도 충분할 수 있다.

브레이크아웃 활동가들은 의도적으로 "일을 끝내는 것"이 아닌 보살핌과 연결을 위한 시간을 만드는 것이 중요하다고 강조한다. 온라인 회의에 몇 분 일찍 전화를 걸어 동료들과 소식을 나누는 것부터 시간을 내어 협업자들을 직접 방문하는 것, 계절별 축하 이벤트를 주최하는 것까지 다양한 방법으로 이를 실천하고 있다. 공동 학습 커뮤니티의 일원이자 뉴욕 버펄로의 풀뿌리 조직으로, 지역 경제 활성화의 일환으로 적정가격의 주택에 대한 획기적인 작업을 주도하는 푸시버펄로PUSH Buffalo의 신新경제 담당 이사인 브라이아나 디폰조Bryana DiFonzo는 "큰 그림의 업무, 즉 원하는 비전과 연결에 대해 이야기하기 위해 함께 모이는 것"이 또 다른 예라고 설명한다. 그는 업무 외에 함께할 수 있는 시간을 만드는 것이 해피아워나 홀리데이 파티 같은 것에 국한될 필요는 없으며, 우리가 함께 하는 일에 대한 깊은 희망을 공유할 수 있는 기회를 만드는 것도 포함될 수 있다"고 강조한다. 브라이아나는 양질의 업무, 즉 그룹의 성공을 뒷받침하는 인프라와 관계를 구축하기 위한 보이지 않는 노력에 열정을 쏟고 있다. 브라이아나는 동료들과 큰 그림의 비전과 질문을 공유할 수 있는 기회를 만들면 "사람들이 매우 열정적이고 자랑스러워하는 일에 대해 유대감을 갖게 되고, 종종 창의적인 아이디어의 불꽃이 일어 사람들이 더 여유롭고 활기찬 느낌을 갖게 됩니다."라고 말한다. 그는 그날 다른 업무를 잠시 멈추고 동네 커뮤니티 가든에서 나눈 전화 통화에서 "불을 지피는 주제에 대해 소통하는 것 외에는" 결과를 염두에 두고 참여하지 않는 것이 중요하다고 강조했다.

용감한 대화를 받아들이기

브레이크아웃 활동가들은 관계를 우선시하는 것이 갈등을 피하는 것을 의미하지 않는다는 점을 명확히 한다. 유진이 강조하듯이 친절은 피상적인 공손함과는 다르다. 관계에 우선순위를 둔다는 것은 서로에게 진심을 다하는 데 필요한 시간과 관심을 투자한다는 의미이다. 브레이크아웃 활동가들은 서로의 생각에 기꺼이 도전하고 도전을 받을 수 있는 탄력적인 관계를 구축하며, 그룹 구성원들은 공동의 목표에 해가 될 수 있는 업무 방식에 주의를 환기시킬 의무감을 느낀다.

공동 학습 커뮤니티 회원인 제사민 샴스-라우Jessamyn Shams-Lau는 이러한 실천의 요소를 급진적 솔직함이라는 개념과 연관시킨다.[2] 그는 이를 "개인적으로 배려하면서 직접적으로 부딪히는 소통 방식"이라고 요약한다. 제사민은 대규모 컨퍼런스에서 패널로 연설할 때나 사무실에서 팀원들과 함께 일할 때에 이러한 철학을 몸소 실천하고 있다. 이러한 접근 방식은 제사민이 자선 단체 부문에서 참여해 온 브레이크아웃 이니셔티브에 필수적인 요소로, 보조금 지급 방식과 지급 대상에 대한 규범과 규칙을 바꾸었다. 그는 자신이 추구해온 변화는 무엇이 효과가 없는지에 대해 직접적이고 공개적인 대화가 있을 때만 가능하다고 말한다.

최근 제사민이 이끌었던 한 팀에서는 360도 평가에 대한 고유한 접근 방식을 고안했다. 각 팀원이 연례 평가서를 작성하고 다른 모든 팀원이 피드백을 제공하는 시간을 가졌다. 리뷰 대상자는 피드백을 미리 읽을 수 있는 선택지가 있었고, 대부분 미리 읽었지만 긍정적인지 부정적인지를 가리지 않고 모든 피드백은 리뷰 당일에 구두로 전달되었다. "이를 통해 우리 팀은 서로의 성공에 대한 관심과 투자를 보여준다는 공통된 믿음 속에서 직접 대면하여 피드백을 주고받는 연습을 할 수 있는 기회를 가졌습니다. 관련된 모든 사람에게 용기와 상당한 신뢰가 필요했습니다."라고 제사민은 설명한다. 하지만 이 과정은 팀원들에게 깊은 가치와 기대감을 주는 일이 되었다. 각 개인의 연례 리뷰는 자신과 성장, 그리고 긍정적인 피드백은 물론 변화와 추가 성장이 필요한 영역을 파악하는 모든 피드백을 축하하는 자리로 꾸며졌다.

팁_ 솔직한 대화를 위한 컨테이너를 공동으로 만들기

용감한 대화는 피드백을 공유하기 전에 미리 피드백을 주고받을 것을 요청하고 서로 동의하는 것을 포함한다. 이는 팀원들 간에 동료 피드백을 위한 시스템을 공동으로 만드는 것처럼 보일 수 있다. 주요 이벤트나 단계가 종료 후 정기적으로 평가하고 반영하는 단계를 통해 모든 관련자가 무엇이 효과가 없었는지, 어떻게 개선할 수 있는지에 대한 질문에 응답하도록 이끌 수 있다. 의사 결정 프로토콜과 마찬가지로 이러한 컨테이너와 관습은 그룹 구성원들이 각자의 목표와 가치에 맞게 공동으로 만들 수 있다. 공동 학습자인 캐서린 타일러 스콧이 설명한 것처럼 관계에 우선순위를 두는 것은 사람을 엄격하게 대하는 것과는 반대로 시스템을 엄격하게 대하는 것처럼 보인다. 우리가 함께 설계하는 시스템이 무엇이든 핵심은 먼저 사람들이 피드백을 안전하게 공유할 수 있는 환경을 조성하여 누군가 피드백을 받을 준비가 되지 않았을 때 불쑥 튀어나오는 거친 피드백이나 불만을 표출하지 않도록 하는 것이다. 이렇게 사려 깊은 방식으로 정보를 교환할 때, 관련된 모든 사람이 정보를 받아들이고 흡수하여 필요한 과정의 수정으로 이어질 가능성이 더 높아진다.

사랑없는 경제에서는 철저한 솔직함을 실천하기 어려울 수 있으며 개인의 지위, 사회적 정체성 및 기타 요인에 따라 솔직한 공유가 불공평한 결과를 초래할 수 있다. 이는 시스템의 건강과 최적의 기능에 필수적인 교정 피드백에 도움되는 정보에 팀이 접근하지 못하게 할 수 있다. 대부분의 사람들이 디자인 권한을 집중시키는 사랑없는 일의 방식에 영향을 받고 참여하면서 수년을 보냈기 때문에, 브레이크아웃 활동가들은 진정한 피드백을 안전하게 제공할 수 있는 공간을 적극적으로 만들기 위해 협력하는 것이 중요하다는 것을 인식하고 있다. 이러한 공간에 서로를 초대하고 배려와 존중을 유지함으로써 우리는 공동의 작업에 공헌한다. 서로에게 다가가 문제를 해결하거나 피드백을 공유할 수 있는 목적을 가지는 공간을 함께 만들면 용기를 내고 친절하게 대하는 데 필요한 힘을 얻을 수 있다.

관계적 세계관 키우기

사랑없는 경제에서는 거래적인 관계가 사람들이 세상을 바라보고 참여하는 방식에서 큰 부분을 차지하기 때문에 다른 방식이 가능하다고 생각하기 어려울 수 있다. 하지만 관계적 세계관이라고 불리는 다른 방식도 존재할 수 있다. 관계적 세계관은 사람마다 다른 의미를 갖지만, 우리에게 인상적인 한 가지 정의는 "자아, 지구, 공동체, 신비, 경외, 경이로움 사이에 존재하는 상호의존적 관계에 대한 구체화된 이해"이다."[3] 우리는 브레이크아웃 활동가들이 이러한 관계적 세계관을 배양하여 모든 존재와 힘의 광대한 상호 연결성에 자신의 작업을 뿌리를 둔다는 것을 관찰해왔다.

  로즈버드 수Rosebud Sioux 부족의 시캉구 오야테Sicangu Oyate 토지 사무소의 프로그램 코디네이터이자 스탠딩 락 운동Standing Rock movement의 조직자인 폴라 앙투안Paula Antoine은 이 개념이 라코타 부족의 기초가 되었다고 말한다.

> 우리 삶에서 존중하는 태도를 가지고 좋은 관계가 되는 것은 인간이 될 수 있는 최고의 일 중 하나입니다. 이는 자신을 완전히 내어주고, 관대하고, 정직하고, 신뢰할 수 있으며, 내가 하는 모든 일이 내 인생의 다음 7세대에 영향을 미칠 것이라는 개념을 갖는다는 것을 의미합니다. 그러므로 매일 이 개념을 가지고 살려고 노력합시다. 여러분의 행동은 라코타족이라는 집단의 일원으로서 여러분이 어떤 사람인지 보여줍니다. 따라서 여러분이 그렇게 사는 것은 옆에 있는 사람들도 같은 행동을 하도록 장려하여 … 라코타족 전체의 건강과 복지에 기여하게 됩니다.

공동 학습 커뮤니티 회원인 벤 주스텐Ben Joosten은 기존업무방식의 사고방식에서 벗어나 관계적 세계관으로 나아가기 위해 필요한 것이 무엇인지 살펴보면서 이러한 변화를 "주인공 신드롬에서 벗어나는 것"이라고 설명한다. 한때 브레이크아웃 활동가 인커리지 커뮤니티 재단의 자원봉사자였던 벤은 고등학교 때 인커리지가 주최한 커뮤니티 계획 과정에 참여하면서 이러한 변화를 시작했다. 그 후 몇 년 동안 그는 관계적 접근 방식을 통해 자신의 업무 방식을 심화시켰다. "자신의 삶과 세계관만이 중요하다고 생각하며 살아간다면 자신을 직접적으로 둘러싸고 있는 사람들과의 깊은 개인적 관계나 친밀한 관계가 아닌 깊은 관계를 맺는 것이 그다지 중요하지 않다고 생각할 것입니다. 예를 들어, 매일 마주치는 서비스 직원이나 잠시 마주치는 사람에게 친절하게 대하려고 노력하는 이유는 무엇일까요?"라고 그는 말한다.

이와는 반대로, "이러한 사고방식에서 벗어나 모든 사람이 각자의 삶을 살아가고 있다는 사실을 깨닫게 되면, 공유하는 작은 순간과 관계가 훨씬 더 큰 가치를 지니기 시작하는 것 같습니다."라고 벤은 말한다. 벤은 자신의 삶에서 이러한 연결의 순간을 통해 가장 큰 배움을 얻었고 자신의 진로를 재고하게 되었다. 벤은 인커리지에서 진행한 커뮤니티 계획 프로세스에 참여하면서 관계 형성에 대한 새로운 접근법을 배웠다고 말한다.

그 과정에서 그는 다양한 사람들과 우정을 쌓았고, 이를 통해 자신이 태어나고 자란 곳에 대한 유대감이 더욱 깊어졌다. 이는 벤이 궁극적으로 대학 진학을 위해 멀리 떠나지 않고 집 근처에서 공부하며 이러한 관계를 계속 즐기고 깊게 만들 수 있도록 결정하게 된 큰 이유 중 하나였다.

"작은 관계가 놀라운 결과를 가져올 수 있다는 상호 연결성이야말로 제가 관계를 중요하게 생각하는 이유 중 하나입니다." 현재 벤은 강사로 일했던 강의실과 새로운 시장으로의 확장을 돕고 있는 중소기업의 팀에 관계적 접근 방식을 도입하고 있다.

또한 카타라이나는 상호 연결성에 대해 이야기하며, 주변 사람들을 돌보는 마오리족의 가치인 카이티아키탕아가 우리가 살아가고 일하는 더 넓은 관계망에 어떻게 적용되는지에 대해서도 이야기한다. "마오리 세계관에서는 가족이란 단지 엄마, 아빠, 형제, 자매만이 아닙니다. 엄마, 아빠, 형제자매, 조부모님, 먼저 가신 조상, 이모와 삼촌, 여러분이 선택한 친구, 가족입니다. 이는 여러분의 하위 부족인

하푸hapū이며 더 큰 집단 부족인 이위iwi입니다."

팁_ 타 생명체와의 관계도 잊지 말아야 한다.
관계적 세계관에서는 업무에서 관계를 우선순위에 두는 실행 방안을 인간 외 생명과의 관계로까지 확장할 수 있는 기회가 많다. 업무와 관련하여 특별히 중요한 주변 지역이 있는가? 나무, 동물 또는 전체 생태계와 같이 미처 생각하지 못했던 인간 외 이해관계자가 있는가? 예를 들어, 인커리지 커뮤니티 재단은 지역 사회와 지역 강과의 관계를 중시하고 강이 지역에 가져다주는 생명의 에너지를 기리는 행사를 개최하도록 지원하고 장려한다.

게다가 이 개념은 사람을 넘어선다고 그는 설명한다. "뉴질랜드의 마오리족은 우리 땅의 수호자, 즉 카이티아키 역할을 합니다. 우리는 물의 카이티아키죠. 그렇다면 사람들이 이곳 오클랜드에 와서 우리 땅을 돌보고 우리 공간의 카이티아키 역할을 할 때 어떻게 정보를 공유할 수 있을까요?"라고 말한다. 관계적 세계관을 가지고 행동한다는 것은 우리가 우리 주변의 사람들 및 살아있는 세계와 공유하는 상호 연결성을 자각하고 우리가 속한 생명의 관계망을 돌보는 데 도움을 주기 위해 노력하는 것을 의미한다. 그렇게 할 때, 이러한 수많은 연결은 생명과 공동체를 보호하고 키울 수 있는 혁신의 돌파구를 마련하는 데 도움이 된다.

관계를 우선순위에 두기 실행 사례

위스콘신 주 중부에 있는 인커리지 재단은 작은 도시 위스콘신 래피즈 커뮤니티에서 관계를 우선시하는 것을 업무의 핵심으로 삼고 있다. 관계 구축에 중점을 둔 인커리지의 노력은 주민들 간의 관계를 증진하고 신뢰를 구축하기 위해 10여 년 전 처음 시작한 '커뮤니티 피크닉'에 대한 새로운 접근 방식을 만들어낸 것에서 잘 드러난다. 위스콘신 래피즈의 자연 자원, 음식, 기업을 위한 커뮤니티 구축과 축제를 홍보하기 위한 재단 지원 행사로 시작한 이 행사는 7년 동안 쏟아진 지역 사회의 지원과 열정 덕분에 도시 인구의 40%에 가까운 7천 명 이상이 참여하는 지역 행사로 성장했으며, 매년 수십 개의 공급업체와 지역 주민들이 음식과 물품을 기부하고 있다.

그리고 입장료는? 최소 한 명 이상의 새로운 사람을 만나기로 약속하는 것으로 한다. 인커리지 직원과 주민들은 이를 매우 중요하게 여겼다. "커뮤니티 피크닉은 무료 식사 그 이상입니다."라고 인커리지의 전 CEO이자 이 단체의 지속적인 후원자인 켈리 라이언은 강조한다. "이 행사는 지역 자산과 우리 커뮤니티에 사는 모든 사람의 존엄성과 가치에 대한 감사를 일부러 축하하고 장려하기 위해 고안되었습니다."

지역 농부인 해롤드 알텐버그Harold Altenburg는 행사 첫해에 행사 소식을 듣고 인커리지 사무실로 전화를 걸어 "피크닉에 무엇을 가져갈 수 있나요?"라고 물었던 때를 기억한다. 그는 옥수수 천 개와 로스팅 기계를 가져오고 자원봉사자를 데려왔다. 다음 해에는 그 두 배가 넘는 양을 가져왔다. 그 후 몇 년 동안 해롤드는 말 그대로 수만 개의 옥수수를 기부하고 봉사했다.[4] 해롤드는 자신의 의견을 공유한다.

커뮤니티 피크닉에 참여해야 하는 이유는 무엇인가요? 무언가를 이루기 위해! 사람들이 무언가를 이루도록 돕기 위해. 해보세요! 약간의 흥분을 느껴보세요. 조금 재미있게. 이 지역을 즐기세요. 수상 스키. 강! 사람들! 우리가 해냈습니다! 이 커뮤니티에는 더 많은 움직임과 행동, 더 많은 일이 필요합니다. 그래서 저는 누군가 아이디어를 내면 "어떻게 도와드릴까요?"라고 말하길 제안합니다. 죽을 때까지 "하지만"이라고 말하지 마세요! … 그 아이디어가 실현될 수 있도록 도와주세요!

해롤드가 매년 행사에 가져온 정신은 다른 많은 주민들도 나눔과 자원봉사에 대한 열정을 가지고 새로운 관계를 맺는 것과 함께 커뮤니티 피크닉의 단순한 아이디어를 지역 사회 전체에 연결과 배려의 정신을 심화하는 강력한 힘으로 만들었고, 음악 축제를 비롯한 도시의 다른 행사들이 더욱 포용적인 접근 방식을 취하게 되었다. 켈리의 말을 빌리자면, "그곳에 사는 사람들이 이웃이 커뮤니티를 구축하는 데 있어 가장 중요한 자원이라는 사실을 인식한다면 전국의 모든 커뮤니티가 더 나아질 것이다. 피크닉에서 우리 주민들은 커뮤니티에 함께한다는 것이 무엇을 의미하는지 보여준다. 결국 가장 중요한 것은 사람이다."

관계를 우선순위에 두기는 어떻게 혁신으로 이어지는가

기존업무방식에서의 일터에서는 불만이 쌓이거나 팀원 중 누군가가 다른 팀원의 잘못을 느껴도 감정을 억누르고 계속 진행하라고 가르치거나 지시하는 경우가 너무 많다. 그러나 이러한 종류의 파열은 비교적 사소한 것이라도 자유롭게 흘러야 할 피드백과 정보의 채널을 차단할 수 있다. 열린 대화의 중요성을 긍정하고 관계를 소중히 여기며 불가피하게 발생하는 막힘과 균열에 주의를 기울일 때, 우리가 함께 하는 업무는 지혜와 진심으로 가득 차게 된다.

좋은 결과를 위한 토대인 배려와 진실한 관계 육성의 중요성은 수천 년 동안 많은 원주민의 가르침과 생활방식의 핵심이었다. 최근 몇 년 사이에야 비즈니스 연구에서도 이와 같은 상식적인 결론에 도달했다. 예를 들어, 구글에서 실시한 팀의 효율성에 대한 한 주요 연구에 따르면 팀원들이 위험을 감수할 만큼 서로에게 느끼는 심리적 안전이 그룹이 뛰어난 성공을 거둘 수 있는 조건을 만드는 데 매우 강력한 역할을 하는 것으로 나타났다.[5] 진정한 관계는 궁극의 첨단 기술이며 팀 간의 보살핌을 키우는 것이 큰 가치를 창출하는 투자라는 것이 밝혀졌다.

공동 학습 커뮤니티 회원 아이샤 실링포드Aisha Shillingford는 강력한 대인관계가 팀 프로세스의 기능을 최적화하는 방법임을 강조한다. 아이샤는 자신을 '칼리나고Kalinago/와라오Warao 땅(트리니다드 토바고 공화국) 출신의 예술가, 작가, 체험 디자이너로 현재 레나페족Lenape people의 미수복지역인 레나페호킹Lenapehoking(뉴욕 브루클린)에 살고 있는, 브렌다의 딸이자 에나와 에일린의 손녀, 메리와 헨리의 증손녀'라고 소개한다. 아이샤는 '흑인의 상상력을 발휘하여 미래를 만들어가는' 크리에이티브 스튜디오인 인텔리전트 미스치프Intelligent Mischief의 예술 감독이자 공동 대표이기도 하다. 인텔리전트 미스치프를 설립하기 전에는 두 개의 주요 컨설팅 기관에서 퍼실리테이터로 일하며 기업, 공공 기관, 비영리 단체의 팀들이 역기능적인 역학 관계를 강력한 관계로 전환하는 과정을 안내했다. 그는 그 과정에서 사회 변화 연구소, 체인지 엘리멘털 단체Change Elemental, 노마 웡Norma Wong을 비롯한 여러 장소와 선생님들로부터 우리가 일하는 방식에 대해 배운 것의 중요성을 지적한다.[6]

아이샤는 "관계가 튼튼하지 않으면 성과를 내기가 어렵습니다."라고 요약한다. "관계가 약한 팀은 관계의 부족함을 보완하기 위해 미봉책을 만들어야 하며, 종종 불필요한 단계가 있는 시스템, 운영 및 프로세스 흐름을 구축하여 이러한 부족함을 보완합니다"라고 덧붙여 설명한다. 이러한 프로세스는 번거롭고 비생산적이다. 아이샤는 강력한 관계를 '프로세스의 부피를 줄이는' 열쇠로 보고 있다.

시간을 내어 관계를 키우면 팀이 상상했던 것보다 더 멀리, 더 빨리 나아갈 수 있도록 지원하고 개인과 집단의 장점을 반영한 제안을 내놓을 수 있는 여건이 조성된다. 그룹이 거래 이외의 관계를 우선시할 때, 관련된 모든 사람이 자신이 가진 풍부한 아이디어를 자유롭게 표현할 수 있기 때문에 시스템 전반의 창의성이 폭발적으로 증가한다. 관계에 우선순위를 두는 실행 방안은 기존업무방식이 상대방의 사회적 구성을 유지하는 방식을 녹여내어 서로를 상호 배려와 존중을 받을 자격이 있는 완전하고 복잡한 동료로 보는 방식으로 그룹을 운영할 수 있는 능력을 회복시킨다. 이는 디자인 권한을 분산하는 데 도움이 된다.

관계에 우선순위를 두면 장기적으로 그룹의 회복탄력성과 수완을 키울 수 있는 여건도 조성된다. 브레이크아웃 활동가들은 큰 도전이나 기회가 닥쳤을 때 그룹의 반응의 질은 관계의 질에 달려 있다고 입을 모은다. 얽히고설킨 관계의 현실에는 무수히 많은 변수가 존재한다. 도전적인 사건의 전환은 어떻게 전개될지 예측하기는커녕 미리 상상하는 것조차 어렵게 만든다. 우리가 일하는 무한히 복잡한 세상을 <u>함께</u> 헤쳐 나가기 위해서는 진정성 있고 신뢰할 수 있는 관계의 기반이 필요하다.

브레이크아웃 활동가의 일터

:

인커리지 커뮤니티 재단

캐서린 타일러 스콧은 2005년에 처음으로 위스콘신 래피즈를 방문하여 인커리지 커뮤니티 재단 및 상공회의소 직원들과 만나 새로운 지역 리더십 프로그램인 적응형리더십 연구소Adaptive Leadership Institute의 출범을 계획하는 데 도움을 주었다. 이 프로그램은 어려운 시기에 지역 사회를 지원하기 위해 지역 사회 재단의 일상적인 역할에 근본적인 의문을 제기하기로 한 인커리지 팀의 결정에서 비롯되었다. 거의 한 세기 동안 지역 경제의 중심이었던 이 지역 제지 회사는 사업 규모를 축소하고 해외 기업에 인수되었다. 사업 규모를 축소한 지 5년 만에 지역 전체 고용의 40%에 가까운 일자리가 사라져 지역 사회의 경제 생활에 지장을 초래했다. 주민들과 많은 대화를 나누고 인커리지 팀 자체의 고민 과정을 거쳐, 인커리지는 주민들이 적응력 있는 리더십을 발휘할 수 있는 역량을 강화하고 급격한 변화의 시기에 주도적으로 기회를 창출할 수 있도록 지원하는 지속적인 접근 방식에 집중하기로 결정했다. 이 접근 방식은 최대 고용주의 규모 축소에도 불구하고 계속 존재하는 커뮤니티의 많은 풍부한 자산을 강조했다. 궁극적으로 이들의 목표는 커뮤니티가 새로운 길을 모색하고 계획할 수 있도록 지원하는 것이었다.

캐서린은 혁신적 리더십 개발을 전문으로 하는 키 소트브릿지Ki ThoughtBridge의 동료인 어마 타일러우드Irma Tyler-Wood와 조안나 머레이 Joanna Murray와 함께 기획 세션에 참석하기 위해 도착했을 때, 인커리지 직원들에게 가족, 이웃, 커뮤니티 그룹이 어떤 경험을 하고 있는지 물어보았다. 캐서린은 "주민들은 회사를 잃은 것을 계기로 우울증을 앓기 시작했고 취약성, 슬픔을 드러내게 되었습니다."라고 말한다. 뿐만 아니라 이러한 변화의 악영향으로 인해 상실의 압박감에 시달리던 많은 마을 주민들이 "진짜 문제를 해결하기보다는 서로에게 등을 돌리게 되었습니다."라고 회고한다.

캐서린과 그의 동료들은 인커리지와 협력하여 지역 사회 지도자들에게 급격한 경제 변화를 극복할 수 있는 자원과 도구를 제공하는 프로그램을 개발했다. 이 프로그램의 가장 중요한 요소는 프로그램의 시작이었다. 이 연구소는 지난 세기부터 최근 수십 년까지 마을의 역사를 탐구하는 활동으로 시작하여 참가자 개개인의 개인적인 이야기와 가치를 더 큰 공동체 이야기와 함께 엮어냈다.

캐서린은 위스콘신 래피즈에서 가장 존경받는 지방 공무원, 교사, 사업주 및 기타 지역 지도자 약 20명에게 리더십 교육에서 아무도 예상하지 못했던 개인 및 가족 역사를 공유하라는 요청을 했던 첫날의 상황을 설명한다. "우리는 그들이 현재부터 마을 설립 당시까지 역사의 중요성을 이해하도록 돕는 것부터 시작했습니다. 인커리지가 각자의 이야기를 들려주자, 그들은 이러한 이야기가 어떻게 더 큰 커뮤니티의 이야기로 연결되는지 깨닫기 시작했습니다."

처음에는 활동에 대한 불편함을 느꼈던 참가자들은 곧 전체 그룹과 소규모 대화, 말하기, 글쓰기, 그림 그리기를 통해 이야기를 쏟아내는 것으로 바뀌었다. 참가자들은 함께 마을에 대한 공동 타임라인을 만들었고, 이 타임라인은 곧 참가자들이 모인 대형 이벤트 공간의 세 벽면을 모두 덮었다.

위스콘신 래피즈 시의 전 공공사업 국장이었던 조 테리Joe Terry는 적응형리더십 연구소의 첫 번째 집단연구 참여자 중 한 명이었다. 10여 년이 지난 후 그에게 이 훈련에 대해 물었고, 그는 여전히 그 첫 날을 생생하게 기억하고 있다. "어떤 관점은 때때로 세상과 동떨어져 있다는 것을 보여줬습니다. 특정 시간대를 살펴볼 때 어떤 사람들은 이 나라에 살지도 않았고, 이 지역에 살지도 않았습니다. 그래서 그들의 타임라인과 역사는 매우 달랐어요. 하지만 스토리텔링을 통해 몇몇 사람들을 알기 시작했습니다." 조는 잠시 생각에 잠기더니 "진실을 말하고 있었기 때문에, 사람들이 진실하기 때문에 신뢰하게 된 것이죠."라고 덧붙였다.

조와 캐서린은 그날 관찰한 변화와 그 방의 에너지가 어떻게 변화했는지를 회상한다. 사람들은 함께 웃거나 깊은 관심을 가지고 서로의 이야기에 귀를 기울였고, 어떤 사람들은 조용히 다른 사람들이 벽에 쓴 글에 빠져들었다. "이 거대한 타임라인이 펼쳐지면서 사람들은 한 가지 … 여러 세대에 걸쳐 유지되어 온 공동체의 안정감, 견고함, 핵심 가치도 있지만 적응과 변화도 있었다는 것을 깨닫기 시작했습니다."라고 캐서린은 말한다. 그는 이 점을 강조하기 위해 잠시 말을 멈췄다. "그들은 지금 무언가를 할 수 있는 능력에 어느 정도 효과가 있다는 것을 깨닫기 시작했습니다. 그들은 지금 상황에 대해 무언가를 할 수 있습니다." 각기 다른 배경과 삶의 이야기를 가진 주민들을 역사와 회복력에 대한 공통된 감각으로 연결함으로써 마을이 나아갈 공동의 길에 대해 대화할 수 있는 문이 열렸다.

캐서린과 조는 또한 공유된 역사를 사람들의 공간으로 끌어들이는 것이 사람들을 더 높은 자아로 끌어올리는 방법이라고 말하며, 모든 사람에게는 저마다의 가족 이야기, 투쟁, 지금 이 순간에 이르는 여정이 있다는 것을 상기시킨다. "사람들은 서로의 말을 듣기 시작했습니다."라고 캐서린은 말한다. "사람들은 이제 서로를 더 온전히 보게 되었을 뿐만 아니라 자신의 이야기가 서로 깊이 얽혀 있다는 것, 즉 서로가 서로에게 연결되어 있다는 것을 인식하기 시작했습니다. 그들의 이야기가 나오면서 그들은 더 큰 이야기, 즉 개인의 존재를 넘어 커뮤니티에 대한 더 긴 관점도 보게 되었습니다."

이러한 집단 기억의 과정을 통해 캐서린은 장소에 대한 강력하고 공유된 경외심을 가질 수 있는 공간을 만들었다. 캐서린에게 분명해진 것은 "가족 뿐 아니라 이곳에 대한 사람들의 사랑"이었다. 그는 계속 이야기한다.

> 이 감정이 그룹에 활기를 불어넣어주었고, 서로를 방어적으로 생각하지 않고 조금은 느슨해지도록 도와주었다고 생각합니다. 위스콘신의 도로를 달리며 아름다운 단풍과 붉은 크랜베리 농장, 빛나는 태양, 파란 하늘과 호수를 보는 것은 마법과도 같은 일입니다. 정말 아름다운 천국이죠. 그리고 그 아래에는 일해야 할 많은 것들이 있습니다. 하지만 그 아름다움은 사람들이 공유하는 것이었고 그곳에 대한 사랑은 그들을 하나로 묶어주는 힘이었습니다.

첫 회의가 끝날 무렵에는 희망, 배려, 신뢰, 심지어 많은 이가 몇 달

동안 느끼지 못했던 가능성에 대한 감각 등 새로운 에너지의 흐름이 회의실 전체에 퍼져나갔다. 이전에 일어난 일에 대한 새로운 인식에 뿌리를 둔 이 그룹은 이제 앞으로의 일을 시작할 준비가 되었다.

이후 몇 달, 몇 년 동안 인커리지는 적응형리더십 교육을 기존의 기술 개발 워크숍에 지속적으로 통합하여 점점 더 많은 지역 사회 사람들이 참여할 수 있도록 했다.

인커리지 팀은 적응형리더십 연구소의 정신을 바탕으로 동료 커뮤니티 구성원들 사이에서 떠오르는 아이디어와 리더십에 영감을 받아 지역 사회에서 대담하게 색다른 시도를 하기로 결정했다. 주민들이 함께 모여 지역 경제를 활성화하는 허브 역할을 할 공유 커뮤니티 공간을 도시 한가운데에 상상하고 건설하도록 권유하는 것이었다. 주민들이 직접 지역 경제 활성화의 의미와 이 공간의 역할에 대해 결정하게 될 것이다. 이 아이디어는 큰 관심과 열정을 불러일으켰다. 인커리지 팀은 강변의 시내에 있는 잠재적 공간으로 수년간 지역 사회의 정보 제공처 역할을 해온 지역 신문사 본사였던 트리뷴 빌딩을 찾았다.

트리뷴 빌딩의 설계 프로세스에서는 캐서린의 설명처럼 "커뮤니티와 서로를 신뢰하자"는 적응형리더십 연구소의 정신을 처음부터 공유했다. "이것이 바로 트리뷴 프로세스의 기본 원칙이었습니다."라고 인커리지의 전 CEO 켈리 라이언은 설명한다. 그는 이 원칙이 입주자들에게 가지는 중요성과 인커리지가 트리뷴 빌딩 프로세스에서 각 결정에 접근하는 방식에 대해 강조한다. 켈리는 "건물을 매입하고 즉시 시내 이웃들에게 최종 용도를 결정하기 위해 커뮤니티의 참여를 구할 것임을 알리고, 거래에 대한 세부 사항을 담은 전단지를 들고 집집마다 방문하여 투명하게 공개함으로써 커뮤니티와 서로를 신뢰하는 모습을 구현하고자 했습니다."라고 말한다.[1] 이 원칙은 보조금과 투자의 방향에 대해 공개적으로 공유하고 커뮤니티 의견을 수렴하는 등 모든 업무에 통합하기 위해 노력하는 인커리지의 핵심 가치이기도 하다.

커뮤니티 디자인 프로세스는 수백 명의 주민이 참석한 일련의 월별 커뮤니티 디자인 회의로 시작되었다. 각 회의에서 주민들은 소그룹으로 나뉘어 공용 테이블에 앉아 공간의 큰 그림 목표를 정의하는 것부터 예산 항목을 예상 지원 금액에 맞게 조정하는 것까지 모든 작업에 팔을 걷어붙이고 참여했다. 인커리지는 '의장' 역할을 하여 각 회의를 계획하고 소그룹을 진행하는 데 도움을 주는 자원봉사자들을 조직했다. 의장 중 다수는 적응형리더십 연구소의 졸업생이었다.

조는 이 과정에서 의장 역할을 했다. 참가자들이 트리뷴 빌딩의 미래와 도시와 지역의 경제적 가능성을 상상하는 데 집중하는 동안, 조는 주민들이 영감과 아이디어를 얻고 다시는 반복해서는 안 될 일에 대한 지침을 얻기 위해 커뮤니티의 역사를 자주 되돌아보았다고 회상했다. 활성화된 경제가 어떤 모습과 느낌을 줄 수 있을지 상상하는 것부터 건물의 벽을 아름답고 의미 있게 꾸밀 수 있는 예술에 대한 구체적인 아이디어까지, 역사는 주민 모두가 집이라고 부르는 이 독특한 장소를 반영하는 모든 것에 대한 지침이 되었다. 조는 서로를 신뢰하는 정신으로 공유된 역사를 생각하며 "우리는 재단을 만들었고, 이 재단은 잠재적으로 여러 세대에 걸쳐 지속될 것입니다. 그리고 그 일부 또는 전체가 지어질 때마다 견고해질 것입니다."라고 말한다.

6장
역사를 존중하기

조 테리와 캐서린 타일러 스콧은 위스콘신 래피즈에서의 경험을 되돌아보며 커뮤니티 리더십과 계획 프로세스의 기반이 되는 역사, 즉 공유된 역사와 개개인 별개의 역사 모두 인정하는 것이 중요하다고 한다.

기존업무방식에서 역사는 현재 업무와 무관한 것이며 역사 전문가들만이 이야기할 수 있는 것으로 여겨지는 경우가 많다. 하지만 브레이크아웃 활동가에게 역사는 현재와 뗄 수 없는 관계에 있는, 그룹의 살아있는 선생님이다. 또한 모든 그룹 구성원은 서로 공유하고 가르쳐야 할 역사를 가진다.

캐서린은 개인은 물론 팀, 조직, 전체 커뮤니티를 위해 과거를 돌아보고 성찰하는 것이 얼마나 중요한가 이야기한다. 캐서린에게 있어 공유 공간에서 함께 역사를 탐구하는 것은 "모든 사람이 자신의 이야기를 들려주고, 우리가 살고 일하는 더 큰 맥락을 이해할 수 있는 기회를 만드는 일"이다. 이러한 맥락은 항상 우리가 하는 일과 대응 방식에 영향을 미치기 때문이다.

또한 역사를 성찰하면 우리가 무의식적으로 물려받고 있는 맥락을 인식할 수 있으며, 무엇을 계승할지 또는 바꿀지 선택할 수 있다는 사실을 상기시켜 준다고 덧붙인다. "더 큰 맥락에 대한 이해를 바탕으로 무엇을 하고 싶은지 항상 선택할 수 있다."라고 캐서린은 강조한다. 함께 역사를 되돌아보는 것은 그룹이 개인적으로나 커뮤니티에서 앞으로 나아갈 수 있는 더 넓은 범위의 가능성을 포착하는 데 도움이 된다.

역사를 존중하기는 당면한 업무와 관련된 방식으로 과거를 풀어내고 다루기 위해 의도적으로 시간, 공간, 프로세스를 만드는 실행 방안이다. 서로의 관점과 경험에 대한 세심한 배려와 신뢰, 존중을 바탕으로 작업의 길잡이가 될 역사를 받아들이는 것이다. 이를 통해 그룹은 과거를 인정하고 학습한 다음, 배운 것을 회복적이고 획기적인 미래를 구축하는 데 활용하기 위해 과거를 다룬다.

역사를 이해하는 방식 전환

이 실행 방안은 우리가 대문자 역사History라고 부르는 여러 세대에 걸친 광범위한 커뮤니티, 국가, 민족의 역사와 소문자 역사history라고 부르는 가족이나 팀 또는 조직의 역사 등에 관한 것이다. 또한 구성원들에게 다양하고 종종 불평등한 방식으로 영향을 미치는 역사에 귀 기울이고 이해하려는 노력에 관한 것이다.

그룹의 과거가 업무에 어떤 영향을 미쳤는지 의식할 때, 돌파구를 찾고 기회를 창출하는 데 더 유리한 위치에 설 수 있다. 그룹의 최근 사건과 선택으로부터 배우든, 그룹의 현재 업무와 관련된 개별 그룹 구성원의 삶의 경험을 이해하든, 그룹이 속한 분야와 커뮤니티의 세대 간 역사를 이해하든, 과거를 돌아보는 것은 가능한 것에 대한 새로운 통찰력을 얻을 수 있는 기회를 제공한다. 팀이 과거를 돌아보는 시간을 갖지 않으면 같은 실수를 반복하거나 의도하지 않은 피해를 지속시킬 위험이 있다. 캐서린은 "역사적 기억상실증은 항상 우리를 쇠약하게 하고 때로는 치명적일 수 있다"는 동료 밥 린Bob Lynn의 인상적인 말을 요약 인용했다.

역사의 영향은 현재의 맥락에서 부인할 수 없는 부분이지만, 이러한 영향과 그 영향이 어떻게 작용하는지 스스로 해독하는 것은 어려울 수 있다. 하지만 구성원 간에 의미 있는 차이를 풍부하게 가진 그룹이 함께 모여 현재 작업과 관련성이 있다고 느껴지는 과거의 요소를 끌어내면 무수히 많은 역사적 힘이 집중된다. 그러면 그룹은 무의식적으로 해로운 유산을 이어가는 대신 현재에 어떻게 대응할지 선택할 수 있다.

공동 학습자 스티븐 빙글러는 "우리 역사를 아는 것과 우리 역사를 소유하는 것은 별개의 문제"라고 요약한다. 스티븐은 이 연습이 "두 가지 모두에 이르는 길"이라고 말한다. 브레이크아웃 활동가들은 역사를 존중한다는 것은 과거와 현재의 의미를 함께 이해하여 그룹이 이에 대응하여 무엇을 할 것인지 결정하는 것임을 인식한다.

공동 학습자인 아이샤 실링포드와 카타라이나 데이비스는 이 실행 방안이 실수로부터 배우거나 심각한 피해를 인정하기 위함일 뿐만 아니라 지혜를 얻기 위한 것임을 반영한다고 말한다. 카타라이나는 "우리는 수많은 사람과 함께 다니고 있습니다. 그리고 선조들과, 그들이 우리를 위해 한 일에 대해 책임을 져야 합니다. 그래서 우리는 그들을 돌아보며 감사를 표하고 그에 따라 앞으로 나아갑니다."라고 지적한다. 이런 식으로 역사를 돌아보는 것은 승리, 회복력, 아름다움을 고양하는 일이기도 하다.

"앞으로 나아가기 위해 뒤를 돌아보는 것은 마오리족에게 매우 중요한 개념이다."라고 카타라이나는 말한다. 그는 앞으로 나아간다는 마오리어 문구에는 뒤로 물러난다는 의미도 포함되어 있다고 설명한다. 문화적 뿌리와 사회 디자인 분야에서 이니셔티브를 주도한 전문적 경험을 통해 카타라이나는 "앞으로 나아가기 위해서는 뒤를 돌아봐야 한다"는 것을 이해한다. 많은 원주민의 언어, 전통적 가르침, 생활 방식이 이러한 정서를 반영하고 있다. 아이샤는 가나의 아칸 Akan족과 비슷한 상징이자 개념인 산코파Sankofa를 알려주었다. 이는 앞으로 나아가기 위해 뒤를 돌아본다는 뜻이다.

역사를 존중하기

브레이크아웃 활동가들은 전략 기획 회의부터 계절별 축하 행사, 엄숙한 모임에 이르기까지 다양한 환경에서 이 실행 방안을 따른다. 드러나고 함께 전달되는 그룹의 무한히 다양한 역사에 걸쳐 이 실행 방안에는 공통적인 요소가 있다. 여기에는 다음이 포함된다.

- 회복을 우선하기
- 역사를 위한 시간과 공간을 능동적으로 창출하기
- 팀 역사를 수용하기.

회복을 우선하기

브레이크아웃 활동가들은 사랑없는 경제가 예전부터 지금까지 심각한 해를 계속 끼치고 있는 실행 방안에 뿌리를 두고 있기 때문에 이를 바로잡는 것이 절실히 필요하다는 것을 인식하고 있다. 공동 학습자 에드가 빌라누에바는 "특히 이 나라에는 진실과 화해의 과정이 없었습니다. 많은 사람들이 우리의 역사를 이해하지 못하거나 진실을 듣지 못했기 때문에 우리의 역사를 모릅니다."라고 말한다. 에드가의 설명처럼 미국에서는 "노예제도에 대해 공식적으로 사과한 적이 없는 국가적 맥락 속에서 직장이 존재한다. 아메리카 원주민 부족과의 조약이 깨진 것에 대해 사과한 적도 없다. 어두운 역사의 일부를 덮어두는 데 그치지 않고 지우려고 노력해 왔다."

브레이크아웃 활동가들은 회복이 역사를 바라보는 기준이자 북극성이라고 말한다. 런웨이의 공동 학습자 제시카 노우드는 회복은 목표이자 기술이라고 한다. "우리가 앞으로 무엇을 상상하든 현실에서는 반드시 회복 작업을 수행해야 한다."라고 단언한다. "관계, 돈, 사람, 코로나 이후의 치유, 트라우마 등 치유에 초점을 맞춰야 한다. 이 모든 것의 모든 부분이 실제로 복구 사업이다."

브레이크아웃 활동가들은 자본의 영향, 즉 인종 억압, 백인 우월주의, 가부장제, 대량 학살, 토지 절도, 식민지화의 역사 등 기존업무방식에서 인정하지 않는 경향이 있는 역사를 밝히는 데 우선순위를 둔다. 수많은 브레이크아웃 활동가들은 그 방법을 공유하면서 경제 이론가인 응와마카 아보Nwamaka Agbo의 연구와 그의 회복적 경제학 프레임워크를 언급한다.[1] 이 프레임워크는 새롭고 대안적인 접근 방식을 구축하려는 노력이 역사적 맥락과 현재의 맥락에서 특정 공동체가 불균형적으로 피해를 입은 방식을 다루지 않으면 현재 존재하는 부와 복지의 격차를 복제할 위험이 있다고 강조한다. 회복적 경제학은 집단이 회복적이고 재분배적인 대안을 구축할 수 있는 방법을 제시한다.

브레이크아웃 활동가들은 역사가 그룹의 프로젝트, 일상 업무, 조직 구조에 어떤 영향을 미칠 수 있는지 등 역사의 살아있는 유산과 현재에 미치는 영향에 대해 조명한다. 또한 역사가 팀원과 그 가족의 삶을 어떻게 형성했는지, 그리고 그것들이 직장에서 어떻게 나타나는지 증언한다. 이들은 함께 회복과 치유를 위한 조치를 취할 방법을 찾는다.

공동 학습 커뮤니티 회원인 사우스다코타주 썬더밸리 커뮤니티 개발 회사Thunder Valley Community Development Corporation의 전무 이사 테이트 윈 민스Tatewin Means는 잘 알려지지 않은 역사를 되짚어보는 것은 모두에게 필요하다고 강조한다. 라코타족의 역사를 되돌아보고, 이러한 이야기가 평소처럼 비즈니스에서 전달되거나 전달되지 않는 방식에 도전하는 것은 썬더밸리 팀이 오세티 사코윈Oceti Sakowin의 오글랄라Oglala 지역에서 동료 커뮤니티 구성원들과 함께 하는 모든 작업의 핵심이다. 적정 가격의 주택, 재생 가능한 식품 시스템, 교육에 대한 그들의 획기적인 작업은 모두 라코타족으로서의 역사에 뿌리를 두고 있다. 이들은 역사를 되새김으로써 공동의 미래로 나아가고자 하는 비전을 함께 만들어갈 수 있다.

테이트윈은 사랑없는 경제가 감췄거나 왜곡한 역사를 들춰내고 인정하지 않고서는 이 모든 것이 불가능하다고 말한다. "그런 인식이 있어야만 치유가 가능합니다. 그리고 모든 수준에서요. 그렇죠? 식민

지배로부터 집단적으로 치유하는 것은 우리 모두가 해야 할 일이기 때문에 국가적으로도 정말 중요한 부분이라고 생각합니다. 원주민들만 해야 하는 일이 아닙니다. 흑인만 노예제도로부터 치유되어야 하는 것도 아닙니다. <u>모든 사람이</u> 해야 하며, 여기에는 백인도 포함되며, 잊지 말아야 할 중요한 사실이라고 생각합니다."

우리의 정체성과 관계없이 우리의 역사는 우리가 직장에 가져가는 것, 서로에 대해 가정하는 것, 반응하는 방식에 영향을 미친다. 우리는 한 번에 한 단계씩 치유를 향한 길을 선택할 수 있다. 이러한 의도적인 선택을 통해 우리는 회복을 위한 특별한 기회를 갖게 된다. 팀과 조직의 경우, 이를 위해서는 캐서린이 '내면 작업'이라고 부르는 개인적 차원에서의 심오한 작업이 필요하다.[2] 많은 브레이크아웃 활동가들은 이러한 내면 작업을 수행하려는 그룹 구성원의 헌신이 역사를 반성하는 데 필수적인 요소라고 말한다. 공동 학습자 안티오네트 캐롤은 이 개념을 확장한다. "역사에 대한 존중은 단지 전문적인 것이 아니라 개인적인 것입니다. 개인적인 자아를 드러내지 않으면 역사에 대한 이해와 관계를 깊게 하는 데 필요한 시간과 노력을 기울일 수 없습니다."

공동 학습자 제시카는 회복을 중심으로 하는 미래에 대한 비전을 설명하면서 "우리 모두는 이 기술을 가지고 있으며, 이 기술이 전체 경제와 전 세계가 작동하는 방식으로 확장되는 상상을 합니다. 내가 다쳤을 때 내가 치료하는 방법을 알고, 내가 다쳤을 때 당신이 나를 치료하는 방법을 아는 식으로 말이죠. 우리가 올바른 관계에 있다는 것은 당신이 치료 작업을 반복해서 수행할 책임, 즉 책임을 진다는 것을 의미합니다. 그리고 상호의존성을 인식하고 여러분의 연결고리, 여러분의 공유정신인 우분투Ubuntu, 우리 모두의 고도로 관계적인 부분을 함께 인식한다는 것을 의미합니다." 제시카는 이어 말한다.

저는 항상 모든 사람이 태어나면서부터 세상에서 자신의 유일한 직업은 수선이라고 배운다면 어떨까 하는 상상을 해왔습니다. 우리가 실제로 하는 말은 "지구에 온 걸 환영한다. 만나서 정말 반갑다, 꼬마야. 여기에는 단 한 가지 요구사항이 있는데 바로 네 임무야. 다른 멋진 일들도 많이 할 수 있지만, 네가 해야 할 핵심 업무는 수선이란다. 여러분의 임무는 수선 작업이다."일 뿐이죠. 모든 사람이 지금 이 순간 이곳에 매달려 있는 유일한 조건이 바로 수선 작업이라는 사실을 안다면 어떨까 상상해 봅니다.

제시카의 미래 비전과 유사하게, 브레이크아웃 활동가들은 회복을 실천의 중심에 두고 있다. 역사를 인정한다는 것은 단순히 과거를 인정하는 것이 아니라 애초에 그 역사를 가능하게 했던 피해의 서사를 깨닫고 의식적으로 치유를 향해 나아가는 것이다.

팁_ 외부 조력자를 섭외하자.
그룹 성찰 세션의 초점이 팀원, 가족 또는 커뮤니티와 관련된 트라우마 또는 기타 감정적으로 격렬한 역사를 언급할 가능성이 있는 경우, 감정적 피해를 주지 않으면서 팀을 치유적인 통찰력과 결과로 안내하도록 전문성을 갖춘 조력자와 지원 담당자를 데려오는 것이 좋다. 안티오네트는 크리에이티브 리액션 랩에서 총기 폭력 예방을 위한 개입 방안을 모색하는 과정을 진행했던 때를 예로 들었다. 크리에이티브 리액션 랩 팀원들을 포함하여 참여한 사람들 중 다수가 총기 폭력의 피해자이거나 사랑하는 사람을 잃은 경험이 있는 사람들이다. 안티오네트는 이러한 상황에서 역사를 돌아보는 용감한 작업을 하는 것은 엄청난 고통이 될 수 있으며 심지어 참여자들이 트라우마를 겪을 위험도 있다고 경고한다. 그는 위의 사례에서 자신의 팀이 취한 조치 중 하나는 공동 제작자와 진행자 모두를 지원하기 위해 중립적인 치료사를 현장에 데려온 것이라고 말한다.

또 다른 예로 심장연구연합에서는 진행자와 참가자들은 과거의 부정적인 경험에서 교훈을 찾는다는 이유로 참가자 자신이 원하지 않는 한 진단을 받거나 응급실에 갔던 무서운 경험 등 충격적인 순간에 대해 자세히 이야기할 필요가 없다는 점을 서로에게 명시적으로 상기시켰다. 역사를 존중하는 실행방안은 역사를 조심스럽고 대하고 선생님으로서 경건하게 받아들이는 발걸음을 요구한다. 여기에는 역사 인식에 필요한 지원 구조를 마련하는 데 최선을 다하는 것도 포함된다. 또한 적절한 조력자와 협력하면 강력한 지원과 배려를 구현하는 방식으로 역사를 존중할 수 있는 내부 역량을 키울 수 있는 기회를 제공할 수 있다.

역사를 위한 시간과 공간을 능동적으로 창출하기

기존업무방식 일터에서는 역사에 대한 의제 설정에 시간이 거의 주어지지 않는다. 브레이크아웃 활동가들은 사랑없는 경제의 역사적 기억상실증에서 벗어나기 위해서는 역사가 미래를 조명하는 교사가 될 수 있도록 시간과 관심을 기울여야 한다는 것을 인식하고 있다. 패스터댄20의 공동 학습자 유진 에릭 김은 이 점에 대해 다음과 같이 말한다. "역사를 다루는 방법은 시간을 할애하는 것입니다. 그것이 가장 중요합니다." 그는 수년 동안 고객과 함께 일하면서 그룹이 아무리 업무를 개선하고 싶어도, 그리고 실수와 기회를 놓쳐 고착화되는 사이클에서 벗어나고 싶어도, 유진의 표현대로 "기존 상황을 깊이 이해하는 데 시간을 할애하지 않는 한" 그렇게 할 수 없다는 사실을 확인했다.

브레이크아웃 활동가들은 다양한 경험과 관점을 가진 그룹으로 모여 과거에 대한 이해와 그것이 현재 작업에 어떤 영향을 미치는지에 대한 이해를 쌓는다. 이들은 역사에 대한 공동의 창조적 감각이 역사의 가장 위대한 가르침과 지침을 열어준다는 것을 알고 있다.

"공동 창작을 위해 대규모 그룹을 모을 때, 그 과정 초기에 참여형 역사 연습을 하는 것이 매우 유용하고 심지어 필수적인 경우가 많습니다."라고 공동 학습 커뮤니티 회원 브루킹 게이트우드는 말한다. 브루킹은 '더 정의롭고 건강한 세상을 향한 꿈을 꾸는 사람들'[3]을 위한 공동 사회 변화 프로젝트를 설계하고 촉진하는 이머전스 콜렉티브에에서 일한다. 브루킹은 대형 병원 부서, 소규모 비즈니스 회사, 여러 회원으로 구성된 비영리 네트워크 등 어떤 고객과도 '역사에 대한 공유 경험을 개발하도록 사람들을 초대'하면 그룹을 변화시킬 수 있다고 말한다.

"이 실행 방안의 핵심은 우리가 수치심이나 집착이 아닌 학습과 성장의 목적으로, 그리고 회복을 위해 실수와 과거의 고통을 다시 돌아본다는 사실을 인식하는 것입니다."라고 브루킹은 덧붙인다. "이러한 용기 있는 학습 추구는 우리가 한 종으로서 진화하는 것과 동일한 억압의 굴레에서 맴도는 것의 차이를 크게 벌려 줍니다."

역사에 대한 존중은 일회성 활동이 아니다. 그보다는 필요할 때마다 과거와 함께하고 과거로부터 배우겠다는 적극적인 자세와 약속이다.

브레이크아웃 활동가들이 역사를 인식하는 중요한 시점 중 하나는 그룹이 새로운 프로젝트를 시작할 준비를 할 때이다. 첫 단계로 이들은 앞으로의 작업에 영향을 미칠 수 있는 역사적 맥락을 조사하고 토론한다. 공동 학습자 이사벨라 진은 인도주의적 지원 및 개발 프로젝트에 참여한 전 세계 사람들의 이야기를 듣고 배우면서, 프로젝트에 참여해야 하는 사람들을 포함하여 관련된 모든 사람을 참여시키지 않으면 프로젝트의 성과가 낮아지는 경향이 있음을 발견했다. 관련된 대문자 H 역사를 이해하고 프로젝트가 개발되는 맥락과 관련된 "과거의 투쟁, 노력, 실패 및 성공"을 포함한 소문자 h 역사를 평가하는 데 도움이 된다.

팁_ 회고를 위한 활동주기를 설정하자

그룹에 적합한 속도와 형식이 무엇이든 역사를 되돌아보는 시간을 미리 계획하여 모든 사람이 준비된 상태로 참여할 수 있도록 하자. 브레이크아웃 활동가들은 무슨 일이 일어났는지, 그리고 그로부터 모두가 무엇을 배울 수 있는지 평가하는 정기적인 프로세스를 구축한다. 이들은 이러한 활동을 미리 계획하지 않으면 이런 일이 일어나지 않는다는 것을 잘 알고 있다. 콘코디아 팀은 모든 커뮤니티 회의가 끝날 때마다, 그리고 중요한 이벤트가 끝난 후 '사후 조치 검토'를 실시한다. 콘코디아는 내부적으로뿐만 아니라 고객 및 커뮤니티 구성원들과도 정기적으로 이러한 성찰 단계를 수행한다. 다른 브레이크아웃 활동가들은 1년에 한 번 팀 전체 수련회를 개최하여 그 해에 있었던 일과 배울 수 있는 점을 평가한다. 새로운 이니셔티브가 시작될 때마다 또는 매 분기마다 반성 과정을 진행하는 곳도 있다.

"그렇기 때문에 우리는 항상 커뮤니티 계획 작업을 시작할 때 이전의 모든 계획 작업을 수집, 요약, 존중하는 것으로 시작합니다."라고 스티븐은 말하며 비슷한 철학을 강조한다. "이전의 모든 계획을 한데 모아 결과를 요약하고, 그 과정에 시간을 할애한 사람들에게 감사를 표합니다."

팀 역사를 수용하기

공동 학습 커뮤니티 회원인 칼숨 라카니Kalsoom Lakhani는 "비정한 기존업무방식 속에서 "너무 많은 일이 그냥 일어나는데 전략이 전혀 없는 것처럼 느껴질 때가 많다 그저 눈앞에 닥친 일만 처리하고 있을 뿐이다." 고 지적한다. 칼숨과 그의 팀은 인베스트투이노베이트Invest2Innovate(i2i) 와 i2i 벤처스i2i Ventures의 협력을 통해 포용에 뿌리를 둔 초기 기업을 위한 다른 종류의 지원 생태계를 구축했다. i2i는 일반적인 비즈니스가 일반적으로 투자하는 것보다 더 광범위한 기업가를 포함하며 포트폴리오 기업의 교육, 기술, 의료 서비스 및 청정 에너지 분야의 획기적인 제품을 통해 투자로 서비스를 받는 사람들의 커뮤니티를 넓혔다. i2i는 파키스탄에서 활동하며, 미국 내 투자자 및 전 세계 기업가들과 협력한다. 이들이 지원하는 기업의 60%는 여성이 이끄는 기업이다.

칼숨의 팀과 기업가, 투자자, 액셀러레이터 파트너 커뮤니티는 더욱 포용적인 비즈니스 기회의 미래에 초점을 맞추고 있지만, 칼숨은 자신이 속한 분야와 자신의 팀에 대한 과거에도 초점을 맞추고 있다고 강조한다. 칼숨은 정기적으로 잠시 멈추고 성찰하는 것이 필수적이라고 말한다. 팀이 자신의 역사를 되돌아보는 시간을 가질 때 더 효과적인 방식으로 운영하고 혁신과 진화를 계속할 수 있다고 지적한다.

공동 학습자인 제사민 샤라우는 이렇게 하지 않는 팀은 대가를 치르게 된다고 덧붙인다. "역사를 고려하지 않으면 실수를 반복할 가능성이 높고, 변화의 시기를 늦추게 할 수 있습니다."라고 말한다. 브레이크아웃 리더는 팀의 역사를 중요한 지침의 원천으로 삼아 시간을 할애하는 것을 우선시한다.

안티오네트는 그룹이 함께 모여 팀의 역사를 되돌아보고 토론할 때 프로젝트나 개인의 행동 의도를 모두 인정하고 과거의 선택이 미친 영향을 명확히 밝히는 것이 중요하다고 강조한다. 또한 의도와 실제 결과는 상당히 다를 수 있다고 지적한다. 그룹이 이 두 가지를 모두 고려할 때, 최선의 의도를 존중하는 동시에 의도하지 않은 영향(해를 끼쳤을 수 있는 영향 포함)을 파악하고 변화해야 할 부분을 함께 고민할 수 있다.

브레이크아웃 활동가들은 팀의 과거에 겪었던 어려움과 실수를 귀중한 인사이트의 원천으로 여기며, 이는 앞으로 그룹의 공동 작업을 풍부하게 하고 강화하는 데 필수적인 요소이다. 이들은 실수는 피할 수 없는 것이며 누구나 실수를 저지른다는 점을 강조한다. 그룹이 함께 실수를 반성할 때 학습과 성장의 기회를 만들 수 있다.

그룹 자체의 역사를 돌아보는 과정은 해를 끼친 일을 해결하는 데 시간을 할애하는 것뿐만 아니라 축하할 만한 일을 찾아내는 과정이기도 하다고 브레이크아웃 활동가들은 지적한다. 이러한 성공과 기쁨은 그룹이 더 많은 일을 하고, 더 발전시키고, 더 탐구하고 싶은 것을 가리킨다.

팁_ 해당 분야 또는 산업의 역사를 되짚어보자

브레이크아웃 활동가들은 참여형 역사 세션에서 가장 활력이 넘치는 순간은 사람들이 자신이 활동하는 분야의 역사에 대해 배우고 생각해볼 때라고 입을 모았다. 예를 들어 크리에이티브 리액션 랩의 안티오네트와 그의 팀은 종종 그룹들을 참여시켜 해당 분야의 역사와 그 안에서 기존업무방식이 수십 년 동안 어떻게 운영되어 왔는지를 평가하는 것으로 디자인 프로세스를 시작한다. 이 단계에서는 디자인, 초등 교육, 첨단 기술, 박물관 등 각 분야가 어떻게 그리고 왜 달라져야 하는지에 대한 활발한 토론이 시작되고, 사람들은 함께 현상 유지에서 의도적으로 벗어나고 싶은 방식에 대해 명확하게 파악하게 된다. 많은 혁신가들이 역사에 대한 인식의 이러한 측면을 긍정한다. 콘코디아 팀의 전 멤버였던 공동 학습자 코너 맥마누스Connor McManus는 "때때로 우리는 어떤 분야를 배울 때 그 과정에서 많은 가설과 태도를 채택합니다. 이를 되짚어보고 의문을 제기하면 무엇을 보존하고 무엇을 업데이트해야 하는지에 대한 새로운 통찰력을 얻을 수 있습니다."라고 말한다.

역사를 존중하기 실행 사례

흑인 주도의 협동조합과 도시 전역의 진보적인 경제 프로젝트의 유산을 포함하여 뉴욕 버펄로시와 그 주변 지역의 풍부한 역사는 주민들이 협동조합 소유의 지역 사회 주도 사업을 시작하고 유지할 수 있도록 지원하는 푸시 버펄로와 파트너 버펄로 협동조합Cooperation Buffalo의 활동에 중요한 영감의 원천이 되고 있다. "버펄로는 세기가 바뀌면서 한때 미국에서 6번째로 큰 경제 규모를 자랑하던 도시였습니다."라고 공동 연구자이자 푸시 버펄로 전무이사인 라화 기르마치온

Rahwa Ghirmatzion이 설명한다. "최고의 건축가, 작가, 작가, 음악가들이 있었습니다. 미국 최초의 흑인 뮤지션 노조도 있었죠. 버펄로는 전미유색인 지위 향상 협회의 설립에 중요한 역할을 했으며, 지하 철도도 있고, 이 모든 것을 갖추고 있습니다."

버펄로시의 풍부한 역사와 협동조합 비즈니스의 혁신적 잠재력에도 불구하고, 라화와 푸시 버펄로 및 버펄로 협동조합의 동료들은 협동조합 비즈니스 기회를 중심으로 주민들을 동원하는 과정에서 눈에 띄는 불신에 부딪혔다. 오늘날 협동조합에 대한 고정관념은 많은 버펄로 주민들이 공감하지 못하는 백인 중심의 문화 및 제도와 관련이 있다. "버펄로에서는 특히 흑인 커뮤니티와 다른 유색 인종 커뮤니티 협동조합의 역사가 엄청나게 풍부하다."라고 라화는 말한다. "그 역사 중 일부는 운이 좋게도 이곳의 아카이브에 보관되어 있다. 하지만 요즘 대부분의 사람들은 협동조합을 떠올릴 때 그레놀라 같은 건강식이나 주택협동조합을 떠올리며, 이는 매우 백인 중심의 프로젝트처럼 느껴진다." 이러한 고정관념은 협동조합의 풍부한 역사, 특히 흑인 공동체와 흑인 주도의 경제 정의 및 자결권 운동에 뿌리를 둔 협동조합의 역사를 생략한 미국 경제에 대한 주류 역사 서술에서 비롯된다.[4]

이에 따라 푸시 버펄로와 버펄로 협동조합 팀은 버펄로시의 경제 역사에 대한 대중 교육을 핵심 우선 과제로 삼았다. 이를 통해 지역사회 구성원들이 버펄로의 역사 속에서 자신을 발견하고 그 유산을 계승하는 데 자부심을 느낄 수 있는 새로운 기회를 만들었다. 이들은 1960년대와 70년대에 흑인 협동조합과 유색 인종 협동조합을 경험하고 그 역사를 살았던 지역 사회의 사람들이 교사로 참여한다. 이들은 주민들이 함께 모여 버펄로에서 경제 정의를 위한 흑인 주도의 조직화에 대한 선배들의 이야기와 설명을 듣고 현재 제공되는 기회에 대해 배울 수 있는 기회를 만든다.

주민들의 관심이 높아짐에 따라 푸시 버펄로와 버펄로 협동조합은 협동조합 아카데미라는 새로운 이니셔티브를 시작하여 3개월 동안 30명의 협동조합 기업가 집단을 교육하는 프로그램을 시작했다. "이것은 우리와 버펄로에게 큰 도약이다."라고 버펄로 협동조합의 임원인 앤드류 델몬트Andrew Delmonte는 협동조합 아카데미의 결과로 버펄로 사람들이 창업하는 협동조합 기업의 수가 증가하고 있음을 밝히며 말했다. 앤드류는 버펄로 주민으로서 협동조합적 일과 삶의 방식이 가진 잠재력에 대해 열정을 가지고 있다. 앤드류는 예술가인 아버지와 일하는 어머니 사이에서 태어난 성소수자 자녀로서 협동조합 생활을 발견하고 나서야 비로소 '마음속에서 늘 부르짖던' 방식으로 가족과 공동체를 만들 수 있다고 느꼈다고 이야기한다. 이들의 집은 수십 년 전 시칠리아 이민자인 증조부모가 살던 동네에 자리 잡고 있다. 앤드류는 "버펄로 서쪽은 여러 세대에 걸쳐 우리 가족의 고향이었으며, 수년 동안 다양한 난민, 이민자, 흑인, 라틴계 버펄로 주민들의 이야기를 간직한 곳이다."라고 설명한다.

다양한 정체성과 혈통을 가진 주민들에게 협동조합 비즈니스와 경제적 자결권에 대한 버펄로의 풍부한 역사를 알리는 것은 가족을 부양하고 지역 사회에 도움이 되는 협동조합을 설립하는 데 대한 주민들의 관심과 행동이 증가하는 데 중요한 요소이다. 그들은 이 활동으로 자랑스러운 전통을 쌓아가고 있다는 것을 알고 있다.

"이 나라는 여러 가지 면에서 영혼을 치유할 필요가 있습니다."라고 라화는 말한다. 그는 이러한 치유의 필요성의 상당 부분이 현재의 경제 구조가 지속하는 피해와 우리가 다르게 일하도록 영감을 줄 수 있는 역사를 숨기는 경향이 있는 사랑없는 경제에서 직접적으로 기인한다고 지적한다. 라화는 항상 불의에 의문을 제기해 왔으며, 이것이 그저 당연한 일이고 그래야만 한다는 가정에 의문을 제기해 왔다. 라화는 여덟 살 때 내전으로 인해 가족이 에리트레아Eritrea*에서 이주하면서 가족과 함께 버펄로에 왔다. 라화는 "당시의 트라우마와 그로 인한 어려움을 겪은 경험을 통해 회복탄력성을 가지게 되었습니다."라고 말한다. "어렸을 때 저는 항상 '왜'라는 질문을 던지고 도전했습니다." 그는 지금도 그 정신을 이어가고 있다. "저는 정치적이거나 명분 있는 결정에 대해 생각하기보다는 내면의 깊은 신념에 귀를 기울이고 본능에 따라 결정을 내리는 경우가 많습니다. 저는 사람, 공정성, 정의에 대해 생각하고 옳다고 느끼는 일을 할 용기를 냅니다."라고 이야기한다.

 개인과 지역 사회의 역사에 기반을 두는 것은 라화가 팀 전체가 깊이 간직하고 있는 가치와 신념에 연결되도록 돕는 방법이다. 푸시 버펄로의 의사 결정 과정에서 팀은 원주민 동료의 가르침과 해당 지역 원주민의 역사를 존중하는 7세대 원칙을 사용한다. 이 원칙과 관련된 두 가지 질문은 다음과 같다. 오늘 우리가 내리는 결정이 7세대 후에도 지속 가능한 세상을 만들 것인가? 그리고 7세대 후에도 우리 조상들을 치유할 수 있는 반향을 일으킬 것인가? 이러한 방식으로, 푸시 버펄로는 모든 주요 결정에서 역사를 존중하고, 미래를 위한 계획을

---

* 아프리카 북동부·홍해에 임한 공화국

치유와 회복으로 이끄는 데 도움이 될 수 있는 방식으로 역사를 존중하려고 노력한다.

역사를 존중하기는 어떻게 혁신으로 이어지는가

안티오네트는 그룹이 역사를 반성할 뿐만 아니라 사려 깊고 회복적인 방식으로 신속하게 행동에 옮길 때, 과거에 비슷한 과정을 겪으며 부정적인 경험을 한 적이 있는 모든 사람들 사이에 신뢰를 쌓을 수 있다고 강조한다. 안티오네트는 이렇게 구축된 신뢰가 그룹이 획기적인 혁신을 이룰 수 있는 능력에 매우 중요하다고 설명한다.

> 어떤 곳에 들어갔을 때에는 사람들을 믿을 수 있고, 어떤 곳에서는 믿을 수 없었던 것을 생각해 보세요. 두 경험의 차이는 무엇이었을까요? 다른 사람들이 공간에 들어올 때에도 같다는 사실을 고려할 때, 우리는 시간을 들여 신뢰를 쌓아야 합니다. 당신이 신뢰를 쌓지 않는다면 내가 당신을 믿지 않으므로 당신에게 극히 일부만을 내줄 것이기 때문에 결과는 효과적이지 않을 것입니다. 하지만 내가 사실 당신을 신뢰하면, 나는 내가 줄 수 있다고 생각하는 것보다 더 많은 것을 기꺼이 내줄 것입니다. 왜냐하면 나는 당신이 내가 실패했을 때 잡아주고 지탱해줄 것이라고 믿기 때문입니다.

역사를 돌아보는 일은 종종 힘들고 슬픔이 없는 경우는 드물다. 이 일은 그룹 구성원들이 책임감을 표명하고 회복의 자세를 갖추는 방식으로 성장할 것을 요구한다. 그러나 그룹이 용기와 신중함을 가지고 성찰의 시간을 갖고 그에 따른 행동을 취할 때, 함께 쌓은 신뢰는 변혁을 가져올 수 있다.

공유된 신뢰의 기반은 디자인 권한을 분산하고 모든 사람을 테이블로 끌어들이는 데 매우 중요하다. 역사를 존중하는 것은 국가, 분야 또는 소속 팀에서 디자인 권한이 이전에 어떻게 통합되었는지에 대한 이해의 공유를 구축하는 데 도움이 된다. 또한 그룹이 현재 권한에 대한 접근 방식이 수평적으로 공유된 권한인지 또는 일방적이고 권위적인 권력인지 파악할 수 있도록 한다.

역사를 돌아보는 것은 현상 유지에서 벗어나 앞으로 나아가는 길을 의도적으로 선택하는 데 필요한 커뮤니티를 구축함으로써 획기적인 혁신의 문을 열어준다. 우리가 어디에서 왔는지, 그리고 이것이 현재에 어떤 영향을 미치는지 이해한다면 우리의 가치에 부합하는 업무 방식을 선택할 수 있다.

벨 훅스가 기술한 것처럼, "국가로서 우리는 집단적 용기를 모아 우리 사회의 사랑 없음이라는 속성이 상처라는 사실을 직시해야 한다. 이 상처가 우리의 살을 찌르는 고통을 인정하고 영혼 깊은 곳에서 심오한 영적 고뇌를 느낄 때, 우리는 마음의 변화를 가지고 전환의 가능성과 마주하게 된다."[5]

브레이크아웃 활동가의 일터

텐스퀘어드

브라질 상파울루주의 한 장난감 공장의 생산실 평균 온도는 숨이 막힐 듯이 높은 38°C에 달했다. 작업자들은 극한의 환경에서 고군분투했고, 관리자들은 더위로 인한 생산성 저하로 좌절감을 느꼈다. 일반적인 탑다운식 문제 해결 방식은 지속적인 해결책을 제시하지 못했다. 하지만 공장 관리자들이 근로자와 관리자로 구성된 팀이 작업장에서 해결이 어려워 보이는 문제에 대한 새로운 해결책을 찾도록 돕는 혁신적인 프로그램인 텐스퀘어드TenSquared에 참여하기로 결정하면서 상황이 달라졌다. 그들은 – 예상하는 대로 – 팀 내에서 디자인에 대한 권한을 분산함으로써 이를 달성했다.

텐스퀘어드는 두 개의 파트너 기관인 라피드 리절트 인스티튜트Rapid Results Institute(RRI)와 사회적 책임 인터내셔널Social Accountability International(SAI)에 의해 만들어지고 실행되었다.[1] RRI는 100일 챌린지 방법론을 프로그램에 적용하고, SAI는 공급망에서 근로자의 노동권에 대한 전문성을 제공한다. SAI의 스테파니 윌슨Stephanie Wilson은 텐스퀘어드를 다음과 같이 설명했다. "텐스퀘어드는 근로자-관리자 팀의 개발을 촉진하는 것에서 시작했습니다. 모든 근로자는 동료들의 선택을 받아야 합니다. 그 다음 이 팀들과 협력하여 보건 및 안전 문제의 근본 원인을 파악했습니다. 그리고 팀과 협력하여 야심차면서도 측정 가능한 목표를 식별하고 수립했습니다."[2]

브라질 공장의 5명의 근로자와 5명의 관리자로 구성된 팀은 100일 동안 기존 담당자와 재설계 중인 공정에서 일하는 사람들의 통찰력과 지식을 활용했다. 이들은 재활용 재료를 사용하여 공장 내에 12개의 환기 후드를 설치하는 계획을 공동으로 수립하고 실행하여 작업 공간의 평균 온도를 3℃ 낮추고 훨씬 더 건강한 작업 환경을 조성했다. 또한 이 팀의 새로운 공법으로 공장은 환기 후드 비용을 약 12,000달러 절감할 수 있었다.

이는 텐스퀘어드의 접근 방식을 통해 실현된 결과의 한 예에 불과하다.[3] 공동 창조 프로세스의 핵심은 근로자와 관리자가 다양한 관점, 전문 지식, 생생한 경험, 공동의 중요 문제에 대한 아이디어를 공유할 수 있는 여유이다. 이 프로그램은 근로자와 관리자가 동료로서 함께 일할 수 있도록 분리된 인식을 해소해야 진정으로 혁신적이고 지속적인 솔루션이 등장할 수 있다는 인식에 뿌리를 두고 있다. 가장 주목할 만한 점은 텐스퀘어드의 접근 방식을 통해 커뮤니케이션 채널이 개선되고 근로자와 관리자 간의 신뢰가 높아져 향후 직장 내 문제를 훨씬 더 쉽게 직면하고 해결할 수 있게 되었다는 점이다.[4] 텐스퀘어드에 참여한 한 직원은 "이전에는 동료들이 상사와 이야기하는 것을 주저했지만 텐스퀘어드 이후에는 접근 방식이 달라져 어떤 문제든 해결할 수 있게 되었습니다."[5]라고 공유했다.

이러한 교류를 가능하게 하기 위해 사일로를 허물기 위해서는 문화적 장벽과 권력 역학을 인식하고 해결해야 한다. 텐스퀘어드가 운영되는 환경에서는 근로자와 관리자의 직급, 계급, 학력, 경험의 차이가 매우 크기 때문에 프로그램 진행자가 처음 직급 간, 계급 간 혁신 팀 아이디어를 제안할 때 모든 직급의 공장 근로자의 저항에 부딪히는 경우가 많다. 텐스퀘어드의 프로그램은 참가자들이 초기 저항이나 불편함을 극복할 수 있도록 의도적으로 설계되어 근로자들이 안심하고 의견을 제시하고 모든 참가자가 함께 획기적인 솔루션을 상상하고 실행할 수 있도록 지원한다.

첫 번째 단계에서는 5명의 근로자와 5명의 관리자가 함께 소그룹으로 나뉘어 워크숍 세션을 진행하도록 팀을 안내한다. 이러한 초기 병렬 프로세스는 모든 참가자가 보복이나 판단에 대한 두려움 없이 자신의 의견을 말하고 아이디어를 공유하며 문제 분석에 집중할 수 있도록 하는 데 필수적이다. 이러한 동시 세션 동안 두 그룹은 발표, 스토리텔링, 시각화, 그림 그리기, 역할극 등 다양한 활동을 통해 아이디어를 포착하고 표현하도록 요청받는다. "다양한 방법으로 의견을 공유하면 모두가 보다 공평한 경쟁의 장에 설 수 있습니다."라고 스테파니는 설명한다. "모든 사람을 한자리에 모아놓고 문제에 대한 분석을 구두로만 발표하라고 하면 사람들은 침묵을 지킵니다."[6]

이러한 초기 단계를 거친 후에야 참가자들은 기꺼이 아이디어를 공유하고 새로운 접근 방식을 함께 찾기 시작한다. 100일 동안 노동자와 관리자는 한 팀이 되어 산업 보건 및 안전과 관련된 하나의 구체적인 목표(공장의 생산성 및 품질과도 연결되는 목표)를 설정하고 이를 달성하기 위해 노력한다. 텐스퀘어드는 설립 이래 브라질, 중국, 터키의 15개 산업에 걸쳐 40개 이상의 기업에서 38,000명 이상의 근로자를 지원했다. 전체 텐스퀘어드 팀 중 93%가 100일 이내에 야심 찬 목표를 달성했으며, 많은 팀이 당초 목표를 초과 달성했다. 텐스퀘어드의 공동 창작 프로그램을 통해 중국 공장의 대피 시간 효율성이 4배 개선되었고, 터키 공장의 사지 외상 사고가 50% 감소했으며, 브라질의 화학 공장에서 화상 노출 면적이 90% 감소했다. 그 외에도 작업자 생산성 향상, 결근율 감소, 수백만 달러의 비용 절감, 즉각적인 조치가 필요한 공장 문제에 대한 보고 개선 등의 성과를 거두었다.[7]

그러나 이러한 인상적인 측정 가능한 결과 외에도 근로자와 관리자 간의 분열이 해소되기 시작할 때 나타날 수 있는 상호 신뢰 관계도 있다. 엠마 타야 다치Emma Taya Darch는 텐스퀘어드 웹사이트의 동영상에서 이에 대해 언급한다.

> 프로그램이 시작되면 처음에는 많은 긴장감이 감돌고 작업자와 관리자 사이에 약간의 분열과 긴장이 생깁니다. 그리고 마지막에는 누가 작업자이고 관리자인지 구분할 수 없게 됩니다. 완전히 변화된 모습을 볼 수 있죠. 작업자가 관리자에게 설명하는 것을 볼 수 있습니다. 관리자가 갑자기 작업자의 관점을 이해하고, 마찬가지로 작업자도 관리자의 관점과 관심사 및 우선순위를 이해하게 되는 것을 볼 수 있습니다. 따라서 서로가 공통점이 있는 부분과 잠재력이 있는 부분을 이해하여 협업하고 과거에는 상대방에게서 볼 수 없었던 새로운 아이디어와 새로운 관점으로 문제를 바라볼 수 있게 됩니다.[8]

많은 경우, 참여 근로자와 관리자 간의 이러한 관계 변화는 이전에 인식되었던 차이를 해소하여 특히 문제 보고와 관련하여 더욱 개방적인 커뮤니케이션 채널로 이어졌다. 이러한 유형의 공동 창작 프로세스는 근로자가 자신의 아이디어를 공유하면 변화를 가져올 수 있다고 신뢰하기 시작하고 관리자가 근로자의 의견과 리더십의 중요성을 이해하고 믿기 시작하면서 장기적으로 권력과 신뢰의 근본적인 역학 관계를 변화시키기 시작할 수 있다. 텐스퀘어드 프로그램에 참여한 많은 공장에서 모든 직급의 직원들이 지속적으로 협력하여 문제가 발생했을 때 주도권을 갖고 함께 혁신하고 있다. 직원들은 동료들이 어떤 문제에 대해 어떤 다른 관점을 가지고 있는지에 대해 진정한 호기심을 가지게 되었고, 근로자와 관리자 모두 다양한 경험과 관점의 가치를 공장의 성공에 기초가 되는 것으로 받아들이기 시작했다.

7장

다양성 추구하기

이 실행 방안에 대해 많은 사람들이 흔히 하는 반응이 있다. "알겠어요. 다양성에 관한 것이잖아요!" 맞는 말이지만, 이는 기존업무방식에서 흔히 추구하는 다양성 그 이상의 의미를 담고 있다. 다양성을 추구하는 실행 방안은 체크박스에 체크하거나 그룹 구성원의 인구통계적 다양성을 확대하기 위해 일회성 조치를 취하는 피상적인 노력이 아니다. 그 대신 지속적으로 적절한 형태의 다양성을 추구하고 차이를 효과적으로 포용하는 팀 문화를 조성하기 위한 노력이다. 이는 다양성의 풍요로움을 활용했을 때 나타나는 반짝이는 광채를 듣고 행동하고자 하는 진정한 호기심과 열망의 자세이다.

공동 학습자인 SAI의 사장 겸 CEO인 제인 황Jane Hwang이 자신의 팀이 진정으로 의미 있는 다양성에 대한 이해를 깊게 하고, 그룹이 획기적인 아이디어와 경로를 생각해내는 데 필수적인 차이의 종류가 무엇인지 배운 과정을 공유한다. 텐스퀘어드에 대한 아이디어를 도출하기 전에 SAI 팀은 획기적인 변화를 촉발하는 방법에 대한 연구를 수행하면서 다양한 산업 분야의 사례를 살펴보고 변화 관리에 대해 공부했다. 그 결과 "일반적으로 사일로 또는 서로 다른 계층 구조에서 일하는 사람들을 한데 모으는 것이 가장 중요하다는 사실"이 금방 눈에 띄기 시작했다고 제인은 설명한다. 이러한 깨달음은 텐스퀘어드 프로그램의 핵심이었다. 이 프로그램의 결과는 기존업무방식으로 인해 떨어져 있던 사람들을 연결할 수 있는 힘에 대한 놀라운 증거가 되었으며, 지금도 계속되고 있다.

제인과 그의 팀처럼, 브레이크아웃 활동가들은 사랑없는 경제의 잘못된 분리선을 넘어 존경받는 동료, 협력자로 함께 모이면 마법 같은 일이 일어난다는 것을 알고 있다. 좁은 시각이 훨씬 넓어진다. 좋은 아이디어는 가시화된다. 집단적 사고와 제안이 더욱 견고해진다. 다양한 경험과 관점이 풍부한 그룹, 그리고 우드 박사의 말처럼 "모든 사람의 이야기의 자율적 힘을 존중"하는 그룹은 사랑받는 경제의 생명력이다.

다양성을 추구한다는 것은 누가 테이블에 있어야 하는지에 대한 기존업무방식의 전제를 받아들이지 않는 실행 방안이다. 이는 누구를 초대할지, 어떻게 초대할지에 대해 일부러 고민함으로써 참석자의 범위와 관점의 폭을 지속적으로 넓히는 것이다. 또한, 관련된 모든 사람이 누가 참석해야 하는지 평가하고 모든 사람이 자신의 관점을 공유할 수 있는 지지와 존중, 안전함을 느끼는 방식으로 중요한 차이점이 어우러지는 프로세스에 전념하는 것이다.

다양성을 이해하는 방식 변화

최근 몇 년 동안 팀과 기업이 다양성을 우선시하는 것이 올바른 선택일 뿐만 아니라 현명한 선택이라는 압도적인 증거가 밝혀졌다.[1] 팀 내 다양성이 성공의 열쇠라는 인식이 확산되고 있다.[2] 그룹 구성원

간의 차이를 중시하는 이러한 변화는 기존업무방식에서도 일어나고 있지만, 브레이크아웃 활동가들은 다름을 추구하는 방식에 있어 뚜렷한 차이를 보인다는 것을 발견했다.

브레이크아웃 활동가들은 차이를 달성해야 할 핵심 지표가 아니라 호기심, 존중, 배려를 불러일으키는 훌륭한 스승으로 여긴다. 이들은 서로의 독특한 관점과 다양한 관점을 통해 도전을 받는 것을 환영하는데, 이는 모든 사람이 새로운 것을 발견해야 할 조각을 가지고 있다는 것을 인식하기 때문이다. 다양한 관점, 삶의 경험, 아이디어를 통해서만 최상의 결과를 도출할 수 있다는 것을 알고 있다.

다양성 추구에는 인종 및 민족 정체성, 연령, 장애 유무, 성별 및 성적 취향, 학습 유형, 신경학적 다양성, 지리적 다양성 등 가장 일반적으로 생각되는 다양성의 형태를 한데 모으는 것이 포함된다. 또한 많은 브레이크아웃 활동가들은 기업 내 직급과 부서, 사람들의 업무 경험 및 개인 이력, 세계관, 정치, 심지어 당면한 업무에 대한 지원 수준과 같은 중요한 형태의 차이도 강조한다. 브레이크아웃 활동가들은 그룹 구성원 간의 가장 중요한 형태의 차이가 각각의 고유한 시도가 된다는 것을 인식한다.

브레이크아웃 활동가들은 차이를 넘어 참여하려면 내면의 성장도 필요하다는 것을 잘 알고 있다. 이러한 내적 성장을 설명할 때 이들이 공통적으로 사용하는 단어는 <u>용기</u>, <u>유연성</u>, <u>겸손</u>, <u>개방성</u> 등 자신의 관점에 도전을 받고 용감한 대화에 참여하기 위한 것이다. 퍼실리테이터이자 작가인 KA 맥커처 KA McKercher의 설명처럼 "사람들은 … 긴장을 유지할 수 있어야 한다."[3] 의견 불일치로 인한 불편함을 느끼고 이를 차단하거나 없애려고 노력하는 대신 그것에 기대는 것이 거의 항상 필요하다는 것을 받아들인다. 경직성과 두려움 대신 호기심과 개방성을 선택할 때, 우리 각자가 가진 다양한 관점이 더 대담한 사고와 혁신으로 이어질 가능성이 훨씬 더 커진다.

다양성을 추구하기

물론 다양성의 형태에 대한 실행 방안은 다양한 방식으로 나타나는 경향이 있다. 하지만 브레이크아웃 활동가들이 차이를 추구하는 방식에는 분명한 공통점이 있다. 여기에는 다음이 포함된다.

- 다양성에 대한 다양한 관점 장려
- 안전과 용기를 지지하는 여건 조성
- 다양한 채널을 통한 기여

다양성에 대한 다양한 관점 장려

기존업무방식 일터에서는 다양성 증진을 위한 목표와 목표가 전통적인 리더십 역할을 맡은 소수의 사람이나 해당 업무를 담당하는 컨설턴트 또는 특정 팀에 의해 결정되는 경우가 많다. 이러한 접근 방식이 효과적일 수 있지만, 브레이크아웃 활동가들은 이해관계자 커뮤니티의 모든 사람이 공유 작업을 가장 현명한 결과로 이끌기 위해 누가 필요한지에 대한 고유한 통찰력을 가지고 있다는 점을 인식하고 있다. 브레이크아웃 활동가들은 그룹이 필요한 다양성을 정의하고 행동하는 과정에서도 의사 결정권을 공유할 때 차이를 추구하는 것이 가장 효과적이라는 점을 인식한다. 즉, 다양성을 구축하기 위해서는 다양성이 필요하다. 닭이 먼저냐 달걀이 먼저냐 하는 상황처럼 들릴 수 있지만, 브레이크아웃 활동가들은 이를 실현할 수 있는 방법을 찾는다.

공동 학습자 아이샤 실링포드는 그룹 구성원들이 정기적으로 자신과 서로에게 한 가지 질문을 할 것을 권장한다. 이 작업에 영향을 받거나 이 테이블에 없는 관점을 가진 사람은 누구인가? 콘코디아 팀은 각 프로젝트를 시작할 때 소집하는 초기 소그룹에서도 비슷한 질문을 던져 '계획을 위한 계획', 즉 프로젝트의 프로세스를 어떻게 진행할 것인지에 대한 큰 틀의 접근 방식을 제안한다. 이 소규모 그룹에는 콘코디아 팀이 특정 프로젝트에 필수적이라고 생각하는 다양한 관점과 경험을 반영하는 사람들이 포함된다. 이 그룹은 어떤 사람을 어떤 방식으로 초대해야 하는지에 대한 기준을 결정해야 한다.

회의에서 정기적으로 묻는 질문이든, 모든 프로젝트가 시작될 때마다 소집되는 특별한 유형의 그룹이든, 다양한 사람들의 의견을 구하여 필요한 다양성의 형태를 파악하면 훨씬 더 강력하고 포용적인 그룹을 만들 수 있다.

팀 내부에서 혁신을 촉발하여 기업이 차세대 빅 아이디어를 찾을 수 있도록 지원하는 브레이크아웃 활동가 이노베이션 엔지니어링 Innovation Engineering은 회사 내 모든 직급과 부서의 사람들로부터 아이디어를 소싱할 것을 강조한다. "우리는 특정 문제를 함께 해결할 때마다 내부적으로 다양한 이해관계자가 참여할 수 있도록 합니다. 우리는 이를 '대각선 슬라이스'라고 부릅니다. 이 대각선 슬라이스는 조직 전체에 걸쳐 다양한 역할에 종사하는 사람들로 구성되어 있으며, 위아래로도 구성되어 있습니다."라고 이노베이션 엔지니어링의 CEO

이자 공동 학습 커뮤니티 멤버인 매기 니콜스Maggie Nichols는 설명한다.

협업 혁신 전문가인 코크리에이티브 그룹CoCreative group의 러스 개스킨Russ Gaskin은 많은 사람들이 무시하는 유형의 차이, 즉 노력이나 조직에 대한 사람들의 믿음과 지지 수준의 차이를 의도적으로 찾는 것이 중요하다고 강조한다. 즉, 회의론자들이다. 러스와 그의 팀은 회의론자들을 의도적으로 참여시키는 것이 특히 논란의 여지가 있거나 논쟁의 여지가 있거나 복잡한 노력일 때 성공을 거두는 데 핵심 요소가 될 수 있다는 사실을 발견했다. 코크리에이티브는 "서로를 알지 못하고 심지어 서로를 좋아하지도 않는 사람들이 함께 어려운 문제를 해결할 수 있도록 돕는 것"을 전문으로 한다고 팀원들은 설명한다. 러스는 회의론과 저항을 포용하는 것이 성공적인 실적의 핵심이라고 지적한다. "관련된 사람의 90%는 목표에 100% 헌신해야 하고, 10%는 회의론자가 상주해야 합니다."라고 그는 조언한다. 회의론자들은 비판적인 질문을 제기할 뿐만 아니라, 참여자 그룹 안팎의 회의론자 동료들이 이 프로세스와 구축 중인 것을 믿게 만들면서 결국에는 그들과 함께할 수 있는 가교 역할을 할 수 있다고 러스는 말한다.

공동 학습자인 캐서린 타일러 스콧은 회의론자들의 까다로운 질문에 대한 러스의 감사함을 공유한다. "저항이 없는 건강한 시스템은 없습니다."라고 캐서린은 회고한다. "때때로 '내가 지금 무엇을 하고 있는가? 그리고 내가 왜 이 일을 하는가? 이 일이 얼마나 중요한가? 그리고 내가 적시에 올바른 이유로 이 일을 하고 있는가?" 이는 2장에서 논의한 피드백 루프의 개념, 즉 시스템의 건전성을 위해 피드백을 강화하는 것과 함께 피드백을 수정하는 것이 필수적인 역할이라는 것과 직접적으로 연결된다. 다양한 형태의 지혜가 풍부한 팀원들이 어려운 질문을 품위 있게 마주하기 위해 내면의 작업을 하고, 그 답을 다듬기 위해 함께 노력할 때, 공동의 노력과 그 결과물은 훨씬 더 강력해진다.

브레이크아웃 활동가들은 다양한 형태의 다양성이 모든 영역과 수준의 업무에서 그룹이 필요로 하는 요소라고 강조한다. 그룹 구성원들이 공동 작업을 안내하기 위해 찾고 환영하는 차이의 형태를 지속적으로 업데이트하고 개선해 나가면서, 이 관행은 특정 이니셔티브에 참여하도록 초대된 이해관계자를 넘어 그룹 자체가 이러한 다양성을 반영하도록 노력하는 것이다. 특히 공동 학습 커뮤니티의 많은 구성원들은 리더와 권력을 가진 지위에 있는 사람들이 이러한 차이의 형태를 반영하는 개인이 되는 것이 중요하다고 지적한다.

> **팁_ 이유를 명확히 하자**
>
> 브레이크아웃 활동가들은 다양성이나 다른 관점을 추구하는 각 형태에 대해 명확하게 전달되는 이유가 있어야 한다고 지적한다. 공동 학습자인 브라이아나 디폰조는 다음과 같이 제안한다. "누군가가 그룹에 속한 이유를 명확히 해야 합니다. 그렇게 함으로써 사람들이 자신이나 다른 사람의 참여가 '체크 박스에 체크하는 것'이 아니라 그들이 가져다주는 특정 인사이트와 이점을 소중히 여기는 것임을 알고 신뢰하는 환경을 조성하는 것이 핵심입니다."

안전과 용기를 지원하는 여건 조성

다양성을 폭넓게 포용하는 것 외에도 차이를 추구하는 관행은 모든 사람이 자신의 통찰력을 공유할 수 있는 시스템과 그룹 문화를 적극적으로 만들어야 한다. 공동 학습자인 에드가 빌라누에바의 말처럼,

"테이블 앞에 앉는다는 것은 자신의 목소리로 자유롭게 말하고, 다양한 아이디어를 제시하고, 온전히 자신을 업무에 투입하는 것과는 다르다.[4] 사람들이 테이블에 앉았지만 자신의 생각을 편안하게 말하지 못한다면 디자인 권한이 실제로 분산되고 있지 않은 것이다. 사랑 없는 업무 방식을 통해 강화된 동질성을 탈피하고 진정으로 다양한 그룹의 집단적 창의력을 발휘하려면 의도적인 배려가 필수적이다.

브레이크아웃 활동가들은 종종 사람들이 테이블에 참여하지 못하도록 막는 장벽을 허무는 것부터 시작한다. 예를 들어, 위스콘신 래피즈 시내의 폐쇄된 역사적인 건물인 트리뷴 빌딩을 재설계하기 위해 커뮤니티 계획 프로세스를 시작한 인커리지 커뮤니티 재단은 이러한 커뮤니티 디자인 회의를 진정으로 포용적으로 만들기 위해 무엇이 필요한지 이해하려고 노력했다. "주민들과 이야기를 나눈 결과, 음식과 보육 서비스를 제공하는 것이 핵심이라는 것이 분명해졌다." 라고 켈리 라이언 전 인커리지 CEO는 설명한다. 인커리지는 회의에서 모두에게 따뜻한 음식을 무료로 제공하고 현장 보육 서비스를 제공하기로 결정했으며, 지역 택시 회사와 제휴하여 무료 교통 바우처도 제공했다. 이러한 유형의 조치는 사람들의 의견뿐만 아니라 참석하고 참여하는 데 필요한 사항을 존중하는 공유 업무 환경을 조성하는 데 중요할 수 있다.

브레이크아웃 활동가들이 서로의 다름 속에서 풍부한 통찰력을 활성화하는 또 다른 방법은 사람들이 작업에 다양한 진입로를 필요로 할 수 있음을 인식하고 이러한 전략을 함께 적극적으로 만들어가는 것이다. 공동 학습자인 데비 맥콜은 심장연구연합에 의사와 의학 연구자들과 함께 참여하면서 환자로서 겪었던 경험을 회상하며, 자신과 같이 기술 교육을 덜 받은 사람들이 충분히 편안하게 공유할 수 있도록 지원하려면 집중적인 노력과 의지가 필요했다고 말한다. "연구자, 임상의, 환자를 한꺼번에 깊은 곳에 던져 넣는 것은 공정하지 않다. 대부분의 사람들은 포기할 것이다." 심장연구연합의 경우, 참가자들은 이러한 환경에 처음 참여하는 환자를 포함하여 모든 사람이 안전하고 자신의 아이디어를 공유할 수 있도록 접근 방식을 설계했다. 이들은 정보 공유와 참여 수준을 높이고 각 단계마다 스킬을 쌓을 수 있는 기회를 제공하는 단계적 접근 방식을 만들었다. "가능합니다."라고 데비는 분명하게 말한다. "박사, 제약회사 직원, 역학자들과 함께 한 그룹에 앉아 있었는데 환자인 저와 함께 모두가 각자가 가지고 있는 다양한 초점을 자신 있게 공유할 수 있었습니다." 심장연구연합 회원들은 또한 관련된 모든 사람이 질문, 아이디어 및 우려 사항을 말할 수 있도록 지원하는 기본 규칙과 작업 원칙을 공동으로 만들었다.

에드가의 설명처럼 모든 사람이 자신의 목소리로 자유롭게 말하고 업무에 온전히 참여할 수 있도록 하기 위해 다름을 추구한다는 것은 단순히 더 많은 사람과 관점을 그룹에 끌어들이는 것만을 의미하지 않는다. 또한 팀 내에서 서로 다름을 존중하는 분위기를 조성하는 것이기도 한다. 다름을 추구하는 실행 방안은 직장의 문화와 관행에서부터 프로젝트의 각 단계에 접근하고 실행하는 방식에 이르기까지 전체 시스템 전반에 걸쳐 이루어질 때 가장 성공적이다. 이는 다양한 관점, 지식, 아이디어가 풍부하게 표현될 수 있도록 제도적 변화가 필요하다는 것을 의미할 수도 있다.

팁_ 모든 사람의 시간과 통찰력을 적극적으로 소중히 여겨야 한다

공동 학습자인 안티오네트가 지적했듯이 특히 공유 작업에 참여하는 사람들이 기업의 유급 직원이 아닌 경우에는 사람들을 참여하도록 초대하는 것만으로는 충분하지 않다. 브레이크아웃 활동가들은 립서비스가 아닌 행동을 통해 모든 사람의 시간을 얼마나 소중히 여기는지 보여줄 방법을 찾아야 한다. 예를 들어, 사람들에게 금전적 보상을 제공하는 것은 그들의 기여를 얼마나 소중하게 여기는지를 전달하는 데 큰 차이를 만들 수 있다. 다른 방법으로는 맛있는 음식이나 평소와 다른 혜택을 제공하는 것 등이 있다. 예를 들어, 콘코디아는 주민들과의 만남에 현지의 인기 있는 공급업체와 라이브 뮤지션이 제공하는 풍성한 음식과 멋진 음악을 제공한다. 공식은 없다. 중요한 것은 표현하는 방법이 아니라 주민들을 각자의 경험에 대한 진정한 전문가로 존중하고 그들의 기여에 정중하게 감사하는 것이다.

다양한 채널로 기여하기

다름이 존재한다고 해서 자동으로 브레이크아웃 혁신으로 이어지지는 않는다. 사람들이 함께 배우고, 아이디어를 표현하고, 팔을 걷어붙이고 함께 일하도록 초대하는 다양한 방법도 마찬가지로 중요하다.[5] 브레이크아웃 활동가들은 다양한 그룹이 실제로 다양한 차이를 활용하는 방식으로 운영되지 않으면 수많은 기회를 놓친다고 강조한다. 사람들은 다양한 방식으로 배우고, 소통하고, 기여한다. 그룹이 정보를 공유하고 기여를 유도하는 데 제한된 접근 방식만 사용한다면, 많은 사람들이 자신이 기여해야 할 내용이 사용 가능한 채널에 적합하지 않다고 느낄 가능성이 높다.

안티오네트는 그룹이 협업, 회의 진행 또는 브레인스토밍에 있어

한 가지 방식만 사용하는 것에서 벗어나 다양한 방식이 필요하다는 것을 인식해야 한다고 강조한다. "우리는 모두 학습하는 방식이 다르기 때문에 접근 방식이나 개입에 대해 많은 이야기를 나눕니다."라고 그는 말하며 "실제로 의도한 결과에 도달하기 위해서는 다양한 접근 방식'들'이 필요하다는 것을 이해한다."라고 '들'에 힘을 주어 말한다.

팁_ 소규모 그룹을 활용하세요.

협업 툴킷의 유일한 도구가 몇 시간 동안의 대규모 그룹 회의뿐이라면 많은 인사이트를 공유하지 못하고 중요한 질문을 하지 못할 가능성이 높다. 대신 전체 그룹 시간과 소규모 소그룹 시간의 균형을 맞추는 것을 고려해 보자. 브레이크아웃 활동가들은 전체 팀보다 소규모 그룹에서 사람들이 생각과 질문을 더 쉽게 표현할 수 있다고 지적한다. 또한 소규모 그룹은 각 사람이 깊이 있게 기여할 수 있는 시간을 더 많이 허용하므로 더 광범위한 프로세스를 간소화하는 데 도움이 될 수 있다. 예를 들어, 각 하위 그룹은 필요한 시간을 갖고 구성원들의 결과를 종합하고 다듬은 다음 더 큰 그룹과 공유할 수 있다. 이러한 방식으로 전체 그룹은 많은 사람의 통찰력을 통해 정보를 얻을 수 있으며 대규모 그룹에서 발언권을 가진 소수의 의견만 들을 위험을 피할 수 있다.

텐스퀘어드 프로그램은 짝을 지어 소그룹으로 작업하기, 아이디어를 그리거나 도표화하기, 그룹에서 공유하기 전에 개별적으로 숙고하는 시간 등 다양한 채널과 접근 방식을 활용하도록 설계되었다. 예를 들어 텐스퀘어드 진행자들은 공장 노동자와 관리자가 전체 혁신 팀으로 모이기 전에 처음에는 소그룹으로 개별적으로 작업하는 것이 얼마나 중요한지 언급하며, 이 단계를 통해 참가자들이 전체 그룹에 전달하고자 하는 아이디어에 대한 자신감과 명확성을 키울 수 있다고 설명한다.

다양성 추구하기 실행

안티오네트와 크리에이티브 리액션 랩의 팀은 다양한 삶의 경험을 테이블에 가져오는 것의 중요성에 대해 열정을 가지고 있다. 안티오네트가 지적한 것처럼, 기존업무방식 그룹은 "우리가 다루고자 하는 실제 주제가 무엇이며, 관련 생활 전문가가 테이블에 있는가?"라는 질문을 스스로에게 던지지 않는 경우가 너무 많다. 당면한 문제와 관련된 생생한 경험을 가진 사람들을 포함시키는 것은 작업의 잠재력을 최대한 발휘하기 위해 매우 중요하다. 기존업무방식에서는 생생한 경험이 기술 교육이나 전문 지식보다 덜 중요하다고 무시하는 경향이 있다. 안티오네트는 그룹이 관련 경험이 있는 사람들을 기획 프로세스에 초대하더라도, 그룹의 그러한 경향 때문에 아무도 나타나지 않는 경우가 너무 많다는 것을 관찰했다.

"그들은 항상 '우리가 초대했잖아요!'라고 말합니다."라고 안티오네트는 말한다. "그러면 저는 '그럼 <u>돈은 주나요</u>?'라고 묻습니다. 그러면 그들은 '아니요, 하지만 어떻게 지불하죠?'라고 대답하죠. 그러면 저는 '당신이 예산에 쓴 것처럼 그들도 예산에 써서 월급을 받으면 돼요'라고 답하죠." 안티오네트는 웃으며 두 손을 번쩍 들더니 "크리에이티브 리액션 랩의 경우, 우리가 작성하는 모든 예산에는 생활 전문가 급여가 포함되어 있습니다."라고 진지하게 덧붙인다. 생생한 경험이 진정한 혁신 프로세스를 형성하기 위해서는 근본적인 변화가 필요하다고 설명한다. 안티오네트는 생생한 경험을 가치 있는 지식의 형태로 보상하는 것 외에도 안티오네트와 그의 팀은 관련 경험이 있는 사람들을 '전문가 타이틀'을 가진 사람들이 개별적으로 개발한 '전문가 솔루션'을 수동적으로 받는 '수혜자'로 보는 것이 아니라, 문제 해결 프로세스의 중심에 있는 통찰력을 가진 전문가로 본다. 그는 문제 해결이나 혁신을 추구하는 사람들에게 다양한 관점과 지식의 형태를 프로세스에 도입할 때 비로소 다양한 해결책이 보인다는 점을 인정하라고 조언한다. "우리 조직에서는 해결책이라는 말을 사용하지 않습니다."라고 안티오네트는 설명한다. "실제로 의도한 결과에 도달하기 위해서는 다양한 접근 방식이 필요하다는 이야기를 많이 합니다."

크리에이티브 리액션 랩은 다양한 형태의 전문성을 가진 사람들을 초대하고 다양한 접근 방식을 통해 모두가 전문가로서의 역량을 발휘할 수 있도록 지원함으로써 진정한 포용적 혁신에 도달하기 위해 필요한 것이 무엇인지 재정의하고 있다.

다양성을 추구하기는
어떻게 혁신으로 이어지는가

우리는 사람들이 혁신할 수 있도록 방정식을 사용합니다."라고 매기는 설명한다. "의미 있고 독특한 아이디어를 창출하기 위해서는 다양성의 힘을 거듭제곱한 자극과 두려움으로 나눈 자극이 필요합니다. 이 수학은 모든 것을 말해줍니다. 다름을 추구한다는 개념은 혼자서 또는 동질적인 그룹과 함께 일하는 것보다 조금 더 나은 것이 아닙니다. 두 배 더 나은 것이 아닙니다. 기하급수적입니다."

다름을 추구하면 인사이트와 혁신이 기하급수적으로 증가하는 이유는 무엇일까? 보다 다양한 관점을 초대하고 그 안에 담긴 지혜를 경청하고 통합함으로써, 우리는 분산하고 훨씬 더 광범위한 정보 분야와 다시 연결된다. 서로의 다름을 존중하고 배려하는 마음으로 함께 모일 때, 우리의 공동 작업은 사랑없는 경제의 제한된 사일로 안에서 가능한 것을 넘어 사랑받는 대안으로 나아갈 수 있다.

브레이크아웃 활동가의 일터

스탠딩 락

로즈버드 수 부족의 시캉구 오야테 토지 사무소의 프로그램 코디네이터인 폴라 안토닌Paula Antoine은 다코타 액세스 파이프라인에 반대하는 영적靈的 캠프의 개념이 아직 급진적인 아이디어였을 때 스탠딩 락 운동에 참여하게 되었다. 2016년에 그는 하루에 약 50만 배럴의 원유를 수송하도록 설계된 대규모 송유관인 다코타 액세스 파이프라인 건설로 가장 직접적인 영향을 받는 라코타 수스 스탠딩 락Lakota Sioux Standing Rock 보호구역의 캐논볼Cannonball 커뮤니티 회원 몇 명에게 접근했다.[1] 폴라와 이웃 로즈버드 수 부족의 동료 회원들은 2년 전에 로즈버드 보호구역에서 영성 캠프를 조직한 적이 있다. 이 임시 캠프에서 사람들은 기도와 영적 수행에 뿌리를 둔 전략을 통해 신성한 땅과 물을 위협하는 '개발' 프로젝트로부터 보호하기 위해 함께 모일 수 있었다. 잘 계획된 영적 캠프인 시캉구 위코티 이유스카Sicangu Wicoti Iyuska는 그들의 땅과 대수층을 관통할 예정이었던 파이프라인을 막기 위한 노력을 성공적으로 재고했다.

폴라는 잘라내어 붙여 넣기 식의 상황이 아니라는 점을 분명히 했다. "커뮤니티가 반대하는 프로젝트들 사이에는 기술적인 차이가 있었다."라고 그는 지적한다. 프로젝트와 허가 절차의 이러한 차이는 지지 및 법적 캠페인을 설계할 때 전략적 관점에서 고려해야 할 중요한 사항이었지만, 폴라는 전반적인 상황은 "대규모 상수원을 보호해야 한다는 점에서 기본적으로 동일했다"고 단언한다. 폴라의 커뮤니티에서 영적 캠프는 오갈랄라 대수층Ogallala Aquifer을 보호하는 데 초점을 맞추고 있었다. 스탠딩 락의 초기 노력은 "미주리 강과 그 하류에 사는 사람들, 즉 그 아래 수백만 명의 식수를 보호하는 것이었다."

폴라는 캐논볼 커뮤니티 구성원들이 소셜 미디어 전략을 시작하도록 도왔고, 그 후에도 이를 유지했다. 몇 달 후인 2016년 7월, 파이프라인에 대한 최초 허가가 승인되자 스탠딩 락 커뮤니티 구성원들은 소셜 미디어와 기타 채널을 통해 사람들에게 스탠딩 락에서 열리는 영적 캠프인 오세티 사코윈에 참여해 그들을 지지해 달라는 요청을 보냈다.

폴라는 로즈버드 수 부족이 스탠드락 수 부족을 돕기 위해 지정한 네 명 중 한 명이었다. "우리는 영적 캠프를 도입하여 그 지역에 설치하여 영적으로 그들을 지원하려 했습니다. 스탠딩 락 수 부족은 우리에게 캠프 장소를 제공했고, 우리는 손님이었기 때문에 그들의 바람에 따랐습니다."라고 폴라는 말한다.

얼마 지나지 않아 많은 사람들이 연대에 대한 요청에 응답하기 시작했고, 그 숫자는 점점 더 늘어났다. 스탠딩 락 청년들과 모든 연령대의 부족원들의 조직화 전략은 전례 없는 반응을 불러일으키며 미국 전역과 그 너머의 다양한 사람들에게 공감을 불러일으켰다. "우리가 그곳에 머무는 동안 우리는 영적인 지원을 제공하고 넘쳐나는 사람들을 수용하려고 노력했습니다. 어느 시점에는 오세티 사코윈 캠프에 가장 많은 사람들이 모였기 때문입니다. 그 지역에 2만 5천 명이 모였다고 자신합니다." 스탠딩 락의 회원들은 한때 노스다코타에서 열 두 번째로 큰 도시에 해당하는 규모를 운영했다.

스탠딩 락은 미국에서 전례가 없던 일을 해냈다. 미국 전역과 전 세계에 걸쳐 광산, 석유, 가스 등 자신들의 터전과 생태계를 위협하는 대규모 채굴 프로젝트에 반대하기 위해 조직적으로 활동하는 커뮤니티가 많지만 이러한 노력은 대개 주목을 받는 데 어려움을 겪는다. 반면 스탠딩 락은 수개월 동안 국내는 물론 전 세계 언론의 헤드라인을 장식할 정도로 강력한 반응을 이끌어냈다. 이 운동의 긍정적인 효과는 다코타 액세스 파이프라인의 허가 절차에 이의를 제기하는 것 이상의 의미를 가졌다.

"시간이 지날수록, 노스다코타는 한 가지 일에 반대하는 그 많은 사람들을 받아들일 준비가 되어 있지 않았던 것 같다고 느꼈습니다. 결국 스탠딩 락은 한 가지 일에 그치지 않고 물을 보호하고 땅을 지키고 어머니 지구인 운치 마카Unci Maka를 지키기 위한 운동의 출발점이 되었습니다."라고 폴라는 회상한다.

스탠딩 락 주최 측이 이 혁신 작업에 접근하는 방식에서 가장 두드러진 특징은 부족 구성원과 참석한 수천 명의 동료들 사이에서 다양한 형태의 전문성을 존중하고 활용했다는 점이다. 모든 사람이 귀중한 인사이트와 기술을 제공할 수 있는 사람으로 대접받았다.

매일 수많은 사람이 캠핑을 떠나고 도착하기 때문에 물류의 복잡성을 해결하는 데만도 여러 가지 노하우가 필요했다. 폴라는 "기존 캠프와 마찬가지로 보안과 같은 조직적인 구조가 있어야 했습니다. 기부금이 많았기 때문에 분배가 중요했고 캠프에 있는 사람들이 필요한 기부금을 받을 수 있도록 하는 것이 중요했죠. 그리고 텐트를 치는 데 도움이 필요한 사람들도 있었고, 그곳에 머물기로 결정한 동안 생활하는 데 도움이 필요한 사람들도 있었습니다."라고 설명한다. 또한, "미디어 문제, 그리고 잠입자 문제도 해결해야 했어요."라고 그는 웃으며 덧붙였다.

캠프의 이러한 물류 수요는 거의 완벽하게 관리되었으며, 캠프에서의 일상 생활은 매우 기능적일 뿐만 아니라 수천 명의 사람들과 부족민, 협력자 모두에게 삶을 바꿀 만큼 아름다운 경험이었다. 동시에 스탠딩 락의 조직자들과 협력자들은 파이프라인 허가에 이의를 제기하기 위해 여러 주에 걸친 복잡한 법률 및 광고 캠페인을 주도하고 있었다. 이 모든 것이 어떻게 가능했을까?

폴라는 스탠딩 락의 조직자들이 부족 구성원과 동맹자들의 전문 지식과 공식적인 교육을 정기적으로 받은 것이 핵심 요소였다고 강조했지만 이러한 유형의 지식을 지나치게 우선시하면 운동의 잠재력이 약화될 수 있다는 점을 인식하고 있었다. 법률, 기술 정보는 성공에 결정적인 역할을 했지만 부족 원로들의 통찰력이나 영적 수행에서 나온 지침보다 우선하지 않았다. 이 모든 정보 출처를 똑같이 중요하게 여겼다.

스탠딩 락의 광범위한 캠페인과 기도 캠프를 조직하는 브레이크아웃 작업에서 주최자들은 원들이 그들의 일에 가져다준 귀중한 통찰력에 대해 이야기했다. "문제가 발생하거나 아이디어나 지침이 필요할 때 가장 많이 듣는 말 중 하나는 '연장자가 필요하다'는 것이었습니다."라고 폴라는 말한다. 2016년 겨울 스탠딩 락의 기도 캠프가 절정에 달하여 이 운동의 조직화 전략이 언론 보도와 전국 및 전 세계의 수많은 새로운 동맹을 확보하는 데 전례 없는 성공을 거두었을 때, 폴라는 "우리가 계속 나아가는 데 필요한 지혜와 지식"을 제공한 것은 바로 원로들의 의견이었다고 지적한다.

캠페인 전반에 걸쳐 주최측은 다양한 형태의 지식을 동등하게 취급하면서 다양한 지식의 원천을 확보하기 위해 노력했다. 소셜 미디어 전략부터 청정 에너지 기술, 법률 옹호에 이르기까지 최고의 기술 전문성을 갖춘 사람들이 전 세계에서 물과 생명을 지키기 위해 자신의 지식과 기술을 제공했다. 그들의 지식과 기술제공은 기도와 오랜 전통이 존중받는 것과 마찬가지로 환영받았다. 스탠딩 락에서는 새로운 기술과 오래된 방식이 서로를 강화하고 심지어 시너지 효과를 발휘하는 것처럼 느껴졌다.

이렇게 다양한 방식을 수용함으로써 의사 결정권과 리더십을 공유하는 운동의 접근 방식도 강화되었다. 폴라는 "리더가 한 명뿐이었던 적은 없었습니다."라고 말한다. 그는 또한 "캠프를 중심으로 여러 단체가 생겨났기 때문입니다. 의료진과 치료진, 미디어 그룹, 보안, 여성 협의회와 남성 협의회, 국제 원주민 청소년 협의회도 있었다. 한 사람에 의해 결정된 것은 아무것도 없었습니다. 그들은 문제를 제기하고 관련된 모든 사람이 결정에 대해 의견, 제안 또는 의견을 제시할 기회를 가졌습니다."라고 말한다.

폴라는 이러한 운영 방식, 즉 많은 사람들이 자치에 봉사하는 리더십을 공유하는 방식은 스탠딩 락 운동에만 국한된 것이 아니라 라코타 부족의 삶의 방식이 반영된 것이라고 설명한다. "캠프 기간 내내, 그리고 일반적으로 우리 부족이 그러하듯이, 사람들의 삶의 여러 지점에서 사람들이 나서서 역할을 맡았다고 생각합니다. 행사나 모임에서 리더 역할을 맡기도 했습니다. 제가 보기에 이 리더십은 매우 다양한 사람들로부터 나온 합의에 기반한 것이었고, 다양한 방식으로 리더 역할을 맡은 젊은이들이 있었습니다."라고 폴라는 회상한다.

국제 원주민 청소년 협의회 소속 스탠딩 락의 라코타와 다코타 청소년 조직가들의 멘토 중 한 명인 에린 와이즈Eryn Wise는 그들의 운동이 주변의 살아있는 세계와 연결되고 그들로부터 지침과 힘을 얻는 것이 얼마나 큰 힘이 되는지 우리에게 공유했다.

"지카릴라 아파치 네이션Jicarilla Apache Nation과 라구나 푸에블로Laguna Pueblo에서 온 손님으로서 모든이의 목소리에 귀 기울이는 시간을 갖는 것이 필수적이었습니다. 동물들에게 확실히 정보를 얻을 수 있는 현명한 선택이었죠."라고 에린은 말한다. 그들은 캠페인 초기에 캐논볼 강Cannonball River 유역에 찾아온 새와 다른 야생동물들에게 말을 걸었다. 하지만 파이프라인 시추와 건설을 위해 강물이 빠지자 동물들의 발길이 뚝 끊겼다. 근처에 버펄로 목장도 있었다. 에린은 "버펄로는 많은 원주민에게 신성한 존재이지만, 특히 이 역사적인 순간에는 인간 이상의 친족인 이 동물들의 관리인에게 가장 중요한 존재입니다. 라코타족으로 알려진 타탄카 오야테Tatanka Oyate족은 버펄로족입니다. 사람들은 종종 버펄로와 함께 기도하러 나가기도 하고, 버펄로는 우리를 위해 조상에게 우리의 기도를 전달해 주기도 한다."라고 설명한다.

송유관을 둘러싼 저항을 무너뜨리기 위해 경찰이 스탠딩 락을 처음으로 대대적으로 급습하던 날, '버펄로가 나타났다'고 에린은 설명한다. 진압 장비를 착용한 경찰이 밀고 들어오는 순간, 버펄로 무리가 언덕을 넘어 캠프에 우레와 같은 소리를 내며 들이닥쳤다. "경찰들이 깜짝 놀랐어요. 경이롭고 불협화음 같은 소리와 움직임의 폭발이었죠. 거기에 있어서는 안 될 사람들이 뛰어오르고, 그 순간에 사람들이 집중하는 모습을 보니 정말 웃겼어요. 그들은 그날 우리가 혼자가 아니라는 것을 알려주었습니다."라고 에린은 웃으며 말한다. 다시 진지한 어조로 돌아가서 "우리는 스스로 말할 수 없는 사람들과 많은 상담을 하고 있으며, 그것이 바로 우리 의식의 목적 중 하나입니다. 육체적 존재는 할 수 없지만 영혼이 스스로 말할 수 있는 영의 세계로 들어가서 그들에게서 신호를 받는 방법을 가르치기 위해서입니다."라고 말한다.

물과 생명을 보호하자는 스탠딩 락의 부름에 응답한 주최자와 수천 명의 참가자들은 각자의 영적 전통에서 나온 지혜의 말씀, 대학원에서 연마한 기술, 미주리강 강변에서 느낀 직관 등 각자가 가진 다각적인 방법으로 주어진 날에 온전한 사람으로서 기여할 수 있었다.

폴라가 스탠딩 락에서 가장 기억에 남는 것은 "전 세계가 그 기도 한 마디로 하나가 되었다는 점이다. 곧 음니 위코니Mni Wiconi에 관한 것이었기 때문"이다. 라코타에서 음니 위코니는 물이 곧 생명이라는 뜻이다.

폴라는 "물은 우리의 첫 번째 약이기 때문에 이것이 바로 기도문 중 하나"라고 강조하며 말한다. "물은 우리 모두가 태어나는 방법입니다. 우리 모두가 창조되는 방식이기도 하죠. 지구상의 모든 생명체는 물을 필요로 합니다." 물과 생명의 상호 의존성이라는 부인할 수 없는 진리에 뿌리를 둔 스탠딩 락은 다양한 방식의 지식을 통해 증폭되고 동원되어 최근 역사상 원주민 주권, 자결권, 환경 정의를 위한 가장 강력한 운동 중 하나가 되었다.

8장
다양한 출처에서 지식 습득하기

폴라는 선의의 의도를 가진 많은 동료들이 자신의 기술 지식이 당면 과제에 대한 유일하게 유용한 정보의 원천으로 취급되지 않는다는 사실을 알게 되고 얼마나 당혹스러워했는지를 회상한다. 폴라는 "자신이 세상에서 가장 좋은 아이디어를 가지고 있다고 생각하고 온 사람들을 캠프에서 보았습니다."라고 말한다. "케임브리지, 스탠포드, 하버드에서 수년 동안 누구와 함께 공부했는지는 모르지만 캠프에 들어와서 자신의 아이디어를 들어 달라, 자신의 아이디어에 대한 조치를 취해 달라고 요구하고 그러면 새로운 기술에 대해 아무것도 모르는 이 불쌍한 문화를 구할 것이라고 합니다."라고 말한다. 폴라의 말이 약간 비꼬는 듯한 말투에서 깊은 존경심으로 바뀌었다. "그리고 몇몇 사람들이 겸손해지는 것을 보았습니다."

그는 이어서 "의식을 경험한 후 그들이 돌아서서 존경심을 표하는 것을 보았습니다. 또는 자연과 주변 환경을 경험하고 인간으로써 한 동족으로써 대우받은 후에도요." 라고 말하며 잠시 생각에 잠겼다. "저는 그들이 눈물을 흘리는 것을 보았습니다. 그곳에서 예상 밖의 일이 일어났기 때문에 매우 압도당한 것이죠. 그것은 나쁜 일이 아니었습니다."

사랑없는 경제의 현 상황에서 일부 사람들은, 예를 들어 기술적 전문 지식이나 학문적 학습만이 가치 있는 지식을 얻는 유일한 방법이 아니라는 사실을 깨닫고 충격을 받을 수 있다. 이러한 관점의 전환이 처음에는 불편할 수 있지만, 연구 결과에 따르면 사람들이 자신을 더 넓은 지식망의 일부로 인식하는 것은 종종 즐겁고 회복력이 있다는 것을 보여준다.

다양한 출처에서 지식 습득하기는 기술 교육부터 생생한 경험, 영성, 우리 주변의 살아있는 세계에서 느끼는 것에 이르기까지 다양한 유형의 지식을 고려하고 가치 있게 여기며 조율하는 실행 방안이다. 이 관행은 집단이 특정 지식의 방식을 인정하지 못하게 하는 편견을 적극적으로 검토하고 해소하며 사람들이 내재적 지식을 표현하지 못하게 하는 권력 역학을 무너뜨린다. 다양한 출처에서 지식을 습득하는 실행 방안은 기존업무방식에서 우선순위를 두는 정보원이 아닌 다른 출처의 지식에 접근하고 이해할 수 있는 내재된 능력을 일깨운다. 이 실행 방안은 기술 전문 지식과 공식 교육을 존중하고 활용하는 동시에 다른 풍부한 지침의 출처를 환영한다.

지식을 이해하는 방식의 변화

기존업무방식에서 가장 중요하게 여기는 지식의 형태는 공식적인 학습 기관에서 제공하는 기술 교육에 뿌리를 두고 있는 경향이 있다. 이러한 맥락에서 삶의 경험에서 얻은 지혜, 직관, 신체적 감각, 영적 수행과 같은 다른 형태의 지식은 종종 무시되거나 적극적으로 묵살된다. 그러나 이러한 균형에 변화가 일어나기 시작했으며 이는 오랫

동안 무시되어 왔던 지식의 가치에 대한 인식이 높아지고 있음을 나타낸다.[1] 예를 들어, 야외에서 그룹 브레인스토밍 세션을 개최하거나 직원 회의에 명상 안내를 포함하는 등의 활동을 통해 혁신적인 아이디어를 촉발하는 것을 권장하는 기업이 점점 더 보편화되고 있다.[2]

브레이크아웃 활동가들은 다양한 지식습득의 방식을 업무에 통합하는 데 있어 훨씬 더 깊숙이 들어간다. 이들은 기존업무방식 외부의 출처에서 지식을 얻는 것은 물론, 내면의 지식에 접근할 수 있는 자체 역량도 강화하고 있다. 이들은 업무 방식을 혁신하는 것이 단순히 기존의 방법과 도구를 업그레이드하는 것 이상인 인식의 조율에 관한 것임을 인식하고 있다.

앎에 대한 이해가 근본적으로 바뀌면 신뢰와 힘을 부여하는 지식의 축도 바뀐다. 공동 학습자인 아이샤 실링포드는 "저는 성인이 된 이후 대부분, 읽고, 듣고, 인지적 전문성을 개발하는 데에는 한 가지 방법만 있다고 생각했습니다."라고 말한다. "최근 몇 년 동안 저는 형상화, 예술 제작, 호흡 요법을 받아들였고, 이 모든 것을 통해 이전에는 접근이 불가능했던 조상, 나 자신, 미래에 대한 비전에 다시 연결되는 앎의 방식에 접근할 수 있게 되었습니다." 아이샤의 경험은 많은 공동 학습자와 더 넓은 범위의 지식을 받아들이면 혁신이 시작되고 심지어 자신의 삶에 의미 있는 새로운 통찰력을 얻을 수 있다는 것을 알게 된 팀과 커뮤니티 전체에 울려퍼졌다.

다양한 출처에서 지식 습득하기

공동 학습 커뮤니티의 구성원은 서로 다른 단어와 문구를 사용하여 자신이 활용하는 고유한 지식의 조합을 설명한다. 이를 활용하기 위한 공식적인 소스, 용어 또는 방법은 없다. 그러나 지식을 넓히기 위한 다양한 접근 방식에는 다음과 같은 공통 요소가 있다.

- 다양한 방식을 적극적으로 수용
- 인식을 높이기 위한 팀 역량 강화

다양한 방식을 적극적으로 수용
브레이크아웃 활동가들은 기존업무방식에서 전통적으로 무시되어 온 앎의 방식에 대해 많은 사람들이 다양한 수준의 편견과 불편함을 가지고 있다는 사실을 솔직하게 인정함으로써 다양한 경로를 통해 지식을 얻는다. 이러한 상황은 다양한 방식을 업무에 통합할 수 있는 기회를 심각하게 제한할 뿐만 아니라 이를 통해 얻을 수 있는 이점을 경험하는 것조차 어렵게 만든다. 이러한 침묵과 경험 부족에 대응하기 위해 브레이크아웃 활동가들은 산업 공학을 공부한 적이 없지만 수십 년 동안 공장 현장에서 일하면서 관찰한 것, 허리케인으로 인해 해안선이 침수되는 이유와 빈도를 설명하는 할머니가 전해준 이야기, 숲 속을 산책하다가 느낀 직관, 심지어 꿈에서 깨달은 것 등에 근거한 제안 공유를 정당화하기 위해 자주 격려하고 검증한다. 이렇게 지식의 공유를 명시적으로 장려하지 않으면 핵심 정보와 지혜가 너무 자주 입 밖으로 나오지 않는 상태로 남게 된다는 것을 잘 알고 있다.

콘코디아의 바비 힐은 팀과 함께 루이지애나 주에서 기후 위기 대비에 관한 이니셔티브를 진행할 때, 여러 해안 지역의 주민들이 해수면 상승과 해안선 퇴보에 맞서 지역 사회의 중심과 영혼을 보존하기 위한 계획에 기여했다고 말한다. "이니셔티브의 지침 중 하나로 실제 경험을 중요시하는 것을 포함시킨 것만으로는 충분하지 않았고, 모든 커뮤니티 디자인 회의를 시작할 때 이를 다시 한 번 강조했습니다."라고 바비는 회상한다. "우리는 의장이 사람들로 하여금 자신의 경험이나 가족의 수년간의 이야기를 통해 알고 있는 것을 공유하도록 분명히 권장해야 한다는 것을 알게 되었습니다. 그렇지 않으면 사람들은 자신이 제공하는 것이 기후 과학자들이 공유하는 데이터와 함께 받아들여지지 않거나 변화를 가져올 수 없다고 생각했습니다." 기술 보고서와 함께 이러한 형태의 지식을 소중히 여기는 그룹 문화를 의도적으로 조성함으로써 더 많은 주민들이 자신의 통찰력과 권장 사항을 편안하게 공유하고 서로의 기여를 독려할 수 있었다. 이들이 회의에 가져온 자료는 간과할 수 있었던 해안 인프라 적용을 위한 기회와 혁신적인 전략을 밝혀내는 데 중요한 역할을 했다.

브레이크아웃 활동가는 당면한 업무와 관련된 통찰력을 제공할 수 있는 삶의 여러 측면에 대해 적극적으로 고찰한다. 그들은 습관적으로 무시되거나 적극적으로 억압되는 것에 주목하고 가치를 찾을 수 있는 곳으로 신중하게 이동한다. 공동 학습자인 썬더밸리 커뮤니티 개발 공사의 테이트윈 민스는 '커뮤니티 구성원이 함께 모였을 때' 발휘되는 힘에 대해 이야기한다. "여러분이 무언가를 성취하고자 할 때 부족 정부나 연방 정부, 외부의 도움을 받을 필요도 없고 백인과 그들의 '전문성'에 의존할 필요도 없다. 우리에게는 스스로를 믿고 앞으로 나아갈 길을 찾을 수 있는 내재된 지식과 지혜가 있습니다." 썬더밸리는 모든 프로그램 영역에서 직원과 커뮤니티 구성원이 자신의 경험과 생활 방식에서 얻은 아이디어를 제공하여 설문조사나 서면 보고서의 정량적 결과를 보완할 수 있도록 지원하는 전략을 개발했다.

팁_ 모든 사람이 자신의 생생한 경험에 대한 권위를 가짐을 인정하자

누군가가 자신의 생생한 경험에서 나온 정보를 공유할 때, 그 사람이 권위자로 여겨지는 것이 중요하다. 직장 환경에서 개인적인 여정을 공유하려면 엄청난 용기가 필요할 수 있다. 동료들이 다양한 경험을 하는 것은 당연한 일이며, 따라서 한 그룹에 속한 사람들은 동료가 내린 결론에 동의하지 않을 수도 있다. 그러나 그 사람이 공유한 경험을 존중하는 방식으로 결론에 대한 다양한 관점을 표현하는 데 집중하는 것이 중요하다. 생생한 경험의 공유가 집단적 노력의 혜택을 위한 선물로 진정으로 받아들여질 때 브레이크아웃 혁신은 가장 잘 이루어질 수 있다.

공평한 경쟁의 장을 만들기 위해 브레이크아웃 활동가들은 공식적(학문적, 훈련된) 전문 지식과 비공식적(경험적) 전문 지식 사이의 경계를 허물어 모두가 참여할 수 있는 포용적이고 접근하기 쉬운 공간을 만드는 경향이 있다. "저는 근본적인 앎의 방법은 실행이라고 믿습니다. 전 세계적으로 농업에 종사하는 사람들, 그리고 지역 사회의 다양한 삶의 측면에 종사하는 사람들은 학계에서 쌓는 지식과는 다른, 생존과 관련된 생산 방식과 연관된 지식의 방식을 가지고 있습니다."라고 공동 학습자인 에드 휫필드는 팀과 그룹이 학습하는 방식에 이러한 중요한 형태의 생산적이고 실용적인 지식을 통합하는 것의 중요성에 대해 이야기한다. 또한 에드는 실행을 통해 생성되는 지식은 사람들이 "업무를 수행하는 방법을 아는 것"일 뿐만 아니라 "그 과정에서 이론을 창조하는 것"이라고 말한다. 에드와 마찬가지로 브레이크아웃 활동가들은 동료 그룹 구성원들이 삶과 실무에서 얻은 지식이 정교한 분석과 가치 있는 권장 사항을 제공할 수 있다는 사실을 깨닫도록 장려한다.

브레이크아웃 활동가들은 다양한 앎의 방식을 받아들일 때 주의할 점을 제시한다. 기존업무방식을 지나치게 수정한 나머지 또다른 불균형을 만들지 않도록 하는 것이 중요하다. 때때로 그룹이 처음으로 여러 가지 지식의 방식을 의도적으로 받아들일 때, 의도치 않게 새로운 지식의 계층 구조를 만들기도 한다. 예를 들어, 명상을 통해 얻은 인사이트가 기술적 전문성이나 정량적 평가를 통해 얻은 인사이트보다 더 가치가 있다고 결론을 내릴 수도 있다. 다양한 지식의 원천을 찾는다는 것은 기존업무방식의 관행에 의해 무시되었던 지식의 형태에 더 많은 시간과 공간을 할애하는 것을 의미할 수 있다. 그렇지만, 이러한 실행 방안이 공식적인 교육이나 기술 정보보다 이들을 우선순위를 두는 것을 의미하지는 않는다. 공동 학습자인 브루킹은 "문서에 지나치게 의존하지 않기 위해 열심히 노력"[3]하다가 결국 "문서가 절대적으로 부족해져 투명한 정보 공유가 부족하거나 원치 않는 권력 역학 관계나 액세스 문제가 발생하는 등 새로운 문제를 야기할 수 있다"고 설명한다. 이 관행 뿐만 아니라 모든 관행의 요령은 균형이다.

인식을 높이기 위한 팀 역량 강화

MIT슬론 경영대학원의 혁신 학자 오토 샤머Otto Scharmer는 직관적인 앎의 방식이 혁신과 어떤 관련이 있는지에 대한 획기적인 연구를 주도했다. 공동 학습 커뮤니티의 구성원들은 오토의 연구와 그가 개발한 프레임워크, 즉 "떠오르는 미래로부터 학습"하기 위한 방법론인 U 이론에 대해 자주 이야기한다.[4] U 이론은 극도의 복잡성 속에서도 그룹과 개인이 획기적인 아이디어와 솔루션을 창출하는 패턴을 관찰한 오토와 그의 동료들에게서 영감을 받은 것이다. 놀라운 공통점은 이들이 실제로 의식을 전환하고 새로운 가능성을 인식할 수 있게 해주는 앎의 깊은 원천과 어떤 형태로든 관계를 맺고 있다고 보고했다는 점이다.[5]

브레이크아웃 활동가들은 동료, 팀, 그룹이 사고를 전환하고 확장하는 데 도움이 되는 지식의 원천을 각자의 방식으로 활용하도록 장려한다. 테이트윈은 라코타 영성과 생활 방식에서 정기적으로 지침을 얻는 썬더밸리 커뮤니티 개발 회사의 관행을 설명한다. "미리 정해진 박스나 매개변수, 즉 우리가 생각하는 업무의 한계에서 벗어나게 해주므로 이러한 실행 방안이 중요합니다. 한계를 제거하고 다른 관점, 다른 시각에서 세상을 바라보면 장벽이 아니라 가능성이 보이기 시작합니다."

브레이크아웃 활동가들은 보다 폭넓은 사고와 인식을 불러일으키기 위해 다양한 출처를 활용한다. 그중 핵심은 다음과 같다,

감정. 특히 기존업무방식에서는 "이성"을 위해 감정으로부터의 분리를 장려하기 때문에 감정이 중요한 앎의 원천이라는 사실을 확인하는 것만으로도 큰 도움이 될 수 있다. 공동 학습자 캐서린 타일러 스콧은 리더십 개발에 대한 전인적 접근 분야에서 수십 년 동안 일하면

서 이를 강력하게 확인했다. 기존업무방식은 우리의 감정이 인지 능력만큼 중요하지 않다는 것을 설득하는 것을 목표로 하는데, 그는 이것이 "우리를 고착시키는 또 다른 요인"이라고 생각한다. 그는 감정 능력이야말로 "인간을 인간답게 만드는 요소이며, 타고난 직관적인 진리 감지가 우주를 움직이는 지혜"라고 강조한다.

구체화된Embodied지식. 기존업무방식 환경에서도 신체 감각에 대한 인식을 높이기 위해 고안된 움직임과 의도적인 구체화 연습이 문제 해결, 도전에 대처하고 세상에 정직하고 창의적으로 대응하는 데 도움이 될 수 있다는 인식이 확산되고 있다.[6] 다양한 신체 움직임 연습과 심신 연결 기법은 신체 인식을 높일 수 있다.[7] 브레이크아웃 활동가는 그룹 구성원에게 접근 가능한 방식으로 몸을 움직이도록 초대하거나 휴식을 즉흥 댄스 파티로 전환할 수 있다. 또한 신체가 보내는 신호에 집중하고 이를 해석하려는 의지가 동반된 세심한 배려와 충분한 움직임이 새로운 인식과 앎을 열 수 있다고 강조한다.

예술. 시각 예술에서 음악, 시 등에 이르기까지 많은 브레이크아웃 활동가들이 그들의 작업에 예술을 상상하고 함께 만들어가는 작업을 포함시킨다. 예를 들어, 그룹 구성원들이 다음 단계에 대한 아이디어를 그릴 수 있는 기회를 갖게 되면 일상적인 지식 계층 구조가 무너지는 것처럼 보인다는 점에서 예술을 기반으로 한 접근 방식이 공평한 경쟁의 장을 만드는 데 도움이 된다는 점을 강조하는 사람들도 있다. 또한 예술은 그룹 구성원들이 놀이의 감각을 활용하도록 도와주어 "일"이라는 일상적인 사고방식에서는 떠오르지 않을 수 있는 창의적인 아이디어와 통찰력을 이끌어낼 수 있다. 제시카 노우드의 말대로 "우리가 하는 일에 훨씬 더 많은 예술과 창의성, 놀이, 즐거움과 기쁨을 포함시키는 것"이다.

영적 통찰력. 많은 사람들에게 영적 수행은 사적이고 강력한 통찰력의 원천이다. 어떤 수행법을 선택하든 브레이크아웃 활동가들은 정신 너머에 있는 정보, 즉 일부 사람들이 신성하다고 부르는 원천에 귀를 기울이는 것에서 가치를 발견했다. 그들은 이로부터 심오한 통찰력을 얻을 수 있을 뿐만 아니라 일이 어려울 때 계속할 수 있는 힘과 동기를 부여받을 수 있다는 것을 알게 되었다. 폴라는 라코타족과 전 세계 많은 사람들에게 영성은 다양한 방식으로 영감의 원천이며, 구체화된 지식과도 깊이 얽혀 있다고 말한다. "우리의 문화와 기도는 노래와 춤입니다." 그는 자신의 문화에서 영성과 신체적 움직임은 분리된 개념이 아니라고 설명한다. 스탠딩 락에서는 "우리의 기도는 우리가 하는 모든 일에서 중요한 역할을 합니다. 생존을 위해서는 숨을 쉬어야 하는 것과 마찬가지죠. 기도는 심장 박동의 일부입니다. 살아가려면 그 북소리가 필요합니다."

살아있는 세상과의 연결. 브레이크아웃 활동가들은 인간이 아닌 다른 생명체 및 주변 생태계와의 상호작용이 건강한 관계를 일깨운다는 사실을 인지하고 있다. 예를 들어, 심장연구연합의 공동 학습자 데비 맥콜은 "고양이의 골골거리는 소리가 통증을 줄이고 심장 리듬을 조절한다."라고 말한다.

팁_다양한 지식 습득에 다가가기 위한 실행 방안

기존업무방식에서 가장 사랑없는 면 중 하나는 효율성에 대한 기대와 업무 완수를 위한 과로이다. 이러한 업무 방식은 이 책의 앞부분에서 설명한 것처럼 신체적, 정신적, 정서적 웰빙에 막대한 타격을 입힌다. 또한 현명해지는 능력에도 영향을 미친다.[10] 과중한 업무 상태에서는 우리 안팎의 지혜를 활용하기가 더 어렵다. 브레이크아웃 활동가들은 자기 관리가 공동 작업자와 업무에 대한 책임감의 필수적인 부분이라는 것을 알게 되었다. 그룹의 구성원들이 몸과 마음, 영혼을 돌볼 때 복잡하고 다양한 지식의 원천을 더 능숙하게 활용할 수 있으며 서로의 통찰력을 효과적으로 활용할 수 있다. 그 결과 개별적으로 접근했을 때 얻을 수 없었던 정보를 얻을 수 있다. 몸과 마음을 돌볼 때 우리는 디자인 권한을 가장 강력하게 행사할 수 있다.

최근의 여러 과학 연구에 따르면 나무 숲을 걷는 것과 같은 간단한 방법으로도 자연 생태계와 연결되면 뇌가 활성화되어 문제 해결력과 통찰력을 향상된다는 사실이 밝혀졌다.[8] 밖으로 나가는 것만으로도 아이디어가 가장 관련성이 높은 특정 장소로 연결되고 조정될 수 있다. KA 맥커처는 "장소와의 연결은 문화적 규범을 존중하고 우리가 일하는 장소를 존중하고 디자인하며 우리의 솔루션이 자연 환경을 소홀히 하지 않도록 하는 데 필수적인 부분이다."라고 지적한다.[9] KA는 팀에게 자연 경관을 산책하거나 별빛 아래에서 함께 불을 피우는 시간을 제공함으로써 이러한 연결을 장려하고 있다.

브레이크아웃 활동가들은 감정, 체화, 영성, 삶, 기술 지식의 조합을 업무에 통합한다.

다양한 출처에서 지식 습득하기 실행

심장연구연합이 환자 주도 연구 네트워크를 성공적으로 구축하기 위해 퍼실리테이터인 브루킹 게이트우드와 레베카 페첼은 심방세동 및 기타 심장 질환을 관리하고 살아가는 사람들, 즉 실제 경험에서 얻은 전문 지식뿐만 아니라 가장 위태로운 상황에 처한 사람들의 요구를 중심으로 설계 프로세스 문화를 구축하는 데 많은 주의를 기울였다. 이는 여러 가지 방식으로 이루어졌다.

환자들은 첫날부터 연구실의 주요 전문가로 인정받았다. 또한 심장 질환을 앓고 있는 환자들이 연구 설계 과정의 대다수를 차지했다. 이는 기존업무방식에서 기본 권한이 있는 의사와 연구자들로부터 힘의 균형을 바꾸고 환자가 대화를 주도할 수 있도록 하는 데 매우 중요한 역할을 했다. 환자의 목소리를 중심에 두기 위해서는 단순한 숫자 이상의 것이 필요했다. 진행자는 환자, 의사, 연구자 등 참가자들과 협력하여 환자의 삶의 현실에 기반한 기대치를 설정해야 했다. 참가자의 건강 상태에 따라 참석 인원이 변동될 것으로 예상하고 의학 전문 용어를 이해하기 쉬운 용어로 세분화했다. 참가자들이 함께 만든 문화와 기본 규칙은 병원이나 의학 연구 환경에서는 거의 일어나지 않는 대화를 가능하게 했다.

"환자들은 훌륭한 아이디어를 많이 가지고 있지만, 우리는 연구자가 할 수 있는 방식으로 프레임을 구성하는 데 익숙하지 않을 뿐입니다."라고 데비는 말한다. "서로 다른 두 가지 언어가 있습니다. 연구와 함께 생활이 있습니다. 마치 의학 언어와 환자 언어가 있는 것과 같습니다." 이러한 문화와 기본 규칙, 그리고 퍼실리테이터의 지원 덕분에 두 언어 모두에서 인사이트를 얻을 수 있었다. "연구자와 임상의가 너무 앞서나갈 때마다 퍼실리테이터가 속도를 늦춰주었습니다. 환자들이 편안한지, 우리가 이해했는지, 우리가 따라잡을 수 있는지 확인했습니다. 그리고 우리가 때때로 고함을 지르는 등 옆길로 새면 진행자들은 우리를 다시 한복판으로 끌어내어 '자, 여기 질문이 있다'라고 말해주었습니다."

환자의 삶의 질에 획기적인 영향을 미치는 연구 질문을 찾아내는 데 성공한 심장연구연합의 성공은 환자들의 고유한 앎의 방식에서 비롯된 것이 아니었다면 불가능했을 것이라고 데비는 회고한다. "대부분의 환자와 마찬가지로 저도 제 질병에 대해 잘 알고 있으며, 질병과 치료에 깊이 관여하고 있는 대부분의 환자들은 임상의나 연구자들과는 물론 다른 수준의 전문가이지만, 질병 과정에 대해 이야기할 때 풍부한 정보를 가지고 있습니다. 우리는 24시간 내내 질병과 함께 살기 때문입니다. 우리가 존중받기 시작한 것은 최근의 일이며 이는 곧 우리 질병에 대한 전문가로 대접받는다는 의미입니다."

심장연구연합은 참가자들이 사용하는 '언어'를 연결하기 위한 구체적인 기본 규칙과 실행방안으로 모든 형태의 지식을 소중히 여기는 그룹 문화를 공동 창출함으로써 매우 중요하고 혁신적인 연구 질문을 조명했을 뿐만 아니라 관련된 모든 사람의 지식을 확장했다.

**다양한 출처에서 지식 습득하기는
어떻게 혁신으로 이어지는가**

기존업무방식 환경에서는 방대한 양의 핵심 인사이트가 테이블에

오르지 못하는 경우가 많다. 사랑없는 경제에서는 정보를 전달하는 사람, 정보 전달 방법, 정보 출처가 기존업무방식에 따른 편견에 의해 결정되며, 이는 궁극적으로 어떤 인사이트를 실제로 듣고 행동으로 옮기는지를 결정한다. 그 결과 현재, 과거, 미래에 대한 근시안적인 관점을 가지고 계속해서 운영된다.

"비즈니스와 재무를 머릿속으로만 생각하다 보니 우리 경제가 추상화되는 부정적인 영향이 있었습니다."라고 로펌 블루닷 애드보커츠의 브루스 캠벨은 말한다. "스프레드시트에서 매출과 이익 같은 다른 데이터와 함께 냉정하게 고려되는 데이터만 늘어났을 뿐이지요. 사람들이 자신이 하는 일을 온몸으로 경험한다는 의미에서 비즈니스는 어떻게든 개인적인 것이 되어야 합니다. 그렇게 되면 해로운 관행의 지속은 더 어려워질 것입니다."

다양한 지식의 원천에서 더 큰 인식과 통찰력을 얻고, 온전한 존재로서 자신의 목소리에 깊이 귀 기울이고, 그 너머까지 감지함으로써 혁신적 아이디어를 창출할 뿐만 아니라 더 넓은 범위의 중요한 가능성을 인식하게 된다. 어려운 도전에 직면했을 때에도 다양한 지식의 원천을 통해 디자인 권한을 분산할 때 혁신의 길이 스스로 드러날 수 있다.

브레이크아웃 활동가의 일터
:
크리에이티브 리액션 랩

크리에이티브 리액션 랩의 고객은 박물관, 기술 회사, 정부 기관 등 다양한 분야와 지역에 걸쳐 있으며, 그들의 본거지인 미주리주 세인트루이스부터 미국 전역과 전 세계에 걸쳐 있다. 그러나 이들은 모두 비슷한 동기를 가지고 있는 경향이 있다. "기관과 커뮤니티 전반에서 다문화주의에 대한 인식이 높아지는 가운데, 내부적으로 백인 우월주의 신념을 옹호해 왔다는 사실을 깨닫고 업무 방식을 보다 포용적이고 공평한 시각으로 설계하고자 합니다."라고 크리에이티브 리액션 랩의 설립자이자 사장 겸 CEO 안티오네트는 설명한다. "이것이 바로 고객들이 우리 팀을 찾는 이유입니다."

크리에이티브 리액션 랩 팀은 국제적으로 호평을 받고 있는 평등 중심 커뮤니티 디자인을 사용하여 맞춤형 학습 경험을 설계하고 촉진한다. 이 창의적인 문제 해결 방법에는 다양한 공동 창작자로 구성된 팀 구성, 한 사람에 대한 권력 쏠림, 특권, 가치에 대한 도전, 가정에 대한 성찰, 역사 분석을 프로세스에 통합, 치유적 요소의 디자인 등 주요 관행이 통합되어 있다. 이 과정에서 생생한 경험을 가진 사람들이 효과적이고 의미 있는 솔루션의 설계자로서 주도적인 역할을 한다. 크리에이티브 리액션 랩의 디자인 접근 방식에 대한 경험과 결과는 열렬한 호응을 얻었으며, 수천 명의 사람들이 이 접근 방식에서 영감을 받아 일상과 업무에 이를 반영하기 위해 노력하는 '정의를 위한 재설계자' 네트워크에 가입했다.[1]

크리에이티브 리액션 랩 팀은 모든 평등 중심 커뮤니티디자인 프로세스에서 인종과 민족의 평등을 중시하므로 '다양한 연령대'를 다양성으로 보지 않는다. 안티오네트와 그의 동료들은 항상 킥오프에 앞서 공동 크리에이터들을 지원하여 해결해야 할 문제에 대한 중요한 관점을 가진 다양한 이해관계자들을 포함할 수 있도록 효과적인 홍보 활동을 펼친다.

안티오네트와 그의 팀은 기존업무방식의 킥오프 회의와는 달리 성찰적인 활동으로 첫 모임을 시작한다. "우리는 항상 언어 설정부터 시작합니다."라고 안티오네트는 설명하며 질문한다. "여기에는 크리에이티브 리액션 랩 팀이 평등의 사례라고 부르는 개념을 다루는 것도 포함됩니다. 일반적으로 형평성 사례를 살펴보는 방식은 당면한 주제에 따라 다릅니다. 예를 들어 자선 활동을 예로 들어보겠습니다. 기관으로서 운영 방식을 파악하고 변화시키고자 하는 보조금 지급 재단과 협력하는 경우, 자선 산업에 형평성을 설계해야 하는 이유는 무엇일까요? 그리고 이 분야에서 불평등한 프로세스와 설계의 역사는 무엇일까요?"

이 질문을 탐구할 때 공동 크리에이터는 '동전의 양면'을 모두 살펴봐야 한다고 안티오네트는 강조한다. "이는 해당 공간의 문제와 이를 해결하기 위해 기존의 노력을 주도하고 있는 그룹에 대해 배우는 것을 의미합니다." 크리에이티브 리액션 랩은 동전의 두 번째 면에 대해 미묘하고 고도로 의도적인 접근 방식을 취한다. "문제는 이미 이루어진 작업의 역사를 인정하고, 그것을 지우지 않고 어떻게 그 위에 구축할 것인가 하는 것입니다."

언어 설정은 또한 참가자들에게 공동 작업에서 가장 중요한 개념, 즉 그들이 설계할 해결책을 파악하고 자신만의 정확한 용어와 정의를 공동 작성하도록 요구하는 것을 의미한다. 안티오네트는 형사 사법 제도의 영향을 받는 청소년들로 구성된 팀이 '정의를 위한 재설계자' 교육을 받으며 지역 사회의 식량 정의 및 접근성과 관련된 문제를 해결한 최근 사례를 공유한다. "커뮤니티 디자인 견습생들은 '식품 사막food desert'이란 용어를 사용하다가 경험을 바탕으로 '식품 아파르트헤이트apartheid*'가 더 정확한 용어라고 판단하고 자신들만의 정의를 만들었습니다." 고객이나 참가자들은 처음에는 이러한 언어 설정 단계를 핵심 작업의 주변적인 단계로 치부할 수 있지만 크리에이티브 리액션 랩 팀은 이 단계의 핵심적인 중요성을 분명히 알고 있다. 안티오네트는 이렇게 요약한다. "다양한 관점과 생생한 전문 지식을 가진 사람들을 통해 언어와 명확성을 함께 만들지 못한다면 어떻게 함께 해결책을 함께 만들 수 있을까요?"

그런 다음 크리에이티브 리액션 랩 팀은 그룹에게 다음 활동을 소개한다. 개인적 성찰을 한 다음, 짝을 이루어 발굴한 내용을 확장하는 연습을 하고, 전체 그룹이 함께 연습하는 것이다. 이 단계를 설명하면서 안티오네트는 빙그레 미소를 지었다. 그 다음에는 "거의 매번" 그의 팀이 반발에 부딪히게 된다. 회의실의 일부 사람들은 당면한 과제를 효율적으로 달성하는 것과는 무관해 보이는 일에 시간을 보내라

---

* 남아프리카공화국의 비非백인 격리 정책

는 요청을 받는 것에 대해 매우 불편해한다. 이 워크숍에서 해결해야 할 문제는 긴급하다. 사람들은 긴급한 책임을 해결할 시간을 빼앗겼다. 그들은 가능한 한 빨리 최종 결과물을 만들고 싶어 한다. 안티오네트와 그의 팀은 침착하게 응답한다. "이것이 우리의 체계이고 우리의 프로세스입니다. 일반적인 인간 중심 디자인이나 디자인 사고와는 다릅니다. 짧은 시간 동안, 어떻게 보여줄지 분석하지 않고 해결책을 어떻게 개발할지 생각하는 것만으로는 충분하지 않기 때문입니다."

그런 다음 그들은 그룹을 권력에 대한 개인의 경험, 참가자 팀 내에서 권력과 관련된 무언의 역학, 이 역학 관계가 방 안의 모든 이가 매우 중요하게 생각하는 당면과제를 진정으로 해결하기 위해 동료 이해관계자와 협력하는 그룹의 능력과 어떻게 연관되는지를 돌아보도록 자연스럽게 이끈다.

공중에 떠다니던 저항과 걱정스러운 조바심은 금세 사라진다. 그 자리에 이름 붙이기는 어렵지만 경외감, 경건함, 집중력이라는 단어가 떠오르는 무언가가 나타난다. 소그룹으로 둘러앉은 사람들은 동료가 입 밖에 내지 못했던 이야기를 나누는 것을 목격하기도 하고 문제의 근원에서 변화를 위한 완전히 새로운 접근 방식을 발견하기도 하며 매일 업무에 임하는 자신의 모습에 대한 깨달음과 씨름하기도 한다.

모두가 자신이 하고 있는 일, 말하고, 듣고, 재구상하고, 재설계하는 일에 몰두하고 있다. 아무도 시계를 보지 않는다. 회의실에 있는 사람들은 더 이상 회의를 시작할 때와 같은 방식으로 시간을 경험하지 않는다. 비록 하루 중 아주 짧은 순간일지라도, 그들은 전혀 질이

다른 회의 참석자가 되어 새로운 인식과 가능성의 세계를 드러내고 있다.

안티오네트는 팀이 피할 수 없는 초기 저항을 어떻게 헤쳐나가는지 설명하며 미소를 지었다. "거의 매번 그들은, 사실 프로세스의 이 부분에서는 매번 반대했다고 말할 수도 있겠지만, 과정이 끝난 후 우리에게 다가와 '정말 환상적이었어요! 정말 대단했고, 우리 자신을 돌아볼 수 있었어요'라고 말하곤 합니다. 우리는 가끔 그들을 보며 '우리에게 그렇게 하고 싶지 않다고 한 걸 잊었나?'라고 생각하기도 한답니다."

안티오네트는 그들의 접근 방식이 널리 수용된 열쇠는 행동과 함께 성찰의 시간을 만드는 데에 있다고 지적한다. "많은 형평성, 다양성, 포용성 작업의 문제점은 우리의 편견과 그 편견이 어떻게 나타나는지에 대한 중요한 성찰을 불러일으키지만, 그 과정이 이론적, 개인적 성찰에 머물고 체계적인 행동으로 이어지지 않는다는 점입니다." 마찬가지로 많은 디자인 작업의 문제점은 성찰을 하지 않고 바로 실행에 옮긴다는 점이라고 그는 지적한다. "우리는 이미 시너지 효과를 내고 있는 이러한 영역을 함께 통합하려 노력하고 있습니다. 프로세스 전반에 걸쳐 성찰하고, 몇 가지를 테스트하고 배우면서 행동의 영역으로 나아가는 것입니다. 성찰을 통해 실제로 무언가를 만들어내기 위해서는 미래 지향적인 접근 방식과 크리에이터의 마음가짐이 필요합니다."

안티오네트는 "방의 구성뿐만 아니라 개인과 지역 사회의 역사에 대해서도 성찰할 때 이 과정을 치유의 한 형태로 볼 수 있습니다. 개인적으로 세인트루이스에서 더 많은 이니셔티브에 참여하면서 커뮤니티의 역사를 돌아보는 것이 제 치유의 일부가 되었습니다."라고 설명한다.

크리에이티브 리액션 랩 팀은 자신과 고객 및 프로그램 참가자들의 경험을 통해 이러한 깊은 성찰의 시간이 치유와 전략적 통찰력을 불러일으켜 향후 수년간 지속적인 행동으로 이어진다는 사실을 확인했다. 그들은 처음 함께 일한 지 한참이 지난 고객으로부터 팀과 조직이 정기적으로 이러한 기초적인 대화와 관련된 모든 사람이 강력하게 명확히 했던 가치와 목표를 되돌아본다는 이야기를 자주 듣는다. 언어를 정하고, 신뢰를 쌓고, 역사를 되짚어보는 데 들인 초기 몇 시간과 며칠이 그룹이 몇 번이고 길을 찾기 위해 돌아가는 귀중한 북극성이 된다는 것이 밝혀졌다.

9장 시간이 있다는 것을 신뢰하기

긴박함의 문화에 의도적으로 맞서는 동맹을 만들고 보다 확장된 방식으로 시간과의 관계를 맺을 수 있는 공간을 만드는 것이 크리에이티브 리액션 랩이 가진 능률의 기반이다. 관계와 공유 언어를 구축하고 분야 내 배타적 역사에 맞서고 관계자 간 권력 차를 고려할 시간이 있다고 신뢰하는 것은 브레이크아웃 활동가들이 스스로의 노력을 의미 있는 결과로 이어질 수 있도록 하는 핵심 실행 방안이다.

우리는 처음에 신뢰라는 단어를 사용하기를 주저했다. 이 단어가 시간을 들여 일을 바로잡는 것의 중요성에 대한 믿음을 갖는다는 의미로 브레이크아웃 활동가들이 긍정적인 의미로 사용하는 것을 무수히 많이 들었다. 반면에, 신뢰하라는 요구는 자신을 보호하지 않고 돌보지 <u>않는</u> 사랑없는 경제를 경험한 사람에게는 특히 자극이 될 수 있다.

우리는 신뢰라는 말과 시간이 충분하다는 주장의 결합은 실현 불가능하게 느껴지며 심지어 불쾌감을 줄 수도 있다는 것을 알고 있다. 많은 사람들이 재정적 어려움을 겪고 있는 가운데 여러 가지 일을 병행하며 결과에 영향을 미치는 마감일에 맞추기 위해 시간에 쫓기고 있고 시간이 하릴없이 흘러가고 있다는 최신 기후 위기에 관한 뉴스를 읽는데 어떻게 시간이 있다고 믿으라는 연구 결과를 제시할 수 있을까? 시간은 누구에게도 충분해 보이지 않는 자원이다. 또한 현재 경제 상황에서는 이 정신없는 속도를 따라잡을 수 있는 능력이 생존 능력과 직결된다.

시간이 있다는 것을 신뢰한다는 말은 우리가 일하는 방식에서 참여와 관심을 우선시할 수 있는 시간이 항상 있다고 믿는다는 뜻이다. 이 믿음은 기존 업무방식에 만연해 있는 긴박함에 의문을 제기하고, 많은 사람들이 자주 겪는 정신없는 상태에 대해 비판적인 태도를 갖도록 유도한다. 빠르게 가기 위해 느리게 가는 역설을 적용하며 이는 프로세스의 시작 단계와 진행 과정의 모든 지점에서 전략적으로 시간을 투자하여 지속적인 혁신에 필요한 탄탄한 토대를 마련하는 것을 의미한다. 브레이크아웃 활동가들은 이 실행 방안을 다른 여섯 가지 실행 방안의 토대로 접근하는데, 이는 각 실행 방안에 필요한 시간을 확보하기 위함이다. 진정성 있는 관계, 다양한 관점에서 수집한 인사이트, 공동 작업에 대한 명확한 공동 소유권 구조 등 강력한 기반을 구축하는 데 시간을 들이면 프로세스가 가장 대담한 기대치에도 얼마나 빨리 도달하고 이를 뛰어넘는지에 놀랄 것이다.

이러한 맥락 때문인지 시간이 있다는 것을 신뢰하는 실행 방안은 우리의 연구 과정에서 가장 늦게 드러났다. 연구를 시작한 지 몇 년이 지났을 무렵 수십 차례에 걸친 브레이크아웃 활동가들과의 인터뷰를 통해 한 가지 강력한 패턴이 나타났는데, 바로 공동 학습자들은 모두 시간을 풍부하고 탄력적인 자원으로 여겼다는 점이다. 시간이 부족한 경제 상황에서도 이를 실현하는 방법에는 의도적으로 집중력의 질을 바꾸고, 팀의 우선순위를 팀의 가치와 일치하도록 수정하고 긴급성과 시간의 본질과 관련된 기존업무방식 관념에 도전하는 것 등이 있다.

브레이크아웃 활동가들은 팀원들과 진정성 있고 배려하는 관계를 형성하는 등 업무의 기반을 다지는 데 시간을 들일 수 있으며 그렇게 하는 것이 업무 완수에 방해가 되는 것이 아니라 오히려 도움이 된다고 믿는다. 이들은 아무리 작은 것이라도 시간을 넓고 풍요로운 것으로 접근하는 방법을 찾으면 업무의 질이 크게 향상된다고 믿는다.

시간을 이해하는 방식 전환

긴박함과 경제적 압박이 일반화된 현재의 상황에서는 시간이 있다는 것을 신뢰하는 실행 방안이 쉽지 않다. 공동 학습자인 인커리지 커뮤니티 재단의 CFO인 던 노이먼Dawn Neuman은 "애초에 어떻게 햄스터 휠에 갇혔는지 기억이 나지 않을 때, 그리고 그 기억이 전부인 상황에서 햄스터 휠에서 벗어나는 방법을 찾기는 어렵다!"라고 지적한다. 다른 어떤 실행 방안보다도 혼자서는 할 수 없는 실행 방안이다. 브레이크아웃 활동가들은 팀, 기업, 커뮤니티 전체가 충분한 시간이 있다는 믿음을 실천하고, 함께 실천함으로써 이를 실현할 수 있는 방법을 보여준다.

이 실행 방안에는 사고방식의 전환과 시간 투자 방식의 변화가 필요하다. 브레이크아웃 활동가들은 하루의 근무시간을 할당하는 것보다 훨씬 더 복잡한 시간과의 능동적인 관계를 형성한다.

공동 학습자인 에녹 엘웰Enoch Elwell은 코-스타터스CO.STARTERS 커뮤니티에서 처음 창업한 기업가 및 비즈니스 소유자들과 함께 일하면서 배운 것을 되돌아보며, 기존업무방식에서 스타트업이 긴박하고 즉각적인 성장에 대한 요구에 저항하기 위해 어떤 노력을 기울여야 하는지 이야기한다. 코-스타터스는 창업을 준비하는 풀뿌리 리더를 지원하는 네트워크로, 개인과 그룹에 최고 수준의 도구와 리소스를 제공하여 활기찬 창업 생태계를 촉진한다. 에녹은 코-스타터스를 설립한 이래로 비즈니스에 대한 전문 지식과 영혼이 담긴 열정을 일관되게 업무에 접목해 왔다. "시간을, 우리를 수동적이게 하는, 우리에게 일어나는 일이 아니라 우리가 선택할 수 있는 것으로 봅니다. 우리가 온전히 존재할 때 시간은 멈춥니다."라고 에녹은 말한다. "그 변화의 순간은 시간을 초월합니다!"

에녹은 이러한 방식으로 시간과의 관계를 전환하는 것은 쉽지 않으며 지속적인 내적 노력과 의도적으로 '개방성, 감사, 정서적 및 생리적 인식 연습'이 필요하다고 지적한다. 이러한 유형의 개인적 성장은 시간과 노력이 필요하지만 그만한 가치가 있음을 브레이크아웃 활동가들은 확인한다. 시간이 있다는 믿음은 그룹이 다른 방법보다 더 빨리, 더 쉽게 진정으로 의미 있는 변화를 이룰 수 있는 토대를 마련한다.

긴박함에서 벗어나 가장 중요한 것을 키울 시간이 충분하다는 신뢰로 전환하면 그룹은 혁신이 가져다주는 심오한 결과를 창출하는 방식으로 함께 일할 수 있다.

시간이 있다는 것을 신뢰하기

브레이크아웃 활동가들은 사랑없는 경제의 강력한 긴박감 문화 때문에 이 실행 방안이 가장 어렵다는 사실을 기꺼이 인정한다. 그럼에도 불구하고 그들은 작은 조치만으로도 팀과 시간의 관계를 풍요로운 방향으로 전환하는 데 도움이 될 수 있다는 사실을 발견했다. 브레이크아웃 활동가들이 시간이 있다고 믿는 방법은 다음과 같다.

- 사람들의 시간 제약과 실제 긴급성을 존중하기
- 시간에 대한 다양한 접근 방식에 주의하기
- 기본에 우선순위를 두기

사람들의 시간 제약과 실제 긴급성을 존중하기

브레이크아웃 활동가들이 이 실행 방안과 관련하여 팀과 커뮤니티의 안전감을 조성하는 핵심적인 방법은 사람들의 시간과 기존의 제약 및 약속을 존중하는 모습을 보여주는 것이다. 공동 학습자 바비 힐은 "명확한 타임라인을 설정하고 가능한 모든 방법으로 참여할 사람들에게 이를 전달하세요. 사람들이 자신의 시간이 가치 있고 업무에 기여하고 있다고 느끼도록 하는 데 필수적입니다. 또한 이러한 내용이 작업 문서에 반영되고 프로젝트가 의미 있고 실행 가능한 솔루션으로 발전하는 것을 지켜봐야 합니다."라고 말한다.

많은 브레이크아웃 활동가들이 이 점을 강조하며 프로젝트 시작 시는 물론 상황이 바뀔 때마다의 명확한 타임라인을 공유의 중요성을 강조한다. 디자인 권한을 분산하는 방식으로 작업할 경우 새로운 정보, 기회, 경로 수정에 따라 그룹이 대응함에 따라 타임라인과 계획이 자주 바뀔 수 있다. 현재 경제 시스템에서는 결정권을 가진 사람이 기한을 변경하면 다른 사람들은 제반 비용에 관계없이 모두 서두르게 된다. 반면, 브레이크아웃 활동가들은 바뀔 상황을 예상하고 영향을 받는 모든 사람의 동의와 토론을 구하는 등 세심한 주의를 통해 변화에 접근한다.

"주어진 마감일을 지키기 위해 시간을 잘 활용하는 방법에는 여러 가지가 있습니다."라고 공동 학습자 코너 맥마누스는 콘코디아와 함께 작업한 경험을 이야기한다. "그렇다고 해서 컴퓨터 앞에 앉아 일만 하라는 것은 아닙니다. 창의력을 발휘하고 휴식을 취할 수 있는 공간을 확보하고 머릿속 공간을 최적화해야 합니다."

팁_ 도움을 요청하는 문화를 조성하자

기존업무방식 환경에서는 시간 제약에 직면했을 때 혼자서 고군분투하며 헤쳐나가는 경우가 많다. 팀과 그룹이 생존 모드에서 벗어나 업무에 가장 도움이 되는 시간과의 관계로 전환할 수 있도록 돕는 핵심적인 방법은 공동 학습자 안티오네트가 설명한 것처럼 의도적으로 지원 문화를 구축하고 '민첩한 시간 제약'을 적용하는 것이다. 마감일이 빠르게 다가오고 예상보다 훨씬 더 지키기 어려워 보이는 경우에 관련 작업자들이 함께 평가할 수 있다. 여기서 가장 중요한 것은 무엇인가? 이 마감일이 정말 고정되어 있는가, 아니면 여유가 있는가? 만약 움직일 수 없다면 어떤 것을 바꾸면 더 가능성이 있을까? 이렇게 하면 개별적으로 불가능하다고 느꼈던 일이 대개 함께 해결하기가 더 쉬워진다. 정보, 아이디어, 결과에 대한 책임을 공유할 때 상황은 웰빙을 지원하고 우선순위를 파악할 수 있는 여러 가지 가능한 경로를 포함하는 상황으로 빠르게 드러나는 경향이 있다.

공동 학습자인 제사민 샴스-라우는 진정한 긴급성을 존중하는 것과 끊임없는 서두름을 거부하는 것 사이의 균형을 찾는 데 또 다른 차원을 추가하며 분명하게 말한다. "우리가 벗어나야 할 것은 거짓된 긴급성, 즉 검토되지 않은 긴급성이지 긴급성 전체가 아닙니다. 시간을 들여야 더 나은 결과를 얻을 수 있다는 철학적 직감과 어제의 많은 사람들에게 변화가 필요하다는 사실을 알기에 행동에 나서는 조급함 사이에서 갈등하는 경우가 많습니다." 제사민은 "수많은 사람들이 수 세대에 걸친 트라우마와 불의를 견뎌냈지만 여전히 '천천히 가라'는 말을 듣고 있다"는 사실을 존중하는 자세로 활동하는 것이 중요하다고 강조한다.

제사민은 여러 브레이크아웃 활동가들이 이러한 긴장을 탐색하며 백인 우월주의 문화가 시간과의 관계에 어떻게 지배적인 영향을 미치는지 등 백인 우월주의 문화에 대해 광범위하게 조사하고 저술한 테마 오쿤Tema Okun박사의 연구를 참조한다고 말한다. 오쿤 박사는 "많은 사람들이 우리의 조직과 커뮤니티 문화를 너무 자주 규정하는 일상적인 절박함과 함께, 우리가 항상 가지는 정의에 대한 즉각적인 필요성에 대한 근본적인 절박함이라는 변덕스럽고 은근한 모순을 견뎌내고 있다"고 지적한다. 오쿤 박사는 "백인 우월주의 문화는 인종적 정의에 대한 절박함이 아니라 단기적인 권력과 이익이라는 명목으로 절박하다. 그리고 백인 우월주의 문화는 모든 것이 긴급하다는 느낌을 항상 가지고 사는 것이 권력 남용과 소진의 비결이라는 것을 알기 때문에 이를 해체하기 위해 노력하는 사람들에게 긴급함의 문화를 조성하는 것을 좋아한다."[1]

브레이크아웃 활동가들은 이 분석을 높이 평가하며, 7가지 실행 방안 모두와 마찬가지로 자신의 그룹에 맞는 균형을 이루는 것이라는 점에 주목한다. 이는 의심할 여지 없는 긴급함을 거부하는 것을 의미하지만, 동시에 끝없이 좁은 시야에 갇혀 몰두하라는 허가는 아니다. 당면한 업무에 가장 적합한 속도를 선택할 수 있는 여유를 가질 수 있도록 인식의 질을 키우는 것이다.

시간에 대한 다양한 접근 방식에 주의하기

미국의 많은 사람들이 직장에서 시간을 대하는 방식에 대해 의문을 제기한 적이 없을 것이다. 기존업무방식에서 훌륭한 전문직업인이 되는 방법은 가능한 한 빨리 결과를 도출하기 위해 A 지점에서 B 지점으로 이동하는 데 집중하는 것이라는 인식이 깊숙이 뿌리내려 있다. 결국 시간은 곧 돈이다. 그렇지 않은가?

이 패러다임에서 시간은 엄밀히 말해 선형적인 상품이며, 희소성 있는 시장에 일정 시간만 존재하고 어떤 방식으로든 소비된다. 이러한 시간 개념은 시간의 소유권이 화폐가 된 산업혁명 시대의 변화에 뿌리를 두고 있다.[2] 경제학자 줄리엣 B. 쇼어Juliet B. Schor 박사에 따르면 "고용주가 노동력에 대한 통제권을 강화하면서 하루는 점차 '소유자의 시간, 즉 일하는 시간'과 '자신의 시간, 즉 여가를 위한 시간'으로 나뉘었다."[3] 시간에 대한 이러한 접근 방식은 현재 사랑없는 경제에서 많은 사람들이 겪는 스트레스 요인과 직접적으로 연관되어 있다. 또한 많은 브레이크아웃 활동가들이 지적했듯이 백인 우월주의 문화가 만들어낸 구조이기도 한다. 공동 학습 커뮤니티의 몇몇 사람들은 오쿤 박사가 백인 우월주의 문화의 특징 중 하나로 긴박감을 꼽은 것을 언급한다.[4] 이들은 시간이 있다는 것을 신뢰하는 실천의 첫 단계로 시간에 대한 기존업무방식 접근 방식의 본질과 기원을 명시적으로 논의하는 것이 중요하다고 강조한다. 이 방법으로 구성원들은 다른 접근 방식이 존재하며 그 중 하나를 선택할 수 있다는 사실을 깨닫게 된다. 사랑없는 경제에서 시간에 대한 지배적인 접근 방식은 특정 세계관과 연결된 하나의 업무 방식일 뿐이며 어떤 대가를 치르더라도 추출과 축적을 극대화하는 것과 직결되는 접근 방식이라는 인식을 공유할 수 있다.

마찬가지로 중요한 것은 시간을 바라보고 경험하는 다른 방식이 존재한다는 점을 지적하는 것이다. 예를 들어, 많은 원주민 문화권에서는 시간을 장기적이고 주기적으로 바라본다. 공동 학습자 카타라이나 데이비스는 "마오리족은 장기적으로 생각합니다. 우리는 빠른 해결책을 찾으러 온 것이 아닙니다."라고 말한다. 시간에 대한 또 다른 접근 방식은 만성 건강 질환을 가진 개인 커뮤니티에서 흔히 볼 수 있다. 시간을 양이 아닌 질이라는 렌즈를 통해 바라보는 것이다. "환자들은 '임상의는 시간의 양을 보지만 우리는 시간의 질을 본다'는 말을 좋아합니다. 우리는 얼마나 잘 살고 있을까요? 얼마나 행복할까요? 우리는 얼마나 잘 대처하고 있을까요? 단순히 '질병을 앓으며 오래 살고 있는가'가 아닙니다. 연로한 부모님이나 불치병에 걸린 자녀를 돌본 경험이 있는 사람이라면 누구나 시간이 얼마 남지 않았다는 것을 알고 있습니다. 그러니 우리가 할 수 있는 최선을 다합시다."라고 데비는 말한다.

공동 학습자 브루킹은 "시간이 충분하다고 믿는 것만이 중요한 것이 아니라, 실천하는 것 자체가 희소성에 중독된 세상에서 급진적이고 혁신적인 행동입니다."라고 말한다. 의심할 여지 없이 마감일을 쫓는 현재의 상황에서 이러한 운영 방식은 선택의 여지가 없는 것처럼 보일 수 있으며, 시간과의 관계는 여러 옵션 중 하나에 불과하다. 하지만 팀 전체가 새로운 접근 방식에 대한 선택권을 가지고 운영하기로 선택하면, 브레이크아웃 활동가들은 업무에 즉각적이고 심오한 이점을 얻는 경향이 있다는 것을 알게 된다. 이러한 변화를 통해 팀은 주어진 작업에 훨씬 더 효과적이고 가치에 부합하는 시간 및 의제 설정에 대한 접근 방식을 탐색할 수 있으며, 이전에는 불가능하다고 느꼈던 혁신의 가능성을 여는 데 도움이 된다.

> **팁_ 리더가 시간이 있다는 것을 신뢰하는 연습을 해야 한다**
> 브레이크아웃 활동가들은 팀이 시간에 대한 접근 방식을 의도적으로 선택하고 집단적인 변화가 일어나기 위해서는 공식적인 리더십 역할을 맡은 사람과 직책을 가진 사람 모두의 동의가 필요하다는 점에 주목한다. 실제로 시간이 충분하다는 것을 신뢰하려면 적극적인 지원이 중요하다. 던은 "연관된 사람들 사이에 신뢰가 없으면 시간을 가지는 것을 허용하는 요소가 실제로 제대로 작동하기 어려울 것이다."라고 지적한다. 또한 경영진의 지원은 그룹 전체의 고용 안정과 경제적 안정을 보장하는 데 도움이 되며 이들은 시간에 대한 관행적인 접근 방식에서 과감히 벗어나 획기적인 운영 방식을 모색할 수 있다.

기본에 우선순위를 두기

의사 결정권을 효과적으로 공유하고, 강력한 관계를 구축하고, 역사를 존중하고, 차이를 넘어 사람들을 하나로 모으고, 다양한 방식으로 학습하기 위한 핵심 요소는 이들을 실행하는데 필요한 시간을 확보하는 것이다. 그러므로 강력한 기초를 다지기 위해서는 종종 상당한 초기 시간 투자가 필요하며 때로는 주류mainstream의 속도에 대한 기대와 충돌되는 수준까지 투자해야 한다. 브레이크아웃 활동가들은 업무에서 가장 중요한 것이 무엇인지에 대한 통상의 가정에 뚜렷한 의문을 제기한다. 팀으로서 어떤 우선순위를 설정하고 싶은지 그 이유는 무엇인지 묻는다.

탄탄한 토대가 마련되면 많은 사람들이 예상하는 것보다 더 빠르고 대담하게 혁신의 결과가 도출된다. 공동 학습자 이사벨라 진은 기본에 신경 쓰는 것의 중요성을 "양질의 프로세스가 양질의 결과로 이어진다는 것을 여러 번 보았습니다."라고 요약한다. 많은 브레이크아웃 활동가들은 탄탄한 기반을 구축하면 브레이크아웃 결과가 나타날 때가 온다는 것을 과감하게 믿는다.

팁_ 그룹에서 우선순위로 둘 기초를 공동으로 정의하자

함께 협력하여 팀의 북극성이 될 기본 요소를 결정하자. 팀이 의도적으로 시간을 할애하고 싶은 것은 무엇인가? 항상 그렇듯이 시간 압박이 심해질 때 팀의 우선 순위는 무엇인가? 피할 수 없는 시간 압박 속에서 팀원들이 이러한 기본 요소에 충실할 수 있는 여유와 선택권을 찾기 위해 서로를 어떻게 지원할 수 있을지 예상하는 시나리오를 계획해야 한다.

시간이 있다는 것을 신뢰하기 실행

공동 학습자 뱅크스 베니테즈Banks Benitez는 미국에서 가장 오랫동안 운영되고 있는 소셜 벤처 액셀러레이션 프로그램 중 하나인 언차티드Uncharted의 전 CEO이자 공동 창립자이다. 뱅크스는 10년 동안 리더로서 이 조직을 이끌어온 후 대표직에서 물러났다. 뱅크스가 재임 기간 동안 직장 내에서 일하는 방식을 다르게 하는 문화를 조성한 주요 방법 중 하나는 기존업무방식에서의 긴급한 업무는 뒤로 미루고, 대신 지원하는 소셜 벤처 팀과 커뮤니티에 적합한 시간 활용 방식을 확립하는 것이었다. 언차티드에서는 비즈니스 액셀러레이터 프로그램에서 흔히 볼 수 있는 시간에 대한 빠른 해결 방식에서 의도적으로 벗어났다. 그들은 새로운 벤처가 긍정적인 변화를 만들어내고 보여주기까지 걸리는 시간을 신뢰한다.

"하룻밤만에 성공할 수 없는 조직에 대한 지원이 부족합니다."라고 뱅크스는 말한다. "그래서 언차티드는 그 틈새에 서서 '우리는 성숙하는 데 시간이 걸리고, 하루아침에 이루어지지 않으며, 시스템 변화의 레버리지 포인트*에 집중하고, 당장의 쉬운 승리가 아닌 것에 베팅할 것'이라고 말하려 합니다." 이러한 태도와 시간에 대한 접근 방식은 언차티드 자체의 사명 수행 능력과 그들이 지원하는 다양한 기업 커뮤니티의 성공에 모두 강력한 결과를 가져왔다.

"간과되고 소외된 조직을 발굴하고 지원하는 데 전념하는" 액셀러레이터인 언차티드 팀은 미국 50개 주 전역에서 유망한 기업을 발굴하고 지원을 독려하기 위해 활발히 활동하고 있다. "올해 우리 프로그램에는 344개 기업이 지원했는데, 이 중 77%는 유색 인종이었고 63%는 여성 또는 제3의 성(性) 창업자였습니다."라고 뱅크스는 자랑스럽게 말한다. "이러한 통계는 다른 액셀러레이터 집단을 훨씬 능가하는 수치입니다." 또한 언차티드는 그들의 참가자 집단을 위해 최고 수준의 추가 투자를 지속적으로 유치하고 있다. 언차티드에 투자되

---

* 광범위한 변화를 만들어 낼 수 있는 시스템상의 특정 개입점/위치/단계

는 1달러는 평균적으로 언차티드가 지원하는 소셜 벤처에 8달러의 추가 자본이 투자되는 것으로 해석된다. "이는 우리가 초기 단계의 조직에 자본을 재분배하고 가장 대담한 초기 단계의 벤처에 자금을 지원하고 있다는 것을 의미합니다."라고 뱅크스는 설명한다.

언차티드가 몇 년 동안 지원하는 소셜 벤처를 통해 이러한 정신을 업무에 도입한 후, 팀은 내부적으로 시간에 대해 그리고 일을 최상으로 만들 방법에 대해 더 큰 질문을 던지기 시작했다. 뱅크스는 현재 사랑없는 경제에서 많은 사람들이 시간과 어떤 관계를 맺고 있는지에 대해 돌아보며 언급했다. "열심히 일하는 것이 명예의 훈장이 되면 모든 것이 급하고 모든 것이 우선순위가 됩니다. 우리는 본질적으로 바쁘게 지내고 시간을 채우도록 독려 받습니다." 언차티드의 팀원들은 주당 근무 시간 단축을 고려했다. "우리는 정말로 '허슬 문화* 나 무자비한 사고방식에서 벗어나자'고 말하려고 노력했습니다." 이러한 긴박함과 바쁨에서 벗어나기 위해 언차티드 팀은 조직 전반에 걸친 성찰 과정을 거쳤다. "그것은 '가장 중요한 업무가 무엇인가? 그 일은 얼마나 걸릴까? 그리고 중요하지 않은 일은 모두 잘라내자'라는 방식으로 기존 규범에 도전하는 것이라고 생각했습니다."라고 뱅크스는 설명한다. "그렇게 하면 시간과의 관계가 달라집니다."

언차티드는 궁극적으로 주 4일 근무제를 도입하기로 결정했지만, 이러한 변화는 단순히 주당 근무일수를 줄이는 것에 그치지 않았다. 시간과 관련된 큰 문화적 변화 없이 주 4일 근무제를 도입하면 직원들이 스트레스를 받고 할 일 목록에 있는 모든 것을 더 적은 일수에

---

* 개인 생활보다 업무를 중시하고, 열정적으로 일하는 것을 높이 평가하는 문화

더 긴 시간으로 밀어 넣는 결과를 초래할 수 있다. 뱅크스는 "잠시 멈춰서, 바쁘게 일해야 하고 생산성을 높여야 한다고 사회적으로 학습되어 온 우리 자신을 인지하는 것이 중요합니다."라고 말한다.

팀 문화의 변화를 지원하기 위해 언차티드에서는 팀원들이 진정으로 중요한 일을 진행하는 데 도움이 되는 리듬과 업무 방식을 기반으로 자신만의 일정을 만들도록 장려했다. 뱅크스는 "저희는 팀원들이 매일 짧은 시간 동안 일할 수 있고 나머지 시간은 원하는 대로 구성할 수 있다고 믿습니다."라고 설명한다. "우리는 각자의 수준에 맞게 소유권을 부여하고 일주일을 완전히 통제할 수 있다면 어떻게 하시겠습니까? 그리고 일주일을 어떻게 보낼지 구성하는 유일한 계획자가 된다면 업무를 완수할 수 있을까요?라고 물었습니다."

언차티드 직원 중 많은 이들이 이러한 질문에 대해 깊이 생각하면서 새로운 풍요로움을 경험했다. 뱅크스는 언차티드 팀원들이 업무를 완수할 수 있는 시간이 충분하다는 사실을 깨달았다고 회상한다. "캘린더가 나를 통제하는 것이 아니라 내가 내 시간을 되찾고 캘린더를 통제하는 방식으로 한 주를 재구성하는 데에는 강력한 힘이 있습니다." 시간이 있다고 믿는 고무적인 접근 방식에 대한 전국적인 뉴스 보도 덕분에, 언차티드는 펀딩 파트너와 소셜 벤처뿐만 아니라 전국의 기업 등 많은 그룹에 유사한 질문을 하도록 영감을 주었다.

시간이 있다는 것을 신뢰하기는
어떻게 혁신으로 이어지는가

브레이크아웃 활동가들은 안티오네트가 언급했듯이 디자인 권한을 분산하는 방식으로 작업할 시간이 있다고 믿으면 "더욱 강력한 결과물이 나오는 경향이 있다"고 강조한다. "더욱 자신감이 생기는 경향이 있습니다. 공동 소유와 공동 투자라는 공동의 권한으로 전환했기 때문에 더 오래 지속되는 경향이 있습니다."

시간이 있다는 것을 신뢰하는 과정에서, 브레이크아웃 활동가들은 협업 프로세스가 더 오래 걸리거나 미리 시간을 투자하면 전체 프로젝트가 느려진다는 가정을 많이 뒤집었다. 오히려 잘 운영된 협업 노력이 얼마나 더 빨리 영향력을 발휘하는지 자주 보여준다. 기존의 탑다운식 접근 방식으로는 수년 동안 해결하기 어려웠던 문제도 텐스퀘어드는 단 100일 만에 해결했다. 콘코디아의 광범위한 참여 프로세스를 통해 탄생한 통합 뉴올리언스 계획은 허리케인 카트리나 피해 복구를 위해 절실히 필요했던 연방 기금을 확보하고 시 전체의 승인을 얻은 최초의 계획이었을 뿐만 아니라, 그 어떤 탑다운식 계획보다 빠른 단 5개월 만에 수립되었다. "목적과 인간 관계의 힘으로 시간이 멈춰버린 마법 같은 경험이었습니다."라고 공동 학습자인 콘코디아의 스티븐 빙글러는 회상한다.

그러나 이 실행 방안의 중요성과 그 효과에 대해 이야기할 때, 브레이크아웃 활동가들이 가장 강력하게 강조하는 것은 속도와는 아무런 관련이 없다. 그룹이 충분한 시간이 있다는 것을 믿기를 실천할 때, 그룹 구성원들은 서로의 존재감을 포함하여 인식의 질을 변화시킬 수 있다. 이러한 실천을 통해 팀원들은 개인적으로는 물론 그룹으로서도 정신없이 속도를 맞추거나 불안하게 시계를 주시할 때와는 완전히 다른 상상력과 통찰력의 영역에 접근할 수 있는 공간으로 나아갈 수 있다. 작가이자 철학자인 바요 아코몰라페Bayo Akomolafe 박사는 이를 아름답게 요약한다, "[속도를 낮추는 것은] 속도의 기능이 아니라 인식의 기능이다. [그것은 존재의 함수이다]."[5]

　사랑없는 경제의 끊임없는 속도에서 살아남기 위해 고군분투할 때 돌파구를 찾기란 쉽지 않다. 그룹이 함께 열광적인 속도의 손아귀에서 벗어나는 데 도움이 되는 공간을 만들 방법을 찾을 때, 그들은 더 잘 드러내고 싶은 목소리를 들을 수 있는 지면에 닿을 수 있다. "속도를 늦추는 것은 마치 기계를 해킹하는 것과 같습니다. 당신이 바란다면 다른 종류의 현실, 다른 세계로 침투할 수 있게 해줍니다."[6]라고 아코몰라페 박사는 계속 말한다.

　많은 브레이크아웃 활동가들이 이러한 역학 관계에 대해 이야기한다. 공동 학습자인 푸시 버펄로의 브라이아나 디폰조는 이렇게 회고한다. "재정적 부족이 사람들의 성격과 사고 능력에 부정적인 영향을 미친다는 연구와 개인적인 경험을 떠올렸습니다. 시간 부족에 대해서도 같은 경험을 했습니다. 여유를 느낄 수 있으면 도움이 되지 않는 제한적인 사고방식과 존재 방식에서 벗어나 자신이 해야 할 근본적인 일을 더 명확하게 볼 수 있게 됩니다. 이는 '더 열심히 일하지 말고 더 똑똑하게 일하라'는 말과 비슷합니다."

　많은 브레이크아웃 활동가들은 일에도 시간이 충분하다는 믿음을 실천할 때 직장을 넘어 삶에서 변화가 촉발되어 자신의 삶, 가족, 커뮤니티에서 시간을 활용할 수 있는 방법에 대한 새로운 가능성을 창출한다는 사실을 발견한다.

　또한, 그들은 우리가 일하는 방식과 존재 방식 모두에서 현재에 집중하고, 명확히 인식하며, 서로를 돌보고 최고의 목표를 달성할 수 있는 역량을 강화할 수 있다고 지적한다.

브레이크아웃 활동가의 일터

콘코디아

"여러분, 어떻게 생각하시나요?" 바비 힐이 오래된 트리뷴 빌딩이 언젠가 어떤 모습으로 변할지에 대한 세 가지 잠재적 평면도를 공개하면서 물었다. 바비는 그날 저녁 미래 트리뷴 빌딩에 대한 커뮤니티 디자인 회의에 참석한 위스콘신 래피즈 주민 2백여 명에게 이 질문을 던졌다. 주민들은 지역 경제 활성화에 가장 적합한 공간을 재구상하고 있었다. 이 회의는 1년 동안 매달 열리는 10번의 디자인 회의 중 여덟 번째 회의로, 바비와 콘코디아 팀이 진행했다. 당시 인커리지 커뮤니티 재단의 CEO였던 켈리 라이언은 주요 협력자로부터 뉴올리언스에 기반을 둔 커뮤니티 중심의 기획, 디자인, 건축 회사인 콘코디아를 추천받았다. 켈리는 흥분으로 들떠 있는 회의실을 지켜보면서 그 제안이 얼마나 현명했는지 깨달았다.

그 해를 거치면서 회의 참석률이 급격히 증가했다. 첫 번째 회의에는 약 50명만이 참석했지만, 이 회의가 창의적이고 재미있다는 소문이 빠르게 퍼졌다. 두 번째 회의는 참석한 200명의 커뮤니티 회원을 앉힐 의자와 접이식 테이블 수십 개를 추가로 구해야 하는 예상치 못한 상황으로 시작되었다. 일반적인 디자인 프로세스와는 거리가 먼 회의 진행 방식에 대한 소문이 퍼지면서 콘코디아 팀은 회의를 거듭

할수록 참석자가 늘어나는 데 익숙해졌다. 이 때문에 콘코디아는 지난 회의에 참석하지 않았더라도 모든 참석자가 충분히 참여할 수 있는 방식으로 모든 회의를 시작한다.

진행 및 설계를 맡은 모든 프로젝트와 마찬가지로 콘코디아 팀은 트리뷴 빌딩의 디자인이 어떠해야 한다는 선입견이나 계획을 가져오지 않도록 원칙을 세웠다. 대신 주민들과 함께 반복적인 브레인스토밍과 개선 과정을 통해 새로운 공간이 커뮤니티에 가장 잘 봉사할 수 있는 방법에 대한 비전과 세부 계획을 함께 찾아냈다. 또한 모든 프로젝트를 의도적으로 참여 프로세스로 시작하여 어떤 활동과 방법이 이해관계자들이 설계 과정에 효과적이고 즐겁게 참여할 수 있도록 가장 잘 지원할 수 있는지 평가한다.

8번의 회의가 진행된 지금, 콘코디아 팀은 평소와 같이 따뜻하고 유머러스한 모습으로 모두를 맞이했고, 인커리지 팀은 넓은 의미로 모두를 잡아두었다. 오프닝이 끝난 후 콘코디아는 회의에 참석한 모든 사람에게 프로세스의 큰 그림 목표, 오늘 회의가 어떻게 진행되는지, 이전 디자인 회의에서 어떤 일이 있었는지에 대한 개요를 설명했다. 요약의 일환으로, 이전 회의에서 나온 주민들의 아이디어를 그날 밤 공유할 초기 평면도에 통합하기 위해 어떤 작업을 했는지 설명했다. 바비는 자신과 팀이 사람들이 공유한 모든 아이디어(글, 그림, 말 등)를 목록화했다고 설명했다. 콘코디아 팀은 이러한 아이디어의 빈도와 유사성을 분석하고, 떠오른 특정 설계 기능을 추적한 다음, 이 모든 정보를 이제 그룹과 공유할 세 가지 시나리오로 종합했다.

바비는 프로젝터를 켜기 전에 잠시 멈췄다. "이것이 바로 여러분들이 말하는 것을 가능한 디자인으로 바꾸기 위한 초기 시도입니다.

하지만 우리는 항상 많은 부분을 틀립니다."라고 바비가 힘주어 말했다. "그러니 이것은 단지 시작에 불과하며, 우리는 함께 완전히 버리고 싶은 것과 계속 다듬고 싶은 것을 파악하는 데 도움이 되는 과정을 거치게 될 것입니다."

프로젝터를 통해 완전히 새롭게 재탄생한 트리뷴 빌딩의 세 가지 렌더링(각 렌더링은 주민들의 아이디어에서 영감을 얻은 구체적인 용도와 활동을 묘사한 것)이 공개되었을 때, 꽉 찬 회의장은 바늘이 떨어지는 소리가 들릴 정도로 조용해졌다. 사람들의 마음을 사로잡은 것은 도표의 우아함과 전문성 뿐만 아니라 공간의 모습을 처음으로 볼 수 있다는 점이었다. 회의실에 있던 많은 사람들을 가장 매료시킨 것은 자신의 아이디어가 진지하게 받아들여지고, 그 아이디어가 도표에 생생하게 반영되는 것을 지켜보는 것이었다.

당시 고등학교 3학년이었던 벤 주스텐은 그 회의에 참석했던 사람 중 한 명이었다. "우리 중 많은 사람들은 자신의 아이디어가 진지하게 받아들여지는 것이 낯설었고, 이렇게 큰 프로세스에 사람들의 아이디어가 영향을 미친다는 사실에 익숙하지 않았던 것 같습니다."라고 벤은 말한다. "그때 저는 이 프로세스가 정말 다르다는 것을 깨달았습니다. 주민들이 진짜로 함께 설계하고 결정하는 과정이었죠."

바비는 프로젝터를 끄고 각 테이블에 평면도의 큰 인쇄본이 있을 것이라고 모두에게 알렸다. 그는 각 그룹에게 세부적인 내용을 다루기 전에 기본 평면도에 대해 생각하는 것부터 시작하라고 권유했다. 각 그룹은 세 가지 평면도 옵션 중 가장 마음에 드는 것을 토론하고 순위를 매겨 설명하거나 다른 대안에 대해 설명했다. 모든 소그룹에는 그룹 구성원이 아이디어를 정리하는 데 도움이 되는 명확한 그래픽과 섹션이 포함된 '표 시트'가 제공되었다. 2분도 채 되지 않아 조용했던 회의실의 분위기가 모든 테이블에서 그림을 그리고 메모를 작성하는 시끌벅적한 대화로 바뀌었다.

그날 저녁, 바비는 미소를 지으며 회의의 두 번째이자 마지막 활동인 '재미있는 세부 사항'을 살펴볼 시간이라고 소개했다. 입주자들은 소그룹으로 나뉘어 수족관이나 벽난로 같은 디자인 요소를 선택해 평면도를 꾸몄다. 첫 번째 활동에서와 마찬가지로 각 소그룹에는 그래픽이 포함된 표 시트가 있었는데, 콘코디아 팀은 이전 회의에서 위스콘신 래피즈 주민들이 제안한 모든 디자인 요소와 각 요소의 (콘코디아 팀원들이 조사한) 가격을 나열해 두었다. 또한 각 그룹은 디자인 요소 선택에 사용할 수 있는 가상의 예산도 받았다.

"어떤 요소가 기꺼이 돈을 쓸 만큼 중요한지 더 명확해졌습니다."라고 바비는 말한다. "예를 들어, 설치 및 유지 관리 비용이 많이 들지만 주민들은 건물에 벽난로가 있는 것을 가장 우선시했습니다. 많은 주민들이 물놀이 시설을 원했지만, 전반적으로 주민들은 설치 및 유지 관리에 필요한 비용을 기꺼이 지출하고 싶지 않다고 생각했습니다." 모든 정보와 제약 조건이 테이블 위에 놓인 상태에서 주민들은 자신과 커뮤니티의 요구를 충족하기 위해 가용 자원을 가장 잘 사용할 수 있는 방법을 스스로 결정하는 과정에 초대되었다.

저녁이 끝날 무렵, 회의실에 있던 모든 사람들은 어려운 선택과 씨름하며 미래 공간에 대한 이웃의 우선순위에 대해 알게 되었다. 많은 그룹이 기발하고 새로운 아이디어를 브레인스토밍했으며, 일부는 이전에 생각했던 것을 수정하고 제약 조건과 열망을 모두 충족할 수 있는 방법을 찾기도 했다.

일련의 절망스러운 장애물과 자금 조달 지연으로 인해 트리뷴 빌딩의 재건축은 아직 이루어지지 않았지만, 많은 참가자들은 커뮤니티 디자인 과정을 도시의 미래를 형성하는 데 있어 주체성을 일깨워준 경험으로 회상하고 있다. 이 과정은 콘코디아 팀에게도 영향을 미쳤다. 많은 주민들을 알게 되고 비전 있는 계획을 위해 함께 일한 경험은 팀에 새로운 도구와 기법을 도입하는 데 영감을 주었다. 설계 회의가 진행된 지 10년이 지난 지금, 바비와 콘코디아 동료들은 트리뷴 프로젝트가 자신들의 업무를 더욱 발전시키는 전환점이 되었다고 말한다. "그 당시에는 프로토타입 제작에 필요한 것, 서로 존중하는 회의의 의미, 그리고 중요한 모든 사소한 것들에 대한 우리의 비전이 이미 꽤 오랫동안 반복되어 자리 잡고 있었습니다. 하지만 그래픽, 컴퓨터 프로그램 및 소프트웨어, 프로토타입에 대한 다양한 피드백을 통합하는 방법 등 우리가 사용하는 도구는 모두 트리뷴 프로젝트를 통해 큰 도약을 이루었습니다."라고 바비는 설명한다.

  콘코디아의 전 팀원 코너 맥마누스도 이에 동의한다. "트리뷴 프로젝트는 우리가 사용하던 도구의 측면에서 일종의 새로운 반복이었습니다. 지난 2년간 코로나19로 인해 도구 세트를 온라인 환경으로 완전히 전환하고 완전히 다른 도구 세트로 동일한 의도를 가지고 이러한 참여 회의를 수행하는 방법을 다시 생각해야 했기 때문에 새로운 전환이 필요했습니다."

  도구와 기술에 관계없이 바비가 수년 동안 참여한 모든 프로세스는 팀원과 거주자 모두에게 동일한 인식을 불러일으켰다. 초기 아이디어를 공유하고 프로토타이핑을 통해 구체화하면 "아이디어에 약간의 수정이 필요하다는 것을 깨닫게 될 것입니다. 그런 다음에는 거창한 아이디어에서 실제로 작동하고 가장 잘 작동할 수 있는 아이디어로 빠르게 구체화할 수 있습니다."라고 바비는 말한다. 소규모 그룹이든 200명이 꽉 찬 회의실이든 콘코디아와 많은 브레이크아웃 활동가들은 모든 세부 사항이 해결되기 전에 아이디어를 구체화하고 재구성하는 데 참가자를 초대하는 것이 현상 유지가 아닌 변화를 가져오는 혁신을 이끌어내는 열쇠라는 것을 배웠다.

10장

**사업 초기에 자주,
프로토타이핑하기**

주민 주도의 디자인에 대한 콘코디아의 접근 방식에 대해 배우면서 우리는 연구에 큰 영향을 미친 깨달음을 얻었다. 많은 기존업무방식의 조직에서 고객, 커뮤니티 구성원 및 기타 이해관계자와 소통할 때 협업 디자인 요소를 점점 더 많이 사용하고 있지만, 이러한 참여는 여전히 외부 이해관계자의 피드백을 받기 전에 이미 배후에서 여러 차례의 조정과 기술 검토를 거친 후 미리 정해진 시나리오를 공유하는 것을 의미한다. 제시된 시나리오에 이해관계자의 의견이 어떤 영향을 미쳤는지 불분명한 경우가 너무 많으며 실질적인 피드백을 반영하기에는 프로세스가 너무 늦은 경우가 많다. 콘코디아의 접근 방식이 돋보였던 이유는 처음부터 옵션 또는 프로토타입의 개발과 개선이라는 대중의 눈에 잘 띄지 않는 과정에 참여자들을 초대하는 그들의 헌신, 엄격함, 창의적인 실행 덕분이었다.

프로토타입이란 제안된 아이디어에 대한 초안, 모델, 모형 또는 구두 설명으로, 다른 사람들의 검토를 위해 제시할 수 있다. 프로토타이핑은 다른 사람들과 함께 아이디어를 테스트하고 피드백을 수집한 다음, 함께 배운 내용을 바탕으로 아이디어를 다듬거나 다음 버전으로 변형하는 작업이다. 초기 아이디어를 반영한 초안이나 모델, 즉 가장 좋은 첫 번째 추측이 피드백을 공유하는 사람들이 파악한 약점과 기회가 해결될 때까지 단계적으로 다듬어지는 반복적인 과정이다.

콘코디아와 다른 브레이크아웃 활동가들은 이해관계자들이 실행 가능성과 성공에 가장 중요하다고 생각하는 것에 대응하여 아이디어를 구체화할 수 있는 프로토타이핑 접근법을 보여준다. 또한, 이러한 프로토타이핑 방식은 혁신을 촉발하는 핵심이기도 한다.

초기에 자주 프로토타입을 제작하는 것은 프로세스의 각 단계에서 아이디어를 공유하고 테스트하는 실행방안이다. 조기에 프로토타입을 제작한다는 것은 함께 작업하는 초기 단계부터 가정을 테스트하고 아이디어를 확정하거나 출시하기 전에 과정을 수정하고 다듬을 수 있는 여유를 갖는다는 것을 의미한다. 초기에 자주 프로토타입을 제작한다는 것은 그 과정에서 동료, 공동 작업자 및 기타 이해관계자의 피드백과 아이디어가 평가되고 통합되는 방식이 투명하게 공개된다는 것을 의미한다.

프로토타이핑에 대한 이해의 전환

프로토타이핑의 핵심 개념은 최근 몇 년 동안 스타트업, 기술, 디자인 업계에서 확고하게 자리 잡았다. 프로토타이핑에 중점을 두는 것은 기업가이자 작가인 에릭 리스Eric Ries의 베스트셀러 저서《린 스타트업The Lean Startup》에 나오는 매우 영향력 있는 린 스타트업 방법론의 초석이다.[1] 린 스타트업 접근 방식은 아이디어를 효과적으로 테스트할 수 있는 가장 간단하고 비용이 적게 드는 형식인 '최소 기능 제품' 형태로 고객 및 최종 사용자와 함께 아이디어를 초기에 테스트하는 것을 지지한다. 신제품 출시에 대규모 투자를 하기 훨씬 전에 중요한 초기 피드백을 바탕으로 반복 작업을 진행한다. 린 방식은 대단히 효과적이고 비용을 절감할 수 있다. 또한 상식적으로도 테스트를 거친 제품이 잠재적 사용자와 공유되지 않은 아이디어에서 완성되어 출시되는 제품보다 더 나은 결과를 낳는다. 가정이 빗나가면 매몰 비용이 너무 커서 기업 전체에 타격을 줄 수 있다.

공동 학습자 에녹 엘웰은 프로토타이핑의 핵심은 "작게 시작한다는 개념이고, 테스트에는 유용하지만 세련되고 완벽하지는 않은 최소한의 반복 작업을 가능한 한 빨리 만드는 것"이라고 말한다. 공동 학습자 매기 니콜스는 "장기적으로 승리하기 위해 일찍 실패하는 것"이라고 덧붙인다.

브레이크아웃 활동가들은 이러한 린 접근 방식을 수용하여 프로토타이핑을 새로운 차원으로 끌어올린다. 이러한 접근 방식은 책임감과 동료애라는 정신으로 차별화되는데, 프로세스에 참여하는 모든 사람이 아이디어를 테스트하고 피드백을 공유할 뿐만 아니라 다음 단계를 결정하는 데도 함께 참여한다. 또한 브레이크아웃 활동가들은 팀, 조직, 직장에서 내부적으로 프로토타이핑을 실천한다. 이러한 철학을 따르는 그룹은 용기를 내고 불확실성을 수용하며 함께 만들어가는 것에 대한 책임감과 주인의식을 공유할 수 있도록 지원한다.

브레이크아웃 활동가의 팀과 함께든 관련된 이해관계자 서클과 함께든 이들이 사용하는 프로토타입은 손으로 그린 스케치나 사려 깊은 대화 등 간단할 수 있다. 하지만 브레이크아웃 활동가들은 항상 이러한 프로토타입을 평가하고 앞으로 나아갈 현명한 방법을 집단적으로 결정하는 방식에 최대한의 노력을 기울인다. 이들은 이 중요한 학습을 위한 공간, 즉 불완전하거나 불완전하더라도 중요한 출발점이 될 수 있는 아이디어를 모두가 자유롭게 공유할 수 있는 공간을 지속적이고 의도적으로 만든다. 또한 자유롭게 질문하고 아이디어가 어디에서 흔들릴지 예측할 수 있는 독특한 목소리를 환영하며 다른 가능성을 브레인스토밍할 수 있다. 이러한 용감한 과정과 깊은 관계적 배려를 통해 브레이크아웃 참여자들은 차선책을 함께 깨닫고 프로토타입 제작부터 강력한 기반을 갖춘 브레이크아웃 현실 구축까지 비약적으로 나아갈 수 있다.

초기에 자주 프로토타이핑하기

브레이크아웃 활동가들은 고객과의 전화 통화에서 새로운 잠재적 제품에 대한 아이디어를 제안 받는 것부터 최고 수준의 그래픽 디자인 렌더링에 이르기까지 다양한 프로토타입을 사용한다. 하지만 프로토타입 제작 방식에는 분명한 공통점이 있다. 여기에는 다음이 포함된다.

- 시작하기 전에 기본 가정 테스트하기
- 협력하여 학습 내용을 종합하고 다음 단계 결정하기
- 완벽주의를 배움의 문화로 대체하기

시작하기 전에 기본 가정 테스트하기

사랑없는 경제에서 프로토타이핑은 어떤 버전의 잠재적 솔루션이 가장 성공적일지에 대한 근본적인 질문에서 출발하는 경우가 많다. 사람들이 버전 A를 좋아할까, 아니면 버전 B를 좋아할까? 이러한 방식으로 프로토타이핑을 하는 것도 유익하지만 브레이크아웃 활동가들은 결과에 대한 구체적인 옵션에 도달하기 훨씬 전에 프로토타이핑에 참여한다. 이들은 서로에게 다음과 같은 질문을 던진다. "이것들이 우리가 프로젝트를 이끌어야 한다고 생각하는 목표입니다. 정말 올바른 목표일까요, 아니면 다른 목표가 필요하다고 생각하시나요?" 또는 "우리가 함께 해결해야 할 주요 문제는 ○○이라고 생각합니다. 이 문제가 우선순위 문제라는 데 동의하시나요?"

공동 학습자인 캐서린 타일러 스콧은 프로토타입 초기기획 및 디자인 프로세스에 들어갈 때 올바른 질문을 자주 던지는지 평가하는 것의 중요성에 대해 설명한다. "정답이 아니라 정답을 얻기 위해 던져야 하는 질문이 작업의 올바른 시작 여부를 결정짓는 경우가 많습니다." 콘코디아 팀은 물리적 공간 자체를 설계하는 단계를 밟기 전에 전체 계획 프로세스에 대한 디자인에 대한 피드백을 먼저 수집하여 '계획을 위한 계획'을 테스트한다. 환자 주도형 연구 이니셔티브인 심장연구연합의 참여자들은 이 이니셔티브의 성공은 어떤 연구 질문을 연구해야 하는지에 대한 환자들의 우선순위를 측정하는 데 초점을 맞춘 데서 비롯되었다고 강조한다. 이를 통해 연구자들은 연구를 시작하기 전에 가장 적합한 질문을 파악하고 이를 구체화할 수 있었다.

"자신이 틀렸다고 가정해 보세요." 공동 학습자인 존 아이커드가 웃으며 말한다. "우리는 너무 자주 자신이 옳다고 확신하기 때문에 실수를 바로잡기에는 너무 늦을 때까지 실수를 인정하지 않으려 합니다. 우리가 틀렸다고 가정하는 것은 우리가 가지고 있는 편견을 상쇄하는 데 도움이 됩니다." 이렇게 겸손과 개방성의 정신으로 정기적으로 프로토타입을 제작하는 것은 우리 자신의 신념에 갇히지 않고 새롭게 등장하고 진화하는 것에 계속 적응하는 방법이 될 수 있다.

팁_ 개인 및 그룹 성찰을 통해 피드백을 수집하자

브레이크아웃 활동가들은 프로토타입을 스스로 검토하고 무엇이 효과적이고 개선할 수 있는지에 대한 생각을 글로 쓰거나 구두로 공유할 기회를 주는 것 등 개별적으로 피드백을 받을 때와 피드백의 추세를 공유하고 집단적으로 토론하는 것 등 그룹으로 피드백을 받을 때 얻을 수 있는 정보가 다르다는 점에 주목한다.

두 가지 피드백 모두 매우 중요하다. 개별 피드백은 사고의 독립성을 지켜주고 공동 작업자가 원하는 패턴과 추세를 파악하는 데 핵심적인 역할을 한다. 그룹 피드백은 개인이 공유한 내용을 바탕으로 아이디어와 인사이트를 구축할 수 있게 해준다. 브레이크아웃 활동가들은 프로토타입 제작 과정에서 개인 평가와 그룹 평가를 번갈아 가며 진행하는 것이 매우 효과적이라는 사실을 알게 되었다. 그룹 대화를 시작하기 전에 사람들에게 5분간 조용히 성찰하는 시간을 갖도록 권유하고 주요 반응을 개별적으로 기록하는 간단한 방법도 있다.

협력하여 학습 내용을 종합하고 다음 단계 결정하기

기존업무방식에서 프로토타이핑을 할 때와 브레이크아웃 혁신에서 이 방식을 따를 때의 가장 큰 차이점 중 하나는 프로토타이핑 세션에서 얻은 아이디어와 피드백이 통합되는 방식이다. 소수의 퍼실리테이터나 리더가 모든 사람의 피드백을 이해하고 다음 순서를 결정하는가? 아니면 피드백을 제공하는 사람들도 다음에 수행할 작업을 결정하는 데 참여하는가? 위스콘신 래피즈에서 트리뷴 빌딩 설계 프로세스를 진행했던 것처럼, 브레이크아웃 활동가들은 후자를 선호하며 대규모 그룹에서도 능숙하게 협력한다. 그들 그룹은 정보를 종합하여 핵심 인사이트와 제안된 옵션을 도출하고 프로토타입 제작에 참여한 사람들과 함께 필요한 변경 사항과 다음 단계를 결정하는 효과적인 의사결정을 내리는 데 전문가가 된다. 이들은 관련된 모든 사람이 소매를 걷어붙이고 창의적으로 작업하여 많은 아이디어를 다음 반복 작업 과정에 통합하는 동시에 프로토타입이 어떻게 발전하는지 주의 깊게 추적하여 반영된 변경 사항을 의견을 제공한 사람들에게 전달할 수 있도록 한다.

의견 수렴을 통해 무엇을 할 것인지 결정할 때 폭넓은 참여를 유도하기 위해 콘코디아 팀은 여러 가지 방법을 사용한다. 이중 한 가지 간단한 방법은 참가자들에게 이유를 공유하도록 요청하는 것이다. 커뮤니티 구성원이 계획의 다음 순서를 위해 새로운 아이디어를 제안할 때에도, 기존 아이디어를 제거할 것을 제안할 때에도 콘코디아 팀은 항상 참가자들에게 그 이유를 공유하도록 권유한다. 참가자들이 자신의 논리를 명확하게 표현하고 다른 사람의 의견도 들을 수 있는 기회를 갖게 되면 그룹은 계획에 반영해야 할 의견과 반영하지 말아야 할 의견, 그리고 그 이유에 대해 투명하고 공개적인 토론을 통해 조기에 프로토타입을 만들 수 있다.

팁_ 들은 내용과 제안하는 내용을 구분해야 한다

우리가 처음 사업 초기에 자주 프로토타이핑하기의 실행을 시작했을 때는 초기 아이디어를 발표하고 수많은 피드백을 수집하고 그 피드백에서 영감을 얻은 실현 방안에 대해 신을 내며 몇 번의 반복 작업을 거쳐 함께 결정했다. 다음 단계의 프로토타입을 그룹에 공개했을 때 사람들은 의아한 표정으로 우리를 맞이했다. 첫 번째 프로토타입에서 좋아했던 X는 어떻게 된 거죠? 다른 사람들은 Y에 대해 어떻게 생각했나요? 왜 Z를 했을까요? 우리는 그룹에게 각 프로토타입을 발표하는 방식을 바꿔야 한다는 것을 깨달았고 변화 이후 프로토타입 제작 세션이 비약적으로 개선되었다. 이 간단한 변화는 브레이크아웃 활동가들과 함께 배우면서 구체화되었다. 새로운 버전을 공유할 때마다 우리는 정보를 들은 내용과 제안한 내용, 두 가지 범주로 나누었다. 들은 내용을 발표할 때는 피드백을 양적, 질적으로 요약했다. 이를 통해 모든 사람이 자신의 반응이 프로토타입에 대한 더 큰 반응에 어떻게 부합하는지 이해할 수 있었고 다른 사람의 피드백을 통해 배울 수 있었다. 그런 다음 생성된 집단적 인사이트를 바탕으로 제안할 내용을 요약하고, 참가자들은 그 정보에 대해 별도의 프로토타입으로 반응하면서 마음에 드는 점과 추천할 만한 대안을 공유할 수 있었다.

콘코디아가 사용하는 또 다른 방법은 디자인 프로세스의 제약을 투명하게 공유하는 것이다. 예를 들어, 콘코디아는 커뮤니티 구성원이 제안한 특정 아이디어에 대한 비용 영향과 전체 프로젝트 예산을 공유하여 커뮤니티 구성원이 재정적 제약 조건 내에서 필요한 절충안을 고민할 수 있도록 한다. 이렇게 당면 과제의 전체 범위에 대한 인식을 공유하면서 그룹을 운영하면 참가자들의 아이디어가 훨씬 더 상상력이 풍부하고 정확하며 유용해진다는 사실을 발견했다. 수년 동안 공동 학습자인 바비 힐은 투명하고 협력적인 프로토타이핑을 통해 참가자들의 사고방식이 '나'에서 '우리'로 바뀌는 것을 관찰해 왔다. "이러한 변화는 하루아침에 이루어지는 것이 아닙니다. 사람들이 이러한 추천과 아이디어 창출을 주도하지 않으면 불가능합니다. 직원들이 프로세스의 일부가 되어야 합니다. 단순히 '내 아이디어'가 아니라 '우리가 서로의 의견에 귀를 기울이고 있다'는 것이 됩니다."라고 바비는 말한다.

완벽주의를 배움의 문화로 대체하기

많은 브레이크아웃 활동가에게 이 실행 방안의 핵심은 완벽주의를 버리고 대신 함께 성찰하고 배우면서 나아가는 데 전념하는 것이다. 공동 학습자 안티오네트는 "완벽해야 한다는 생각이나 '나는 공식적으로 모든 것을 성취했으니 더 이상 변화하거나 바꿀 필요가 없다'는 생각은 배제와 불평등에 기반을 둔 많은 시스템을 영속화시키는 경우가 많습니다."라고 설명한다. 브레이크아웃 활동가들은 특히 속도와 수익 최적화를 중시하는 기존업무방식 문화에서 완벽주의에서 벗어나는 데에는 시간과 노력이 필요하다는 데 의견을 같이한다.

팀이 완벽주의에서 벗어나 배움의 문화로 나아갈 때 자기 결정권, 즉 현재와는 완전히 다른 세계를 창조하기 위해 끊임없이 반복할 수 있다는 감각을 되살릴 수 있다. 실패를 거듭하고 실패를 통해 프로토타입을 제작하는 것은 위험을 감수하고, 배우고, 가능한 최상의 솔루션을 공동 제작하는 데 도움이 되는 팀 환경을 조성하여 만연한 불평등을 해결하고 되돌릴 수 있다.

이 실행 방안은 실수와 실패를 변화로 여길 때에 효과가 있다. KA 맥커처의 표현을 빌리자면, "어떤 아이디어는 효과가 없어 용도를 변경하거나 폐기해야 하지만 그렇다고 해서 아이디어를 제안한 사람의 자존감에 부정적인 영향을 미칠 필요는 없다는 현실에 대한 회복탄력성을 키우는 것"이 이 실행 방안에 포함된다. 실제로 이들은 "실패한 아이디어는 훌륭한 거름이 된다"고 지적한다.

브레이크아웃 활동가들은 완벽과 실패에 대한 태도를 풀어냄으로써 팀과 그룹이 이러한 변화를 이룰 수 있도록 지원한다. 이러한 토론을 통해 많은 사람들은 아이디어가 충분히 다듬어지고 완전무결해질 때까지 기다렸다가 공유하는 기존업무방식이 백인 우월주의 구조에 깊이 내재된 완벽주의 태도에서 비롯된 것임을 깨달을 수 있다. 완벽함을 보여줘야 한다는 의무감은 테마 오쿤 박사가 백인 우월주의 문화[3]의 일부로 규명한 속성 중 하나이다. 또한 많은 브레이크아웃 활동가들은 사랑없는 경제의 기원이 완벽하다고 여겨지는 것을 포함하여 직장 내 규범과 기대에 계속 영향을 미치고 있다고 지적한다. 기존업무방식의 비즈니스에서 성취란 것은 항상 모든 것을 완벽하게 해내야 하는 것처럼 느껴지거나 같은 대우를 받기 위해 동료들보다 더 열심히 일하고 더 세련되게 보여야 한다는 것을 의미할 수 있다. 실제로 완벽주의에 대한 요구는 기존업무방식에 너무나도 만연해 있어서 프로페셔널 또는 좋은 직장인이란 항상 정확하고 철저히 준비되어 있고 충분히 공유할 수 있을 때만 말하는 것을 의미한다는 생각을 버리기가 어렵다. 이러한 모든 경험은 팀이 함께 일하는 방식에 영향을 미친다.

많은 브레이크아웃 활동가들은 완벽에 대한 집착이 타고난 인간의 특성이 아니라고 주장한다. 그들과 오쿤 박사는 사실 이것은 수천 년 동안 많은 집단이 접근해 온 방식에서 벗어난 것이라고 지적한다. 이 사실을 깨닫는 것은 선택에 대한 감각을 키우는 데 도움이 된다. 학습과 실패를 소중히 여기고 심지어 축하하는 문화를 조성하면서 완벽주의는 잊혀질 수 있다.

완벽주의를 버리는 것은 구현하기 훨씬 전에 프로토타이핑을 통해 문제를 조기에 발견할 수 있는 열쇠이다.

브레이크아웃 활동가들은 모든 공동 작업자가 프로젝트 초기부터 프로토타이핑 사고방식을 채택하도록 하는 것이 중요하다고 말한다. 브레이크아웃 활동가들은 그룹 구성원들에게 초기 프로토타입을 제시하는 목적이 아직 과정을 크게 수정하거나 원점으로 돌아갈 수 있을 때 의도적으로 문제를 드러내기 위한 것임을 상기시킨다. 프로토타입은 종종 완전히 완성된 렌더링일 필요는 없다. 그 대신 불완전한 결과물일지라도 좋은 다음 단계에 대한 협업자의 인사이트와 지침을 이끌어내는 데 완벽하게 적합할 수 있다.

이 실행 방안은 다른 모든 실행 방안과 마찬가지로 균형에 관한 것이다. 완벽주의에 반대하는 정신으로 팀은 프로토타이핑 반복 횟수에 대한 경계를 만들어야 한다. 완벽한 것은 존재하지 않기 때문에 어느 시점에서 디자인을 구현하기에 "충분히 좋다"고 할 수 있는 시점에 대한 판단이 필요하다. 그러면 피드백 루프는 프로토타이핑이 아닌 평가의 영역으로 이동할 수 있다.

팀이 이러한 정신을 완전히 받아들이면 초기에 자주 프로토타이핑하기는 모든 업무에서 나타난다. 썬더밸리 커뮤니티 개발 회사의 예를 들면 프로토타이핑이 팀의 업무 방식과 생활 방식에 깊이 뿌리

내리고 있다. 공동 학습자 테이트윈 민스는 "썬더밸리에서 하는 모든 일은 프로토타이핑과 관련이 있습니다. 심지어 커뮤니티를 구성하는 일까지 모두 프로토타이핑과 관련이 있습니다"고 말한다. 그의 동료이자 공동 학습자인 린 쿠니Lynn Cuny 부책임자가 팀의 내부 프로토타이핑 사례를 소개한다.

우리가 하는 모든 일은 상황에 맞추는 적응형입니다. 가장 먼저 떠오르는 예가 이사 회의입니다. 우리의 모든 이니셔티브 디렉터들이 한 달에 한 번씩 모임을 갖습니다. 이전에는 조직 리더십 팀원 중 일부가 참석하여 책임자들이 어떻게 일을 처리하고 있는지 듣고 서로 동료 멘토링을 해주곤 했습니다. 이제는 리더십을 기르는 방식에서 벗어나 책임자들이 함께 모여 공존할 수 있는 새로운 방법을 찾고 같은 행사를 진행하며, 각 이니셔티브의 다른 목표를 함께 달성할 수 있는 기회를 제공하고 있습니다. 책임자들에게 자유를 주고 함께 모여 동료 멘토링을 받을 수 있는 기회를 제공하는 것이죠. 이 방식은 이미 테스트를 거쳤고 잘 작동하고 있는 것 같습니다.

테이트윈은 썬더밸리 CDC의 모든 이니셔티브가 프로토타입이라고 생각할 수 있다고 말한다. "왜 프로토타입일까요? 우리가 지속적으로 개선하기 때문에 프로토타입입니다. 그래서 우리는 반복적인 프로세스가 자연스럽고 유기적으로 이루어질 수 있도록 평가를 매우 강조하며 이를 통해 검토하고 스스로를 평가하고 개선해 나갑니다."라고 그는 설명한다. 썬더밸리 CDC 팀은 이러한 운영 방식이 스마트할 뿐만 아니라 자유롭다는 점을 분명히 알고 있다. "이것은 우리가 스스로 주권을 행사하고 스스로 해방되는 것입니다 커뮤니티마다 다를 수 있습니다. 하지만 이것이 바로 자기 결정권을 행사할 수 있는 방법이죠?"라고 테이트윈은 말한다.

> **팁_ 내부적으로 프로토타이핑을 연습하여 학습 문화를 구축하자**
>
> 팀 내에서 프로토타이핑은 직원 회의에 대한 새로운 접근 방식, 내년도 예산 수립을 위한 새로운 연간 프로세스, 심지어 팀 수련회에 대한 기발한 아이디어를 테스트하는 데 사용할 수 있다. 브레이크아웃 활동가들은 팀이 불완전한 결과가 나올 것을 알면서도 무언가를 시도하는 정신을 채택할 때 함께 배우고 개선할 수 있다는 점에 주목한다. 혁신을 거듭할수록 기존업무방식에서 벗어날 수 있는 방법이 더욱 다양해진다.

사업 초기에 자주, 프로토타이핑하기 실행

하와이 원주민 교육 및 문화 연구소(INPEACE)는 원주민 팝업 과학관인 카우레레 프로젝트Kaulele Project를 성공적으로 시작하기 위해 프로토타입 제작의 정신을 받아들였다. 오아후O'ahu, 카우아이Kaua'i, 몰로카이Moloka'i, 하와이Hawai'i 섬의 하와이 원주민 커뮤니티에서 어린이, 청소년, 가족을 대상으로 INPEACE의 활동을 이끄는 하와이 원주민 직원들에게 프로토타이핑은 새로운 것이 아니다.

"물론 가장 어린 케이키keiki(어린이)부터 연로하신 쿠푸나kupuna(조부모)에 이르기까지 모든 연령대의 커뮤니티 구성원에게 우리 일을 가장 가치 있게 여기는 것이 무엇인지, 우리 팀을 위해 어떤 아이디어와 조언을 해줄 수 있는지 묻습니다."라고 INPEACE의 공동 설립자인 마일 켈리피오 아코바Maile Keli'ipio-Acoba는 말한다.

어린이와 보호자가 모두 참여하는 혁신적인 유아 프로그램과 중학교 및 고등학생을 위한 다양한 프로그램을 통해 수년간 교육 분야에서 성공적으로 일해 온 INPEACE는 교육 성과에 중요한 격차가 있다는 것을 깨달았다. 학교의 테스트 데이터에 따르면 INPEACE가 서비스를 제공하는 지역 사회의 학생들이 STEM(과학science, 기술technology, 공학engineering, 수학mathematics)에서 어려움을 겪고 있는 것으로 나타났다. INPEACE 팀은 이 문제를 하와이 특유의 방식으로 해결하고자 했다.

"수천 년 동안 하와이 원주민 선원들은 환경에 대한 체계적인 관찰을 성공적으로 활용하여 광활한 대양을 횡단하고 지구상에서 가장 외딴 섬에서 번영을 누려왔습니다."라고 마일은 말한다. INPEACE 팀은 학생들이 학교와 미래의 취업 기회에서 성공할 수 있도록 지원할 뿐만 아니라 하와이 원주민과 태평양 섬 주민들이 수천 년에 걸쳐 완성한 과학 지식 체계에 대한 깊은 자부심을 심어줄 수 있는 방식으로 STEM 개념에 생명을 불어넣고자 했다. 이케 쿠푸나ike kupuna(전통 지식)의 가치와 개념, 그리고 STEM 개념과 기술 사이의 가교 역할을 하기 위해 카우레레 프로젝트가 탄생했다.

처음에 직원들은 세계적 수준의 박물관이라는 원대한 비전을 꿈꿨다. 하지만 반복적인 프로토타입 제작을 통해 이 비전을 현실화하기 위해 소매를 걷어붙이고 나서자 성공에 대한 비전이 전통적인 박물관에서 완전히 다른, 그리고 INPEACE 커뮤니티의 우선순위에 맞는 독특한 박물관으로 바뀌기 시작했다. "우리는 밤하늘의 별자리에 관한 전시나 와우케wauke 식물의 섬유로 카파 직물을 만드는 체험 전시 등 특정 전시물에 대한 일련의 아이디어를 도출하는 것부터 시작했습니다."라고 마일은 설명한다. "그리고 이러한 아이디어를 학교에 있는 학생들에게 가져가서 어떤 전시를 가장 보고 싶은지 물어봤어요. 학생들과 커뮤니티 자문 그룹의 모든 의견을 종합한 결과, 여러 가지 명확한 포인트가 나타났습니다. 커뮤니티 피드백을 통해 얻은 주요 결과 중 하나는 박물관을 짓고 영구적으로 운영하기 위한 기금 모금보다는 주 전역의 학교와 커뮤니티 센터를 순회하는 팝업 박물관으로 카우레레 프로젝트를 시작하는 것이 올바른 다음 단계라는 것이었습니다. 또한 "전시물 디자인의 일환으로 조상들의 지식을 전승하는 통로 역할을 하는 하와이의 전통 이야기인 모올레로mo'olelo에 기반을 두어야 한다는 것이 분명해졌습니다."라고 마일은 말한다.

이 접근 방식은 박물관 전체를 짓는 것보다 훨씬 쉽고 빠르게 자금을 조달할 수 있었을 뿐만 아니라 코로나19 팬데믹이 닥쳤을 때 놀라운 회복력을 보여주었다. 대규모 모임이 금지되고 박물관이 문을 닫은 상황에서도 지역 사회 구성원들은 한 번에 한 오하나ohana(가족)씩 전시물을 관람할 수 있었다. 팬데믹으로 인한 폐쇄에도 불구하고 INPEACE는 다양한 전시물의 프로토타입을 제작하고 어떤 전시물에 더 투자할지 결정할 수 있었다. 초기 전시물은 가족과 친구들의 도움을 받아 INPEACE 팀원들이 직접 창의적인 방식으로 제작했다. 여러 차례의 프로토타입 제작을 거친 후, INPEACE는 숙련된 박물관 디자인 회사와의 협업을 통해 카파 직물 전시를 최고의 박물관 체험으로 발전시키기 위한 자금을 마련할 준비가 되었다.

이 전시회는 시작 이후 하와이의 여러 지역과 커뮤니티를 순회하며 하와이 원주민 세대가 보유한 풍부한 전통과 지식에 대한 흥미와 함께 STEM에 대한 새로운 관심을 불러일으키고 있다. 또한 INPEACE는 지역 사회에 대한 INPEACE의 활동에 깊은 인상을 받은 한 후원자로부터 조직 역사상 가장 큰 규모의 보조금을 받았다.[4]

"각 단계에서 프로토타입을 제작하면서 우리가 만들고 있는 것이 학생들과 그 가족들에게 진정한 가치가 있다는 확신을 갖게 되었습니다."라고 마일은 말한다. INPEACE 팀은 카울레 프로젝트가 주 전역과 잠재적으로 전국을 순회하며 여러 전시물을 전시하는 미래를 목표로 하고 있으며 팝업 방식을 통해 가장 외진 곳에서도 카울레를 만날 수 있도록 하고 있다. 이 과정에서 INPEACE 팀원들은 원주민 지식과 최신 STEM 개념을 연결하는 강력한 접근 방식을 배우고 연마해 왔다. "이 과정은 다른 원주민 커뮤니티에서도 그들이 가진 모올렐로를 사용할 수 있도록 지원하기 위해 우리가 개발하고자 하는 과정이다."라고 마일은 말한다. 조직이 하는 모든 일의 중심에 있는 청소년과 가족의 안내에 따라 한 걸음 한 걸음 나아가는 INPEACE 팀원들은 광활한 태평양을 항해했던 조상들처럼 목적지에 도달할 수 있다는 확신을 가지고 있다.

사업 초기에 자주 프로토타이핑하기는 어떻게 혁신으로 이어지는가

이 실행 방안은 여러 가지 이유로 효과적이다. 첫째, 다양한 그룹의 집단 지성을 활용하여 아이디어를 다듬고 개선할 수 있다. "서류상으로는 이해가 되는 아이디어라도 실제 사람과 사건으로 가득한 세상에서 느슨해지면 그 어떤 것도 정확하게 실현될 수 없다."라고 푸시버펄로의 공동 학습자 브라이아나 디폰조는 지적한다. "수많은 행동, 결정, 정책 등이 결국 의도하지 않은 부정적인 결과를 초래하는데, 프로토타이핑을 더 많이 했다면 이를 완화할 수 있었을 것입니다." 브라이아나는 적정가격의 친환경 주택에 대한 접근성을 확대하고 버펄로 시의 활기찬 공동체 의식과 시민적 책임감을 키우는 데 있어 프로토타이핑의 핵심적인 역할에 대해 "우리 업무의 많은 부분이 여기에 집중되어 있으며, 학습 과정에서 그 가치를 확인했습니다."라고 말한다. 초기에 프로토타입을 제작하면 그룹이 할 수 있는 학습과 과정 교정이 극적으로 향상되는 경우가 많다.

둘째, 이 실행 방안은 수정 및 강화 피드백을 모두 수집할 수 있는 강력한 방법이기도 하다. 모든 종류의 의견에 대해 채널을 활짝 열어 두는 것이다. 이렇게 함으로써 프로토타입을 조기에 그리고 자주 제작함으로써 공유 작업은 더 큰 긍정적인 영향과 지혜로 이끄는 강력하고 균형 잡힌 출처로부터 정보를 얻을 수 있다. 이 실행 방안은 피드백이 도착할 때까지 수동적으로 기다리는 것이 아니라 모든 단계에서 피드백을 끌어들이는 것이다.

셋째, 그 효과는 공동 학습자인 브루킹 게이트우드의 말처럼 프로토타이핑을 통해 구축되는 "집단적 투자와 구매, 관계 구축"에서 비롯되며 "작업을 강화하는 역할을 한다"고 한다. 디자인 권한을 분산하는 방식으로 프로토타이핑을 실행할 때, 프로토타이핑은 아이디어를 선명하게 하고 사랑받는 경제의 실수를 방지하는 것 이상의 효과를 발휘한다. 소수가 어떤 아이디어를 채택하고 어떤 아이디어를 폐기할지 결정하는 권한을 행사하는 사랑없는 업무 방식과 달리, "많은 사람이 참여하고 솔루션과 결정에 직접적으로 영향을 미치는" 방식은 "대중의 소유권과 책임감을 형성한다."라고 바비는 설명한다. 다시 말해, 결정된 사항에 대한 신뢰와 주인의식이 형성되면 프로젝트의 성공을 더욱 강력하게 지원할 수 있다.

프로토타이핑을 통해 공동 작업자들은 문제 파악부터 솔루션 구현에 이르기까지 모든 단계에서 함께 상상하고 구축할 수 있으며, 심지어 평면도 초안 작성과 같은 보다 기술적인 측면에서도 참여할 수 있다.

모든 사람이 동일한 기술 전문 지식을 공유하지 않더라도 프로토타이핑을 사용하면 기술 전문가와 마찬가지로 누구나 자신의 선호도, 아이디어, 생생한 경험을 공유하며 의미 있는 기여를 할 수 있다.

초기에 프로토타입을 만들려면 설익은 아이디어를 공유할 수 있는 겸손과 용기가 필요하고, 의견을 초안으로 만들기 위한 노력이 필요하며, 각 단계마다 개선 방법에 대한 질문이 필요하다. 이러한 접근 방식을 통해 기존 비즈니스 결과를 창출하는 혁신 노력과 브레인스토밍에서 획기적인 혁신으로 도약하는 브레이크아웃 노력의 차이를 만들 수 있다.

브레이크아웃 활동가의 일터

이노베이션 엔지니어링

이노베이션 엔지니어링INNOVATION ENGINEERING팀이 새로운 고객과 함께 프로그램을 시작할 때마다, 대기업이든 소규모 비영리 단체든 참가자들은 처음에 상상력보다는 두려움과 관련된 내용을 공유하는 경향이 있다.

사람들은 아직 완성되지 않은 아이디어를 발표하고 공유하는 것을 두려워한다. 심지어 할 일 목록에서 시간을 내어 상상력을 자극하기 위해 전혀 상관없어 보이는 연습에 참여하는 것조차도 긴장한다. 상사에게 승인받지 못할 아이디어를 제안할까 봐 걱정하기도 한다. 이런 예는 무수히 많다.

"스스로를 돌아보며 '나는 두려움 속에 살기 때문에 상상력이 부족하다'고 말하는 사람을 찾기는 어렵습니다. 하지만 전시물은 어디에나 있습니다."라고 기업을 위한 혁신 회사이자 프로그램인 유레카 랜치 & 이노베이션 엔지니어링Eureka! Ranch and INNOVATION ENGINEERING의 CEO 매기 니콜스Maggie Nichols 는 말한다.

30년 넘게 미국 전역의 유명 브랜드를 포함한 수십 개의 기업 및 비영리 고객사와 함께 일하면서 매기와 이노베이션 엔지니어링 팀은 고객의 직장에서 두려움이 점점 더 커지고 있다는 사실을 발견하고 수천 명의 참여자 설문조사를 통해 이를 문서화했다. "두려움의 표출은 '나는 너무 바빠'와 같은 것일 수 있다. '나는 할 수 없어, 나는 지쳤어, 나는 너와 함께 갈 수 없어'와 같은 것들이다." 겉으로 보기에 이러한 말은 두려움과 아무 관련이 없는 것처럼 보이지만 속지 말아야 한다. 두려움을 감추기 위한 말일 뿐이다. 두려움은 상상력과 혁신을 가로막는다. "두려움은 상상력을 발휘하는 데 필요한 모든 산소를 훔쳐 간다. 두려움은 하루종일 시간을 빼앗기는 안건을 스스로 만들게 한다. 한 발짝 물러설 틈이 없다. 상상력을 발휘하는 것이 아깝게 느껴진다. 경박하게 느껴지는 것이다. 방황하다가 허무하게 끝날 것 같고, 패배감을 느끼게 된다."

이노베이션 엔지니어링은 팀과 기업을 위한 '완전한 혁신 운영 시스템'이자 하나의 학문의 장이기도 하다. 이노베이션 엔지니어링 팀은 자신들이 가르치는 모든 사례와 제공하는 도구가 고객과의 작업을 통해 수십 년 동안 수행한 연구와 데이터 수집에 기반하고 있다는 사실에 자부심을 가지고 있다.

매기와 그의 팀은 자신들의 접근 방식이 돋보이는 이유를 분명히 알고 있다. 소수의 전문가, 컨설턴트 또는 디자이너가 회사의 다음 큰 아이디어나 획기적인 전환점을 구상하는 기존업무방식의 혁신 접근 방식과 달리, 이노베이션 엔지니어링은 내부로 눈을 돌려 회사의 모든 구성원들이 가진 심오한 상상력을 일깨운다. 또한 창업자와 리더가 탑다운식 접근 방식에서 벗어나 리더가 이끄는 팀이 성공할 수 있도록 지원하는 방식으로 전환하도록 코칭함으로써 리더십 접근 방식을 혁신하는 데에도 깊은 뿌리를 두고 있다. 이노베이션 엔지니어링은 전체 팀이 대담한 아이디어를 개발하고 공유할 수 있도록 지원하는 시스템을 구현하는 데 주력하고 있으며, 팀원들이 특히 열정을 갖고 있는 아이디어의 프로토타입에 대한 리더십 역할을 맡도록 지원하여 전략적 실행으로 나아갈 수 있도록 돕고 있다.

이 접근 방식은 1986년 더그 홀Doug Hall이 대기업의 난제 해결을 돕기 위해 설립한 연구소인 유레카 랜치와는 매우 다르다. 매기는 1990년대에 경영학도로서 처음 이 회사에 참여했는데, 이 회사는 혁신에 대한 보다 기존업무방식적인 접근 방식을 기반으로 하고 있었다. 매기는 "제가 입사했을 때는 나이키, 아메리칸 익스프레스, 월트 디즈니 등 매주 다른 기업이 전성기를 구가하던 시기였습니다."라고 회상한다. 당시 그들의 접근 방식은 매기의 말대로 "큰 도전 과제가 있다고요? 저희에게 오시면 큰 아이디어를 드리겠습니다. 창의적인 일을 하려면 영리한 장소에 와야 합니다. 그리고 모든 팡파르와 파티를 즐기십시오."였다고 한다.

하지만 매기가 회사에 입사한 지 몇 년이 지난 후, 더그와 팀은 진정으로 의미 있는 혁신의 형태가 무엇인지에 대해 큰 질문을 던지기 시작했다. 2000년경, 매기와 더그는 미래에 대해 논의했다. 매기는 가장 최근의 고객이 '관, 쿠키, 신용카드'를 위한 혁신 작업을 하고 있었다고 기억한다. 두 사람의 모든 노력이 합쳐져 어떤 결과를 낳을지 생각하던 중, 매기는 "한 발짝 물러나서 '정말? 이게 우리가 이 세상에 남길 유산이라고요? 차세대 저지방 무화과 뉴턴 쿠키와 다음의 낮은 연이율APR?'이라고 물을 시간이 필요합니다."라고 말했다. 그들은 유레카 랜치가 같은 방식으로 계속 운영된다면, 매기의 말대로 '세상은 더 나아지지 않을 것'이라는 사실을 깨달았다. 동시에, 그들은 팀원들이 영감을 찾고 자신만의 아이디어를 창출할 수 있도록 지원함으로써 엄청난 변화의 잠재력을 발견했다. "바로 그때 혁신 엔지니어링innovation engineering이라는 개념이 시작되었습니다."라고 매기는 설명한다.

이노베이션 엔지니어링을 출범하고 디자인에 대한 권한을 체계적으로 분리하여 혁신의 작동 방식을 근본적으로 변화시키는 데 초점을 맞추기 위해 노력의 방향을 전환했다. "누구나, 어디서나, 매일 혁신을 실현하여 세상을 바꾼다"는 사명 선언문을 내세웠다. 이들의 접근 방식은 자극과 다양성이라는 두 가지 개념을 중심으로 한다. 여기에는 사람들이 다르게 생각할 수 있도록 의도적으로 자극을 주는 것, 즉 무작위로 생성된 단어, 참가자들이 궁금했던 질문이나 가능성을 조사하는 '숙제'에서 얻은 결과, 특정 주제나 트렌드에 대한 뉴스 검색 등이 포함된다. 팀 간의 다양성은 이러한 자극을 통해 도출된 아이디어가 획기적인 것, 즉 혁신 공학에서 말하는 '의미 있는 독창성'으로 이어질 수 있도록 하는 핵심 요소이다.

하지만 이노베이션 엔지니어링이 팀 전체, 나아가 기업 전체에 브레이크아웃 활동가로서의 도전을 권유하고 초대하는 새로운 방향으로 나아갈 때, 매기가 말처럼 "두려움이 실제로 드러나기 시작했다." 때로는 미묘한 두려움이었고, 고객사에서 '유독한 문화와 끔찍한 일'을 경험하는 경우도 있었다. 사람들은 상부에 잘 전달되지 않은 아이디어를 공유했다가 즉시 해고당할까 봐 두려워하거나 일을 처리하지 않은 채 상상하느라 시간을 허비하는 것으로 여겨질까봐 두려워했다. "우리는 발명의 중요한 요소는 자극, 다양성, 재미라는 가정을 가지고 있었습니다. 그런데 10년이 지나면서 '재미는 너무 피상적이다. 분모로서의 두려움이 사실 진짜 문제이다'라고 생각했습니다.

사람들은 두려워합니다. 그리고, 네, 큰 아이디어에도 겁을 먹습니다. 그렇다면 어떻게 하면 사람들이 두려워하지 않게 만들 수 있을까요?"라고 매기는 말한다.

매기와 팀은 특이한 아이디어를 공유하는 것에 대한 참가자들의 두려움의 근본 원인을 해결하기 위해 직장을 변화시키고 그 후 표현을 촉진하는 관행과 시스템을 구현하면 사람들이 대담하게 공유하고, 열정적으로 아이디어 테스트를 시작하고, 아이디어를 실현하기 위한 방법을 강구할 수 있다는 사실을 발견했다. 매기는 기업 유형과 규모에 관계없이 모든 기업이 두려움을 극복하고 팀원 모두가 상상력과 디자인 권한을 마음껏 표현할 수 있는 업무 환경을 구축하도록 독려하는 데 열정을 쏟고 있다. 또한 그는 장기적으로 직원과 회사에 도움이 될 새로운 기술과 강력한 시스템의 개발을 권한다. "상상력을 발휘할 수 있는 시스템을 구축하면 업무 방식과 생활에 상상력을 불어넣을 수 있습니다. 상상을 일의 더 큰 부분으로 만들 수 있습니다."라고 말하며 매기는 이노베이션 엔지니어링이 시스템에 중점을 두고 있다고 설명한다.

이러한 요소와 더불어 기업이 팀 전체에서 리더십이 발휘되는 방식을 바꾸도록 장려한 결과, 이노베이션 엔지니어링은 놀라운 성과를 거두었다. 이 회사의 패키지가 고객에게 제공하는 가치를 입증하는 인상적인 통계가 여러 가지 있지만 사람들이 믿지 않아서 팀에서 공개적으로 언급하지 않을 정도로 뛰어난 통계가 하나 있다. "우리 팀이 수강생들이 잘 문서화된 프로젝트를 수행한 가장 최근의 교육 과정을 살펴본 결과, 수강생들이 수행한 프로젝트의 평균 예상 혁신 가치는 그 코스에 지불한 비용수의 약 250배에 달했으며, 심지어 가장 낮은 가치의 프로젝트도 3배를 초과했습니다."라고 매기는 설명한다.

이 재정적 가치는 어디에서 오는 것일까? 때로는 팀원들이 이노베이션 엔지니어링 프로그램에 참여하여 개발한 새로운 제품이나 서비스에 대한 큰 아이디어가 새로운 자금, 고객, 투자를 유치하는 데서 비롯되기도 한다. 하지만 팀과 기업에서 일하는 방식의 변화와 관련이 있는 혁신을 사람들이 매우 높게 평가하는 경우가 많았다.

사람들이 기업의 성공을 위한 방법을 혁신할 기회를 갖고 그리 하도록 요청받으면, 그들은 대부분 훨씬 더 개선될 수 있다고 생각하는 프로세스를 찾아냅니다. "80%의 경우 사람들이 프로세스 개선을 위해 노력하고 있습니다. 이는 우리의 업무 방식이 얼마나 많이 망가졌는지를 보여줍니다."라고 매기는 말한다.

이노베이션 엔지니어링의 프로그램에 참여함으로써 고객이 경험하는 높은 재정적 수익은 더욱 놀라운데, 그 이유는 기존업무방식 혁신 교육 과정의 경우 "대부분의 수강생이 배운 새로운 기술을 실제로 적용하지도 않기 때문"이라고 매기는 지적한다. 이와는 대조적으로 이노베이션 엔지니어링의 접근 방식은 각 참가자가 현재 업무에서 가장 혁신하고 싶은 부분이 무엇인지 결정하고 자신과 동료들이 도출한 새로운 아이디어를 즉시 적용하고 실행할 수 있도록 지원한다. 이는 이노베이션 엔지니어링 팀이 문서화한 인상적인 정량적 데이터를 능가하는 가치를 의미한다. "참가자들은 두려움을 극복할 수 있는 자신감을 얻는 것도 중요하다고 말합니다. 이는 교육과 경험이 대차대조표상에 만드는 가치 뿐 아니라 이를 통해 형성되는 문화와 사고방식의 핵심입니다."라고 매기는 강조한다.

사람들이 주도적으로 자신과 팀의 업무 프로세스를 혁신할 때, 그 결과는 광범위한 이점을 가져다준다.

"위젯이 하나 더 추가되는 것이 아닙니다. 시스템 개선과 프로세스는 변화를 지속하는 것입니다."라고 매기는 이노베이션 엔지니어링이 오랜 시간 동안 수집한 데이터를 기반으로 말한다. 그리고 지속적인 혜택은 금전적인 것만이 아니다. 이노베이션 엔지니어링 퍼실리테이터는 교육 후 참가자들이 경험한 개인적인 변화에 대한 피드백을 정기적으로 받고 있으며 참가자들은 업무에서, 종종 업무 외의 삶에서도 더 많은 여유와 기쁨, 의미를 찾는다. 한 참가자는 직장의 변화가 자신의 삶에 긍정적인 영향을 미쳐 자신과 배우자가 간절히 원했지만 일의 부담 때문에 불가능하다고 여겼던 부모가 되는 데 영감을 주었다고 말했다. 이제 원하는 방식으로 부모가 되는 것이 전적으로 가능하고 심지어 즐거운 일로 느껴졌다고 한다. 매기는 수년 동안 많은 사람들이 공유해 준 피드백을 '러브레터'라고 부르며 소중히 여긴다.

이노베이션 엔지니어링은 자신들만의 '의미 있게 독특한' 접근 방식을 통해 직장이 자유로운 상상력, 행동, 리더십을 발휘하는 환경으로 변모할 수 있도록 지원하며, 이를 통해 일이 덜 두렵게 느껴질 뿐만 아니라 더 사랑받는다는 느낌이 들도록 한다.

11장
혁신하려는 노력에는 저항이 따른다

7가지 실행 방안을 실천하는 과정에서 일부 브레이크아웃 활동가들은 저항을 경험하기도 한다. 7장 '다양성 추구하기'에서 논의했듯이 저항은 건강한 인간 시스템의 일부일 수 있지만, 이 장에서는 이 용어를 다르게 사용한다. 여기서는 브레이크아웃 활동가들이 겪는 두 가지 특별한 형태의 저항에 대해 논의하는데, 이들은 놀라움을 느낄 수 있고 때로는 그룹의 노력을 좌절시킬 수도 있다고 보고한다. 이러한 저항의 빈도와 정도를 고려할 때 7가지 실행 방안을 실행하는 동안 직면할 수 있는 상황, 가장 일반적인 저항의 형태, 그런 일이 발생하는 이유에 대해 더 자세히 살펴보지 않는다면 아쉬울 것이다.

연구 결과 브레이크아웃 활동가들의 노력에 대한 저항은 혁신 이니셔티브, 기업 또는 조직이 혁신적인 변화를 목전에 두고 있거나 대중의 긍정적인 인정을 받고 있을 때 가장 자주 발생한다는 사실을 발견했다. 실제로 일부 브레이크아웃 활동가들은 이러한 저항을 자신들의 혁신이 성공적으로 현상 유지에서 벗어나고 있다는 신호탄으로 받아들이기도 한다.

외부의 반발과 내면화된 의심

공동 학습 커뮤니티의 브레이크아웃 활동가들이 직면한 저항은 외부의 반발과 내면화된 의심 두 가지 형태로 가장 흔하게 나타났다.

조사 결과, 약 20%의 브레이크아웃 활동가들이 눈에 띄는 외부의 반발을 경험한 것으로 나타났다.[1] 이러한 반발은 관련자들이 매우 성공적이라고 생각했던 이니셔티브의 갑작스러운 중단, 명확한 이유 없는 갑작스러운 해고, 지원금 회수, 심지어 치밀한 사보타주 등 다양한 형태로 나타났다. 이는 그룹이 예상치 못한 순간에 종종 발생한다. 반발은 프로젝트 내의 개인뿐만 아니라 전체 이니셔티브에 대한 것일 수도 있다.

익명으로 제보 받은 사례이다. 한 보조금 지급 가족 재단의 직원은 재단의 운영 방식을 재구상하기 위해 재단의 수혜자들과 협력하고 있었다. 그들은 직원들이 잠재적 수혜자들과 회의를 진행하는 방법부터 향후 자금을 지원할 단체를 식별하는 새로운 커뮤니티 중심 프로세스까지 모든 것을 논의했다. 변화를 시도한 지 2년이 지났을 때 모든 협업 노력이 갑자기 중단되었다. 설립자의 가족으로 구성된 이 사회에 의해 중단된 것이다. 설립자 가족은 직원과 수혜자가 함께 만들어온 성과를 일관되게 지지해 왔음에도 불구하고, 갑자기 모든 직원의 자리를 없애고 향후 수혜자 선정을 포함한 모든 운영을 가족이 맡겠다고 팀에 통보했다. 이러한 지원의 역전 현상은 직원들이 협력하여 만든 새로운 관행이 효과적인 자선 활동의 기준을 높이는 것으로 해당 분야에서 알려지면서 발생했다. 직원들과 수십 개의 수혜 단체가 협력하여 구축한 모든 것이 불과 몇 주 만에 무너졌다.

우리의 연구에 포함된 모든 사례에서 이러한 반발을 일으킨 사람들은 더 큰 집단의 복지와 결정을 통제하는 데 익숙한 사람들이었다. 그들은 디자인 권한을 강화하는 데 익숙했다. 보조금을 지급하는 재단의 경우, 가족은 재단의 자금으로 다른 사람들에게 혜택이 나눠주는 방법에 대해 완전한 권한을 갖는 데 익숙했다. 이들은 가장 큰 영향을 받는 이해관계자들을 참여시키거나 의사결정에 참여시키기보다는 이해관계자들을 대신하여 결정을 내리는 데 익숙했다.

그러나 현재 디자인에 대한 집중된 권한를 누리고 있는 사람들의 반발은 브레이크아웃 노력이 직면하는 저항의 한 유형에 불과하다. 우리 조사에서 더 미묘한 유형의 저항은 기업에 종사하는 사람들 사이에서 발생하는 내재화된 의심의 형태로 나타났는데, 이들은 현상 유지에서 반드시 이익을 본다고는 할 수 없는 사람들이었다.

브레이크아웃 참여자들은 때때로 가장 가까운 협력자, 심지어는 그들 자신으로부터도 저항이 솟아난다고 말했다. 공동 학습자인 매기 니콜스와 이노베이션 엔지니어링 팀은 이 현상에 대한 상당한 데이터를 보유하고 있다. "1990년부터 함께 일해 온 모든 팀과는, 처음에 사전 평가를 진행합니다. 이는 혁신 능력에 대한 팀원들의 인식을 파악하기 위한 것입니다."라고 매기는 설명한다. 팀원들은 회사에서 혁신의 필요성과 시급성을 어떻게 인식하는지 창의적인 아이디어를 어느 정도 환영하는지 자신의 업무를 성공적으로 수행할 수 있는 자원과 지원을 받고 있다고 생각하는지 등의 주제에 대한 일련의 질문에 답한다. 이노베이션 엔지니어링은 수년간 축적된 데이터를 통해 팀 내 개인이 자신의 아이디어를 말하거나 행동으로 옮기는 것을 주저하는 경우가 많다는 사실을 알게 되었다. 이는 특히 구성원이 현재 이상의 어떠한 신뢰나 관심도 받지 못할 것이라고 믿는 직장에서 더욱 그러하다. 그들은 이러한 직장 문화가 만연해 있다는 것을 알고 있었다.

연구 결과, 사람들이 새로운 아이디어를 방해하는 것으로 인식하는 업무 문화가 반드시 존재하지 않더라도 그룹의 활동을 제한하는 또 다른 형태의 내재화된 의심도 발견되었다. 예를 들어, 어떤 사람들은 계급, 인종, 성별, 직업적 배경 또는 능력 면에서 자신과 다르다고 인식되는 사람들과 동료로 처음 함께 일하도록 요청받았을 때 긴장감을 느낀다고 말한다. 또 다른 예로, 의사 결정권을 공유해야 하는 상황에 직면했을 때 통제권을 놓치면 모든 것이 무너질까 봐 걱정하는 사람들도 있다. 어떤 사람들은 변화가 일어난 후에도 자신이 여전히 업무에서 자리를 지킬 수 있을까 하는 혼란스러운 감정을 공유하기도 한다. 우리도 개인적으로 사람들의 두려움에 부딪혔다.

의사 결정에 참여하는 사람을 확대하자는 이야기를 꺼냈을 때, 사람들은 종종 합의 과정이 잘못되는 등 부정적인 경험을 토로했을 뿐만 아니라 "공유지의 비극은 어쩌고요?" 또는 "군중 심리의 위험성은 어쩌고요?"라며 우리를 의아한 표정으로 바라보기도 했다. 때로는 농담 반 진담 반으로 우리가 공산주의자가 아니냐고 묻기도 했다.

사람들이 표현하는 망설임은 다양하지만, 우리는 이러한 망설임이 사랑없는 경제를 지속시키는 데 핵심이 되는 공통의 흐름을 드러낸다고 생각한다. 우리 대다수는 현 상태를 벗어나면 반대편에 우리를 붙잡을 무언가가 있을지 확신할 수 없다고 생각한다. 브레이크아웃 활동가들은 궁극적으로 실패할 것이라는 두려움으로 인해 저항하는 사람들이 공포를 느끼는 경우가 많다고 지적한다.

우리 모두는 다양한 영향을 받으면서도 사랑없는 삶을 살아가도록 훈련받았다. 기존업무방식에서는 분리되고 타자화된 소수가 다수를 위해 행동해야 하며, 우리 모두가 스스로 결정하고 창조하는 것은 위험하다는 것을 강조한다. 이러한 믿음은 기존업무방식에 널리 퍼져 있으며 많은 사람들이 이러한 구조를 대수롭지 않게 생각하지 않으며 매일 강화하고 있다.

설계 대상

디자인 권한이 집중된 결과물로서, 기존업무방식에서는 개인과 그룹이 이해관계자를 대신하여 결정하고 실행하는 것이 정상으로 간주된다. 사랑없는 일의 방식은 종종 누군가를 대변하거나, 누군가를 위해 만들거나, 누군가를 위해 마케팅하거나, 누군가를 대신하여 관리하는 것인데, 이 모든 것은 실제로는 행동을 하는 사람과는 별개로 (선택되지 않은) 역할을 하는 동질적인 타자가 존재한다는 개념적 관념을 지지하는 것이다. 이러한 역학 관계는 이윤을 추구하는 다국적 기업의 업무에만 내재되어 있는 것이 아니다. 비영리단체, 정부 기관, 자원봉사 단체도 이러한 방식으로 분리를 반복하여 혁신을 저해한다. 행위자와 대상 간의 분리를 통해 이익을 창출하고 이익을 얻는 행위가 명백해 보일 수 있지만, '도움'을 제공하는 분야를 포함하여 다른 많은 행위에서도 그렇게 한다는 사실을 우리는 간과할 수 있다.

실제로 긍정적인 영향을 미치고자 하는 사회적 목적을 가진 조직이나 기업도 디자인 권한 강화에서 자유로울 수 없다. 우리는 비영리단체, 사회적 기업, 국제 개발 프로젝트, 자선 기관 등 다양한 분야에서 혜택을 받는 사람들을 은연중에 유아화, 비인간화, 무시하고 심지어 두려움에 떨게 하는 방식으로 일하는 경우가 많다는 사실에 충격을 받았다.[2] 기존업무방식 환경에서는 개별 사람들의 복잡한 모자이크가 "수혜자"라는 동질화된 범주에 의해 타자화되기 쉽다.

회의에 참석하지 않거나 자문을 받을 수는 있지만 의사결정 권한이 없거나 통찰력을 통해 얻은 혜택을 공유할 능력이 없는 이해관계자를 <u>위한</u> 프로그램, 정책, 제품 및 서비스를 설계하는 것은 분리를 적극적으로 강화하여 기존업무방식에 갇히게 한다. 아무리 좋은 의도라 할지라도 이러한 노력은 디자인 권한의 집중을 강화한다.

이러한 업무 방식은 깊은 뿌리를 가지고 있다. 수백 년 동안 집중된 영향력의 현상 유지로부터 이익을 얻는 사람들은 선천적으로 다른 사람들보다 우월한 특정인이 모든 사람에게 영향을 미치는 결정을 맡겨야 한다는 잘못된 우월주의적 생각을 의도적으로 퍼뜨려 왔다.

역사학자이자 작가인 헤더 콕스 리처드슨Heather Cox Richardson 박사는 "부유하고 교육 수준이 높으며 인맥이 두터운 소수의 백인 및 남성 리더가 모든 것을 통제할 때 모든 것이 가장 잘 운영된다고 믿도록 사람들을 설득하기 위해" 미국 역사 전반에 걸쳐 이 개념이 반복적으로 조장되어 온 방식을 조명한다. 리처드슨 박사는 "그들은 자신들만이 국가 정책, 특히 경제 정책에 대해 올바른 결정을 내릴 수 있는 기술, 통찰력, 경험을 갖춘 유일한 사람이라고 주장합니다. 그리고 부를 창출하는 노동자들이 부를 통제하게 되면 부를 낭비하게 되는 반면, 자신들이 관리인 역할을 하면서 현명하게 부를 사용할 것이기 때문에 부를 자기 손에 집중시키는 것이 중요합니다."[3]라고 설명한다.

이러한 이데올로기를 강요하는 전술은 미국 건국 초기부터 존재해 왔으며, 백인 우월주의, 계급주의, 가부장제 등 다른 배타적 이데올로기를 통해 지속적으로 만들어지고 있다. 예를 들어 리처드슨 박사의 요약에 따르면, 1858년 사우스캐롤라이나의 농장주이자 미국 상원의원이었던 제임스 헨리 해먼드James Henry Hammond는 상원에서 "남부가 세계에서 가장 좋은 정부를 만들어냈다"고 주장했다. 남부는 부유하고 교육 수준이 높으며 인맥이 두터운 소수의 사람들이 다른 모든 사람들, 즉 사회를 지탱하는 자본을 생산하지만 방향이나 야망이 거의 없고 상사의 통제를 받아야 하는 노동자들을 '천민mudsills'이라 부르며 권력을 쥐고 있었다. 해먼드는 북부 동료들에게 남부의 천민은 흑인이었고, 북부의 천민은 임금 노동자였다고 설명했다.[4] 그의 주장과 당시 많은 권력자들이 이러한 견해를 공유했다는 사실은 소수만이 사회를 설계할 수 있다는 관점이 미국에 얼마나 오랫동안 뿌리내려 왔는지 알 수 있게 한다.

대부분의 인간에게는 공유 자원을 관리할 능력이 없다는 주장과 함께, 특히 운이 나쁘다고 여겨지는 사람은 자력으로 관리할 수 없기 때문에 추출적인 경제에서 영향력을 강화한 사람들이 도덕적으로 우월하거나 정당하다는 이데올로기가 만연해 있다. 예를 들어, 19세기 후반 미국에서 대호황시대 엘리트들이 이전에는 군주에게나 볼 수 있었던 규모의 사유 재산을 축적하기 시작하면서 그들이 부를 추출하는 바로 그 지역 사회에 '환원'하기 위한 새로운 업무 방식이 개발되었다.[5] 이는 스스로 경영할 수 없고, 따라서 추출하는 것이 정당화되는 타자라는 개념을 강화했다. 비영리 단체, 자선 단체, 자선 기관, 그리고 이후 사회적 의식을 가진 기업들은 상호주의적 파트너십을 맺기보다는 그러한 사람들을 구하고, 고양하고, 완성하고, 다른 방식으로 돕는 것을 목표로 삼음으로써 이러한 분리를 발전시키고 영속화시켰다. 이러한 프로젝트의 자선적 목표는 때때로 진정한 기부 의도에서 비롯되었을 수도 있지만, 이는 종종 수혜자가 '도움을 주는' 사람보다 능력이 떨어진다는 전제에 기초하기 때문에 프로젝트는 지역 사회의 부의 추출과 같은 불평등의 근본 원인을 무시한 채 디자인 권한을 축적했다.

최근 몇 년 간 놀라울 정도로 노골적인 배제 주장이 다시 등장했다. 2021년 봄, 〈내셔널 리뷰National Review〉의 기자 케빈 D. 윌리엄슨Kevin D. Williamson은 "미 공화국은 더 적은 수의, 그러나 더 나은 유권자를 보유함으로써 더 나은 서비스를 받을 수 있을 것"이라는 글을 게재했다.[6] 마찬가지로 미국 공화당 로비스트인 마이크 솔론Mike Solon과 빌 그린Bill Greene은 2021년 여름 〈월스트리트 저널Wall Street Journal〉에 기고한 오피니언 기사를 통해 말 그대로 '중요한 사람somebody'이라고 불리는 전문가들에 의한 통치가 '아무것도 아닌 사람nobody'이라고 불리는 나머지 사람들에게는 '관심을 갖거나 참여하느라 겪는 어려움으로부터의 자유'를 허락한다고 주장했다.[7]

브레이크아웃 활동가들과의 대화를 통해 우리는 기존업무방식 환경에서는 '유능한' 소수의 손에 디자인 권한이 집중되지 <u>않고서는</u> 우리의 집단적 생존 능력을 확신할 수 없다는 사실을 알게 되었다. 물론 브레이크아웃 활동가들은 분야별 전문가와 기술적 전문성이 핵심이라는 것을 알고 있다. 예를 들어 외과 의사나 전기 기술자, 변호사의 전문 지식이 최선의 조치를 결정하는 데 결정적인 역할을 하는 시나리오는 무수히 많다. 문제는 다른 모든 사람을 중요한 통찰력을 가진 사려 깊은 동료가 아닌 '아무것도 아닌 사람'으로 간주할 때 발생한다.

브레이크아웃 활동가들은 우리가 생산성이라는 한 가지 목적을 위해 모든 것을 신중하게 관리해야 하는 희소성의 세계에 살고 있다고 믿도록 길들여졌다고 지적한다. 우리 중 많은 사람들은 권력을 공유하면 나쁜 일이 일어날 것이라고 믿으며 서로에게 집단적 안녕을 맡기는 것을 두려워하도록 배웠다. 질서는 혼돈으로 변할 것이다. 사람들은 단기적으로 자신에게 좋은 것만 추구하게 되고 모든 것을 잃게 될 것이다.

이 때문에 새로운 혁신에 직면했을 때 사람들은 때때로 인류의 집단적 능력에 대한 불신에서 비롯된 두려움을 느낀다. 바로 이 지점에서 저항이 발생하는 경우가 많다.

우리 중 많은 사람들은 디자인에 대한 집중된 권리를 가진 소수의 책임자가 없으면 인간은 자연스럽게 혼돈과 폭력으로 빠져들 것이라는 '대중의 횡포'를 믿도록 배워왔다. 이러한 개념은 수 세기 전으로 거슬러 올라가며 17세기 철학자 토마스 홉스Thomas Hobbes에 의해 일부 대중화되었다. 홉스는 그의 저서 《리바이어던Leviathan》에서 인간의 본성은 만인에 대한 만인의 투쟁이라고 주장했다.[8] 정부가 없다면 두 사람이 자원을 차지하기 위해 서로를 죽이지 않을 것이라는 보장은 없다. 그는 인간을 엄격한 규칙으로 통제하지 않으면 "산업이 설 자리가 없으며, 그 결실은 불확실하다 … . 그리고 인간의 삶은 고독하고, 가난하고, 더럽고, 잔인하고, 짧을 것이다."[9]라고 경고했다.

1968년 생태학자 개럿 하딘Garrett Hardin 박사가 〈사이언스Science〉지에 발표한 〈공유지의 비극tragedy of the commons〉이라는 논문에서도 비슷한 이야기가 나왔다. 이 논문의 전제는 어장, 우리가 숨 쉬는 공기, 우리가 공유하는 공동체 정원과 같은 공동의 자원인 공유지가 인간의 본성 때문에 자연적으로 폐허가 될 것이라는 것이었다. 하딘 박사는 사람들이 자신의 이기심에 따라 독립적으로 행동하고 공동선에 반하는 행동을 할 것이며, 이는 필연적으로 자원의 고갈로 이어진다고 주장했다. 공동 복지에 대한 통합적 통제를 주장하는 많은 사람들과 마찬가지로 하딘 박사도 의제를 가지고 있었다. 남부 빈곤 법률 센터Southern Poverty Law Center에 따르면, 하딘 박사는 거의 60년 동안 "산타바바라 캘리포니아 대학교의 존경받는 생태학자로서 자신의 권위를 이용해 인종과 이민에 대한 원주민주의적 태도nativist attitudes를 미국 환경운동에 통합했다. 그는 인종주의적이고 사이비 과학적 주장에 근거한 주장을 많이 했다."[10]

하딘 박사의 주장은 인간이 공동의 부를 협력적으로 관리할 능력이 부족하다는 다른 주장들과 함께 대부분 반박되었다. 이러한 주장을 반증한 많은 연구자 중 엘리너 오스트롬Elinor Ostrom 박사가 눈에 띈다. 그는 수십 년에 걸친 연구를 통해 전 세계의 민족과 공동체가 자신들을 지탱하는 공유지를 관리하기 위해 채택한 고도로 정교한 관행의 효과를 입증한 공로로 2009년 노벨 경제학상을 수상했다. "공유지의 비극"과 다른 주장들이 간과한 것은 역사학자 E.P. 톰슨E.P. Thompson이 쓴 것처럼 "평민들도 상식이 없었던 것은 아니었다."는 것이다.[11] 하딘 박사조차 1990년대 초에 자신의 논문을 공개적으로 철회했지만, 그 아이디어는 이미 대중의 의식 속에 자리 잡았다.[12]

역사학자이자 전미도서비평가협회상 수상자인 레베카 솔닛은 저서 《지옥에 지어진 낙원A Paradise Built in Hell》에서 홉스와 하딘 박사의 기본 전제에 의문을 제기하는 증거를 조명한다. 솔닛은 재난 사회학 분야로 눈을 돌려 1906년 샌프란시스코 대지진을 시작으로 한 세기에 걸쳐 여러 지역에 걸쳐 발생한 다섯 차례의 주요 재난에 대한 연구와 직접 경험담을 바탕으로 연구를 진행했다. 솔닛의 연구는 질서가 사라지면 홉스가 말하는 군중과 정반대로 변하는 인간의 성향을 보여준다. 전반적으로 솔닛은 이러한 상황에서 피해를 입은 사람들이 이타적인 방식으로 서로를 돕고 스스로 조직화하여 협력과 상호부조의 이웃 사회를 만드는 것이 지배적인 반응이라는 사실을 실증적으로 입증했다.[13]

연구는 인간 본성에 대해 우리가 들어왔던 것과는 달리 집단의 복지를 관리하기 위해 협력할 때 우리는 이기적인 혼돈에 빠지지 않으며, 오히려 윤리적 돌봄과 상호 번영을 우선시하는 정교한 시스템으로 스스로를 조직할 수 있는 능력이 있음을 거듭 입증하고 있다.

상상력 결핍

사랑없는 경제는 불가능한 것과, 기존업무방식에 대한 실행 가능한 대안이 없다는 이야기로 가득 차 있다. 이러한 이야기는 경제에 관해서는 다른 어떤 것도 시도할 가치가 없으며, 기업과 조직이 힘의 역학 관계가 균형을 찾으면 그 결과는 혼란과 파멸이 될 것이라고 생각하게 만든다.

특히 미국에서는 현재의 사랑없는 경제는 근본적으로 움직일 수 없으며, 가능한 모든 시도는 이미 다 해봤다고 믿는 종교에 가까운 열정이 존재한다. 이러한 열정으로 인해 우리의 집단적 경제적 상상력은 제대로 활용되지 못하고 상당히 위축되어 있다. 사람들은 다른 방식으로 일하는 것이 가능하다고 믿지 않을 뿐만 아니라, 다른 방식이 무엇인지 상상하는 것조차 어렵다.

우리는 혁신이 임박한 상황에 직면한 일부 브레이크아웃 활동가들이 실제로 자신이 직접 경험하고 있는 성공을 믿지 못하는 것을 관찰했다. 그들이 경험하고 있는 것이 사실이라고 믿기에는 너무 불가능해 보일 수 있다.

하지만 다른 업무 방식과 다른 경제가 존재할 수 있을 뿐만 아니라 이미 존재하고 있다는 것이 사실이다.

대안 경제의 존재

파트너십과 상호의존을 우선시하는 경제는 수천 년 동안 존재해 왔다.[14] 예를 들어, 전 세계 원주민 사회에서 "부는 함께 나누기에 충분한 것으로 이해되며, 풍요로움의 실천은 그것을 나눠주는 것이다."라고 로빈 월 키머러Robin Wall Kimmerer 박사는 2020년 저술한 〈서비스베리: 풍요의 토착 경제The Serviceberry: An Indigenous Economy of Abundance〉라는 에세이에서 설명한다. "사실, 지위는 얼마나 많이 축적하느냐가 아니라 얼마나 많이 나눠주느냐에 따라 결정된다. 이러한 경제에서 화폐는 관계이며, 이는 감사, 상호의존성, 지속적인 호혜의 순환으로 표현된다." 이러한 경제는 소수에게만 혜택을 주는 것이 아니라 "상호 복지를 향상시키는 공동체적 유대를 키우도록 설계되었으며, 모든 번영은 상호적이기 때문에 경제 단위는 '나'가 아니라 '우리'이다."[15] 아메리카 대륙에서는 수천 년 동안 다양한 경제가 번성했으며, 그 중 다수는 킴머 박사가 말하는 원칙과 화폐를 중심으로 조직되었으며, 각각은 불가분의 관계에 있는 독특한 환경을 가지고 있다.[16]

사랑없는 경제에 대한 저항의 일환으로, 기업과 조직이 기존업무 방식에서 벗어나 상호주의에 대한 인간의 본능적 능력에 기대는 대안적 경제 접근 방식은 항상 존재해 왔다. 예를 들어, 정치경제학자이자 뉴욕시립대 교수인 제시카 고든 넴하드Jessica Gordon Nembhard 박사는 2014년 출간한 저서 《집단적 용기Collective Courage》에서 흑인들이 상호 지원과 기회의 가치를 중심으로 대안적 경제 공동체를 구축한 여러 사례를 살펴본다. 흑인 협동조합의 유구한 역사는 1780년대부터 시작되었으며, 때로는 백인 소유의 공간에서 배제된 것에 대한 대응으로 형성되었다.

오늘날 이러한 많은 협동조합이 지속되고 있으며, 고든 넴하드 박사의 연구 결과에서 알 수 있듯이 과거는 미래 자립의 기회가 될 수 있다.[17] 또한 원주민 주도의 비즈니스, 펀드, 금융 기관, 네트워크가 이전 세대의 업적을 바탕으로 대안적 경제 사고와 실천 방식을 살리기 위해 활발하게 움직이고 있다. 이들의 활동은 다양한 원주민의 가치와 생활 방식에 뿌리를 둔 경제를 강화한다.

수천 개의 그룹이 추출적 경제 관행에 대한 성공적인 대안을 만들어냈으며 스스로를 급성장하는 "차세대 경제 운동"의 일부로 여긴다. 이러한 단체들이 스스로를 재생 기업, 공유 경제의 일부, 노동자 소유, 지역 사회 소유, 분산형 자치 조직, 사회적 기업, 비콥, 협동조합, 얼룩말,[18] 공동체 자산 구축 기업 등 어떤 명칭으로 부르든 사람들은 기존업무방식에 대한 실행 가능하고 매력적인 대안이 풍부하며 우리가 사랑없는 경제에서 살 필요가 없다는 것을 계속해서 증명해 나가고 있다.

사랑없는 경제에 대한 대안이 과거에도 있었고 현재도 존재한다면, 왜 우리는 그것에 대해 거의 듣지 못할까? 왜 이런 대안들이 우리 마음속에 생생한 사례로 새겨져 우리 삶에 무엇이 가능할지에 대한 상상력을 넓혀주지 않을까?

우리는 많은 사람들이 대안이 존재할 수 있고 실제로 존재한다는 사실을 모르기 때문에 사랑없는 경제가 지속되고 있다고 어느 정도는 생각한다. 만약 우리가 알게 된다면 더 많은 사람들이 더 나은 삶을 위해 노력하기 시작할 것이다. 실제로 지난 400여 년 동안 규제없는 추출을 방해하는 경제를 해체하고 지속적으로 약화시키려는 의도적이고 체계적인 노력이 있었다. 전 세계를 지배하고 자원에 접근하기 위해 수많은 사회의 구조가 의도적으로 약화되었으며, 과도한 부의 추구에 초점을 맞춘 시스템에 대한 가시적이고 매력적인 대안이 사라졌다.

이러한 종류의 체계적 파괴는 다양한 지역과 역사 시대에 뿌리를 두고 있지만, 특히 기존업무방식의 뿌리가 되는 정복적 관행이 시작된 것은 15세기경부터 시작된 유럽 엘리트들의 행동에서 볼 수 있다. 당시 유럽에서는 일련의 중대한 제도적 변화가 봉건제를 붕괴시켰는데, 이러한 변화에는 흑사병과 대규모 폭동이 포함되었으며,[19] 이 두 가지 변화는 노동 패턴의 변화에 기여했다.[20] 경제 시스템으로서의 봉건제는 엘리트가 다수로부터 자원을 추출할 수 있게 해주었기 때문에 이러한 혼란으로 인해 유럽 귀족들은 부와 설계권을 집중적으로 유지하기 위해 노력하게 되었다.

"유럽의 1%는 경제 잉여에서 차지하는 그들의 몫이 줄은 것을 발견했다."라고 작가인 제이슨 W. 무어Jason W. Moore 박사와 라즈 파텔Raj Patel은 설명한다. 지배 계급은 이에 대응하여 부를 되찾고 계속 성장시키기 위한 새로운 방법을 고안했다. "그 결과 새로운 형태의 수탈적 금융, 폭력적인 식민지화 및 토지 절도, 민족 학살 등의 방법을 통해 잉여를 재창조하는 획기적인 전환[21]이 이루어졌다."

이러한 강도 높은 추출로의 전환은 실물 부를 수단과 방법을 가리지 않고 금융 부로 전환하는 속도와 전 세계적 범위의 변화를 의미했다. 이전에는 여러 사회의 복잡한 경제 속에서 여러 세대에 걸쳐 축적되고 보호되어 왔던 다양한 부의 원천을 강탈함으로써 막대한 금융 성장을 촉진했다. 앞서 논의했듯이, 기존업무방식은 이 새로운 범위의 추출을 가능하게 하는 데 사용된 전략에서 비롯되었다. 공동 연구자인 에드 휫필드는 뚜렷하면서도 서로 연결된 일련의 역사적 잔학행위를 언급하며 "어느 정도는 공조하고 협력하는 악이 있었다"고 설명한다.

유럽의 정착민 식민지 개척자들은 아메리카 대륙을 침략하여 잔인한 폭력으로 사회 전체를 약화시켰고, 그 결과 많은 원주민의 생활방식, 경제, 영성, 정체성의 기반이 되었던 토지를 비롯한 천연 자원에 대한 접근권을 획득했다. 킴머러 박사는 "식민지화란 침략자가 원주민의 삶의 터전을 자신의 것으로 대체하고, 이전에 그곳에 대한 소유권의 증거를 지워버리는 과정"이라고 설명한다. 그 도구는 군사력과 정치력, 동화同化 교육, 경제적 압박, 생태적 변화, 종교, 언어 등 다양하다."[22]

유럽의 엘리트들은 해외 식민지를 건설하는 동안 아일랜드, 스코틀랜드, 웨일즈, 잉글랜드의 많은 인구를 새롭게 개념화된 '노동자'라는 범주로 몰아넣었고, 해당 인구가 대대로 관리해 온 토지와 자원을 강제로 취득한 후 사유화했다.[23] 이는 '인클로저'라고 불렸다. 사람들이 조상 대대로 살아온 땅을 떠나기를 거부하면 강제로 쫓겨나 산업화 도시의 성장하는 노동력에 합류하도록 내몰았다 동시에 유럽 엘리트들은 아메리카 대륙의 정착민 식민주의를 통해 노예들이 담배, 설탕, 목화와 같은 돈벌이작물을 재배하여 노예 소유주들의 부를 축적하는 플랜테이션 경제를 구축했다. 미국 남부에서 이 시스템의 규모와 미국 북부의 대규모 섬유 공장 및 기타 산업체와의 관계는 새로운 형태의 금융을 창출했다. 목화를 유럽으로 운송하고 자본 투자를 통해 노예제도를 지원하면서 뉴욕시는 금융 중심지로 부상했다.[24] 미국 역사학자이자 하버드 대학교 교수인 티야 마일스Tiya Miles 박사는 "월스트리트의 이름의 유래가 된 최초의 벽wall을 뉴욕 최초의 조직적인 노예 경매장이었던 곳에 노예들이 건설했다는 것은 기이하지만 어쩌면 예상 가능한 일"이라고 설명한다. 맨해튼과 미국, 그리고 전 세계의 자본 이익과 금융의 판돈은 여전히 흑인과 아메리카 원주민이 거래되고 노예를 기반으로 한 지역의 부를 쌓은 이곳을 통해 흐르고 있다."[25]

정착민 식민주의, 플랜테이션 경제, 인클로저는 각각 매우 다르지만 막대한 추출을 가능하게 하는 장치를 만드는 데 기여했다. "이러한 일들이 동시에 일어나면서 각각의 악행이 더욱 커졌습니다."라고 에드는 말한다.

"다시 말해, 공유지의 폐쇄, 즉 집단적 공간이어야 할 곳에 대한 개인의 통제를 정상화하는 것은 원주민 공동체의 파괴를 허용한 것의 일부였으며, 아프리카에서 공동체를 노예화하게 한 것의 일부였습니다." 그는 이러한 잔학 행위가 "멀지 않은 과거에 일어났으며 이 모든 것이 자본의 엄청난 축적을 증가시켰다"고 설명한다. 에드는 이들의 동조와 때로는 협력적 성격을 이해하는 것은 "어떤 동등성을 만드는 문제가 아니라, 이러한 협력적 악이 오늘날의 현대 세계에 어떤 영향을 미치는지 이해하는 것입니다."라고 지적한다. 과거와 현재의 착취를 통해 탄생한 사랑없는 경제는 지배와 패권에 뿌리를 두고 있다.

역사적으로 엘리트 권력자들의 지배 전략 중 하나는 생존을 원하는 이들에게 사랑없는 경제에 참여하는 것만이 유일한 선택이 되도록 만드는 것이었다. 예를 들어, 영국에서 산업화가 시작될 무렵 엘리트들은 땅을 일구지 않고 사는 것을 범죄로 규정하고, 야생 고기를 먹는 것과 같은 관련 범죄에 대해 사형을 명령하는 폭력적인 억압적 법률을 제정하기도 했다.[26] 인클로저에 의해 만들어진 빈곤 역시 범죄가 되어서, 사람들은 스스로를 돌볼 수 없다는 이유로 추방되거나 감옥에 보내졌다.[27] 사랑없는 경제에서 일하는 것이 유일한 옵션이 되었다. 충격적이게도 당시 인클로저 지지자들은 빈곤함이라는 단어를 "임금을 받고 일할 의향이 없는 상태"로 정의하기도 했다.[28]

역사를 통틀어 사랑없는 경제에 대한 대안을 제시하고 목소리를 높인 사람들은 위험에 직면했다. 이는 오늘날에도 계속되고 있다. 전 세계적으로 매년 수백 명의 사람들이 대규모 댐이나 광산과 같은 대규모 개발 프로젝트에 대한 대안을 지지하기 위해 지역 사회를 조직했다는 이유로 살해당하고 있으며,[29] 노동자들의 파업은 치명적인 결과를 초래하기도 했다.[30] 우리 네트워크의 동료들은 기존업무방식에 도전했다가 힘있는 기업과 금융 기관의 표적이 되어 목숨을 잃기도 했다.[31]

미국에서는 조직가들에 대한 국가가 승인한 폭력과 초법적 폭력의 역사가 오래되었다. 고든 넴하드Gordon Nembhard 박사는 "흑인 협동조합 운동은 은행이 신용 한도를 제공하지 않고 철도가 흑인 협동조합의 제품을 받아 유통하지 않으며 보험회사가 보험료를 너무 높게 올려 폐업해야 하는 등 온갖 사보타주를 경험했다. 그리고 백인 우월주의 테러 스펙트럼의 한편에서는 실제로 협동조합 사람들을 린치하고, 협동조합을 불태우고, 사람들의 생명을 위협하는 일이 벌어졌다."고 설명한다. 또한, 부족 전체가 경제적 현상 유지를 거부했다는 이유로 처벌을 받기도 했다. 세계은행과 미국처럼 부를 축적한 국가들은 다른 정부를 위협하고 뇌물을 제공했다. 원조를 받기 위해 '차용국'은 사회 지출을 줄이고 서비스를 민영화하여 자원 추출을 강화하는 방식으로 경제를 구조조정하는 정책 처방을 이행해야 했다.[32]

함께 탈출하기

브레이크아웃 활동가들은 도전에 대해 현실적으로 생각하고, 현재에 영향을 미치고 때때로 제약을 가하는 역사에 대해 끊임없이 고민한다. 그들은 자기 연민을 실천하고 서로에게 연민을 제공하려고 노력한다. 이 일은 어렵다. 많은 커뮤니티가 여러 세대에 걸쳐 대안에 대한 접근성을 박탈당하고 현상 유지를 위한 공격적인 강요와 위협을 받아왔기 때문에 우리 중 일부는 기존업무방식에서 빠져나오는 데 두려움을 느끼는 것은 당연하다. 또한 앞서 논의했듯이, 변화를 시도하는 데에는 해고와 같은 직업의 희생이 발생할 수 있으며, 이러한 비용은 유색 인종, 여성, LGBTQIA2S+*, 이민자, 장애인에게 불균형적으로 부과된다.

그러나 가장 파괴적인 영향에도 강력한 저항이 있었다. 예를 들어, 브레이크아웃 활동가인 썬더밸리 커뮤니티 개발 공사는 라코타 원주민들이 과거와 현재에 걸쳐 자신들의 삶을 지키기 위해 기울인 용감한 노력에서 영감을 얻는다. "라코타 원주민이 거의 전멸할 뻔했던 시기가 있었다. 하지만 우리가 민족으로서 직면한 모든 일을 통해 언어를 유지하고, 신념을 지키고, 의식을 지키고, 문화를 지키고, 모든 지식을 유지한 소수의 사람들이 항상 있었다."라고 썬더밸리의 보 르보Beau LeBeaux는 말한다. 썬더밸리는 점점 더 많은 사람들이 이러한 대안을 이용할 수 있도록 원주민이 주도하는 많은 기업 중 하나이다.

분리와 지배가 아닌 파트너십의 정신에 기반을 둔 경제를 무너뜨리기는 어렵다. 지난 수 세기에 걸친 서구 경제 프로젝트의 황폐화 속에서도 상호의존성을 자산으로 삼는 업무 방식은 번성해 왔다. 호혜성에 기반한 경제는 회복력이 있다. 여러 세대에 걸친 의도적인 파괴에도 불구하고 사람들이 이러한 방식을 유지할 수 있었다면, 점점 더 많은 사람들이 일하지 않았고 효과 없는 기존업무방식에서 벗어나기 위한 노력에 동참할 때 어떤 일이 가능할지 생각해 보자.

브레이크아웃 활동가들은 매일 자신의 작품이 성공하는 모습을 보며 뚜렷한 희망을 내뿜는다. 지난 7년 동안 매번 인터뷰를 할 때마다 우리는 기운이 솟구치는 것을 느꼈다. 그 기분은 너무나 극적이어서 힘든 하루를 보내거나 세상에 대해 우울한 기분이 들 때마다 오늘

---

* 성 정체성과 성적 지향: 레즈비언Lesbian, 게이Gay, 양성애자Bisexual, 트랜스젠더Transgender, 퀴어Queer, 간성Intersex, 무성애Asexual, 투 스피릿Two-Spirit.

은 연구 인터뷰가 있었으면 좋겠다고 생각했다. 브레이크아웃 활동가들 사이에서 이러한 희망이 생겨난 것은 기존과는 다른 업무 방식이 경제의 사랑 없음에 가장 많이 영향을 받는 사람들에게 도움이 될 뿐만 아니라, 현 상황에서 가장 큰 혜택을 받는 것처럼 보이는 사람들을 포함하여 모든 사람들에게 더 사랑받을 수 있다는 것을 목격했기 때문이다.

"아이러니한 것은 가장 많은 부와 권력을 가진 사람들에게도 이 시스템이 효과가 없다는 것입니다."라고 블루닷 애드보커츠의 브루스 캠벨은 기업 임원, 자선가, 그리고 사랑없는 경제에서 '승리'하고 있다고 여겨지는 다른 사람들과 수년간 함께 일한 경험을 바탕으로 지적한다. "사실 행복과 웰빙을 얼마나 효과적으로 발전시킬 수 있는지를 기준으로 경제를 측정한다면 많은 자본가들이 행복해지지 않는다고 생각합니다. 적어도 지혜의 스승들이 말하는 그런 종류의 행복은 아니죠."라고 브루스는 말한다. 수년에 걸친 관찰은 그를 궁금하게 만들었다. "부의 불평등이 극심한 상황에서 막대한 부를 축적한 사람들이 어떻게 스스로 평화롭다고 느낄 수 있을까요?"

이 장의 서두에서 언급한 자선 재단의 사건(직원과 수혜자들이 수년간 쌓아온 모든 것을 부유한 가족이 갑자기 폐쇄한 사건)에 대해 알게 된 브루스는 "모든 직원을 해고한 그 가족을 생각해보면 그들은 그런 역학 관계에 만족하고 있었을까요? 자신과, 자신들의 부와 함께? 아마 아닐 겁니다."라고 말한다. 브루스는 현재의 사랑없는 경제가 지속되는 이유는 엄청난 부를 가진 사람들이 반드시 자신의 부에 만족하기 때문이 아니라고 주장한다. 그보다는 '현재 시스템에 대한 문화적, 사회적 지지가 압도적으로 많기 때문에 이러한 현상이 지속되고 있다'고 그는 생각한다. "우리가 더 많은 부를 창출하고 권력과 통제권을 쥐고 있으면 옳은 일을 하는 것이라는 믿음이 지속적으로 강화되고 있습니다. 이 모든 것이 우리가 배워온 것들입니다."라는 것이다.

사랑없는 경제의 도그마를 깨고 이를 벗어날 수 있는 기회를 얻으려면 공동 학습자인 캐서린 타일러 스콧이 말하는 '내면의 작업'을 해야 한다. 우리 모두에게는 해야 할 내면의 작업이 있다. 그 중 하나는 획기적인 혁신에 직면했을 때 우리에게 일어날 수 있는 저항의 충동이 진정한 직관인지, 아니면 기존업무방식의 선전에 뿌리를 둔 것인지 이해하기 위해 돌아보는 것이다. 이러한 내면의 작업을 하지 않으면 필요한 변화를 가져올 수 있는 노력에 해를 끼칠 뿐만 아니라 우리 자신의 삶에서 긍정적인 변화를 막음으로써 스스로에게 해를 끼칠 위험이 있다.

브루스는 "가장 큰 권력을 쥐고 있는 사람들을 포함하여 우리 모두가 지우고 치유해야 할 사랑없는 경제의 경험을 가졌다는 것이 현실입니다."라고 말한다. 그는 사랑없는 경제에서 벗어나는 유일한 길은 서로를 동정하고, 기억을 지우는 내적 작업에 헌신함으로써 사랑받는 일의 방식이 나타날 수 있도록 하는 것이라고 믿는다. 많은 공동 학습자들이 이러한 정서를 공유하는데, 이는 테이블을 뒤집는 것이 아니라 모든 사람을 환영할 수 있도록 테이블을 재구상하고 재구성하는 것이다.

이 반발을 경험한 지 2년이 지난 후, 우리는 이 보조금 지급 재단의 전 전무이사와 이야기를 나눴다. "그 가족들이 무슨 생각을 하고 있었는지 정확히 알 수는 없지만, 매우 개인적인 일을 오랫동안 함께 하다 보면 사람들을 꽤 잘 알게 됩니다."라고 그는 말한다.

이사회 멤버들로부터 '저는 이 부를 원해서 얻은 것이 아니라 그냥 태어났을 때부터 가졌던 것입니다. 저는 사실 이 부와의 관계가 정말 힘듭니다. 그리고 이 자선 재단도 제가 달라고 한 것이 아닙니다. 제 이름이 문에 붙어 있고, 저는 그 이름의 관리인이며, 제 가족의 돈으로 시작되었기 때문에 여기 있는 것입니다.' 라는 말을 자주 들었습니다. 그리고 몇 번이고 그분들에게 이 일이 즐거운 일이 아니라는 뚜렷한 인상을 받았습니다. 스스로 선택하거나 원하지도 않은 역할을 해야 한다는 불편함도 있었지만, 그럼에도 불구하고 그 복잡한 역할을 수행해야 한다는 기대감도 있었습니다.

전 이사가 이사회의 반응을 연민으로 바라볼 수 있었다고 해서 당시의 상황이 괜찮았다거나 쉬웠다는 의미는 아니다. "당시 상황은 엄청나게 고통스러웠습니다. 우리 모두는 인생의 수년을, 개인적으로는 10년이 넘는 시간을 보냈지만 그 시간을 결국 증발해 버릴 것을 구축하는 데 보냈던 것입니다."라고 그들은 말한다.

혁신적 변화의 어려움을 잘 알고 있는 우리는 특별 인터뷰를 통해 브레이크아웃 활동가들에게 일하는 방식을 바꾸는 것이 그만한 가치가 있는지 물어보았다. 그들은 만장일치로 그만한 가치가 있다고 답했다. 코스타터스의 공동 학습자인 에녹 엘웰은 "결국 우리가 존재하면서 할 수 있는 인생에서 가장 의미 있는 일은 무엇일까요?"라고 말한다. 그는 회고한다.

인간으로서 우리 모두가 갈망하는 것은 무엇일까요? 결국 그것은 사랑받고 의미 있는 존재가 되는 것입니다. 우리 모두는 '우리는 사랑받고 있는가', '우리는 의미 있는 존재인가'라는 근본적인 질문에 답하려고 노력할 뿐입니다. 일하는 방식을 변화시킴으로써 우리는 더 의미 있고, 더 풍요롭고, 더 깊은 것을 중심으로 함께 모였고, 이를 통해 인간으로서 우리에게 가장 중요한 것들에 가장 가까이 다가갈 수 있게 되었습니다.

많은 브레이크아웃 활동가들이 같은 생각을 했다. 그들은 그들이 형성한 관계의 힘 또는 기존 관계가 변화하는 방식이 가장 큰 의미와 이점을 제공했다고 말했다. 브레이크아웃 활동가들은 또한 함께 경험한 것이 중요하며, 반발이 있더라도 지속될 것이라고 말했다. "프로젝트가 성공하든 실패하든 무슨 상관이겠어요?"라고 에녹은 결론을 내린다. "우리는 이 프로젝트를 통해 서로를 발견했습니다. 우리를 더 깊이 이해하는 다른 사람들을 찾았습니다. 우리는 공통의 사랑을 나눴고 서로에 대한 사랑을 키웠습니다. 비즈니스에서 일반적으로 사용할 수 있는 단어는 아니라는 것을 압니다. 하지만 서로를 더 깊이 사랑할 때 우리는 서로를 더 잘 알게 됩니다. 우리는 더 큰 의미를 갖게 됩니다."

우리는 자선 재단의 전 전무이사에게 이 사건의 여파에 대해 물어보았다. 이 사실을 알게 된 수혜 기관에서 즉시 여러 명의 직원을 채용했다. "수혜자가 우리 직원을 낚아챘어요!" 그들은 웃으며 말하며 "그런 일이 벌어지는 것을 보고 매우 기뻤고, 우리 직원들이 어떻게 관계를 구축했는지 확인할 수 있었습니다."라고 덧붙였다. 두 전직 이사는 자신들의 경험을 되돌아보며 처음에는 수년간의 노력과 학습, 헌신이 통합된 부의 영향력으로 인해 순식간에 무너질 수 있다는 사실에 절망과 좌절감에 휩싸였다고 말한다. 그러던 중 재단 네트워크의 한 동료로부터 한 통의 이메일을 받았다. "그 사람이 우리에게 제시한 프레임 덕분에 그 당시에는 사물을 약간 긍정적인 시각으로 바라볼 수 있었고, 상황과 거리를 두면서 점점 더 긍정적으로 생각하게 되었다."라고 그들은 말한다. 그들은 여전히 그 메시지의 내용을 생생하게 기억하고 있다.

해당 조직에서 구축한 가치와 관행은 조직에 보관되지 않습니다. 폐기된 문서 폴더에 보관되어 있지 않습니다. 지금은 존재하지 않는 웹사이트에 보관되어 있지 않습니다. 함께 일했던 사람들이 보관하고 있습니다. 즉, 어떤 조직이나 커뮤니티 또는 다음 직장으로 옮기든 그 사람들과 함께 간다는 뜻입니다. 따라서 잃어버리지 않았습니다. 잃어버린 것은 없습니다. 단지 지금은 흩어져 있을 뿐입니다.

이 이야기를 들으며 우리는 눈물을 흘렸다. 이 이야기는 우리가 여러 브레이크아웃 활동가들과 우리 자신의 삶에서 목격했던 것과 함께 깊은 공감을 불러일으켰다. 동료로서 함께 일하며 경제적 상상력을 발휘할 때 <u>잊을 수 없는</u> 가능성과 다양한 존재 방식이 등장한다. 우리 자신의 경험에 비추어 볼 때, 브레이크아웃 혁신을 통해 우리가 배운 가능성을 잊을 수는 없다. 우리는 기존업무방식으로 돌아갈 수 없다. 동료 학습자들과 마찬가지로 우리도 영원히 변화했으며 그 누구도 이를 빼앗아 갈 수 없다.

브레이크아웃 활동가의 일터

푸시 버펄로

푸시 버펄로의 전무이사 라화 기르마치온은 회의론에 익숙하다. 그는 수년 동안 개발자, 시 공무원, 심지어 푸시 버펄로 팀이 그들의 노력을 지원하기 위해 고용한 컨설턴트로부터 받은 일반적인 형태의 반대를 떠올리며 말한다. "그들은 단지 불가능하다고 말할 뿐이었습니다. 우리가 너무 큰 꿈을 꾸고 있다고요. 너무 과하다고요." 하지만 라화와 팀은 쉽게 좌절하지 않는다. 조직이 설립된 이래 지난 10년 반 동안 푸시 버펄로 팀은 사람들이 함께 일할 때 가능한 것들에 대한 지식에 꾸준히 뿌리를 두고 있다. 라화는 회의적인 시각에 답한다. "우리는 '들어보세요. 우리는 이 일을 실현하고, 사람들에게 현실이 될 수 있다는 것을 보여주기 위해 필요한 힘을 가지고 있어요'고 말합니다."

'지속 가능한 주택을 위한 사람들 버펄로 연합'(이하 푸시 버펄로)은 뉴욕주 버펄로에 본부를 둔 커뮤니티 단체로, 2005년부터 주민들을 동원해 양질의 적정 가격의 주택과 지역 고용 기회를 확대하고 도시의 인종, 경제, 환경 정의를 증진하기 위해 노력해 왔다.

라화는 이 단체를 "지역 사회를 변화시킬 수 있다고 생각하고 상상력을 발휘한 평범한 노동자 계층의 사람들에 의해 만들어지고 운영되는 단체"라고 설명한다. '현재 상황은 이렇고, 우리가 생각하는 사회는 이래야 한다'는 상상력을 발휘한 것이죠." 푸시 버펄로의 창립자와 현재 팀원들은 상상력을 강조한다. 왜냐하면, 라화의 말처럼 "우리 커뮤니티를 위한 더 나은 무언가를 위한 솔루션을 가지고 있다고 생각한다. 그 도움은 외부에서 오는 게 아니므로 스스로 해결 방법을 찾아내려고 하기 때문"이다.

지난 17년 동안 푸시 버펄로는 세입자의 권리 향상을 위한 투쟁부터 지속 가능한 합리적인 가격의 주택 개발까지 버펄로에서 일하는 사람들을 위해 놀라운 승리를 거두었다. 라화는 현재 버펄로의 주요 계획 중 하나인 도시 중심부 녹색 개발 구역Green Development Zone 조성 노력을 시작하는 데 있어 푸시 버펄로의 창립자인 아론 바틀리Aaron Bartley와 에릭 워커Eric Walker의 원동력에 대해 이야기한다.

"이 프로젝트는 '우리가 해결하고자 하는 가장 큰 문제는 무엇일까'라는 질문에서 시작되었다." 팀 및 커뮤니티 구성원들과 함께 이 질문을 평가하는 과정에서 답은 간단하지 않았다. "당시 우리 동네에서 당장 눈에 띄는 것은 인종 불평등과 경제적 불평등이었으며, 이 두 가지 문제는 서로 긴밀하게 연결되어 있었다."라고 라화는 설명한다. 라화는 이러한 문제들이 환경 불평등과도 연결되어 있으며, 이 모든 것이 지역 사회의 많은 사람들을 빈곤에 빠뜨리는 데 기여한다고 지적한다. 푸시 버펄로와 주민들은 "우리 동네의 빈곤의 근본 원인을 어떻게 해결할 것인가?"가 해결해야 할 핵심 문제라고 판단했다.

이 질문에 답하면서 푸시 버펄로 팀은 미국에서 토지 소유와 주택 소유가 부를 창출하는 핵심 경로라는 사실을 깨달았다. 커뮤니티와 푸시 버펄로 팀은 동네 전체의 문제를 해결할 수 있는 방법을 대담하게 상상하기 시작했다. 그들은 일반적인 사일로화된 접근 방식을 훨씬 뛰어넘어 동네 전체의 삶을 풍요롭게 하여 근본 원인을 총체적으로 해결하는 솔루션을 구축할 수 있다는 것을 알았다. 주민, 푸시 팀원, 파트너들과 함께 상상력을 발휘하여 녹색 개발 구역이라는 비전을 세웠다.

녹색 개발 구역에 활기를 불어넣기 위해서는 수백 명의 지역 주민들과 함께 이 지역을 위한 종합적인 계획을 수립하고 자원을 찾아 동원해야 했다. 인종적, 경제적으로 다양한 주민들이 전폭적인 지지를 보내준 덕분에 푸시 버펄로는 이미 35 제곱 블록을 변화시켰으며, 이는 녹색 개발 구역에서 가능한 일의 시작에 불과하다고 생각한다. "우리는 이미 100채가 넘는 주택을 지었고, 각 주택이 점점 더 친환경적으로 변해가고 있습니다. 현재 버펄로에 화석연료 인프라 없이 지어진 30%의 지원 주택supportive housing[1]이 포함된 49세대의 주택을 계획 중입니다."라고 라화는 흥분된 목소리로 말한다.

경제성, 형평성, 친환경 건축을 결합하는 이 전략은 푸시 버펄로 모델의 핵심이라고 푸시 버펄로의 파트너 조직인 버펄로 협동조합의 전무이사 앤드류 델몬트는 설명한다. "우리는 기존업무방식 접근 방식과는 근본적으로 다른 방식으로 지역 사회 개발을 수행하고 있을 뿐만 아니라, 지역 사회 개발이 가능하다는 것을 다른 사람들에게 증명하고 있으며, 가장 도움이 필요한 사람들을 위해 먼저 노력하고 있습니다."

단순히 주택만 짓는 것이 아니라 주택과 사업체, 공용 공간이 다각적이고 창의적으로 혼합되어 있다. "최근에 완공한 유닛은 9개의 아파트로 구성된 9개 유닛 프로젝트, 공익법인인 워시 프로젝트라는 커뮤니티 세탁소, 이민자와 난민 청소년들이 언어와 전통을 유지할 수 있는 예술 센터입니다. 또한 나이든 이민자들이 미국에 적응하고 만남의 장소와 사교 모임 장소로 활용할 수 있는 곳이기도 한다."라고 라화는 설명한다

녹색 개발 구역은 물리적 주택 공급을 넘어 주민들이 필요로 하는 물리적 인프라를 건설하고, 사회적 기반을 강화하며, 토지와 지역 생태계를 복원하는 데도 기여하고 있다. 라화는 이러한 변화의 영향에 대해 설명한다.

> 우리는 나무가 울창한 숲을 되살리고 정원을 되찾고 있습니다. 우리는 나비와 벌을 되살리고 있습니다. 또한 열섬 효과를 줄이고 사람들의 스트레스 지수를 낮추고 있습니다. 이제 우리가 가는 모든 곳에 더 많은 녹지가 있기 때문입니다. 뿐만 아니라 이곳들의 운영과 유지보수 및 설치를 위해 가족을 부양할 수 있는 일자리도 창출하고 있습니다. 우리는 사내 뿐만 아니라 외부에서도 재생 에너지 프로젝트를 추진하고 있으며 이를 통해 양질의 일자리를 제공하고 있습니다.
>
> 지속 가능한 무역, 친환경 건설, 친환경 인프라, 태양광 기술자, 설치자, 운영자, 유지보수 담당자를 교육하고 있고, 다음은 풍력 분야입니다. 250명의 버펄로 주민을 교육하고 노조와 노동 계약을 협상해야 하는 해상 풍력 발전 프로젝트가 있을 예정입니다.

라화는 주민들이 파악한 원래의 문제를 다시 언급하며 미소를 지으며 "이제 목표에 부합하기 시작한 것 같지 않나요?"라고 묻는다. 이

것들은 당장 필요한 것들이다. 하지만 라화는 무엇보다도 가장 중요한 해결책이자 접근 방식은 지역 사회 전체의 사회적 결속력, 연결성, 돌봄을 강화하기 위한 푸시 버펄로의 헌신적인 노력이라고 강조한다. "가장 중요한 것은 노인, 청소년, 그리고 그 사이에 있는 모든 사람들이 함께 모여 함께 계획하고, 함께 공모하고, 함께 이끌고, '이것이 우리에게 필요한 것이다'라고 말하는 것입니다. 그들은 바로 현장의 눈과 귀이기 때문이죠."

푸시 버펄로의 신경제 담당 이사인 브라이아나 디폰조는 "커뮤니티에 속한다는 것은 나와 의견이 다른 사람들과도 지속적으로 대화를 나누고, 그 대화를 통해 누구도 소외되지 않고 일을 진전시키는 것을 의미한다."라고 라화의 말에 덧붙이다. 브라이아나는 이러한 인식과 철학을 직장에서부터 이웃, 가족, 선택한 가족 단위까지 삶의 모든 영역에 적용하기 위해 노력한다. 그는 이를 위해서는 현재와 미래에 동시에 주의를 기울여야 한다고 강조한다. "지금 당장 필요한 것은 무엇인가요? 사람들이 먹고 살 곳이 필요한가요? 우리는 지금 우리 지역 사회와 우리 몸에 존재하는 환경적 불공정을 고려하고 있나요? 우리는 어떻게 미래를 향해 나아가고 있으며, 지구를 돕기 위해 필요한 일들이 사람들에게도 도움이 되고 있는지 어떻게 확인할 수 있을까요? 우리는 둘 중 하나만 할 수는 없습니다."

이처럼 지역 사회의 현재와 미래의 필요를 동시에 고려하는 것은 태양광 패널 설치, 친환경 인프라, 환경 개선 등의 분야에서 일자리를 구할 수 있도록 교육하여 취업 시장에서 소외된 사람들이 신흥 분야에서 가장 먼저 일할 수 있도록 지원하는 커뮤니티 채용관 프로그램을 비롯하여 푸시 버펄로의 모든 팀이 업무에 적용하는 철학이다.

푸시 버펄로 팀은 충분한 시간이 있는 미래를 상상한다. 모든 주민을 온전한 사람으로 지원하고, 돌보고, 활기를 불어넣는 경제가 뒷받침하는 이 미래에서는 모든 사람이 가족과 함께하고, 정원에 있고, 지역 사회와 시민 생활에 적극적으로 참여하고, 그냥 있을 수 있는 시간을 갖는다.

푸시 버펄로 팀은 도시 전역에서 수행 중인 복잡하고 광범위한 업무의 요구를 충족하는 것과 보다 전체적이고 넓은 미래를 실천하는 것의 균형을 맞추는 방법에 대해 자주 고민한다. 어머니이자 활발한 커뮤니티 회원이기도 한 브라이아나는 바쁘고 정신없이 바쁘다고 말한다. 하지만 그는 그럼에도 불구하고 이러한 미래를 지금 여기에서 실천하는 것이 가능하다고 생각한다. "소중한 것을 위한 시간을 찾고 그것이 무엇인지 명확히 하는 것이 중요합니다."라고 그는 말한다. "그리고 중요한 것은 우리가 마음속 깊이 알고 있는 모든 것들, 예를 들어 선하고 올바른 관계를 맺는 삶을 사는 것입니다. 가정과 지역 사회를 돌보는 것, 시민사회에 참여하는 것, 의미 있는 일을 하는 것, 그런 모든 것들 말이예요." 그는 잠시 말을 멈춘 후 "지금은 그런 공간이 아직 설계상 존재하지 않기 때문에 우리가 그 공간을 개척하고 물러서지 말아야합니다."라고 덧붙였다.

한편, 푸시 버펄로는 우리 경제와 지역 사회에서 모두를 위한 온전함과 웰빙의 미래를 만들기 위한 조치를 취하고 있다. 대담하게 상상하고 함께 구축함으로써 한 번에 한 걸음씩 대담하게 미래를 현실로 만들어가고 있다.

12장 사랑받는 경제의 실천

우리는 이 책을 몇 년 전에 완성할 것이라고 생각했다. 2017년 가을에 매우 다른 버전의 원고가 시작되었다. 하지만 연구를 거의 마무리할 때마다 사랑하는 사람이 병에 걸리거나, 재정적 어려움이 발생하거나, 건강 문제가 발생하는 등 예상치 못한 어려움에 끊임없이 직면했다.

이 책은 모래 위에 복잡하고 의도적인 만다라를 여러 개 세우는 과정이었지만 우리가 통제할 수 없는 파도에 의해 몇 번이고 쓸려가는 것을 지켜봐야 했다. 하지만 우리의 계획을 바꾼 것은 삶 뿐만이 아니었다. 최선의 계획이 바뀔 때마다 새로운 연구결과가 발견되었는데 아마도 일정지연에는 더 큰, 어쩌면 우주적인 이유가 있었던 것 같다. 예상치 못한 발견, 사건의 전환, 협업의 기회는 우리가 아직 끝내지 못했음을 다시 한 번 보여주었다.

결국, 연장된 타임라인에서 얻은 선물이 있었으니 바로 브레이크아웃 활동가들의 변화에서 흥미로운 일이 벌어지는 것을 목격했다는 점이다.

우리는 위스콘신 래피즈의 공동 학습자인 조 테리가 수백 명의 동료 주민들과 함께 트리뷴 빌딩을 공동 설계한 후 팀워크, 협업, 리더십에 대한 접근 방식이 어떻게 크게 바뀌었는지 목격했다. 콘코디아와 같은 기업이 지배구조와 재무 구조를 바꾸어 디자인에 대한 권리를 분산함으로써 미국 전역의 지역 사회에서 의미 있는 일을 할 수 있게 된 것을 보았다. 또한 새로운 중소기업에 대한 투자 접근 방식에 영향을 미친 런웨이의 사례처럼, 기준을 높이고 다른 가능성을 보여준 혁신적 주체에 의해 업계 전반의 표준이 바뀌기 시작하는 것을 목격하기도 했다.

브레이크아웃 활동가를 둘러싼 변화의 범위를 관찰하면서 인터뷰 녹취록을 다시 살펴보고 12명 이상의 공동 학습자들과 이 주제에 대해 토론하며 이해를 깊게 하려고 노력했다. 우리는 브레이크아웃 활동가들이 시간이 지남에 따라 경험한 변화를 살펴봤는데, 우리가 처음 관계를 맺은 이후로 거의 5년이 지난 때였다. 그 후 2년 동안 우리는 공동 학습 커뮤니티 회원들의 업데이트를 요청하고 장기적인 영향과 관련된 질문을 던지고 다듬었으며 우리가 목격하고 있는 변화를 추적했다.

브레이크아웃 혁신의
파급 효과

이번 조사를 통해 개인에서 팀, 기업 전체, 산업 및 지역에 이르기까지 광범위한 범위에서 변화를 촉발할 수 있는 브레이크아웃 혁신의 잠재력을 확인할 수 있었다. 우리는 이를 브레이크아웃 혁신의 파급 효과라고 부르며, 세 가지 영역에서 관찰했다.

- <u>개인</u>은 7가지 실행 방안에 따라 협업 업무에 대한 개인적인 접근 방식에 영구적인 변화를 경험했다.
- 한 팀의 여러 구성원이 7가지 실행 방안에 따라 작업한 경험이 있는 경우, <u>기</u>업 전체가 전략적 접근 방식, 초점, 일상적인 업무 프로세스는 물론 지배구조와 재무 구조까지 디자인에 대한 권한을 분산하는 방향으로 변경하는 경우가 많았다.
- 브레이크아웃 기업의 동료 기업들도 브레이크아웃 주체들로부터 영감을 받아 디자인 권한을 분산하는 방향으로 관행, 구조, 문화를 변화시켰다. 이러한 변화는 때때로 업계 전체가 모범 사례를 바라보는 시각과 해당 분야에서 가능한 일에 대한 광범위한 변화를 촉발하기도 했다. 또는 한 명의 브레이크아웃 활동가가 마을이나 카운티와 같은 더 <u>넓은</u> 지역의 수많은 활동가들에게 영감을 주어 해당 지역에서 가능한 업무 방식에 대한 관점을 바꾸도록 만들기도 했다.

런웨이는 혁신의 파급 효과를 잘 보여준다. 부유한 개인부터 캘리포니아, 일리노이, 워싱턴, 위스콘신에 걸쳐 95,000명 이상의 회원에게 서비스를 제공하는 자조 연방 신용 조합Self-Help Federal Credit Union과 같은 대형 은행 기관에 이르기까지 런웨이의 사업에 참여하는 투자자들은 맞춤형, 관계형 친구 및 가족 자본에 대한 런웨이의 획기적인 접근 방식에서 영감을 얻은 다양한 새로운 관행을 채택했다. 현재 런웨이의 펀딩 파트너 중 다수가 다른 펀딩 기관에도 런웨이의 접근 방식을 도입하고 있다. 런웨이의 팀과 마찬가지로 그들도 이제 금융이 왜 똑같은 낮은 기준을 따라야 하는지에 대해 과감하게 질문한다. 이제 그들은 과감하게 기존 규칙을 깨고 새로운 규칙을 만들어 금융이 더 나은 삶을 만드는 데 기여할 수 있도록 지원한다.

브레이크아웃의 활동가가 협력하는 과정은 일하는 방식과 상상하고 구축할 수 있는 것에 대한 다른 감각을 관련자들에게 영구적으로 심어준다.

가능한 변화를 이해하는 능력은 관련된 사람들에게 체화되어 그들의 정체성의 일부가 된다. 그 후로 그들은 분산하는 업무 방식을 상상하고 실행하는 데 더 대담해지며, 실제로 그러한 변화가 가능하도록 직장 시스템과 구조를 조정한다. 수년 동안 공동 학습 커뮤니티 구성원들과 대화를 나누면서 사람들은 새로운 시도를 할 때마다 이러한 용기를 가져올 수밖에 없다는 것을 분명히 알게 되었다. 브레이크아웃 혁신의 경험은 더 많은 브레이크아웃 혁신을 낳는다.

조는 우리가 2017년에 만난 이후 수년 동안 이러한 파급 효과가 우리와 함께 실시간으로 펼쳐지는 것을 목격해 온 사람이다. 개인으로서 그는 적응형리더십 연구소에 참여하고 인커리지 커뮤니티 재단이 트리뷴 빌딩을 위해 촉진한 커뮤니티 디자인 프로세스에 참여함으로써 디자인 권한 행사를 확대하겠다는 확고한 의지를 가지고 리더십과 협업에 대한 접근 방식을 재조정했다. 이 두 가지 경험은 조가 리더의 역할을 인식하는 방식을 변화시켰다. 또한 우리가 변화하는 상황에서 복잡성을 더 잘 관리하여 혁신적인 변화를 이룰 수 있는 리더적인 팀을 구축할 때 가능한 것들을 완전히 바꾸어 놓았다.

이러한 경험을 바탕으로 그는 위스콘신 래피즈 시에서 공공사업 책임자로, 포트 에드워즈 마을에서 엔지니어 관리자로 10년 넘게 일하면서 매일 업무에서 디자인 권한을 폭넓게 분산할 수 있는 방법을 모색했다. 이러한 철학은 지속적인 구조적 변화를 가져왔다. 그의 재임 기간 동안 공공사업 부서는 형식적인 주민 의견 수렴 기간과 틀에 박힌 협의 방식을 그만두었다. 도로 재건부터 위생 서비스, 새로운 수영장과 레크리에이션 센터 설계에 이르기까지 모든 분야에서 주민들을 시市의 창의적인 파트너로 초대하는 새로운 프로세스를 도입했다.

이러한 새로운 프로토콜 덕분에 주민들은 기존의 피드백 프로세스를 더욱 적극적으로 활용하고 있다. 예를 들어, 조는 시의회 회의에 주민들을 참여시킴으로써 라이브 및 녹화 방송의 시청률을 높이는 데 기여했다. 이제 회의는 정기적으로 3~400명의 사람들이 시청한다. "이 정도 규모의 커뮤니티에서는 엄청난 숫자이다."라고 조는 말한다. 또한 부서 내에서는 새로운 프로토콜을 통해 직원들이 '윗사람'에게만 답을 구하는 대신 서로를 동료로 여기고, 각자의 의견을 듣고 실행에 옮기도록 장려하고 있다.

조는 최근 위스콘신 래피즈에서 부서를 이끄는 자리에서 물러났지만, 그와 함께 일했던 젊은 리더들은 토목 공사 프로젝트에서 평소와 다른 방식으로 계속 일하고 있다. 그 결과, 시 주민과 시 직원은 이제 공공 사업 프로세스에 더 많은 것을 기대하고 기여하고 있다. 이러한 변화는 2020년에 새로운 커뮤니티 기관인 위스콘신 래피즈 레크리에이션 단지 및 아쿠아틱 센터가 혁신적인 계획 프로세스와 디자인으로 주 전체 및 전국적인 상을 수상하며 성공적으로 출범하는 데 큰 기여를 했다고 생각한다.[1]

지역 사회 전반에 걸친 파급 효과에 대해 푸시 버펄로의 팀원들과도 이야기를 나눈 적이 있다. 이 단체는 대도시 버펄로 지역 전체에 대한 비전 있는 주민 주도적 변화를 촉진하고 버펄로, 뉴욕, 그리고 그 너머의 도시 개발과 인프라에 대한 새로운 접근 방식에 영감을 불어넣고 있다. 건물부터 정원, 새로운 사업, 이 단체의 활동에서 영감을 얻은 주 전체 에너지 정책에 이르기까지 그 효과는 실로 실로 놀랍다. 이는 푸시 버펄로의 광범위한 영향력의 일부이다. 하지만 이보다 더 중요한 것은 '무엇을'이 아니라 '어떻게'에 초점을 맞추는 푸시 버펄로의 다양한 업무 방식이 가져오는 파급 효과라고 라화는 말한다. 일하는 방식을 변화시킴으로써 "우리는 단순히 위젯을 만드는 것이 아니라 사회와 경제 전체를 함께 만들어가고 있다."라고 라화는 요약한다.

변화를 이끌려는 초기 노력이 변화를 막으려는 개인과 부딪히고, 심지어 이들에 의해 이니셔티브가 중단되더라도 놀랍게도 사람, 기업, 산업, 지역에 미치는 파급 효과는 지속되는 것으로 보인다. 이러한 경우에도 관련된 사람들은 여전히 변화를 겪었고, 내부적 변화는 그들이 진행하던 특정 프로젝트의 범위를 넘어서는 심오한 무언가를 만들어 냈으며, 그 누구도 멈추거나 지울 수 없는 무언가를 만들어 냈다.

인커리지의 커뮤니티 디자인 프로세스가 시작된 지 거의 10년이 지났지만, 커뮤니티는 여전히 복원 계획을 실현하는 데 필요한 자금을 마련하기 위해 노력하고 있고 오래된 트리뷴 빌딩은 여전히 비어 있다. 하지만 그 사이 조는 팀의 업무 방식을 전면 개편했다. 그리고 변화에 대한 조의 신념을 공유하는 다른 많은 지역 주민들을 만났다. 지역 주민들은 트리뷴 빌딩의 노력을 통해 디자인 권한이 넓게 분산되는 것이 어떤 것인지 경험했고 그 경험은 다시 되돌릴 수 없다. 예를 들어 한 젊은 교사는 이 과정을 통해 배운 업무 방식을 따라 학생들과 소통하는 모델을 만들고 있다. 워킹맘이자 음식 애호가인 한 여성은 자신의 레스토랑을 오픈하고 레스토랑 전체 직원들의 창의적인 파트너십을 환영했다. 이 벤처는 독특한 팜투테이블farm-to-table* 경험을 제공하는 로컬 푸드 운동에 활력을 불어넣기도 했다. 주민들이 여전히 실현되기를 바라는 트리뷴 빌딩 정비가 이 지역의 경제적 활력을 되찾을 수 있는 유일한 열쇠는 아니었다. 그 대신 지역 사회 전반에 걸쳐 장소 기반의 변화를 활성화한 것은 완전히 다른 방식의 협력 경험이었다.

처음에 논의된 커뮤니티 회의에서 많은 아이디어가 이미 커뮤니티에서 실현되고 있으며, 주민들은 이제 커뮤니티에 대한 자부심과 지역에 대한 집단적 주인의식, 소속감이 높아졌다.

우리 경제의 변화

3장에서 논의한 바와 같이 브레이크아웃 활동가와 그 커뮤니티의 파급 효과를 목격하면서 우리는 일하는 방식을 혁신하는 것이 우리 경제를 변화시키는 데 중요한 역할을 할 수 있다고 믿게 되었다. 개인과 기업이 업무에서 중요하게 여기고 우선순위를 두는 것을 바꾸면 그들이 운영하는 더 큰 시스템에 영향을 미칠 수 있다.

공동 학습자인 존 아이커드는 혁신의 파급 효과를 목격했으며, 그 역시 자신의 업무에서 혁신의 파급 효과를 경험했다고 확언한다. 그

---

* 소비자와 농장간 직거래한 농작물을 식탁에 올리는 것

는 학계에서 경제 연구원 및 교수로 일했으며, 주로 미국 중서부의 농촌 지역에서 농부, 농업 경제학자, 지역 사업주들과 함께 수많은 이니셔티브의 팀원으로 일했다. 이러한 역할을 수행하면서 존은 지역 경제를 유지하고 활성화하기 위한 새로운 프로그램을 구축했다. 그는 수십 년간의 경험을 통해 "현상 유지 세력의 경제적, 정치적 힘보다 더 큰 힘은 우리 경제의 혁신적인 변화를 요구하는 국민의 힘, 즉 국민의 합의입니다."라고 설명한다.

모든 사회의 경제는 그 사회의 규칙과 법률과 불가분의 관계에 있으며, 규칙과 법률은 사람들이 그 경제에 참여하는 방식, 즉 허용되는 것, 권장되는 것, 금지되는 것을 결정한다. 규칙과 법률은 일반적으로 정부의 절차에 의해 제정된다.

이러한 이유로, 우리는 사랑받는 경제로의 전환을 촉진하거나 위협할 수 있는 입법의 중요한 역할을 무시할 수 없다. 하지만 존이 지적했듯이 정부와 우리 경제의 가능성에 대한 연결고리를 기존의 입법 및 정치 채널을 통해서만, 또는 수요와 공급에 정보를 제공하는 소비자로서만 영향을 미칠 수 있다고 생각해서는 안 된다.[2]

우리의 연구 결과와 경험을 통해 우리는 브레이크아웃 혁신과 그 파급 효과가 우리 경제 전반의 경계와 규칙을 바꿀 수 있다고 믿게 되었다. 그룹과 팀 내에서 업무를 변화시키는 경험은 개인과 조직, 그리고 존의 표현대로 '공동체 생활'에 긍정적인 영향을 미칠 뿐만 아니라, 브레이크아웃 혁신의 결과는 산업, 지역, 더 나아가 우리 경제 전반에 걸쳐 장려할 수 있는 것에 대한 초기 개념 증명 역할도 한다. "사람들은 존재할 수 있다고 믿는 것에 관심을 갖습니다."라고 공동 학습자 에드 횟필드는 설명한다. "어떤 것이 존재할 수 있다고 믿는 데는 그것이 실제로 존재하거나 과거에 비슷한 사람들과 함께 존재했다는 사실을 아는 것보다 더 좋은 방법은 없습니다. 그렇기 때문에 커뮤니티의 요구에 더 잘 부합하는 새롭고 오래된 형태의 배아 모델을 구축하여 사람들과 공유하고 더 큰 규모로 커뮤니티에서 의미 있는 구조를 만들도록 영감을 주는 것이 매우 중요합니다."라고 말한다.

경제는 우리 모두의 일상적인 선택과 일터에서의 선택으로 구성되는 것이므로 어떤 집단이 기존업무방식에서 성공적으로 벗어나면 전체 시스템에 영향을 미친다. 브레이크아웃 활동가들이 자신의 기업이나 그룹을 관리하는 방법에 대한 합의를 바꾸면 이에 따라 해당 산업의 표준이나 공동체 생활의 경계가 바뀔 수 있으며, 경제도 그들의 결정이 나타내는 변화를 반영하여 변화할 수 있다. 또한 브레이크아웃 활동가들은 그들의 실천을 통해 믿게 된 가능성을 반영하는 제도적 변화를 옹호하게 될 수도 있다.

런웨이가 업계 표준을 높인 것처럼 다른 브레이크아웃 활동가들도 광범위한 범위에서 규칙과 한계를 뛰어넘는 결과로 업무 방식을 재구상했다. 직원들이 시간을 관리하고 최우선 순위를 정의할 수 있도록 하는 데 뿌리를 둔 주 4일 근무제에 대한 언차티드의 접근 방식이 파급 효과를 불러일으킨 예도 있다. 직원들이 일과 삶의 질을 개선하기 위해 시간을 관리하는 방법을 실험하고 프로토타입을 만들었을 때만 해도 이러한 노력이 공개되리라고는 생각하지 못했다. 하지만 그들이 만든 제품과 그 접근 방식에 대한 관심이 너무 커서 공동 창립자이자 전 CEO인 뱅크스 베니테즈가 전국 아침 뉴스 프로그램에서 인터뷰를 할 정도로 큰 반향을 일으켰다. 마찬가지로, 처음에는 물류적, 법적으로 불가능하다고 여겨졌던 지역 사회 소유의 태양광 발전과 마이크로그리드*를 도시에 도입하려는 푸시 버펄로의 노력은 이러한 접근 방식을 수용하는 광범위한 단체들의 연합을 이끌어냈고, 결국 주 차원의 정책 변화를 이끌어내 버펄로 시뿐만 아니라 뉴욕 주 전역의 지역 사회에 이러한 가능성을 현실로 만들었다.

블루닷 애드보커츠의 경우, 디자인 권한을 근본적으로 분산하는 데 기반을 둔 법률 자문 접근 방식을 통해 법률 분야에 큰 파장을 일으켰다. 일례로 그들은 고객의 팀원과 동료 커뮤니티 구성원들을 초대하여 커뮤니티가 구축하고자 하는 미래에 법적 프레임워크가 어떻게 도움이 될 수 있는지 다시 상상해 보도록 했다. 블루닷 팀은 오가닉 그로운 컴퍼니Organically Grown Company**가 목적 기반 기업가 정신, 소유권 및 승계를 유지하기 위해 설계된 획기적인 새로운 소유 구조인 '영구 목적 신탁perpetual purpose trust'을 소유한 미국 최초의 회사가 될 수 있도록 자금을 제공한 투자자를 대리 등 여러 선례를 만들었다.³ 블루닷은 다양한 새로운 소유 및 지배 구조, 투자 조건 및 계약 등을 법적 현실에 도입하는 데 기여했으며, 다른 기업과 법률 행위자들이 이를 채택하고 복제하고 있다.

이들과 다른 브레이크아웃 활동가들은 한 그룹의 사람들이 의도적으로 일하는 방식을 바꿀 때, 그 결과 거버넌스 및 소유권 구조를 포함하여 중요한 규범, 규칙 및 법률을 변화시키는 데까지 확장될 수 있음을 보여준다. 이러한 종류의 변화는 시스템의 근본을 바꾸는 데 매우 중요하다. 에드 휫필드의 말대로 "누가 무엇을 소유하고 결과적으로 누가 함께 창조할 수 있는 권력의 위치에 있는지 여부에 변화가

---

* 독립/연계 운전이 가능한 소규모 전력망
** 미국 오리건주 유진에 위치한 유기농 농산물 도매 유통업체

없다면 그것은 혁신이 아니다"라는 것이다.

직장에서의 일상적인 의사 결정이 축적되어 경제를 유지하거나 재건하는 데 기여한다. 혁신의 주역들이 보여주듯, 중요한 것은 우리가 <u>무엇을</u> 하는가 뿐만 아니라 <u>어떻게</u> 일하는가이다. 브레이크아웃 혁신의 파급 효과는 일하는 방식을 변화시키는 것이 체계적인 경제 변화를 위한 중요한 지렛대임을 보여준다. "저는 지역 단위에서 사랑받는 경제와 사랑받는 공동체를 만드는 것이야말로 권력자가 아닌 국민의 통치권을 되찾는 열쇠라고 생각합니다."라고 존은 말한다. 브레이크아웃 활동가들은 디자이너의 펜을 기존업무방식에서의 소수에게가 아닌 다수의 손에 쥐어줌으로써 일과 더 나아가 우리 경제가 어떻게 작동할 수 있는지에 대한 집단적 상상력을 확장한다.

존은 "시간이 지나면 여러 사람들의 경험을 통해 사회의 필요를 더 잘 충족시키기 위해 경제의 경계와 규칙을 바꾸도록 사회를 설득할 수 있을 것"이라고 결론지었다.

수단이 곧 목적이다

우리는 미래에 대안 경제가 어느 정도 실현될 수 있을지는 현재 우리의 행동이 어느 정도 변화하느냐와 직결된다고 믿게 되었다.

"목적이 수단을 정당화한다"는 옛 속담과는 달리, 우리의 연구를 통해 거듭 밝혀진 것은 수단이 곧 목적이라는 사실이다. 과테말라에서 원주민 커뮤니티와 함께 획기적인 경제 활동을 이끌고 있는 동료인 밀비안 아스푸악Milvian Aspuac은 이러한 역동성을 좋은 삶, 즉 여러 영역에서 균형 잡힌 삶을 의미하는 원주민의 개념인 '부에엔 비비르

buen vivir'와 연관지었다. 밀비안은 "부엔 비비르는 목적지가 아니며, 찾는 것이 아닙니다. 그 대신 매일 쌓아가는 것이다. 건강한 삶의 길을 걷는 것입니다."라고 설명한다.

다른 경제를 향해 노력하는 것은 지금 당장 우리가 사랑스러운 방식으로 살고 일하기 시작할 수 있도록 오늘 그 경제의 작은 부분을 만들고 거기에 우리의 관심을 집중하는 것이다. 흥미로운 점은 사랑스러운 경제를 만드는 데 참여하기 위해 큰 그림의 정책 역학을 모두 이해할 필요는 없다는 것이다. 모든 해답 없이도 다른 세계로 가는 길을 떠날 수 있으며, 지금 우리가 살고 있는 경제를 포함해 모든 경제가 도달할 수 있는 유일한 방법이라고 주장할 수 있다. 런웨이의 공동 학습자 제시카 노우드는 "우리가 세상에서 경험하고 싶은 것들은 우리가 스스로 설계하고 창조하는 것"이라며 "원하는 세상을 연습하면 원하는 세상을 얻을 수 있습니다"고 말한다.

우리의 경험에 비추어 볼 때, 연습을 많이 할수록 미래의 대안 경제가 어떤 모습일지 더 많이 엿볼 수 있다. 공동 학습 커뮤니티의 브레이크아웃 활동가들이 이러한 미래로 나아가는 길을 계속 실천해 오면서 우리는 함께 이 질문에 대한 꿈을 꾸었다. 이 책에 소개된 7가지 실행 방안에 따라 일하는 방식을 바꾸면 어떤 경제가 살아날까?

이 질문에 대해 가장 먼저 논의한 사람은 버질 A. 우드Virgil A. Wood 박사였다. 버지니아유니온대학교를 졸업한 그는 앤도버뉴턴신학교에서 신학 석사 학위를, 하버드대학교에서 교육학 박사 학위를 받았다. 도시와 농촌을 막론하고 많은 지역 사회에서 폭넓게 공부하고 일해 왔지만, 사랑받는 경제 공동체를 이해하고 창조하려는 그의 탐구에는 어린 시절과 유년기의 경험이 가장 깊이 영향을 미쳤다.

우드 박사는 성장하면서 사랑받는 경제 공동체를 구현하는 것이 어떤 의미인지 이해할 수 있는 축복을 받았다. 그가 살던 버지니아주 샬러츠빌 외곽의 작은 마을은 농장을 소유하고 운영하는 흑인 가족들이 세운 '프리덤타운*' 중 하나로 알려져 있었다. 이곳에서 가족 농장에서 자란 경험은 그의 관점의 많은 부분을 형성했다. 우드 박사는 "그 경험이 저에게 풍요로움에 대해 가르쳐준 것 같습니다."라고 말한다. 우드 박사는 매년 여름마다 가족이 소유한 약 $4m^2$ 규모의 채소밭에서 풍요로움이 샘솟았다고 설명한다. "바로 그곳에 토마토 씨앗과 수박 씨앗 등 씨앗을 심을 수 있는 작은 온상이 있었죠."라고 그는 회상한다. "감자, 호박, 콩, 장대콩, 완두콩도 있었죠. 이 모든 것이 자라고, 양파도 자라고, 그리고 고구마 줄과 옥수수도요. 그 모든 것이요." 그는 어떤 의미에서는, 우리가 밟고 있는 대지가 인류의 생계에 필요한 자원을 토양에 품고 있기 때문에 사랑받는 경제라고 말했다.

우드 박사의 어머니는 풍성한 수확물을 항상 나누도록 했다. "어머니는 '고든 씨에게 이 달걀 12개를 가져다 드려', '제나 이모에게 가져다 드려'라고 말씀하시곤 했어요."라고 우드 박사는 말한다. "그것은 풍요로움의 감각이었습니다. 저는 희소성이란 걸 몰랐어요." 풍부한 공동체 생활과 상호 돌봄의 정신을 만들어어 이러한 풍요로움을 공유하는 것이 그의 어린 시절 리듬의 중심이었다. 그의 공동체에서 사람들은 어려운 일이 닥쳐도 이 풍요로움이 다시 돌아올 수 있는 충분한 양이 있을 것이라는 확신을 가질 수 있었다. 이러한 환경은 그의 어린 시절을 풍요롭게 해준 토대였으며, 우드 박사의 삶에 대한

---

* 아프리카계 미국인 인구에 의해, 또는 그들을 위해 설립된 자치 단체.

접근 방식에서 여전히 중심이 되고 있다. "저는 '충분함'을 다룰 때가 가장 건강한 환경이라고 생각합니다. 그리고 환경이 허락하는 것에 감사하고 사회를 번성하게 만드는 것을 생산하고 소비할 수 있는 특권을 누리는 것이 사회를 풍요롭게 만든다고 생각합니다."

그의 접근 방식의 핵심에 있는 것은 우리가 심고, 수확하고, 나누는 리듬을 따르는 것뿐이라는 겸손함과 정해지지 않은 미래에 대한 믿음이다. 우드 박사는 "지금 자연을 신뢰하고 있을 뿐만 아니라 이 모든 것을 준비해 왔다는 느낌을 받았습니다."라고 말한다. "여러분은 날씨가 어떻게 될지 수확이 어떻게 될지 모릅니다. 무엇을 얻게 될지 모르는 것입니다. 그래서 믿음으로 심는 것입니다." 믿음과 풍요의 관행으로 투자하여 그 미래가 실현되도록 돕는 것이다.

앞서 말했듯이 사랑없는 경제는 우리에게 불가피한 것이 아니며 우드 박사는 경험을 통해 이를 잘 알고 있다. 그는 사랑이 넘치는 경제 공동체는 전적으로 가능하며, 사람들이 모든 사람을 돌보는 관행과 시스템을 만드는 것을 지켜보았다고 우리에게 일관되게 말한다. "저는 제 환경에서 사람들과의 상호 작용의 질에 따라 사람다움을 얻었습니다. 따라서 우리가 사랑받는 경제 공동체에 대해 생각할 때 다음과 같은 생각을 하는 것이 도움이 될 것이라고 생각합니다. 가족이 사랑받는 경제 공동체가 될 수 있을까요? 학교도 사랑받는 경제 공동체가 될 수 있을까요? 저는 당연히 그렇다고 생각합니다." 우드 박사는 우리의 커뮤니티 센터와 직장이 우리 시스템 전반에 바라는 최고의 모습을 어떻게 구현할 수 있는지 상기시켜 준다. "사랑받는 공동체는 우리가 관계를 맺는 방식, 풍요를 보고 창조하는 방식에 관한 것이기 때문에 저는 사랑받는 공동체를 의식과 지리라는 공기처럼 생각합니다."라고 설명한다.

　그는 또한 사랑받는 경제의 개념에는 규정적인 정의가 없으며, 이는 어떤 경제 이즘ism이나 탑다운식 시스템이나 모델에 관한 것이 아니라는 점을 분명히 한다. 그는 사랑받는 경제는 "모든 사람의 이야기에 담긴 자율적인 힘"을 존중하고 배려하며, 우리 각자가 풍요로움에 기여하고 접근할 수 있는 데서 나온다고 말한다. 사랑받는 경제는 모든 사람에게 존엄한 생계를 제공하는 소유 형태를 우선시하는 데서 비롯된다. 우드 박사는 "제가 아주 정확하게 말하고 싶은 것은." 그는 잠시 말을 멈췄다. "그것은 바로 생계는 노동 이상의 것으로 구성되어야 한다는 것입니다. 생계를 유지할 수 있는 능력은 돈을 받고 일하는 것에만 의존하지 않는다는 뜻입니다. 우리가 사랑받는 경제에 대해 이야기하면서 여전히 생계가 항상 임금을 받는 직업과 연결되어 있다고 가정하고, 생계가 그것에 의해 제약받을 수 있다고만 본다면, 우리는 요점을 놓치고 있는 것입니다."

　우드 박사는 자본을 축적하지 못한 사람들이 생존할 수 있는 유일한 방법은 기본적인 필요를 충족할 수 있는 충분한 돈을 확보할 수 있을 정도로 일하는 것이기 때문에 현재 노동은 망명 상태와 같은 모습이라고 말한다. 이 때문에 많은 사람들이 일을 멈추고, 휴식을 취하고, 온전하고 건강하게 하루하루를 보내지 못하면 생존 자체가 위태로워질 수 있다는 것을 알고 있다. 우드 박사는 많은 사람들이 일이 제대로 되지 않는다고 느끼는 것은 당연한 일이라고 말한다. 이것은 사랑없는 경제 방식이다. 우드 박사는 기존업무방식으로부터의 망명을 넘어서는 삶을 꿈꾸는 것이야말로 기업가 정신이 진정으로 필요한 곳이라고 강조한다. 우드 박사는 "현재 시스템에서 업무라고 받아

들여지는 개념에서 벗어나 혁신하는 것이 바로 기업가 정신"이라고 말한다.[4]

우드 박사는 사랑받는 경제에 대해 이야기할 때 마틴 루터 킹 주니어 박사의 말을 자주 인용한다. "마틴 박사가 말한 것처럼 우리에게 필요한 경제는 '선하고 정의로운 사회'입니다. 개인주의와 집단주의의 진리를 조화시키는 사회적 의식이 있는 민주주의' 말입니다."[5] 그는 경제는 우리가 서로 관계를 맺는 방식에서 비롯된다고 설명한다. 삶의 고유한 풍요로움을 키우고 모든 사람을 창의적인 기여자로서 환영함으로써 배려를 우선시하는 기업가 정신으로 이러한 관계에 접근할 때, 우리는 상상할 수 있는 것의 범위를 넓힐 수 있다. 이는 브레이크아웃 활동가들의 혁신적인 작업으로 인한 파급 효과에서 관찰한 것과 매우 일치한다. 기업가 정신을 발휘하여 생계를 재구상하는 단체의 사례는 많으며, 이러한 혁신은 특히 우드 박사가 말하는 사랑받는 경제를 만드는 데 큰 영향을 미친다.

예를 들어, 코로나19 팬데믹이 시작될 때 런웨이가 모금하여 각 기업가의 계좌에 입금한 보편적 기본소득 기금은 각 개인과 사랑하는 사람들의 복지를 유지하기 위한 목적으로 제공되었으며, 일, 성과 또는 생산과 연계되지 않았다.[6] 그리고 몇 주 만에 이 프로그램은 다른 기금에서 개념 검증으로 사용되었다. 이와 유사하게, 존이 주창한 '지역 사회 식품 유틸리티'는 공익사업의 개념을 식품으로 확장하여 시장 변동에 관계없이 지역 사회가 협력하여 아무도 굶주리지 않도록 하는 접근 방식이다.[7] 이 아이디어는 이후 다른 지역 사회에서 자체적인 식품 유틸리티를 실험하는 데 영감을 주었다.

코로나19 팬데믹 이후, 우드 박사는 더 많은 사람들이 '생계 개념에 대한 우리의 집단적 상상력을 확장하는 데 적용할 수 있는 기술'로 기업가 정신을 이해할 필요성이 있다고 더욱 절박하게 말했다. 우리는 이를 우리가 일을 통해 표현하는 가치에 대한 경제적 상상력의 확장이 필요하다고 생각하며 스스로에게 묻는다. 어떻게 하면 우리 모두에게 좋은 삶을 만드는 방식으로 생계의 우선순위를 정할 수 있을까? 우리는 우드 박사와 함께 생산성 기준에서 벗어나고 누가 이익을 얻는지 재고하고 성취를 이해하는 방식을 전환하는 등 급여를 받는 방식에 대한 기존업무방식의 제약에서 벗어나 좋은 삶에 대한 생각을 풀어내는 것에 대해 이야기했다. 이러한 방향으로 상상한다면 어떤 경제가 가능해질까?

우드 박사의 허락 하에 우리는 공동 학습 커뮤니티의 다른 구성원들과 함께 그의 용어인 '사랑받는 경제'를 공유했다. 우리는 그의 정의는 빼고 용어만 제공하며 공동 학습자들에게 다음과 같은 지시문을 가지고 글짓기를 할 의향이 있는지 물었다. "지금부터 30년 후, 여러분이 현관문을 나서서, 그게 무엇이든 <u>사랑받는 경제</u>의 품에 안겨 있다고 상상해 보세요. 무엇을 보고, 무엇을 하고, 듣고, 냄새를 맡는지 묘사해 보세요. 사랑받는 경제의 세계에 있다는 것은 어떤 느낌일까요?"

쏟아져 나온 시들은 우리의 숨을 멎게 했다. 수십 차례의 가상 창작 글쓰기 '글쓰기 워크숍'의 결과물은 경제의 미래를 생생하게 묘사하는 절묘한 시로 완성되었다. 에필로그에서 그들의 글 중 일부를 공유한다. 많은 공동 학습자들은 우드 박사의 삶이나 그가 사랑했던 경제에 대한 정의를 자세히 알지 못했지만, 그가 가장 소중히 여겼던 개념과 젊은 시절의 공동체 생활을 반영하는 미래상을 묘사했다.

실제로 그들이 쓴 글은 우리가 서로 관계를 맺는 방식에 의해 정의되는 사랑받는 경제에 대한 분위기와 우드 박사의 설명을 잘 보여준다. 브레이크아웃 활동가들의 혁신적인 업무 방식을 통해 드러나는 사랑받는 경제는 그 수단을 통해 가장 잘 표현된다. 모든 글에서 우리는 7가지 실행 방안의 가치와 우선순위를 엿볼 수 있었다. 브레이크아웃 활동가들의 실행 방안의 본질은 그들이 실제로 상상하고 구축하는 경제의 줄기로 짜여 있다.

모든 공동 학습자들은 진정한 관계의 중요성과 관계적 세계관이 삶과 업무에서 발휘되는 방식을 돌아보며, 이전에는 냉정했던 거래가 지인이나 관심 있는 사람들과의 의미 있는 교류가 되는 경제 현실에 대해 설명했다. 많은 공동 학습자들은 의사 결정권이 광범위하게 분배되고, 모두를 위한 삶을 만드는 데 역할을 할 수 있는 기회와 책임을 가지며, 이렇게 공유된 주체성, 책임감, 돌봄의 정신으로 가득한 이웃과 함께 하는 경제의 미래를 설명했다. 사랑받는 경제의 비전은 분주하고 풍요로우며 예술적인 미래였다. 또한 거의 모든 응답에서 역사가 존재하고 있었다. 이러한 미래에는 과거 경제가 초래한 피해를 복구하고, 해방이라는 현실을 통해 거의 잃어버린 삶의 방식을 적극적으로 회복하는 데 헌신하는 사람들이 등장한다.

공동 학습자들은 텃밭에서 미래의 손자들과 함께 씨앗을 심는 모습부터 재생된 숲으로 둘러싸인 커뮤니티에서 생활하는 모습, 3D 프린터와 로봇 조립 시스템을 갖춘 커뮤니티 워크샵에 참여하는 모습, 여유로운 업무 일정을 즐기는 모습 등 다양하고 생생한 일상을 묘사하는 동시에 깊은 관계를 맺은 사람들이 준비한 맛있는 현지 음식을 즐기는 모습까지 사랑받는 경제의 미래 모습을 보여주었다.

일하는 방식을 변화시키면 관련된 모든 사람의 미래가 더욱 다양해질 수 있다. 창의적 글쓰기 연습의 모든 장면은 디테일이 독특했지만, 각자가 상상한 사랑받는 경제는 다른이들에게 울림을 주었다.

일리가 있다. 수단이 목적이라면 우리가 실천하는 미래는 현재를 실천하는 방법의 자연스러운 연장선상에 있는 것이니까.

브레이크아웃 활동가의 일터

썬더밸리 커뮤니티 개발 회사

썬더밸리는 오세티 사코윈 부족의 오글랄라 영토에 위치해 있으며, 드넓은 초원과 사우스다코타의 신성한 블랙 힐스Black Hills 인근에 있다. 이 커뮤니티는 10여 년 전 한 가정과 한 어머니가 안전한 갈 곳이 필요한 아이들에게 양육의 터전을 제공하겠다는 의지로 시작한 단체인 썬더밸리 커뮤니티 개발 회사(썬더밸리 CDC)의 본거지이다. 이 공동체의 여성 가장이 키운 아이들 중 일부는 청년이 되어 다른 젊은 이들과 함께 이니피Inipi(땀흘리는 오두막) 모닥불 주위에 모여 공동체의 다른 미래를 구상했다. 주변 환경의 변화를 갈망하던 이들은 어릴 적부터 배운 관대함, 연민, 희망의 정신과 자신의 치유의 여정을 통해 원주민의 자유와 자기결정권을 지원할 수 있다는 것을 깨달았다. 꿈을 가진 젊은이들의 대화에서 원주민의 영성, 언어, 생활 방식에 뿌리를 둔 지속 가능한 지역 사회 개발 분야를 선도하는 50명의 조직인 썬더밸리 CDC가 시작되고 성장했다.

처음부터 팀은 다른 방식으로 접근해야 한다는 것을 알고 있었다. "정치와 정부, 운영 방식은 '바로 그것이 올바른 방식'이라고 우리에게 주어졌습니다. 이때 우리는 근본적으로 우리가 그렇게 하지 말아야 함을 압니다." 린 쿠니 부회장은 설명한다. "하지만 우리 직원들은 정부, 주 시스템, 연방 시스템 등 우리에게 적합하지 않은 시스템에 적응해 왔습니다."

썬더밸리 CDC의 여러 프로그램과 이니셔티브에서 영성과 라코타족의 생활 방식에 대한 경외심은 업무의 중심에 있다. 이 단체의 설립 이유를 설명하면서 전무 이사 테이트윈 민스는 '마치 영적 소명과도 같았다'고 강조한다. 그것은 기도자와의 연결이었다. 그리고 그 기도가 이 비전을 현실로 만들었다. 테이트윈은 창립 초기부터 "썬더밸리의 모든 업무는 기도와 영성, 그리고 조상들의 가르침에 귀를 기울이며 진행되어 왔습니다. 그리고 그 덕분에 모든 일이 제자리를 잡았다고 믿습니다."라고 설명한다.

테이트윈과 다른 팀원들은 썬더밸리 CDC가 대담한 희망의 정신을 구현할 수 있는 것은 바로 이러한 정신적 토대 때문이라고 강조한다. "조직이 설립될 때부터 우리만의 가르침으로 삼은 말은 '두려움의 장소에서 오지 말고 희망의 장소에서 오십시오'라는 말이었습니다." 이러한 기도문과 희망에 힘입어 썬더밸리 CDC는 놀라운 성과를 거두며 오글랄라 지역 전역에 변화와 치유를 일으키는 원동력이 되었다. 이들의 8가지 이니셔티브는 지역 사회 생활의 여러 수준에서 웰빙과 지속 가능한 경제 개발을 다루고 있다. 식량 주권, 라코타 언어, 라코타의 생활 방식, 재생 커뮤니티 개발, 지속 가능한 에너지, 건설 프로젝트, 라코타에 봉사하는 사회적 기업, 주택 소유 프로그램이 그것이다.

언뜻 보기에 썬더밸리 CDC의 일부 프로그램 영역은 미국 전역에서 흔히 볼 수 있는 지역 사회 기반 비영리 단체의 일종인 지역 사회 개발 기업의 전형적인 모습처럼 보일 수 있다. 지역 사회 개발 기업은 일반적으로 상당한 투자를 받지 못한 저소득, 소외된 지역 사회를 중심으로 해당 지역을 활성화하는 데 중점을 둔다.[1] 썬더밸리 CDC와 마찬가지로 많은 지역 사회 개발 기업이 적정가격의 주택 및 주택 소유 옵션이나 다양한 교육 및 사회 서비스를 지역 사회 주민에게 제공한다. 하지만 썬더밸리 CDC는 이러한 서비스를 어떻게 제공할 수 있는지, 어떤 느낌을 줄 수 있는지에 대해 재구상하여 그들의 업무가 일반적인 것과는 전혀 다른 방식으로 이루어지고 있다.

전통에 뿌리를 둔 이러한 재창조의 정신은 썬더밸리 CDC가 제공하는 모든 것에 스며들어 있다. 예를 들어, 이 단체의 사회적 기업 프로그램은 "지역 사회의 부를 재정의하고 구축함으로써 주민들을 집단적으로 더 강하게 만들기 위해 노력한다. 라코타의 지식과 가치에 기반한 재생 경제를 구축하고 파인릿지Pine Ridge 보호구역에 교육 및 기업가적 기회를 더 많이 제공함으로써 이를 실현한다."[2] 이 이니셔티브에서 최우선 과제 중 하나는 "지역 사회 구성원들이 자원 공유, 물물교환, 공동 소유 등 경제 개발에 대한 탈식민주의적 접근 방식을 배우도록 돕는 것"이다.

마찬가지로, 주택 소유 이니셔티브에서 썬더밸리 CDC는 "이 일을 우리 장로들의 가르침과 라코타 가치 체계에 뿌리를 두어" 지역 사회 구성원들이 부를 쌓고 주택을 소유할 수 있도록 "지원한다."[4] 일련의 "금융 해방" 과정을 통해 썬더밸리 CDC는 "식민지 사고방식에서 벗어나 라코타 해방의 일부가 되기 위한 주택 소유를 재정의하는 여정을 진행 중"[5]이라고 말한다.

테이트윈은 그들이 해온 일을 설명하며 눈시울을 붉힌다. "우리가 건설하고 있는 실제 물리적 커뮤니티는 우리 보호구역이나 사우스

다코타의 다른 어떤 보호구역과도 다릅니다. 풀뿌리 커뮤니티를 처음부터 구축하는 것은 정말 혁신적이고 용기 있는 일입니다." 테이트윈은 아름다운 주택과 공유 커뮤니티 공간뿐만 아니라 무형의 요소도 중요하다고 강조한다. "이 일을 시작할 수 있는 자금을 마련하고, 이 공간이 얼마나 아름다운 곳이 될지 꿈꾸는 것, 그 자체가 얼마나 아름다운 일인지요. 사람들이 다른 방식으로 살 수 있고 우리에게 익숙한 것보다 더 높은 기준과 다른 기준을 기대하는 것이 가능하다는 것을 알기 때문에 그 자체로 희망적이라고 생각합니다."

썬더밸리 CDC 팀원들은 성공의 근원이 근본적인 관점의 변화를 수용하는 데 있다고 믿으며, 이는 썬더밸리 CDC 팀과 커뮤니티 구성원들이 라코타족으로서의 해방을 위한 핵심이라고 생각한다. "라코타족의 세계관은 정체성, 언어 등 라코타족을 구성하는 모든 요소의 균형, 즉 균형을 회복하는 것입니다. 그리고 우리 주변의 물리적 환경과도 균형을 이루며 살아가는 것입니다." 이 모든 요소와 올바른 관계를 맺는 것이 중요하다고 테이트윈은 강조한다. "사회에서 성공하고 싶다는 이유로 항상 이기적인 방식으로만 생각하는 것은 매우 식민주의적이거나 서구화된 사고방식입니다. 하지만 자신 안에서 균형을 찾는다면 더 나은 관계를 가지게 될 수 있으므로, 더 나은 엄마가 되고, 더 나은 부모, 이모, 삼촌이 될 수 있습니다."

파급 효과는 개인의 균형에서 시작된다. 테이트윈은 "그러면 가족이나 대가족의 균형이 회복되고 결국에는 국가에도 균형이 회복됩니다. 이것이 바로 해방의 초기 개념입니다. 그 파급 효과는 여러분과 시작하고 거기서부터 시작됩니다." 테이트윈은 올바른 관계를 맺는다는 것은 단순히 금전적인 것만이 아니라고 강조한다. "그것은 당신의 정신이고, 당신의 마음이며, 그 관계와 더 큰 무언가의 일부가 되는 것입니다."

개인과 가족, 그리고 다른 사람들 사이에서 이러한 균형이 회복되면 상호 연결된 강력한 커뮤니티는 해방된 라코타 민족이라는 궁극적인 비전에 점점 더 가까워지기 시작한다.

"이 일을 하면서 해방에 대해 생각할 때, 우리는 '해방에 도달하기 위해 무엇이 필요한가'에 대해 생각하게 됩니다. 썬더밸리 CDC와 함께 일하는 직원과 지역 사회 구성원들은 우리 주민들이 경험하고 견디고 살아남은 모든 트라우마와 제노사이드로 인해 첫 번째 단계는 치유가 되어야 한다는 인식을 공유하고 있습니다."라고 테이트윈은 설명한다. "우리 커뮤니티에 존재하는 이러한 악순환의 고리를 끊기 위해서는 치유가 필요합니다. 그러면 그 치유는 희망으로 이어질 것입니다."

린이 다음과 같이 덧붙여 말한다.

> 저는 여러분이 원하거나 변하기 원하는 것을 상상하려면 희망을 가질 수 있어야 한다고 생각합니다. 그래서 일단 희망을 가질 수 있고 내면에 희망을 갖게 되면, 변화시키고 싶거나 더 좋게 만들고 싶은 것들을 상상할 수 있고, 이는 해방으로 이어질 것입니다. 그렇기에 나는 이 모든 것이 순환적이라고 생각한다. 그래서 저희는 썬더밸리에서 모든 직원들과 함께 각자의 힐링 여정에 대해, 그리고 필요한 것이 무엇인지에 대해 생각해 보도록 장려하고 있습니다. 의식일 수도 있고, 각자의 치유 여정에서 스스로 할 수 있는 것일 수도 있습니다. 그리고 그것은 분명 과정이지만, 라코타의 생활 방식에 따라 치유를 위해 적극적으로 노력하는 것은 균형을 되찾고, 좋은 관계를 맺고, 책임감을 갖고,

사람으로서, 직원으로서 해야 할 일을 할 수 있는 전통 사회를 되찾는 데 도움이 될 것입니다. 하지만 그 이상입니다. 그래서 우리 모두는 그것을 해야 합니다. 썬더밸리에서 우리의 직책이 무엇이든 상관없이 우리 모두는 이 일을 해야 합니다. 이는 우리 모두에게 개인적인 치유의 여정입니다.

어디서부터 어떻게 시작해야 할지 항상 쉽게 알 수는 없지만 테이트윈은 그 길을 찾는 방법을 기억하는 데 도움이 된 약간의 지침을 공유한다. "얼마 전 '무엇이 선이고 무엇이 옳은가'라는 주제의 행사에 참석한 적이 있습니다. 선하고 옳은 일을 하고 있는 한, 여러분은 자신이 가야 할 길을 걷고 있습니다."

13장

삶을 향해 일의 방향을 바꾸기

연구를 시작한 지 5년이 지난 어느 날 밤, 우리는 오랜 세월 동안 우리 각자의 멘토 역할을 해온 리더십 트레이너이자 코치인 토비 헤르즐리히Toby Herzlich와 함께 저녁 식사를 했다. 저녁이 되자 우리는 새로운 연구 결과를 공유했고, 7가지 실천 사항을 설명하자 토비는 "우와!"라고 외치며 "7가지 실행 방안이 또 뭐죠?"라고 물었다.

우리는 손가락으로 숫자를 세면서 이야기를 털어놓았다. 토비는 미소를 지으며 가방에서 서류를 꺼내어 건네며 말했다. "우리는 방금 이걸 끝냈어요." 토비는 비영리 단체인 생체 모방을 통한 사회혁신 Biomimicry for Social Innovation(BSI)의 설립자이며, 그가 말한 '우리'는 그곳의 팀을 가리킨다. BSI는 성장하는 생체 모방 분야와 마찬가지로 생물학에서 출발하여 자연계의 형태, 과정, 역학을 연구하여 인간 중심의 시스템이 자연계처럼 지속 가능하고 재생 가능한 방식으로 기능할 수 있는 방법에 대한 통찰력을 얻는다.

토비가 보여준 BSI 문서에는 6가지 '생활 시스템 리더십 실행 방안'을 설명하는 도표가 포함되어 있었다. 여기에는 토비와 그의 연구 동료들이 '생명의 원리'라는 생체 모방학의 기초 연구를 바탕으로 개발한 리더십 지침이 자세히 설명되어 있다.[1] 이 연구는 거의 모든 생명체와 생태계에 구현된 중요한 패턴, 즉 우리가 공유하는 지구에서 생명체가 생존하고 번성하는 방식과 거의 40억 년 동안 그렇게 해온 방식을 광범위하게 정의하는 패턴을 반영한다.

토비는 "기본적으로, 지구인이 되기 위한 운영 지침입니다. 7가지 실행 방안과 얼마나 비슷한지 보세요."이라고 설명한다.

팜플렛을 읽어보니 입이 떡 벌어졌다. 토비의 말이 맞았다.

자연계의 생명 시스템을 연구하는 분야와 인간의 획기적인 혁신을 연구하는 이 두 가지 다른 연구 분야에서 놀랍도록 유사한 핵심 원칙이 나타났는데, 그것은 삶을 지원하는 방식을 함께 반영한다는 점이다.

토비와 BSI 동료인 생물학자 데보라 비드웰Deborah Bidwell, 생체 모방 컨설턴트 맥콜 랭포드McCall Langford에게 배운 것처럼, 자연계에는 우리가 혁신적 행위자의 사례에서 볼 수 있는 것과 유사한 행동과 전략을 진화시킨 살아있는 유기체의 사례가 많이 있다. 369페이지에서는 7가지 실행 방안을 반영하는 자연계의 유기체들 사이의 역동성에 대한 BSI의 가장 놀라운 사례 몇 가지를 공유한다.

다년간에 걸친 BSI와의 협업을 통해 우리는 7가지 실행 방안이 생명체가 적응하고 진화하는 방식을 반영한다는 것을 이해하게 되었다. 즉, 7가지 실행 방안은 인간 외의 생명체와 시스템이 역동적인 상황에서 생존하고 번성하기 위해 하는 일을 반영한다. BSI가 이 점을 짚어냈을 때 우리 모두는 직관적인 부분이 있다는 점에 주목했다. "말이 되죠. 어려운 시기에 잘 작동하는 진정으로 혁신적인 인간 행동은 수백만 년 동안 생명체가 생존 문제를 극복하기 위해 적응하고 진화해 온 방식과 자연스럽게 일치할 것입니다." 라고 토비가 말했다.

실제로 7가지 실행 방안은 궁극적으로 우리가 적응할 수 있게 해준다. 이러한 관행은 디자인에 대한 권한을 분산시킴으로써 사람들이 우리 주변의 신호에 대응하여 일하는 방식을 바꿀 수 있도록 한다. 전체 시스템에 걸쳐 사람들의 내재된 잠재력을 활성화하여 삶을 지속시키고 모두에게 좋은 방향으로 재구상하고 방향을 전환하는 방식으로 작동한다. 이러한 변화가 경제 시스템 전반에 파급되면 우리 경제 전체가 생명을 위협하는 것이 아니라 생명을 키우는 운영 방식으로 진화할 가능성이 훨씬 더 커진다.

많은 종種들이 디자인 권한을 분산하는 데 핵심이 되는 권력 공유의 역학을 보여주며 이러한 역학은 생명체의 회복력, 협력, 자기 조직화 능력의 핵심이기도 한 것으로 밝혀졌다. BSI 팀은 인간 외의 종에는 한 명 또는 소수의 책임자가 다수의 구성원에게 자신의 의지를 강요하는 탑다운식 리더십을 중심으로 조직되는 경우는 거의 없다고 설명한다. 군집, 벌집, 떼, 숲, 무리 등 공동체에서 기능적 요구를 충족하는 유기체는 집단적으로 힘을 배분하고 자원을 할당하고 결정을 내리고 함께 나아갈 방향을 설정하는 수많은 방법을 개발해 왔다.

한 가지 예로, 서양 꿀벌을 들 수 있다. 이들은 특별한 춤을 통해 군집 구성원 간에 권력과 의사 결정을 공유하여 새 벌집을 위한 최적의 위치를 결정한다. 꿀벌 군집에는 수만 마리의 개별 꿀벌이 포함될 수 있다. 군집에 새 벌집이 필요하면 스카우트 벌로 알려진 일꾼 집단이 벌집을 만들 장소를 물색하는 일을 담당한다. 수십 마리의 정찰 벌이 파견되어 독립적으로 동시에 주변을 광범위하게 탐색한다. 각 정찰대는 무리로 돌아와 잠재적 벌집 부지까지의 거리와 방향, 부지 품질에 대한 데이터로 인코딩된 복잡한 '8자 춤waggle dance'을 통해 다른 정찰대들과 정보를 공유한다. 발견된 사용 가능한 둥지에 대한 모든 정보는 공유되며 어떤 정찰대 벌도 억압받지 않는다. 다른 정찰대 벌들은 열기를 읽고 직접 확인한 후, 가장 높은 점수를 받은 부지를 광고하는 정찰대 벌들과 함께 춤을 추게 된다.

이렇게 분산된 집단 의사 결정 과정은 더 많은 꿀벌이 선호하는 장소를 조사하고 춤을 추면서 추가 구성원을 끌어들이는 연합을 형성한다. 초기 스카우트 중 일부가 지치면 바톤을 넘겨주어 춤추는 연합에 활력을 불어넣는다. 이렇게 하면 처음에 유망한 후보지에 대한 흥미가 새로운 정찰대에 의해 강화되고, 정찰대가 우세한 후보지를 중심으로 결집하기 시작한다. 얼마 지나지 않아 임계치에 도달한 무리가 결정에 도달하면 전체 무리가 새로운 보금자리로 이동한다. 생물학자들은 이러한 복잡한 춤의 단계가 "무리를 정확하고 신속하며 통일된 결정으로 확실하게 이끈다"[2]는 사실을 추적해 왔다.

우리 인간도 다른 종과 마찬가지로 생물학적 존재이므로 인간 외 종의 번영을 돕는 자연계의 깊은 패턴이 우리의 번영에도 도움이 될 수 있다.[3] 우리는 이 연구의 마지막 해에 디자인 권한을 널리 분산하는 관행이 우리의 일하는 방식을 변화시켜 경제가 현명한 방향으로 나아가고 적응하도록 돕는 도구가 될 수 있음을 발견하고 놀라움을 감추지 못했다. 삶의 방식은 12장에서 소개한 혁신적 행위자들의 사례와 같은 변화를 어떻게 구현할 수 있는지에 대한 교훈을 담고 있다.

우리가 생명의 변성을 지향할 때, 우리는 수십억 년 동안 적응 방식을 진화시켜온 많은 종들과 함께 한다. 디자인 권한을 분산함으로써 우리는 더 넓은 인간 공동체와 모든 생명체의 더 큰 그물망으로부터 피드백을 수정하는 데 다시 연결될 수 있다. 생체 모방학 분야의 창시자인 제닌 벤유스Janine Benyus는 인간의 영리함을 잠재우고 다른 유기체의 지혜에 귀를 기울이고 깊이 배울 것을 권장한다.[4]

BSI와의 작업에서 우리는 이 연구의 가장 심오한 함의를 도출할 수 있었다. 바로 이러한 업무 수행 방식이 우리 주변의 더 광범위한 삶의 체계의 지혜를 반영할 뿐만 아니라 체계 내에서 우리의 위치를 다시 연결한다는 점이다. 이는 우리가 많은 시간 동안 브레이크아웃 활동가들을 관찰한 결과와 마찬가지이다.

사랑없는 경제는 의지, 선택, 지혜, 선택권이 오직 인간에게만 있고,[5] 나머지 살아있는 세계는 죽었다고 주장하면서 세상을 인간만이 중요한 곳으로 끊임없이 매도한다. 이는 세상을 평면적이고 제한적으로 바라보는 관점이며, 끊임없이 자신을 주장하면서 다른 수많은 가능성의 세계를 죽이는 관점이다.[6]

로빈 월 키머러Robin Wall Kimmerer 박사는 "식물과 토지를 주체가 아닌 객체, 즉 존재가 아닌 사물로 생각하는 것은 착취를 가능하게 하는 도덕적 거리를 제공한다"며 "육체의 생산적 잠재력은 인정하지만 존재의 인격성은 부정한다"고 말한다.[7] 사랑없는 경제는 이들이 단순한 인간의 재산 이상이라는 점을 무시한다.[8] 말로 응답하지 않는 세상에서는 더 쉽게 추출해낼 수 있다. 우리의 일터에서는 인간 이해관계자만 참여하며 다른 유기체나 산, 강, 바다에서 지혜를 구하는 경우는 많지 않다. 기존업무방식은 석유를 채굴하고 물을 사유화하여 판매하고 토양을 소모하는 것을 당연한 것으로 여긴다. 그것은 관련된 모든 사람에게 영양을 공급하거나 보충하기보다는 소수의 사람들에게 흘러가는 금전적 부의 이름으로 세상을 조각낸다. 사랑없는 경제를 옹호하려면 나머지 세계를 무생물 또는 인간이 가져가야 할 공정한 사냥감으로 간주해야 한다.

기존업무방식은 우리 인간끼리 서로를 단절시킬 뿐만 아니라 다른 삶으로부터도 단절시킨다. 이러한 다양한 형태의 단절이 집단적 단절의 상처[9], 즉 남은 평생 동안 부자연스러운 고립의 고통을 유발한다고 생각한다. 경제 사상가인 찰스 아이젠슈타인Charles Eisenstein의 설명처럼 모든 것이 꼭 이런 식일 필요는 없으며 항상 그랬던 것도 아니다. 그는 많은 원주민들이 강조하는 이해와 공동 학습 커뮤니티의 여러 사람들이 표현한 요점을 반영한다. "모든 식물을 알고, 모든 동물과 새를 알고 새의 노래와 노래하는 시간을 알고 어떤 벌레를 먹고 그 벌레가 어디에 사는지 벌레가 사는 곳의 토양 냄새는 어떤지 어떤 식물이 자라고 그 식물이 어떤 약으로 쓰이는지 모든 사람에게 강력한 관계의 매트릭스가 존재했던 시대가 존재했었습니다. 우리는 이러한 상호 작용의 그물망 속에 있었습니다. 우리는 깊이 알고 있었습니다. 그래서 우리는 우리 자신을 알고 있었습니다. 우리는 마치 우주에 있는 집에 있는 것처럼 느꼈습니다."[10]

기존업무방식의 주장에도 불구하고 세상은 죽지 않았다. 세상은 단지 우리만을 위해 존재하는 것이 아니다. 대신, 우리 인간은 이 복잡하고 역동적인 행성에서 다른 모든 존재와 서로 연결되어 있다. 우드 박사는 우분투의 개념을 자주 언급한다. 나는 우리가 있기 때문에 존재한다. 우리는 우리이기 때문에 존재한다. 물리학자 카렌 바라드 박사의 말처럼, "우리는 내부도 외부도 없는 우주에 속해 있다."[11]

우리는 여러 경험을 통해 7가지 실행 방안이 디자인 권한을 널리 분산함으로써 장벽을 허물 수 있다는 확신을 갖게 되었다. 이를 통해 서로를 다시 연결해 준다고 믿게 되었다. 또한 이러한 관행이 삶의 전체 그물망과 우리의 관계를 다시 엮기 시작한다고 믿는다. 이러한 관행은 우리가 서로의 말에 더 깊이 귀 기울일 뿐만 아니라 우리를 둘러싼 전 세계의 말에 더 깊이 귀 기울일 수 있도록 훈련시킨다.

"우리가 사회적으로 갈망하는 것은 진정한 연결이라고 생각합니다. 그렇죠? 바로 상호성에 관한 것이고 연결에 관한 것입니다. 지구와 연결되어 있다는 것, 그리고 그것이 우리를 기분 좋게 만듭니다. 우리 모두는 현명하기 때문에, 지금은 이러한 시스템이 작동하지 않는다고 인식합니다. 어떻게 하면 우리 자신, 서로, 커뮤니티, 지구와 더 많이 연결되어 있다고 느낄 수 있는 현실을 상상하고 그 안으로 들어갈 수 있을까요?"라고 공동 학습자 라화는 말한다.

우리는 일하는 방식을 변화시킴으로써 만들어내는 재연결은 이 연구를 시작할 때 상상할 수 없었던 그 어떤 결과, 즉 사랑없는 경제에서는 가늠할 수 없을 '소속감'이라는 선물이라고 믿는다.

소속감이란 다른 모든 사람들과 함께 디자이너의 테이블에 초대되어 내 손에는 펜을 들고, 이웃의 손에도 펜을 쥐어주는 것을 의미한다. 이는 상호 책임감을 가지고 분산된 권력의 그물망 속에서 우리 고유의 권한을 행사하는 것을 의미한다. 라화는 "집단적으로 일하고 서로에게 책임을 지는 것은 우리를 온전하게 만들고, 우리를 빛으로 인도하며, 궁극적으로 우리를 해방시키는 것"이라고 설명한다.

우리가 해야 할 일은 시작하기이다. 우리는 지금 당장 사랑받는 경제의 일부를 만들 수 있다.

실천이란 한 번에 한 걸음씩 내딛고 반복해서 시도하는 것을 의미한다.

그리고 우리가 상호의존을 실천함으로써 생명의 그물망에 다시 연결하고 귀를 기울일 때, 거대한 생명의 네트워크가 우리의 감각에 다시 살아난다. 사랑받는 경제는 삶의 마법에 대한 우리의 인식을 통해 나타난다.

이 마법에 걸린 세계는 항상 우리 발밑에서 잠자는 동안 속삭이고, 셔츠 소매를 잡아당기고, 돌아서서 <u>이 모든 것</u>에 속할 수 있는 더 큰 집과 타고난 권리를 다시 한 번 보도록 우리를 유혹하는 세계이다.

어느 날 오후 우드 박사에게 "우리가 사랑받는 경제로 나아간다면 어떻게 될까요?"라고 물었다.

그는 "어떤 일이 일어날지 제 생각을 설명해 보겠습니다."라고 대답했다.

"우리가 그곳에 도착하면 아이들은 삶과 사랑에 빠져 춤을 추고 웃고 놀고 있을 것입니다. 노인들도 삶과 다시 사랑에 빠져 웃고 춤을 추고 있을 것입니다. 저는 지금 삶의 재탄생에 대해 이야기하고 있습니다."

에필로그

변화를 시작하기 위해

7가지 실행방안과 생명의 원칙

연구 과정

에필로그

우리는 공동 학습 커뮤니티의 학습자들에게 물었다. "지금부터 30년 후, 여러분이 현관문을 나서서 사랑받는 경제의 품에 안겨 있다고 상상해 보십시오. 무엇을 보고, 하고, 듣고, 냄새를 맡을까요? 이 경제에 속해 있다는 것은 어떤 느낌일까요?"

공동 학습 커뮤니티 회원 12명이 이 질문에 응답했습니다.[1]

. . .

오늘 아침에 일어났어요.

그리고 자유로운 기분으로 움직였습니다.

"좋은 아침" 의식을 마쳤습니다. 그리고 하루의 가능성에 대해 생각했습니다. 무엇을 먹을까? 어디로 갈까? 누구를 만날까? 무엇을 배울까? 저는 매일 이 루틴을 반복하는데, 사랑하는 경제 속에서 매일 같은 느낌, 즉 자유로워진다는 느낌을 받습니다.

. . .

나는 불안감보다는 창의력을 발휘하며 잠에서 깨어납니다. 이 사랑받는 경제에서 모든 사람이 나와 관계를 맺고 있으며, 생태계는 확장된 가족으로 만들어진 덕분에 문 안에서와 같은 따뜻함과 우아함을 가지고 문 밖의 세상으로 들어갑니다.

. . .

가장 먼저 맡는 것은 나무와 야생화 냄새입니다. 가장 먼저 들리는 것은 여름의 새소리와 윙윙거리는 벌레 소리입니다.

. . .

저는 제 몫을 차지하기 위해 경쟁하는 것이 아니라 공동의 이익을 위해 기여하도록 부름받았습니다.

. . .

다양한 인종적 배경을 가진 다세대 가족이 한 공간을 공유하는 모습이 제일 먼저 눈에 띕니다. 아이들은 함께 놀고, 부모는 다른 부모와 이야기를 나누고, 조부모는 돌아다니는 유아를 지켜보고 있습니다. 누구도 타인으로 여겨지지 않습니다. 사람들은 서로의 관심사, 열정, 삶의 방식에 대해 배우는 데 관심이 있습니다. 일이 중요하긴 하지만 모든 사람의 특징을 결정짓는 것은 아닙니다. 중요한 것은 모두가 살기 좋은 커뮤니티를 만드는 데 기여하는 것입니다.

. . .

저는 인도와 마당에서 이웃을 지나치는데, 거의 모든 이웃의 이름을 알고 있고 지역사회에서 함께 하는 다양한 활동을 통해 개인적으로도 많은 사람을 알고 있습니다. 이제 우리는 필요하거나 원하는 거의 모든 것을 구매할 돈을 벌기 위해 일하기보다는 서로의 개인적인 관계를 통해 일상적인 필요의 상당 부분을 충족합니다. 연중 내내 운영되는 파머스 마켓은 물론이고 온라인을 통해 지역 농부들의 신선한 채소, 우유, 달걀, 육류 등을 정기적으로 집으로 배달받을 수 있습니다. 이전에 정부의 식량 지원 프로그램을 이용하던 사람들도 이제는 저와 같은 방식으로 같은 농부들이 생산한 영양가 높은 식품을 통해 필요한 모든 식량을 충족시킬 수 있습니다.

. . .

우리에게는 여전히 배우고 연습하고 조정해야 할 것이 많이 있으며 그러할 것입니다. 이는 유토피아가 아닙니다. 다양한 가치를 중심으로 조직을 구성하는 다른 방식일 뿐입니다. 지구는 완전히 치유되지는 않았지만 치유되고 있는 중입니다. 생산과 회복탄력성에 대한 지식은 국한되어 있지만, 우리는 그 어느 때보다 전 세계적으로 연결되어 있습니다.

. . .

집 앞에서 거리 축제가 열립니다. 제가 전자 음악, 음악 이론, 미시시피 델타의 지역 역사를 가르치고 있는 한 젊은이가 마이크와 앰프 시스템을 빌려서 전에 이야기한 새로 편곡한 찬송가를 연주하고 싶다고 찾아왔습니다. 그들은 엄마 아빠가 현재 살고 있는 새 아파트가 마음에 든다고 말하며, 노동자 협동 조합에서 분기별 임금 인상률을 보고한 후 보너스로 투표를 해서 콘도미니엄으로 구입할 생각이라고 합니다. 이들의 어머니도 마을 의회에서 활동하며 시내 지역에 또 다른 공공 예술 작품을 설치할 계획을 세우고 있습니다. 더 나은 삶을 위한 시도를 할 수 있는 자원은 언제나 지역사회에 넘쳐나는 것 같습니다.

...

우리는 커뮤니티 돌봄을 우선시하고, 자동차가 아닌 사람을 위한 동네를 만들고 위기 상황 뿐 아니라 일상에서 서로를 돌봅니다. 동네를 다니며 빨래, 청소, 어린이 및 노인 돌봄, 주택 유지보수, 예산 책정, 자원 공유 등 우리 모두에게 도움이 되는 일을 하는 가족과 이웃을 찾아냅니다.

...

저는 숲속의 완만한 경사진 언덕에 있는데, 주변에 잘 지어진 작은 오두막들이 나무 사이로 흩어져 있고 지형과 함께 흐르는 언덕에 자리 잡고 있습니다. 모든 것이 수백 년 동안 그곳에 있었으며 앞으로도 그럴 것처럼 보입니다. 제 아래에는 아이들이 뛰어놀고 소리 지르는 초원이 있고, 이웃들이 함께 식사를 하며 대화를 나누는 커뮤니티 건물이 있습니다. 누군가 트리하우스 플랫폼에서 화상 통화를 하며 일하고 있고, 관심 있는 청소년이 통화에 참여하고 있습니다. 몇 걸음 떨어진 곳에서는 아이들이 아래에서 놀고 있습니다. 다른 몇 명은 이웃에게 판매할 물품을 만들고 있습니다. 넓은 커뮤니티 정원에는 어른과 아이들이 함께 식물을 가꾸고 동물을 돌보는 작업을 하고 있습니다.

작업장에서는 누군가가 기기를 수리하고, 부품을 3D 프린팅하고, 커뮤니티의 공유 로봇 조립 시스템을 사용하여 기기 회사의 수리 지원 핫라인을 통해 가상 지원을 받고 있습니다.

. . .

앞 정원으로 일하러 밖에 나가면 수많은 새들이 지저귀고 노래하는 소리가 들립니다. 손주들이 찾아와 과일과 채소를 수확하고 관리하는 일을 도와줍니다. 손주들은 정원에서 일하는 것도 좋아하지만 마당을 돌아다니며 동네 아이들과 함께 뛰어놀기도 합니다. 이 커뮤니티는 전통이 깃든 강력한 문화적 정체성, 번성하는 녹지 공간, 협동조합 기업, 가장 지속 가능한 주택, 그리고 주민들이 다른 사람들에게 그들이 구축한 기쁨과 선순환을 달성하는 방법을 가르치는 깊은 시민 참여에 뿌리를 두고 있습니다.

. . .

샛별이 운치 마카(어머니 대지)를 환하게 비추듯 티요스파예(가족)도 아침을 시작합니다. 먼저 물(음니 위코니)을 마시는 것이 우리의 첫 번째 약입니다. 다음으로 와창가(스위트그라스)로 아질리아(스머지)를 뿌려 모든 긍정적인 기운을 불러일으키고, 이제 가족이 함께 와세키야(기도)를 하며 친척, 환경, 영혼과 자신을 연결합니다. 창문과 커뮤니티로 통하는 출입구를 열어보세요. 라코타 오야테(라코타족) 사이에서 티요스파예와 함께 살고 있는 지금, 우리의 아키시타(전사)들의 보호를 받는 원로 여성으로서의 역할에 만족하고, 이타칸이 선택한 지도자들과 함께 라코타족으로 자유롭게 살아가는 우리의 신성한 아이들을 볼 수 있어 행복합니다. 오늘 같은 아침이 꿈만 같았던 때를 생각하면(에하니), (감사합니다) 워필라 탕카 이시시야피. 오늘 제가 목격하고 있는 것은 우리 조상들이 기도하고 우리 민족이 행동으로 옮긴 것이며, 이제 우리 아이들의 아이들은 이 아름다운 라코타의 삶의 방식만을 알게 될 것입니다.

...

저는 두려움 없이 집을 나서고 있으며, 솔직히 제 2의 고향으로 걸어 들어가는 기분입니다. 다양한 인종과 민족, 능력, 성적 지향, 성 정체성이 교차하는 환경이 마련되어 있습니다. 보상이 이루어졌고 지금도 이루어지고 있습니다. 우리는 평등 추구를 넘어 집단적 해방을 위해 서로에게 책임을 묻고 있습니다. 우리는 획일화된 존재가 아니라 각자의 개성을 지닌 아름다운 존재입니다. 저는 세대 간 가족부터 '싱글' 친구들의 집단에 이르기까지 모든 형태와 규모의 가족을 만나고 있습니다.

. . .

한 노점상이 한 무리의 청소년들에게 아침 타코를 팔고 있는데, 카트에서 계란과 베이컨 냄새가 풍깁니다. 사람들이 현관에 앉아 음악을 연주하고 있습니다. 무슨 노래인지는 잘 모르겠지만 베이스와 영어, 스페인어로 된 노래가 들려요. 30년 전 우리 동네에 있던 공터와 폐가가 지금은 한 곳은 다가구 주택으로, 다른 한 곳은 어려운 청소년을 위한 주거 센터로 사용되고 있습니다. 금요일은 더 이상 근무일이 아니기 때문에 오늘은 일하지 않고 대신 50명 이상의 성인 소프트볼 리그 경기가 열리는 공원으로 향합니다. 자전거를 타고 출발하면서 현관에서 도자기 물레를 돌리고 있는 아내에게 작별 인사를 건넵니다. 자동차의 냄새와 소음은 갓 깎은 잔디 냄새와 스포츠에 대한 이웃들의 논쟁으로 대체됩니다. 이웃과 반갑게 인사를 나누며 자전거를 타는 길입니다. 도착하자 오랜 친구가 운동장 노점상에서 현지 맥주를 사서 저를 마중 나옵니다. 예전에는 어땠는지 거의 기억이 나지 않습니다.

. . .

일을 변화시키고, 하루하루 실천하면서 사랑하는 경제에서 깨어났을 때 어떤 기분이 들까요?

변화를 시작하기 위해

새로운 사람과 그룹이 공동 학습 커뮤니티에 참여할 때 우리는 종종 그들에게 물었다. 이 연구에서 여러분에게 가장 유용하게 활용될 수 있는 점은 무엇인가요? 연구결과에 대한 내용 중 여러분의 일에 가장 직접적으로 도움이 되고 적용할 수 있다고 생각하여서 책이나 기사에서 다루었으면 좋겠다고 생각하는 것은 무엇인가요?

공동 학습자들은 이 책에서 이미 다루고 있는 내용 외에도 감독자, 자금 제공자, 이사회 구성원, 투자자 및/또는 동료 팀원들과 공유할 수 있는 7가지 실행 방안 적용의 가치를 명확하게 보여주는 글을 작성할 것을 제안했다. 그들은 7가지 실행 방안을 시작하기 위해서는 먼저 다양한 공동 작업자들에게 7가지 실행 방안과 그 이점에 대해 알려야 한다고 지적했다. 공동 학습자들은 이러한 업무 방식이 단순히 '기분 좋은' 있으면 좋은 것이 아니라 디자인할 권리를 분산하는 방식으로 업무를 혁신하는 것이 왜 현명하고 전략적이며 영향력이 큰지를 설명해야 하는 경우가 종종 있다.

독자들이 7가지 실행 방안을 시작하는 데 도움이 될 수 있도록 유용한 세 가지 사항을 공유하고자 한다.

첫째, 제안되는 가치. 몇몇 사람들이 투자 대비 수익률(ROI)이라고 말하는 것에 대해 자세히 설명한다. 둘째, 그룹 내에서 이러한 대화를 시작하는 방법에 대한 구체적인 제안을 제공한다. 마지막으로, 공동 학습자들이 강력하게 시작하고 과정을 유지하며 혁신의 돌파구를 마련하기 위해 수년 동안 그룹 내에서 공유해 온 핵심 조언을 소개한다.

7가지 실행 방안이 제안하는 가치

2장에서 살펴본 바와 같이, 이 연구의 주요 결과는 7가지 실행 방안이 혁신과 그 세 가지 요소와 연관되어 있다는 것이다. 이 세 가지는 관련된 모든 사람의 삶을 개선하는 데 직접적으로 기여하는 대담한 상상력의 아이디어, 이러한 아이디어의 실현과 광범위한 채택, 그리고 혁신에 대한 모든 사람의 주체성을 일깨우는 것을 포함하여 현재의 노력을 개선하기 위해 주도적으로 참여하는 것이다.

    7가지 실행 방안은 풍부한 인사이트와 정보를 활용하여 이러한 획기적인 혁신을 달성한다. 이는 소수의 사람들만이 그룹의 공동 작업을 구성하는 아이디어, 의제 및 디자인을 형성하는 기존업무방식을 뒤집는 방식으로 이루어진다. 그 대신 이 관행은 관련된 모든 사람이 다양한 지식과 역량을 활용하는 방식으로 창의적으로 업무를 형성하는 데 기여할 수 있도록 한다. 우리의 연구에 따르면 7가지 실행 방안에서 비롯된 업무 방식은 다른 여러 가지 이점도 창출하는 것으로 나타났다.

위험 제거

관련된 모든 사람의 완전한 인사이트를 활용하는 것은 일부 업계에서 위험 제거라고 부르는 강력한 전략이다. 위험을 조기에 파악하고 실수를 방지하기 위해 방향을 수정하는 것이다. 7가지 실행 방안에 부합하는 방식으로 작업하면 팀원들이 위험이 발생할 수 있는 곳에 대한 고유한 관점과 교정 피드백을 선제적으로 제시하는 데 도움이 된다.

무엇이 필요한지 파악하는 것 외에도 팀원들은 필요한 수정과 새로운 방향을 주도적으로 실행한다. 이러한 이니셔티브는 이러한 업무 방식에서 촉발된 강력한 주인의식 공유와 연결된다. 특히 그룹이 이러한 관행을 의사 결정권, 수익, 위험, 기타 형태의 주인의식을 구조적으로 공유하는 것으로 확장할 때 더욱 그렇다. 우리는 사람들이 진정으로 함께 만들어가는 것에 대한 이해관계가 있을 때 최선을 다하며 여기에는 위험을 식별하고 완화하는 데 최선을 다하는 것도 포함된다는 사실을 발견했다.

무엇보다도 가장 중요한 것은 7가지 실행 방안에 따라 일하면 기존업무방식에서 제한된 위험의 개념에서 벗어나 새롭게 상상할 수 있다는 것이다. 이러한 노력에 참여하는 모든 사람은 무엇이 가장 큰 위험인지 누가 이러한 위험을 불균형적으로 짊어지고 있는지 이러한 위험을 의미 있게 예방하고 관리하기 위해 무엇이 필요한지에 대한 그룹의 이해를 심화시키는 데 도움을 줄 수 있다.

회복력

7가지 실행 방안에 의해 생성된 공유된 소유권과 책임의 형태는 위기나 예상치 못한 변화의 시기에 더 큰 회복력을 발휘하는 또 다른 이점으로 연결된다. 2장에서 언급했듯이 7가지 실행 방안에 부합하는 방식으로 일하는 그룹은 코로나19 팬데믹 기간 동안 팀원, 협력자, 고객, 커뮤니티 구성원들과 함께 상상력을 발휘하여 업무 방향을 바꾸고 생존할 수 있는 강력한 회복탄력성을 보여주었다. 이러한 회복탄력성은 상황이 변했을 때 성공적으로 적응할 수 있는 능력으로도 나타난다. 7가지 실행 방안을 통해 형성된 강력하고 배려하는 관계는 팀이 최선을 다하고 계획이 중단된 상황에서도 성공할 수 있도록 영감을 준다.

더 멀리, 더 빠르게

7가지 실행 방안에 따른 업무 방식으로 전환하는 것은 처음에는 속도를 늦추는 것처럼 느껴질 수 있다. 그렇지만 연구 결과의 많은 사례는 브레이크아웃 활동가들이 흔히 말하는 '느리게 가기 위해 빠르게 가는 것'의 예시를 보여준다. 브레이크아웃 활동가들은 초기에 그룹의 관계, 공유된 비전, 운영 체계의 질에 관심을 기울이는 데 시간을 투자하면 나중에 예상치 못한 속도와 범위로 업무가 시작될 수 있다고 지적한다. 마찬가지로, 그룹의 업무 방식을 전환하는 데 재정적 자원뿐만 아니라 시간을 투자해야 하는 경우에도 많은 브레이크아웃 활동가들은 아이디어와 결과물의 가치와 함께 실수를 방지함으로써 전체적으로 상당한 비용과 시간을 절약할 수 있었다고 말한다.

   7가지 실행 방안에 부합하는 업무 방식이 가치가 있다고 생각하는지, 그렇다면 그 이유는 무엇인지 브레이크아웃 활동가들에게 질문했다. 참가자들은 만장일치로 긍정적인 답변을 내놓았다.

위의 트렌드와 더불어 가장 많이 등장한 주제는 다음과 같으며, 브레이크아웃 활동가들이 가장 가치 있다고 생각하는 것을 설명하는 데 사용한 문구는 다음과 같다.

- 양질의 결과물: 생산성 향상, 더 빠르고 더 나은 결과, 더 나은 품질의 제품과 서비스, 더 참신한 아이디어, 더 강력하고 지속적인 결과.
- 양질의 프로세스: 효율적인 의사결정, 역량 및 우수성 향상, 낮은 수준의 감원 및 이직률, 양질의 채용 후보자 풀, 신뢰감 공유, 책임감 공유, 성공적인 연합 구축, 더 나은 커뮤니케이션, 타협, 더 많은 원윈 상황.
- 리더십 강화: 리더십 공유, 보상 공유, 리더십 개발, 자기 성찰, 새로운 기술 학습.
- 광범위한 지지: 커뮤니티의 지지와 투자, 참여와 몰입도 증가, 피플 파워, 더 넓은 소셜 네트워크, 사회적 자본 증가.
- 더 큰 연결감: 집에 돌아온 느낌, 업무 및 서로에 대한 연결성, 커뮤니티, 충성도, 소속감.
- 더 큰 웰빙과 즐거움: 긍정적인 건강 결과, 스트레스와 긴장감 감소, 시간적 여유, 삶의 질 향상, 만족감, 가치에 부합하는 일, 낙관주의, 이타주의, 자신감, 자부심, 나 자신이 됨, 너무 많은 규칙에 얽매이지 않음, 일이 더 잘 느껴짐, 장난기, 모험, 사랑, 관대함, 친절, 행복, 평화, 명상의 형태, 업무에서 인간성을 위한 공간 마련, 취약성 공유, 미래에 대한 희망, 매혹, 각성, 해방감.

팀과 함께 전환을 시작하기

팀의 업무 방식을 변화시킬 때, 소수의 사람들에 의해 강요되는 변화는 효과적이지 않을 수 있다는 점을 명심하는 것이 중요하다. 업무 방식의 변화가 그 실행 방안의 민주적인 정신을 구현할 때 가장 효과적이다. 이를 달성하는 한 가지 방법은 그룹 전체의 성찰 프로세스로 시작하여 그러한 변화가 필요한 이유와 각 관행에 참여하는 것이 그룹의 특정 상황에서 어떤 모습일 수 있는지 탐구하는 것이다.

이 첫 대화를 나누고 성찰 과정을 시작하는 모습은 집단의 특정한 권력 역학 관계, 대화와 과정을 시작하는 사람의 지위 등 여러 요인에 따라 매우 다양하다. 이 단계가 쉬울 것이라고 약속하거나 가정하지 않는다. 이러한 변화를 촉발하는 사람은 각자의 특정 상황에서 위험과 어려움을 헤쳐나가는 방법과 어떤 접근 방식이 가장 잘 받아들여지고 지속될 수 있는지를 가장 잘 알고 있을 것이다.

어떤 방식으로든 그룹 전체의 성찰 과정이 진행 중이라면, 7가지 실행 방안에 대한 연구의 주요 결과는 수단이 곧 목적이라는 것, 즉 그룹의 결과는 그 그룹의 운영 방식을 직접적으로 반영한다는 사실을 협력자들과 공유하는 것이 도움이 될 수 있다. 팀이 일하는 방식의 질과 성격은 팀의 제품과 영향력에 깊은 영향을 미친다. 따라서 팀원들에게 업무의 느낌과 흐름을 개선하는 것은 그 자체로 매우 가치 있는 목표라는 점을 전달할 수 있다.

초기 성찰 과정에서 공동 작업자를 초대하여 공유할 때는 균형의 개념에 초점을 맞추는 것이 유용할 수 있다. 예를 들어, 함께 생각해 볼 수 있다. 각 업무에서 건강한 균형을 이루려면 어떤 모습이어야 하는가? 현재 균형이 맞지 않는다고 느끼는 것은 무엇인가? 업무가 균형을 잃고 한 방향으로 지나치게 치우칠 경우 어떤 위험이나 우려가 있는가? 이러한 성찰을 통해 사람들은 기존업무방식에서 벗어나는 것에 대해 가질 수 있는 질문이나 우려를 공유할 수 있다.

성찰 프로세스의 각 단계를 마무리하기 전에 그룹이 적어도 하나의 실행 단계를 함께 결정하는 것이 좋다. 소수에 의해서 다음 단계가 결정되는 것보다, 관련된 모든 사람이 그룹으로서 만들 수 있는 변화의 목적과 가능성을 공동 정의하는 데 기여하고 다음의 단계를 올바르게 함께 정의하는 것이 가장 효과적일 수 있다.

그룹이 작은 실천 하나부터 시작하든 심도 있는 시스템적 변화를 고려하는 광범위한 계획부터 시작하든 7가지 실행방안을 완전히 구현하고 변화된 업무 방식을 통해 획기적인 혁신을 달성하며 사랑받는 경제를 만드는 데 기여하기 위한 길로 나서기 위해서는 단 한 걸음만 내딛으면 된다.

마음가짐의 중요성

이 책은 그룹이 함께 할 수 있는 업무 방식으로서 7가지 실행 방안에 초점을 맞추고 있으며, 이 실천들이 어떻게 더 광범위한 경제 시스템으로 확장되는 파급 효과를 창출할 수 있는지에 대해 설명한다. 이러한 변화에는 그룹의 업무를 효과적으로 수행하기 위해 필요한 각 개인의 변화가 포함되어 있다 공동 학습자인 캐서린 타일러 스콧이 말한 것처럼, 이 내적 작업에 관한 주제에 대해 책 한 권을 쓸 수도 있다. 그룹의 실천이 깊이 번성하기 위해 필요한 내면의 작업을 다루는 것은 이 책의 주제를 벗어나지만 자기 작업을 수행하려는 구성원들의 헌신만큼만 팀의 수행이 좋아진다는 점에 주목하는 것이 우리의 책임이라고 생각한다. 각 구성원의 내적 작업에 대한 헌신은 협업 노력에 대한 마음가짐과 접근 방식에 영향을 미친다.

특히 업무 혁신을 위한 프로세스를 시작할 때 그룹이 이러한 현실을 명명하는 것만으로도 큰 도움이 될 수 있다는 것을 알게 되었다.

기존업무방식에서는 공유된 업무에 최선을 다하기 위해 어떻게 성장해야 하는지에 대한 성찰이 항상 초대되지는 않는다. 이 점을 지적하고 모든 사람이 스스로 성찰하도록 장려하면 의도적인 자기 작업을 정상화하고 촉발하는 동시에 이를 위한 공유된 노력을 촉진하는 데 도움이 된다. 7가지 실행 방안과 마찬가지로 내면의 작업도 완벽해지는 것이 목표가 아니다. 대신, 우리는 시작하고 그 과정에서 계속 연습해야 한다. 사람들이 자기 성찰과 성장의 여정에 전념할 때, 개인의 변화는 집단적 행동을 형성할 수 있으며 그 파급 효과는 매우 크다. 이 일을 시작하면서 배운 점, 모범 사례, 조언을 다른 사람들과 공유하여 함께 이 일을 계속 발전시켜 나갈 수 있도록 여러분을 초대한다.

7가지 실행방안과 생명의 원칙

토비 헤르츨리히, 데보라 비드웰과 공저

우리 연구의 마지막 단계에서는 비영리 단체인 생체 모방을 통한 사회 혁신(Biomimicry for Social Innovation, BSI)과 수년간의 협업을 통해 7가지 실행 방안이 인간외 생물과 시스템의 역학을 반영하는지 여부와 그 방법 파악에 착수했다. 이 협업을 진행하는 과정에서 우리는 BSI 팀원- 설립자이자 대표인 토비 헤르츨리히, 생물학자 데보라 비드웰, 생체모방 컨설턴트 맥콜 랭포드-으로부터 실제로 자연계 곳곳에 우리가 브레이크아웃 활동가의 사례에서 보는 것과 유사한 행동과 전략을 가진 생명체의 사례가 많다는 사실을 배웠다. 우리는 함께 7가지 실행 방안과 인간외 생물과 시스템이 적응하고 진화하는 방식이 분명하게 유사하다는 것을 이해하게 되었다. 이 장에서는 7가지 실행 방안을 반영하는 자연계의 유기체들 사이의 역동성을 보여주는 몇 가지 놀라운 사례를 공유한다. 이를 통해 업무의 방향을 전환하는 데 영감을 얻을 수 있다.

인간이 직면한 도전은 38억 년의 진화 과정에서 위협에 맞서 성공 전략을 진화시켜온 인간외 생물과 기능적으로 다르지 않다. 삶의 방식은 우리가 일하는 방식을 변화시켜 보다 재생적인 결과를 향해 적응하고 진화할 수 있는 방법에 대한 교훈을 담고 있다.

13장에서 논의했듯이 생체 모방은 자연에 적응하기 위해 자연처럼 디자인하고 인간 사회에서 본질적으로 지속 가능하고 재생 가능한 존재 방식을 모색하는 것이다. 물 여과부터 자원의 운송과 분배, 복잡한 사회적 협업에 이르기까지 자연의 생물 다양성은 수백만 년에 걸쳐 검증된 수천만 가지 재생 디자인 솔루션의 도서관이라고 할 수 있다. 이러한 솔루션은 탄력적이고 생명 친화적인 인간 설계에 영감을 줄 수 있다. 불과 몇 천 년 전까지만 해도 모든 인간은 자연에서 디자인에 대한 조언을 구했다. 많은 원주민 커뮤니티는 이러한 방식으로 자연과 깊은 관계를 유지하고 있다. 그러나 사랑없는 경제에 속한 많은 사람들은 더 이상 자연의 조언을 구하지 않는다. 생체 모방은 우리가 자연이라는 사실을 상기시키고, 우리의 장소, 조상, 더 큰 생명 공동체와 다시 연결되는 다리를 놓는 것을 목표로 한다. 《생체 모방: 자연에서 영감을 받은 혁신 Biomimicry:Innovation Inspired by Nature》의 저자인 제닌 벤유스 Janine Benyus 의 말을 빌리자면, "생명에 도움이 되는 조건"으로 우리의 방향을 전환하는 방안이다. 그는 "어떻게 하면 자연의 조언을 구하는 행위를 일상적인 발명의 일부로 만들 수 있을까요?"라고 묻는다.[1]

생체 모방 발명은 전 세계에서 조용히 뿌리를 내리고 있다. 예를 들어, 일본의 신칸센 초고속 열차의 원래 설계는 열차가 고속으로 터널을 빠져나갈 때마다 압력파를 앞쪽으로 밀어내면서 허용할 수 없는 음속 폭음을 일으켰다. 서일본철도회사의 엔지니어 나카츠 에이지 Eiji Nakatsu는 열렬한 조류 관찰가로서 물총새가 물보라를 일으키지 않고 물속으로 뛰어드는 것을 알고 있었는데, 이는 잡으려는 물고기를 놀라게 하지 않기 위해 수백만 년에 걸쳐 진화한 적응 능력이다.

물총새의 부리 형태는 열차의 재설계에 영감을 주어 새의 부리가 물을 관통하는 것과 같은 방식으로 공기를 관통하도록 앞부분을 재설계하여 난기류를 줄이고 시끄러운 소리를 없애며 열차의 에너지 효율을 최대 15%까지 높였다.[2]

또 다른 사례로, 상업용 바닥재 회사 인터페이스Interface의 수석 디자인 컨설턴트인 데이비드 오키David Oakey는 숲 바닥의 매력적이지만 부정확한 '조직화된 혼돈'에서 영감을 받아 무방향성 카펫 타일인 엔트로피를 발명했다. 이 카펫 타일은 특정 방향으로 놓을 필요가 없이 서로 잘 어울린다. 숲 바닥에서 영감을 받은 디자인은 제조, 설치 및 교체 폐기물을 줄이고 설치 시간을 단축하며 염료 로트를 완벽하게 맞출 필요가 없기 때문에 염료 사용량을 줄였다.[3]

생체 모방은 종종 기술, 건축, 제품 디자인에 적용된다. BSI는 리더십, 팀 회복력, 파트너십 개발, 조직 구조 등 사회 혁신에 대한 통찰력을 얻기 위해 자연계의 형태, 프로세스, 시스템 역학을 연구하는 사람들로 구성된 커뮤니티의 선두주자이다. BSI는 자연 전반에 걸쳐 잘 적응된 생태계 패턴과 재생 전략을 해석하고 적용하여 번성하고 탄력적인 인간 조직, 팀, 사회운동을 촉진한다. 이들의 연구와 서비스는 우리가 생각하고 일하고 이끄는 방식을 변화시켜 보다 삶 친화적이며 특히 보다 공평하고 지역에 적합하며 효율적이고 협력적이고 회복력을 갖추고 네트워크화되고, 함께 진화하는 비즈니스와 조직 정책을 구축하는 것을 목표로 한다.

사회 혁신의 영역에서 생체 모방 기술을 적용한 사례로는 세계 산림 보호에 전념하는 캐나다의 비영리 단체인 캐노피Canopy가 개발한 업무 관행을 들 수 있다. 캐노피의 전략은 원시 산림 제품을 사용하는 기업의 공급망 의사 결정권자들과 긴밀히 협력하여 그들이 원시림 파괴자에서 업계 내 보존의 챔피언으로 전환하도록 돕는 것이다. 캐노피는 역동적인 기업 환경에서 신뢰와 장기적인 파트너십을 구축하는 데 중점을 두고 일한다. 캐노피는 BSI에 "자연은 혼란 속에서도 어떻게 협력 관계를 만들고 유지할 수 있을까요?"라는 질문을 던졌다.

BSI는 연구 파트너인 Biomimicry 3.8과 함께 영화 〈니모를 찾아서〉에서 유명해진 흰동가리와 말미잘부터 아주 작은 박테리아까지 수백 가지의 종간 파트너십 사례에서 패턴을 깊이 조사하여 "지속적인 파트너십을 위한 4가지 핵심 기준"[4]과 자연에서 영감을 얻은 일련의 커뮤니케이션 전략에서 자연의 교훈을 추출해낼 수 있었다.

인간외 생물 세계에서 얻은 교훈은 캐노피 팀에 큰 변화를 가져왔다. 캐노피의 전무이사 니콜 라이크로프트Nicole Rycroft는 "생체 모방에 참여하면서 자연에서 영감을 얻은 관행을 깊이 있게 검토하고 이를 업무, 캠페인 계획, 파트너십 구조에 도입할 수 있는 프레임워크를 갖게 되었다."라고 토비와의 인터뷰에서 말한다. 캐노피 팀은 자연의 원리를 활용하여 파트너와 협업하는 방식을 바꾸어 파트너가 생태계에서 역할을 수행하고, 체계적인 변화를 주도하며, 서로의 번영을 돕도록 유도했다. 업무 방식을 혁신하는 데 있어 인간외 생물의 생태계를 유지하는 운영 역학에서 깊이 배울 수 있는 기회가 있는데, 이는 캐노피 팀에게도 해당되며 모든 그룹에게 해당되는 이야기이다.

7가지 실행방안은 자연 내의 성공적인 역학 관계를 반영한다. 우리는 인간 외 종들이 각 실행 사항을 어떻게 실천으로 옮기는지 보여주는 다양한 사례를 공유할 수 있었다. 이제 BSI 팀이 조사하고 설명한 수많은 사례 중 가장 눈에 띄는 몇 가지를 소개한다. 우리 모두와 지구를 공유하는 수많은 멘토와 스승을 기억하고 깨우치는 데 도움이 되길 바란다.

의사 결정권 공유하기

자연 시스템에서 권한 공유의 역학은 생명체가 번성하고 회복력을 갖출 수 있게 하는 핵심 요소이다. BSI가 수행한 연구는 자연 시스템에서 분산된 의사 결정권이 어떻게 나타나는지 조명했다. 데보라는 실제로 자연계에서 일이 처리되는 일반적인 방식이라고 보고한다.

13장에서 공유한 것처럼, 우리는 서양 꿀벌의 의사 결정 과정, 즉 벌집의 새로운 위치에 대한 최적의 결정에 도달하기 위해 수백 마리의 꿀벌이 함께 춤을 추는 '8자 춤'에 깊은 인상을 받았다.

공동 의사 결정의 또 다른 놀라운 예는 캐나다기러기가 이동 과정에서 리더십과 책임감을 동시에 발휘하는 방식이다.[5] 캐나다기러기는 초겨울 북위도에서 남쪽으로 이동하여 멕시코까지 갔다가 봄에 기온이 따뜻해지면 북쪽으로 돌아오는 전형적인 V자 대열을 형성하는 것을 볼 수 있다. V자 대형은 새들이 장거리 비행을 위해 에너지를 절약하는 데 도움이 된다. 각 기러기는 앞에 위치한 새의 날개 위로 이동하는 공기로부터 양력揚力을 얻어 혼자 날 때보다 같은 에너지 비용으로 최대 70% 더 많은 거리를 비행할 수 있다. 가장 힘이 센 기러기가 대열을 이끌며 탐색 뿐만 아니라 나머지 무리의 공기 저항을 줄이는 역할도 담당한다. 기러기는 피로가 쌓이면 이 자세를 풀고 뒤로 물러나 다른 새들의 양력을 이용한다.

기러기들은 번갈아 가며 더 힘이 많이 드는 선두 위치와 더 유리한 후미 위치를 취하는 시간을 정확하게 일치시켜 힘을 공유한다. 이러한 선두와 양력의 공유는 북방큰뒷부리도요의 턴테이크 행동을 포함하여 다른 이동성 조류에서도 나타난다.[6] 연구에 따르면 선두에서 왕복하는 성향은 비행 대형의 응집력과 규모에 큰 영향을 미치는 것으로 나타났다.

캐나다기러기는 또한 언제 여행을 떠날 것인지에 대한 의사 결정권을 공유한다. 발성, 움직임 및 기타 준비 신호로 구성된 의사소통 신호는 소수의 선두 주자로부터 시작되며, 이는 큰 무리 내의 다른 기러기들을 깨운다. 이러한 신호는 모든 거위가 시작할 수 있다. 두 번째와 세 번째 신호는 움직임을 증폭시켜 주변 새들을 자극하고, 합의에 도달할 때까지 무리의 관심을 유도하는 지속적인 과정을 거친다.

벌이든 거위든 사람이든 의사 결정권을 공유하려면 복잡한 과정을 거쳐 신중하게 진행해야 하지만, 그만큼 가치가 있는 결과를 이끌어낼 수 있다.

관계를 우선순위에 두기

산호초나 숲과 같은 복잡한 생명체는 여러 유기체 간의 상호 이익이 되는 관계, 즉 각 부분의 합보다 훨씬 더 큰 협력적 거미줄을 기반으로 운영된다. 자연에는 다양한 종류의 관계가 존재하지만, BSI는 이러한 관계의 대부분이 협력적이고 상호 이익이 된다는 점을 강조한다. 토비는 상호 지원적인 방식으로 공존할 때 얻을 수 있는 몇 가지 주요 이점을 다음과 같이 요약한다. "관계에 참여함으로써 에너지를 절약하고, 기회를 확대하고, 역량을 확장하고, 새로운 틈새 시장으로 진화할 가능성까지 높일 수 있으므로 이들 파트너십은 함께 진화합니다."

자연계에서 이러한 역동성을 보여주는 많은 놀라운 사례 중 우리에게 오랫동안 기억에 남는 이미지는 늑대의 새끼와 까마귀가 함께 노는 모습이다. 이 두 종의 관계는 오래전부터 신화와 사실 모두에서 함께 연관되어 왔다. 북유럽의 신 오딘은 까마귀와 늑대가 함께 왕좌에 앉아 있는 모습으로 묘사되어 있으며, 북미의 원주민인 틀링기트족과 이누이트족 모두 늑대, 까마귀, 인간이 함께 사냥을 하는 이야기를 가지고 있다. "까마귀의 높은 비행 능력과 경계심이 강한 본성은 늑대에게 추가적인 눈과 귀를 제공합니다."라고 토비는 설명한다. "까마귀는 부상당한 고라니를 발견하거나 다른 잠재적 먹잇감을 발견하면 늑대에게 알리기 위해 소리를 지릅니다. 늑대는 사냥을 위해 들어가서 사체를 잘라낸다. 그런 다음 두 사냥 파트너가 전리품을 나눕니다."

데버라는 늑대가 무리를 지어 사냥하도록 진화한 이유는 잡은 먹잇감이 클수록 일부를 까마귀에게 넘겨주고도 충분한 자원을 확보할 수 있기 때문이라는 가설을 세웠다. 두 종은 사냥터와 다른 장소에서 자주 상호작용을 한다. 까마귀는 굴 근처에서 늑대 새끼와 놀거나 늑대의 꼬리를 잡아당기며 서로를 쫓아다니고 늑대와 까마귀는 같은 생태계에서 함께 뛰어놀기도 한다. 생물학자들은 이러한 관계에 대한 투자를 통해 서로의 신호를 읽고 서로의 의사소통을 이해하는 방법을 배울 수 있다고 믿는다.[7]

두 발로 걷든 네 발로 걷든 날개로 날든 우리 모두는 서로 깊은 관계를 맺음으로써 다음 큰 도전이나 기회가 찾아왔을 때 부분의 합보다 훨씬 더 큰 힘이 될 수 있을 것이다.

역사를 존중하기

토비는 "인간이 과거에서 의미를 부여하는 방식으로 인간 외의 자연이 역사를 '인식'하는 방식을 투영할 수는 없다"면서도 "자연은 과거를 무시하거나 무시하지 않는다는 것을 은유적으로 주장할 수 있다."고 제안한다. 그는 진화가 미래 지향적인 것처럼 보이지만 사실 진화에 미래는 없다고 설명한다. "진화의 영감을 제공하는 것은 과거이다."

BSI 팀은 진화적 변화에서 과거는 진화적 특성이 점점 더 전문화될 수 있는 역사적 토대이며, 이는 변화하는 기회와 환경의 선택적 도전에 대응하여 더 잘 조율할 수 있게 해준다고 설명한다. 숲 등 자연 경관의 수명 주기에서도 초기 종의 집합에서 더 복잡한 유기체의 그물망으로 계승되는 과정(예를 들어 화재 후 숲 생태계가 스스로 재건되는 과정)은 각 단계가 앞으로 일어날 일을 위한 토대를 마련하는 패턴을 따른다.

"우박, 진주, 나이테, 나선형 조개, 산호초, 등 무엇이든 자연선택의 과정 자체에서도 전자는 발전 경로의 기초가 됩니다." 이들의 존재와 힘에 경의를 표하며 토비는 말한다. 새로운 성장은 오래된 것 위에 겹겹이 쌓이고, 내층이 죽었거나 휴면 상태인 경우에도 종종 목적이 있습니다."

토비의 마지막 발언이 특히 인상적이었다. 인간 사회에서 이러한 관행에 대한 우리의 경험에 공감을 불러일으켰기 때문이다. 과거의 요소들이 오래 전에 사라진 것처럼 보이거나 다시 살펴보기가 고통스럽더라도 우리가 함께 노력하여 관련 역사를 표면화할 때, 과거의 조각들은 항상 우리의 다음 단계를 안내하는 중요한 목적을 지니고 있다. 역사를 존중하는 실행 방안은 우리가 나아갈 길을 밝혀주는 과거의 목적에 대한 깊은 인식이다.

차별화 추구하기

다양성은 생태계의 건강과 생존을 위해 필수적이다. BSI는 단순히 생태계가 건강할수록 생물 다양성이 풍부하다는 것이 아니라 생물 다양성이 시스템을 더 건강하게 만든다는 연구 결과를 제시한다. 생태계에 존재하는 생물의 종류와 수가 풍부하면 생태계 기능의 건강, 안정성, 효율성이 높아진다.

    이러한 풍요로움이 생태계를 회복력 있게 만든다. BSI가 회복탄력성에 대해 공유한 많은 사례 중 하나는 북미의 톨그라스tallgrass 대초원에 관한 것이다. 한때 광활했던 이 초원은 생물 다양성을 이야기할 때 많은 사람들이 떠올리는 곳이 아니지만, 톨그라스 초원은 지구상에서 가장 복잡하고 다양한 생태계 중 하나이다. 이러한 다양성 덕분에 이곳의 주민들은 극한의 환경에서도 번성할 수 있었다. 이 대초원은 여름의 극심한 더위와 가뭄은 물론, 눈에 파묻히고 강렬하고 매서운 바람이 부는 겨울의 혹독한 추위도 견뎌낸다. 역사적으로 3,000만에서 6,000만 마리의 들소가 방목되고 주기적으로 산불이 발생한다면 초원이 잿더미로 변하는 것이 예측된다. 대초원에는 다양한 씨앗과 깊은 다년생 뿌리(대초원 생물량의 75~80%가 지하에 있다)가 있으므로 이러한 파괴는 새로운 성장을 가능하게 한다. 다양한 종의 모임은 역동적인 조건에 대한 다양한 잠재적 대응을 가능하게 한다.[8] 다양성을 통해 회복탄력성이 구축되는 것이다.

맥콜은 미국 국립공원관리청 톨그래스 프레리 국립보호구역의 인상적인 설명을 공유한다.

> 캔자스 대초원은 한 종류의 풀이나 한 종류의 꽃이 아니다. 수백 가지가 있다. 메도우 로즈와 물결 모양의 엉겅퀴. 블루스템과 해바라기. 리드플랜트와 밀크위드. 다양성은 예쁘게 보이는 것 이상의 역할을 한다. 생물학적 재난에 대비한다. 더운 날씨에는 일부 종은 시들고 다른 종은 번성한다. 벌레와 병충해가 발생하면 어떤 종은 시들고 어떤 종은 번성한다. 대초원이 역경을 이겨내는 방법, 바로 다양성이다.[9]

인간 커뮤니티든 식물 커뮤니티든, 모든 수준의 시스템에 다양성이 어우러져 기능하고 성장할 때 우리는 풍부한 대응책으로 역경에 맞서고 각각의 고유한 과제에 맞는 필요한 것을 이끌어낼 수 있다. 그렇게 함으로써 우리는 방향을 바로잡고 기반을 새롭게 하여 시스템이 회복하고 균형을 이루며 번창할 수 있도록 한다.

다양한 출처에서 지식 습득하기

인간외 생물은 정보를 인식하고, 처리하고, 의사 결정을 내리고, 세상을 파악하는 방식이 매우 다양하며, 인간과는 다른 방식을 가진다.

"그들의 방법은 거의 40억 년 동안 진화해 왔지만 우리의 방법은 30만 년에 불과합니다."라고 토비는 지적한다. BSI는 놀라운 사례를 여러 가지 공유하며 인류의 지식에 대해 겸허한 마음을 갖게 했다.

개는 그들의 인간 친구들보다 두 배, 최대 많게는 네 배까지 더 먼 곳의 소리를 들을 수 있다. 꿀벌은 우리가 상상조차 할 수 없는 색조와 디테일의 자외선을 볼 수 있고, 구덩이독사는 열을 시각적으로 감지할 수 있다. 개미와 흰개미는 의사 결정을 위한 간단한 규칙을 규정하는 화학적 신호를 통해 대규모 사회 내에서 협력을 극대화한다. 물고기는 지구의 지구자기장을 읽는 등 다양한 감각 신호를 사용하여 탐색한다. 사슴이 딸기를 물면 딸기는 초원의 주변 식물에게 경고 신호를 보내고, 주변 식물은 열매의 단맛을 줄이다. 그 외에도 많은 것들이 있다.

눈, 귀, 뉴런, 뇌가 없는 단세포 아메바나 곰팡이 같은 유기체인 점균류는 특히 경외심을 불러일으킨다. 점균류는 일반적으로 숲 바닥에 서식하며 박테리아, 조류藻類, 곰팡이 포자를 먹이로 삼는다. 자원이 부족해지면 이 단세포 유기체는 화학적 경고 신호를 보내 다른 세포의 참여를 요청하고, 새로 융합된 이 군집은 먹이를 찾아 함께 움직여야 할 때를 결정하는 정족수 감지 프로세스에 참여한다. 개별 세포는 젤라틴 덩어리로 융합되는 동안 자체적인 의사 결정을 유지한다. 또한 이들은 서양의 과학을 혼란스럽게 하는 새로운 차원의 지식에 함께 다가간다.

토비는 "이 두뇌가 없는 슈퍼 유기체의 놀라운 점은 학습하고 행동을 조정하며 문제를 해결하는 집단 의식을 가지고 있는 것 같다."고 설명한다. 점균류는 새로운 환경에 놓이면 프랙털 패턴으로 퍼져

나가 기회를 시험하고, 유익한 것으로 이어지는 경로를 강화한다. 가장 유명한 업적 중 하나는 연구원들이 귀리 조각을 도쿄 내부와 주변의 도시 배열을 반영하는 패턴으로 배치한 실험이었다. 점균류가 퍼져 음식을 둘러싸고 영양을 분배하는 영양 터널 네트워크를 만들어 가장 효율적인 터널을 점차 강화하고 가치가 낮은 터널은 잘라내는 방식으로 영양을 분배했다. 하루 만에 점균류가 만든 교통망은 도쿄 지하철 시스템 지도를 거의 그대로 복제했다 "이 두뇌가 없는 소셜 아메바는 도시 계획가들이 수년에 걸쳐 개발해야 하는 지하철 시스템을 단 몇 시간 만에 스케치할 수 있다."[10]라고 토비는 말한다.

인지, 학습, 의사 결정에 대한 우리의 모든 가정에 대해 지구에 살았던 우리보다 수억 년이나 선배인 점액균을 생각하면 당황하게 된다. 토비는 우리의 동료인 인간으로부터 배우는 측면에서도 새로운 방식으로 경청하고 관찰할 때 이해를 넓힐 수 있는 것이 많다는 점을 반영한다. 이러한 관행을 통해 우리는 우리와 일상을 공유하는 인간과 다른 모든 생명체로부터 훨씬 더 많은 것을 배울 수 있다. 토비의 말처럼, 그들은 "다른 방식의 인식과 앎을 우리가 가장 편안하게 느끼는 파장 너머로 가져올 것이다."

시간이 있다는 것을 신뢰하기

우리 밑의 바로 이 땅은 우리에게 시간이 있다는 것을 믿게 해주는 가장 위대한 스승 중 하나가 될 수 있다. 제이 그리피스Jay Griffiths는 에세이 〈지구에 살다Dwelling on Earth〉에서 "자연의 느린 시간 속에서 1인치의 표토가 형성되는 데 약 천 년이 걸린다.[11] 이 풍부한 토양층은 주고 또 주고 또 준다 … . 가장 평범한 기적이 일어나는 … 토양은 모든 수확의 땅이자 모든 작물의 온상이다."라고 상기시킨다.

    토양은 우리 발 밑에 풍요로운 기반을 구축하는 데 있어 시간을 대신할 수 있는 것은 없다는 사실을 일깨워준다. 시간은 풍요로운 토양이 형성되고 자리를 잡을 수 있게 해준다. 이 층에서 수많은 것들이 계속해서 솟아날 수 있다. 그리고 살아있는 토양의 분해자나 영양 순환자처럼, 우리가 그룹과 팀의 기초를 튼튼히 할 때 커뮤니티 관계의 질이 향상된다. 관계를 공유하고 유지하는 우리의 능력은 신뢰를 쌓을 뿐만 아니라 서로의 고유한 관점과 경험에 대한 이해를 심화시킨다. 이러한 투자는 시간이 지나도 함께 일하면서 불가피하게 발생하는 긴장과 파열로 인해 고갈되지 않는다. 오히려 그 과정에서 시간을 내어 기반을 보충하면 처음 시작할 때보다 훨씬 더 풍부하고 깊은 관계를 형성할 수 있다.

사업 초기에, 자주 프로토타이핑하기

자연은 우리가 생각하는 방식으로 계획하지 않는다. 자연계가 의식적으로 진화하고 있는 특정한 목적지나 결과는 존재하지 않는다. 생명은 복잡한 적응시스템으로, 각 요소들이 상호 작용하여 새로운 행동과 패턴을 만들어낸다. 이 과정은 예측할 수 없으며 특정 의제를 따르지 않는다. 하지만 맥콜은 BSI가 자연의 빠른 프로토타이핑과 유사한 역학에 대한 연구에서 발견한 것을 소개하면서 "자연 선택은 전체적으로 프로토타이핑의 한 형태"라고 강조한다.

미국과 영국에서 흔히 볼 수 있는 회색가지나방은 빠르게 반복하고, 가장 적합한 새로운 반복을 찾아내고, 그에 따라 진로를 바꾸는 자연의 강력한 능력에 대한 유명한 교훈을 과학자들에게 가르쳐주었다.[12] 회색가지나방은 일반적으로 밝은 색 날개에 작은 검은 반점이 점점이 박혀 있다. 이러한 위장은 포식성 조류로부터 나방을 보호하며, 나무 표면에 서식하는 옅은 이끼와 잘 어울려 숨을 수 있다. 20세기 초 산업 혁명이 활발해지면서 대기 오염이 완전히 규제되지 않았고 이산화황이 이끼의 대부분을 죽여 그 아래 어두운 색의 나무껍질이 드러났다. 옅은 색의 나무에서는 공기 중에 떠다니는 산업 매연도 나무 표면을 코팅하고 어둡게 만들었다. 연회색의 반점을 가진 회색가지나방의 큰 집단은 그을음으로 덮인 어두운 나무 껍질에서 빠르게 발견되었고 포식성 조류의 희생양이 되었다.

맥콜은 "다행히도 나방 개체군 내 변이에는 더 어두운 색의 날개를 가진 돌연변이를 보이는 소수의 나방이 포함되었으며, 이 '반복'은 새로운 산업화 상황에서 성공적인 것으로 입증되었다."라고 설명한다. 더 어두운 날개의 적응은 포식자로부터 개체를 보호하고 널리 퍼져 나갔으며 그 결과 개체 수가 반등하고 수십 년에 걸쳐 회색가지나방의 유전학에 변화를 가져왔다.

대기 질 규제가 시행되자 이산화황과 매연 배출이 줄어들고 이끼가 회복되었으며 나무는 산업화 이전의 색을 되찾았고 어두운 나방은 밝은 나무 표면에서 더 쉽게 발견되었다. 그러자 어두운 색을 띠는 특성을 가진 회색가지나방 개체군의 비율이 급감했다. 맥콜은 나방은 수명이 짧고 한 계절에 변이가 풍부한 여러 세대가 가능하기 때문에 "개체군이 매년 여름마다 다양한 유전적 표현을 반복적으로 '시도'한다"고 설명한다. 공기가 맑아지고 나무 표면이 엷어지면서 더 밝은 색의 나방 유전자가 다시 '원형'이 되었을 때, 이 변이는 곧 유리하게 작용되어 오늘날까지 지속되고 있다.

토비는 집단 내 다양성 덕분에 자연 선택에 의해 다양한 가능성을 시험하고 연마할 수 있었다는 점이 중요하다는 점을 짚는다. "맞아요!" 데보라가 말한다. "변이가 없는 집단, 즉 클론 집단은 자연 선택에 의해 진화할 수 없습니다. 돌연변이, 유전자 이동 또는 유전적 부동浮動을 통해 진화할 수는 있지만, 변화하는 조건에 더 적합한 변이가 집단에 존재하지 않기 때문에 자연 선택에 의한 진화는 불가능하다." 실제로 "자연 선택이 작동할 수 있는 것은 개체군의 변이"라고 토비는 요약한다. "생명은 섞이는 것을 좋아한다." 새로운 가능성의 주기와 반복이 정기적으로 이루어질 때, 우리 시스템은 변화하는 조건에 가장 적합한 반복을 종합적으로 조정할 수 있다.

자연에서 배워 업무 방식을 혁신하는 방법에 대한 자세한 내용은 연구 협력 기관인 생체 모방을 통한 사회 혁신 홈페이지 bio-sis.net에서 확인할 수 있다.

연구 과정

연구 과정을 통해 유입된 많은 지혜의 원천에 대한 창을 제공하기 위해 연구의 타임라인과, 이를 주도하고 기여한 사람들의 이름을 공개한다.

제스 리밍턴과 조안나 레빗 세아는 7년에 걸쳐 공동 창작 활동인 '사랑받는 경제' 학습을 공동 주도하는데에 애써 왔다. 이 목표를 위해 두 사람은 재정 지원을 받는 비영리 프로젝트로 연구 이니셔티브를 설립했다. 그들은 여러 협력자들이 수년에 걸쳐 각자의 전문성, 재능, 인사이트를 제공할 수 있도록 지원하는 자선단체를 만들었다. 또한, 일부 활동은 제스, 조안나, 소수의 다른 협력자들이 다른 유료 작업과 함께 자원봉사로 진행하기도 했다. 공동 학습자부터 연구 협력자, 보조금 지원 기관에 이르기까지 이 연구와 그 인사이트를 가능하게 한 것은 사랑받는 커뮤니티 덕분이었다.

연구 여정 전반에 걸쳐 펼쳐진 일들을 선형적인 타임라인 안에 모두 담기는 어렵다. 많은 단계는 사전에 계획된 것이었고, 많은 단계는 나타난 결과에 대한 대응이었다. 브레이크아웃 활동가들의 사례에 대해 더 많이 배울수록 우리는 더 많은 영감과 용기를 얻어 이 책을 연구하고 제작하는 과정에 그 사례들을 접목할 수 있었다.

1단계:
연구 범위 및 질문 구체화(2015)

- 기존업무방식의 뿌리와 디자인에 대한 권리 해체와 관련된 현대적 트렌드(예: 공동 창작, 크라우드 소싱, 린lean 방법론)를 이해하기 위한 문헌 검토를 수행했다.
- 다양한 분야에서 동종업계와 다른 방식으로 일하며 뛰어난 성과를 거둔 개인과 단체 35곳의 사례를 발굴했다.
  - 사회적 기업가 정신, 자선, 임팩트 금융, 첨단 기술, 사회 정의 운동 조직, 개발 원조 분야의 개인 네트워크 내 초기 인터뷰 대상자 그룹부터 시작하여 75건의 눈덩이 표집(각 인터뷰 대상자에게 인터뷰할 추가 인물을 추천해 달라고 요청하는 방법)을 통한 인터뷰를 진행했다.
  - 약 200건의 사례에 대한 데스크 리서치를 완료했다.
- 35개의 추천된 우수 조직과 개인을 인터뷰하여 그들의 사명, 동기, 업무 수행 방식, 거버넌스, 성과, 주요 과제에 대한 메커니즘과 관행에 대해 조사했다.
- 추천된 35개 우수 사례의 인터뷰를 비교하여 브레이크아웃 활동가에 대한 '사랑받는 경제'의 정의를 우리 자체적으로 개발했다. '혁신적'으로 간주되는 자질에는 외부 당사자로부터 해당 단체의 활동에 대한 검증, 해당 단체의 관행이 해당 분야의 통상적인 접근 방식과의 격차, 직원, 자원봉사자 및 수혜 대상자가 해당 활동의 경험을 매우 긍정적으로 평가하는 정도 등이 포함되었다.

- 브레이크아웃 활동가에 대한 정의에 따라 35개의 사례에 대한 인터뷰를 통해 해당 기준에 부합하는 20개의 조직, 개인을 찾아냈다. 우리는 이 그룹을 '공동 학습 커뮤니티'라고 부르기 시작했으며 시간이 지남에 따라 추가적인 브레이크아웃 행위자와 주제별 전문가를 발굴하고 연구 과정에 참여하도록 초청하면서 그 규모가 확대되었다.
- 20명으로 구성된 초기 브레이크아웃 활동가 그룹의 각 구성원과 3~5회의 후속 인터뷰를 실시했다.

1단계 연구는 제스 리밍턴과 조안나 세아가 진행했으며, 허드슨 브라운Hudson Brown이 연구 조정을, 케이트 가스파로Kate Gasparro가 크라우드소싱과 공동 창작에 대한 문헌 검토를 지원했다. 1단계 연구 기간 동안 조안나와 제스는 스탠포드대학교의 글로벌프로젝트센터에서 객원 연구원으로 활동했고 애쉬비 몽크Ashby Monk 박사는 연구 자문으로 참여했다.

2단계:
브레이크아웃 혁신 이해 및 초기 사례 파악(2016~2018년)

브레이크아웃 주체들이 일하는 방식에서 공통적인 요소 파악
- 2016년 5월 루이지애나주 뉴올리언스에서 열린 대면 모임을 시작으로 공동 학습 그룹 구성원들과 함께 아이디어 도출 및 협업 종합 세션을 진행했다. 종합적으로 참석한 모든 그룹의 업무 방식에 공통된 초기 요소 세트를 확인했다.

- 기존 공동 학습 그룹 멤버와 1단계의 지속적인 스노우볼 표집 인터뷰를 통해 참여한 추가 인터뷰 대상자의 추천을 바탕으로 추가 브레이크아웃 활동가 및 주제별 전문가를 포함하여 초기 공동 학습 그룹을 60명으로 확대했다.

브레이크아웃 혁신과 관련된 5가지 실행 방안의 초기 세트 확인
- 브레이크아웃 활동가들의 접근 방식과 업무 방식에 대한 12가지 공통 요소의 초기 목록에 대한 가상 프로토타입 테스트를 실시했다. 공동 학습 커뮤니티 구성원과의 개별 프로토타이핑 세션과 공동 학습자 및 추천받은 초대자들과의 그룹 프로토타이핑 세션을 통해 초기 프로토타입을 브레이크아웃 혁신의 정의와 5가지 공통 관행 목록으로 반복적으로 다듬었다.
- 독립적인 연구자 및 평가자 팀을 고용하여 확인된 5가지 실행 방안의 유효성을 교차 점검했다. 연구진은 10개 그룹을 평가하고 각 그룹의 여러 이해관계자를 대상으로 그룹의 일하는 방식, 업무에 참여한 경험 및 결과에 대한 인터뷰를 실시했다. 평가자들은 5가지 실행 방안을 가장 강력하게 따르는 그룹은 이해관계자들이 브레이크아웃 혁신으로 구성된 결과를 설명한 그룹이기도 하다는 사실을 발견했다.
- 〈스탠포드 사회혁신 리뷰(SSIR)〉에 브레이크아웃 혁신과 관련된 초기에 확인된 5가지 사례와 위에서 설명한 독립적인 연구 및 평가 결과에 대한 특집 기사를 게재했다. 이 기사에 대한 SSIR 독자들의 반응을 통해 추가적인 브레이크아웃 활동가와 실천 사례에 대해 알게 되었다.

- 기존 및 최근에 확인된 브레이크아웃 활동가들과 후속 인터뷰 및 사례 연구를 수행하여 이들이 어떻게 실천하고 있는지에 대한 이해를 심화했다.
- 5가지 이니셔티브의 직원 또는 컨설턴트로서 자신의 업무에 실천 사례를 적용하여 응용 연구를 수행했다.

2단계 연구는 제시과 조안나가 수행했다. 딜런 로즈 슈나이더Dylan Rose Schneider, 하프사 무스타파Hafsa Mustafa, 멜리사 넬슨Melissa Nelson, 셸리 헬게슨Shelly Helgeson이 10개 사례 연구를 통해 5가지 실천 사례에 대한 독립적 분석을 수행했다. M. 스트릭랜드M. Strickland는 수많은 사례 연구와 브레이크아웃 활동가들과의 후속 인터뷰를 주도했으며, 새로운 관점과 분석에 중요한 기여를 한 공동 학습 커뮤니티의 추가 구성원을 확인했다.

3단계:
실행 방안과 브레이크아웃 혁신의
파급 효과에 대한 이해 심화(2019~2022년)

7가지 실행 방안에 도달

- 현재의 경제에 대한 대안을 구축하는 데 주력하는 19명의 공동 학습 커뮤니티 멤버들과 일련의 인터뷰를 진행했다. 인터뷰를 통해 각 그룹이 다른 방식으로 일하게 된 동기, 지금까지의 작업 결과, 긍정적인 경제 변화를 위한 기회와 경로에 대한 분석을 살펴보았다.

- 두 가지 추가 실행 방안(시간이 있다는 것을 신뢰하기, 역사를 존중하기)을 확인하고 공동 학습 커뮤니티와 함께 이러한 추가 실행 방안을 검증했다.
- 다양한 분야에서 보다 효과적인 업무 수행을 위한 관행에 대한 문헌 검토를 통해 7가지 실행 방안을 검증했다

실행 방안이 브레이크아웃 혁신을 여는 이유 이해
- 31명의 공동 학습자와 이 관행이 촉발한 것과 취소한 것에 대한 평가에 대한 일련의 인터뷰를 각각 3~8회 실시했다.
- 공동 학습 커뮤니티의 권고에 따라, 관행이 촉발하고 취소하는 것, 관행이 획기적인 혁신과 광범위한 경제 변화를 가져오는 이유, 관행을 구현하는 방법, 가치 제안, 업무 방식 변화와 광범위한 경제 변화 창출 사이의 연관성과 관련된 추가 데스크 리서치, 문헌 검토 및 주제 전문가와의 인터뷰를 실시했다.
- 19명의 공동 학습자들과 함께 초기 책 개요의 형태로 이러한 관행이 광범위한 경제 변화를 촉발하는 이유와 방법에 대한 전반적인 분석을 프로토타입으로 테스트했다.
- 103건의 인터뷰 녹취록을 종합하여 공동 학습 커뮤니티의 의견을 바탕으로 분석을 재구성했다.
- 2015년 또는 2016년부터 연구에 참여한 16명의 공동 학습자를 대상으로 두 차례의 후속 인터뷰를 실시하여 시간이 지남에 따라 그들의 업무가 어떻게 변화했는지, 특히 코로나19 팬데믹에 어떻게 적응했는지를 평가했다.

7가지 실행 방안이 자연계의 지능과 어떤 관련이 있는지 이해

- 7가지 실행 방안과 삶의 원칙 사이에 상관관계가 있음을 확인했다.
- 생체모방을 통한 사회혁신(BSI)은 12명의 생체모방 전문가로 구성된 '하이브 마인드'를 모아 '자연은 이러한 관행에 대해 어떤 인사이트를 제공할 수 있을까?'라는 질문에 대해 함께 브레인스토밍을 진행했다.
- BSI 팀은 7가지 실행 방안의 본질을 반영하는 유기체의 행동과 생태계 역학을 파악하기 위해 문헌 검토를 수행했다.
- BSI 팀은 피드백 루프, 적응 주기, 상호주의, 복잡한 적응시스템과 관련된 자연 역학에서 더 큰 패턴을 드러내기 위해 사례들을 조사했다.

반복적으로 책 원고를 작성하고 편집하기

- 2016년부터 수집한 167개의 인터뷰 녹취록에서 주제를 코딩하고 식별하여 책 원고의 모든 핵심 사항을 확증하는 최종 통합을 완료했다.
- 초고를 작성하고 약 30명의 공동 학습자들과 공유하여 공동 창작에 대한 의견을 구했다.
- 10명의 주제별 전문가와 책의 대상 독자를 반영하는 10명의 '내러티브 테스터'의 검토를 받아 분석 및 권장 사항을 구체화했다.

3단계 연구는 제스와 조안나가 수행했으며, M. 스트릭랜드는 문헌 검토를 통해 7가지 사례의 검증을 주도하고 최종 종합 단계에 질적 연구에 대한 전문성을 제공했으며, 소니아 사르카Sonia Sarkar는 공동 학습자들과 사례의 촉발 및 취소에 대한 인터뷰를 공동 주도했다, 업무 방식 변화와 광범위한 경제 변화 창출 사이의 연관성에 대한 주제별 전문가와의 인터뷰, 16명의 공동 학습자와의 시간에 따른 변화에 대한 후속 인터뷰, 최종 종합 단계의 설계 및 조정을 주도한 나이루티 샤스트Nairuti Shas, 데스크 리서치, 문헌 검토, 주제별 전문가 인터뷰를 지원한 안케 엘러트Anke Ehlert, 그리고 로렌 레슬러Lauren Ressler와 피오나 텡Fiona Teng의 추가 연구 종합 지원 등이 있었다. 내러티브 테스트는 재클린 길스트랩Jaclyn Gilstrap이 주도했으며, 엘리 디아즈 바르마젤Ellie Diaz Bahrmasel의 초기 지원이 있었다. 사회 혁신을 위한 생체 모방 연구소의 데보라 비드웰, 맥콜 랭포드, 토비 헤르즐리히가 자연계의 지능과 어떻게 연관되는지에 대한 연구를 주도했다.

...

앞에서 설명한 단계에 걸쳐 7가지 실행 방안을 발견하면서 우리는 이를 연구와 이 책의 제작에 구현하기 위해 노력했다.

감사의 말
미주

감사의 말

공동 학습 커뮤니티

공동 학습 커뮤니티의 구성원들은 우리의 북극성이자 영감의 원천이었습니다. 많은 분들이 저희가 요구한 것 이상을 해주셔서 연구와 책을 새로운 차원으로 끌어올릴 수 있었습니다. 뿐만 아니라 이 길고 험난한 여정에서 끈기와 믿음을 잃지 않도록 격려와 지지를 보내주셨습니다. 공동 학습 커뮤니티 여러분과 여러분의 팀으로부터 배운 것을 통해 우리는 영원히 더 나은 방향으로 변화할 것입니다.

연구 및 도서 개발 협력자

연구하고 이 책을 만드는 과정에서 매우 많은 협업을 했습니다. 이 책을 함께 만들 수 있는 영광을 안겨준 놀라운 분들이 이 작업의 모든 측면에서 보여주신 리더십, 통찰력, 배려, 무결성에 대한 헌신에 감사드립니다.

연구 및 책 공동 집필진의 공헌을 높이 평가하며, 독자들이 "연구 과정" 섹션에서 더 많은 정보를 얻을 수 있기를 바랍니다. 나오미 맥두걸 존스Naomi McDougall Jones는 작가이자 스토리텔러로서의 전문성을 발휘하여 9번의 원고 수정을 거치면서 글의 서사를 이끌어 주었습니다. 그는 초기 원고를 주장의 구성 요소로 세분화하고 독자를 위해 더 명확한 서사로 재구성하는 과정을 이끌었습니다. 초고가 나올 때마다 책의 주장을 지속적으로 다듬고 날카롭게 다듬어 글의 서사적인 흐름을 만들고 완성도를 높이는 데 힘써주었습니다. 나오미는 책이 탄생하는 데 필요한 부수적인 지원도 제공했는데, 출판 과정 내내 침착한 태도로 프로젝트를 관리했습니다. 또한 우리가 효과적으로 작업하는 데 필요한 공간과 시간을 확보할 수 있도록 생활 물류 관리에도 뛰어들었습니다. 다양한 지원으로 이 책이 탄생할 수 있도록 도와준 나오미에게 무한한 감사를 느낀 날들을 셀 수 없을 정도였습니다.

애쉬비 몽크Ashby Monk 박사는 이 연구의 잠재력을 가장 먼저 알아본 사람 중 한 명으로, 우리가 스탠포드대학교 글로벌 프로젝트 센터에서 객원연구원으로 활동하는 동안 이 연구의 학술 자문위원으로 활동했습니다. 그 후로도 그는 이 연구와 더 광범위한 '사랑받는 경제' 노력에 지속적으로 조언과 풍부한 격려를 아끼지 않았습니다.

M. 스트릭랜드는 질적 연구 방법과 형평성에 기반한 인간 중심 설계에 대한 경험을 바탕으로 책 전반에 걸쳐 연구 결과에 기여했습니다. 그들은 공동 학습 커뮤니티의 중요한 구성원이 된 여러 그룹을 파악했으며, 그들의 작업의 뉘앙스를 이해하기 위해 분과별 활동가들과 수십 차례 인터뷰를 진행했습니다. M은 7가지 실행 방안과 관련된 현대 서적, 책의 주장과 프레임워크의 중심이 되는 몇 가지 핵심 개념의 역사와 맥락, 원고에 인용된 개인의 가치관을 조사하고 분석했습니다. 이들은 텐스퀘어드 및 콘코디아에 대한 꼭지 뿐 아니라 7가지 실행 방안에 대한 장의 여러 사례에 대한 기초적인 내용을 작성했습니다.

M은 여러 원고 초안을 검토하여 1차 연구 결과의 정확성을 교차 검토하고, 언어 선택과 프레임의 가치 정렬을 강화하며, 전반적인 주장의 명확성을 강화하기 위한 편집 지원을 제공했습니다. 이들은 167개의 인터뷰 녹취록을 포함하는 최종 연구 종합 단계에서 방법론적 방향과 리더십에 대한 지원을 제공했습니다. 장애 정의 운동, 퀴어 및 트랜스 해방, 신경다양성과 관련된 그들의 생생한 경험은 우리 팀이 차이를 추구하는 과정에서 필수적인 부분이었습니다. 마지막으로, M은 "연구 과정" 섹션을 작성하는 등 사용된 연구 방법을 명확히 하는 데 주도적인 역할을 했습니다.

나이루티 샤스트리Nairuti Shastry는 광범위한 경제 정의와 포용을 위한 통로로서 일하는 방식을 변화시키려는 열정과 헌신을 보여주었으며 질적 연구 방법, 특히 시간에 따른 변화를 이해하기 위한 인터뷰 분석 및 설문조사 방법론과 경제사회학, 노동 민주화와 관련된 현대 동향과 운동, 비판적 인종 이론에 기반한 구조 분석에 대한 전문성을 제공했습니다. 그는 프로젝트의 마지막 2년 동안 광범위한 데스크 리서치와 문헌 검토를 수행하고, 공동 학습 커뮤니티 구성원들과 후속 인터뷰를 진행했으며, 학계 및 업계의 주제별 전문가들과 관계를 구축하여 연구의 핵심 조언자가 되는 등 연구를 심화하는 데 주도적인 역할을 담당했습니다. 그는 167개의 인터뷰 녹취록을 통합하는 최종 연구 종합 작업을 주도했는데, 여기에는 1차 연구를 바탕으로 핵심 개념을 서로 연관 지어 의미를 부여하는 작업이 포함되어 있어 책의 주장을 검증하고 중요한 뉘앙스를 더하는 데 도움이 되었습니다. 나이루티는 수많은 원고 초고를 검토하면서 편집 지침과 지원을 제공하여 1차 연구 결과와의 일치 여부를 교차 점검하고 특히 인종, 계급, 디아스포라 정체성에 따라 소외된 커뮤니티의 목소리를 더욱 중심에 두는 방법을 파악하여 연구 종합 과정을 통해 밝혀진 공동 학습자들의 경험에서 중요한 뉘앙스를 강조하는 등 다양한 역할을 수행했습니다. 나이루티는 연구 결과 및 공동 학습자의 실제 경험과의 연계성을 높이기 위해 여러 섹션, 특히 7가지 실행 방안에 관한 장에서 텍스트, 프레임워크, 콘텐츠 추천에 기여했습니다. 또한 전반적인 연구 결과와 그 함의에 대한 통찰력을 제공하여 책의 핵심 주장과 구조를 강화하는 데 중요한 역할을 했습니다.

안케 엘러트는 사회경제 연구 및 비즈니스 분야의 전문성을 바탕으로 책의 주장을 강화하기 위해 여러 주제에 대한 문헌 검토 및 데스크 리서치를 수행했으며 인터뷰 녹취록의 최종 취합에 참여하고, 공동 학습 커뮤니티의 피드백을 원고 초안에 통합하는 데 도움을 주었습니다.

피오나 텡은 커뮤니케이션 전문 지식을 제공하고, 내러티브 접근성을 높이기 위한 편집 피드백을 제공했고 인터뷰 녹취록의 최종 정리에 참여했습니다.

로렌 레슬러는 사회 정의의 대변자이자 운동가로서 전문성을 발휘하여 원고의 전반적인 주장을 다듬고 일관된 변화 이론을 반영하도록 편집 피드백을 제공했으며, 인터뷰 녹취록의 최종 종합에 참여하고, 푸시 버펄로 및 버펄로 협동조합와의 인터뷰에서 얻은 정보를 수집하여 그들의 활동 사례를 알리기 위한 꼭지 집필 및 편집에 참여했습니다.

소니아 사르카 박사는 작가이자 박사 수준의 연구자이자 웰빙을 지원하는 포용적 경제를 옹호하는 사람으로서 전문성을 발휘했습니다. 그는 마지막 2년간의 연구 기간 동안 공동 학습 커뮤니티 구성원과의 인터뷰를 조정하고 공동 진행하는 데 핵심적인 역할을 했으며, 인터뷰 질문 선택에 대한 통찰력을 제공하고 공동 학습자를 위한 가상 '글쓰기 워크숍'을 이끌었으며, 그 결과는 이 책의 에필로그에 실려 있습니다. 또한 소니아는 거의 완성 단계에 이른 원고 초안에 대한 편집자 추천을 제공하기도 했습니다.

생체 모방을 통한 사회 혁신 연구의 토비 헤르츨리히, 데보라 비드웰, 맥콜 랭포드는 7가지 실행 방안의 역학을 반영하는 방식으로 활동하는 인간외의 동료 존재의 사례를 찾아내고 설명하기 위해 광범위한 작업을 수행했습니다. 또한, 이들은 이 책의 전반적인 주장에 대한 연구 결과의 함의를 드러내고, 각 장의 초안을 신중하게 검토하고 기여했으며, 삶과 업무에서 여러 차례 어려움을 겪을 때 우리의 정신을 북돋워준 따뜻함과 격려, 배려를 나누는 등 사고의 파트너로서 꾸준히 노력해 왔습니다.

원고의 정신과 의도에 충실하면서 '원고를 풀어내는' 무거운 작업을 세심하게 처리해 준 제나 소피아Jenna Sofia에게 감사드립니다. 엄청난 일정 변화와 어려움 속에서도 흠잡을 데 없는 교정교열을 해준 크리시 캘훈Crissy Calhoun에게 감사드립니다. 초기 사실 확인을 지원한 에밀리 크리거Emily Krieger의 전반적인 격려에 감사드립니다. 촉박한 일정에도 불구하고 이 원고의 최종 버전에 대해 추가적인 사실 확인 작업을 수행하고 경이로운 세심함과 포괄성을 발휘해 준 캐롤린 시어Carolyn A. Shea에게도 감사의 마음을 전합니다.

이 연구 전반에 걸쳐 내러티브 테스터로 참여하여 솔직하고 통찰력 있는 피드백을 보내주신 모든 분들께 감사드립니다. 이 연구 분야를 이끌고 웹사이트를 통해 이 연구 결과를 발표하는 데 도움을 준 재클린 길스트랩Jaclyn Gilstrap에게도 감사드립니다. 내러티브 테스트를 시작하는 데 기여한 엘리 디아즈 바흐마셀, 프레이밍에 대한 뛰어난 언어 분석과 통찰력을 제공한 아나스타샤 닐룬드 박사, 프레이밍 기회에 대한 통찰력 있는 추천을 해준 브렌트 딕슨, M. 스트릭랜드, 밀리센트 존슨Milicent Johnson, 라민 사라비Rahmin Sarabi, 스콧 시게오카Scott Shigeoka에게 감사의 인사를 전합니다.

이 연구의 초기 몇 달 동안 집의 아래 스튜디오에서 작업할 수 있도록 온전한 의미의 공간을 제공해주신 아만다 코슬러Amanda Coslor에게 감사드립니다. 아만다의 우정, 현명한 조언, 사려 깊은 소개는 이 작업의 기초가 되는 시기에 큰 축복이었습니다.

치료 패키지 조정부터 최종 원고 교정 편집에 이르기까지 정말 인상적인 범위의 업무에 활기차고 할 수 있다는 정신과 능력으로 여러 번 도움을 준 스테이시 존슨Stacy Johnson에게 감사의 마음을 전합니다.

2017년 스탠포드 사회혁신 리뷰(SSIR)에 게재된 연구를 위한 인터뷰를 진행하고 기록하는 과정에서 보여준 딜런 로즈 슈나이더와 셸리 헬게슨의 관대함, 노력, 세심한 배려에 감사드립니다. 각 인터뷰를 평가하는 과정에 평가 방법에 대한 상당한 전문 지식을 제공하고 SSIR 기사에 실린 연구 결과에 기여해 주신 하프사 무스타파와 멜리사 넬슨 박사에게도 감사드립니다.

문헌 검토와 초기 연구 질문을 구체화하는 데 도움을 준 케이트 가스파로 박사에게 감사드립니다. 새로운 연구 결과에 대한 글과 발표를 지원해 준 허드슨 브라운에게 감사드립니다.

원고를 개발하기 위한 초기 노력과 지금까지의 연구 사례와 스토리에 대해 대중 연설을 할 수 있도록 지원해 준 마리차 셰퍼Maritza Schafer에게 감사드립니다.

이 원고는 다음과 같은 분들의 사려 깊은 검토를 통해 큰 도움을 받았습니다.

브래드포드 베이커Bradford Baker 박사, 케이틀린 로젠탈Caitlin Rosenthal 박사, 데이나 바우마이스터Dayna Baumeister 박사, 프레드 블록Fred Block 박사, 제이클린 길스트랩 박사, 제이미 웨스텐다르aime Westendarp 박사, 제니 카메론Jenny Cameron 박사, 존 이건John Egan 박사, KA 맥커처 박사, 라니스 보웬Larnies Bowen, 마라 제페다Mara Zepeda, 무톰보 음팡야Mutombo Mpanya, 레베카 로진Rebecca Rozin, 그리고 티파니 존슨Tiffany Johnson 박사. 여러분 한 분 한 분이 보내주신 피드백과 추천에 저희는 진심으로 겸허해졌습니다.

원고를 열심히 읽고 중요한 피드백을 제공해 주신 모든 테스트 독자 여러분께 감사드립니다.

이 연구 과정의 초기 단계에서 인터뷰한 많은 훌륭한 분들 중 특히 눈에 띄는 분들은 관대한 정신, 깊이 있는 통찰력, 적극적인 지원으로 이 연구를 진전시키는 데 큰 도움을 주신 분들입니다.

카트리오나 페이Catriona Fay, 크리스 워먼Chris Worman, 데니스 휘틀Dennis Whittle, 도리 콜Dori Koll, 에밀 차오Emil Tsao, 어마 곤잘레스Irma Gonzalez, 존 에스터John Esterle, 케일린 설리번 투트리Kaylynn Sullivan TwoTrees, 메리 앤서니Mary Anthony, 맷 콜란Matt Kolan, 매튜 리더너Matthew Ridenour, 라자스비니 반살리Rajasvini Bhansali, 레베카 트로브Rebecca Trobe, 로빈 비버스Robyn Beavers, 러스 개스킨Russ Gaskin, 사라 헤네시Sarah Hennessy.

제스와 조안나의 개인적인 감사 인사

이 책이 나오기까지 저를 물심양면으로 지원해주신 분들의 수는 이 섹션에 일일이 열거할 수 없을 정도로 많습니다. 이 책이 나오기까지 함께 만들고 지원해주신 분은 인간과 비인간을 막론하고 엄청나게 많습니다. 여러분이 없었다면 이 책은 불가능했을 것입니다. 여러분 한 분 한 분께 깊이 고개 숙여 감사드립니다(여러분이 누군지 아시겠죠). 그리고 제 가족들에게도 깊은 절을 올립니다. 감사합니다. 제 인생에서 사랑하는 멘토 역할을 해주신 분들, 이 기간 동안 저에게 기쁨과 힘을 준 분들, 이 초고를 몇 번이고 반복해서 읽어주신 분들께도 감사드립니다. 또한 이 책의 정신이 위대하고 오래된 나무, 우연한 순간, 또는 갑작스러운 속삭임을 통해 우리에게 다가왔을 때 우리를 계속 나아가게 해준 이 책의 정신에도 감사합니다. 정말 감사합니다.

제스 올림

제 동생 조에 레빗에게 고마워요. 책 작업의 마지막 몇 달 동안 코로나바이러스가 우리 가족을 강타했을 때, 그리고 우리 가족과 이 책 모두를 위해 해준 모든 일에 감사드립니다. 여러분 없이는 결승선을 통과할 수 없었을 것입니다.

이 책이 탄생하는 마지막 3개월 동안 가정에서 저를 격려하고 영양분을 공급해 준 아나리시아 로레아노Analicia Laureano에게 진심으로 감사드립니다.

국제적 책임 프로젝트의 첫 번째 글로벌 옹호 팀원들(버나디노, 자밀, 제시카, 멜라, 모하메드, 문, 소쿤로스, 수크게렐)에게: 여러분과 협력하고 여러분으로부터 배운 경험이 이 모든 노력에 대한 아이디어를 만들어냈습니다. 여러분의 영감과 계속되는 용감한 작업에 감사드립니다.

사우전드 커런츠Thousand Currents 의 파트너, 직원, 이사회, 입주 아티스트, 자금 지원자 여러분께 감사드립니다. 사우전드 커런츠에서 일하면서 일하는 방식과 우리가 구축하는 경제에 어떤 다른 것이 가능한지에 대한 깊은 교훈을 얻었습니다. 그 가르침에 감사드리며, 저를 천 개의 흐름 커뮤니티에 환영해 주셔서 감사합니다. 한 번 커런트는 영원한 커런트입니다.

제 가족 모두에게: 초창기부터 이 책을 탄생시키는 마지막 날까지 다양한 방식으로 저를 지원해 주셨기에 이 노력이 가능했습니다. 여러분의 사랑과 지원에 깊은 감사를 드립니다. 저도 여러분을 응원하기 위해 똑같이 일어나기를 바랍니다. 남편과 아들에게: 제가 이 책을 집필하는 모든 과정의 일부였습니다. 이 과정 내내, 그리고 항상 당신의 사랑과 힘에 대한 감사를 표현하기에는 말이 부족합니다.

조아나 올림

페이지 투의 모든 팀원들에게 진심으로 감사드립니다. 저희를 믿고 이러한 노력을 지속할 수 있도록 지원해 주신 연대 대출 기관을 비롯한 각 자금 지원 파트너에게도 깊은 감사를 드립니다. 그리고 영감을 제공하고 길을 열어준 아드리엔 마리 브라운Adrienne Maree Brown의 노고에도 특별한 감사를 표합니다.

제스와 조아나 올림

미주

1장_ 일하지 않는 일

1. Aaron De Smet, Bonnie Dowling, Marino Mugayar-Baldocchi, and Bill Schaninger, 'Great Attrition' or 'Great Attraction'? The choice is yours, *McKinsey Quarterly*, September8, 2021, https://www.mckinsey.com/business-functions/people-and-organizational-performance/our-insights/great-attrition-or-great-attraction-the-choice-is-yours.
2. De Smet et al., "'Great Attrition' or 'Great Attraction'?"
3. Jeffrey Pfeffer, *Dying for a Paycheck: How Modern Management Harms Employee Health and Company Performance—and What We Can Do About It* (New York: HarperCollins Publishers, 2018), 2.
4. Dylan Walsh, The Workplace Is Killing People and Nobody Cares, *Stanford Graduate School of Business*, March 15, 2018, https://www.gsb.stanford.edu/insights/workplace-killing-people-nobody-cares.
5. National Highway Traffic Safety Administration, 2020 Fatality Data Show Increased Traffic Fatalities During Pandemic, June 3, 2021, nhtsa.gov/press-releases/2020-fatality-data-show-increased-trafficfatalities-during-pandemic.
6. Walsh, The Workplace Is Killing People.
7. Walsh, The Workplace Is Killing People."
8. Walsh, The Workplace Is Killing People.
9. Walsh, The Workplace Is Killing People.
10. US Federal Reserve Board, Division of Consumer and Community Affairs, Consumer and Community Research Section, *Economic Well-Being of U.S. Households in 2020* (May 2021), 29, https://www.federalreserve.gov/publications/files/2020-report-economic-wellbeing-us-

households-202105.pdf.

11. Bryce Covert, 8 Hours a Day, 5 Days a Week Is Not Working for Us, *New York Times*, July 20, 2021, https://www.nytimes.com/2021/07/20/opinion/covid-return-to-office.html.

12. US Federal Reserve Board, Division of Consumer and Community Affairs, Consumer and Community Research Section, Dealing with Unexpected Expenses, Report on the Economic Well-Being of US Households in 2020 (May 2021), https://www.federalreserve.gov/publications/2021-economic-well-being-of-us-households-in-2020-dealing-with-unexpected-expenses.htm.

13. Kristy Threlkeld, Employee Burnout Report: COVID-19's Impact and 3 Strategies to Curb It, Indeed/LEAD, March 11, 2021, https://www.indeed.com/lead/preventing-employee-burnout-report.

14. Chris Arsenault, Only 60 Years of Farming Left If Soil DegradationContinues, *Scientific American*, December 5, 2014, https://www.scientificamerican.com/article/only-60-years-of-farming-left-ifsoil-degradation-continues/.

15. Juliet B. Schor, *True Wealth: How and Why Millions of Americans Are Creating a Time-Rich, Ecologically Light, Small-Scale, High-Satisfaction Economy* (New York: Penguin Books, 2011), 4.

    기존업무방식에 대한 정의는 기후 정의 운동가들과 경제 사회학자 줄리엣 쇼어 Juliet B. Schor의 연구에서 영감을 얻었으며, 기후 담론에서 배출량 증가의 위기를 공동으로 해결하지 않으면 어떤 일이 일어날 수 있는지를 설명하기 위해 탄생했다. 쇼어는 이 책에 "기존업무방식은 현재의 경제 규칙, 관행, 성장 궤적, 생산과 소비의 생태적 결과가 지속되는 것을 나타낸다. 특히 시장을 지배하고 막대한 투자를 하고 있는 대기업을 의미한다."라고 썼다.

16. Marjorie Kelly and Ted Howard, *The Making of a Democratic Economy: Building Prosperity for the Many, Not Just the Few* (Oakland, CA: Berrett-Koehler Publishers, 2019), 4–5.

17. Tom Rath and Jim Harter, *Wellbeing: The Five Essential Elements* (New York: Gallup Press, 2010), 6.

18. J.K. Gibson-Graham, Jenny Cameron, and Stephen Healy, *Take Back the Economy: An Ethical Guide for Transforming Our Communities* (Minneapolis: University of Minnesota Press, 2013), 201.

    이들 웰빙의 추가적인 형태(영적 웰빙)는 이 책에서 제안되었다.

19. Paul Fowler, The Role of Private Equity in the Decline of a MajorForest Products Company: A Case Study, NYU Stern Center for Sustainable Business, December 2021, https://www.stern.nyu.edu/sites/default/files/assets/documents/NYU%20Stern%20CSB%20-%20The%20Role%20of%20Private%20Equity%20in%20the%20Decline%20of%20a%20Major%20Forest%20Products%20Company.pdf.
20. Stacy Mitchell and Marie Donahue, Report: Dollar Stores Are Targeting Struggling Urban Neighborhoods and Small Towns. One Community Is Showing How to Fight Back, Institute for Local Self-Reliance, December 6, 2018, https:/ ilsr.org/dollar-storestarget-cities-towns-one-fights-back/.
21. Eileen Appelbaum, How Private Equity Makes You Sicker, *American Prospect*, October 7, 2019, https://prospect.org/health/how-private-equity-makes-you-sicker/.
22. Marc Edelman, How Capitalism Underdeveloped Rural America, *Jacobin*, January 26, 2020, https://jacobinmag.com/2020/01/capitalism-underdeveloped-rural-america-trump-white-workingclass.
23. Robert McClure, Pledges Forgotten, Local Governments Repurpose Federally Funded Parks, *InvestigateWest*, June 11, 2012, https://www.invw.org/2012/06/11/pledges-forgotten-local-g-1277/.
24. Dedrick Asante-Muhammad, Chuck Collins, Josh Hoxie, and Emanuel Nieves, The Road to Zero Wealth: How the Racial Wealth Divide Is Hollowing Out America's Middle Class, The Institute for Policy Studies and Prosperity Now, 2017, 6, https://prosperitynow.org/sites/default/files/PDFs/10-2017_Road_to_Zero_Wealth_Slides.
25. Alexandra Bastien, Income Is How You Get Out of Poverty, Assets Are How You Stay Out, Shelterforce, January 22, 2015, https://shelterforce.org/2015/01/22/income-is-how-you-get-out-of-povertyassets-are-how-you-stay-out/.
26. Asante-Muhammad et al., The Road to Zero Wealth, 6.
27. Asante-Muhammad et al., The Road to Zero Wealth, 9.
28. 미국의 장애인은 비장애인에 비해 두 배 이상 빈곤한 삶을 살고 있다. 장애인은 미국 노동 연령 인구의 약 12%를 차지하지만 장기 빈곤층의 절반 이상을 차지

한다. 비장애인 노동 연령 인구의 73%가 고용상태임에 비해 근로 연령 장애인의 32%만이 고용되어 있다. 통계 출처: Highlighting Disability/Poverty Connection, NCD Urges Congress to Alter Federal Policies that Disadvantage People with Disabilities (press release), National Council on Disability, October 26, 2017, https://ncd.gov/newsroom/2017/disability-poverty-connection-2017-progress-report-release.

29. Heather McCulloch, Closing the Women's Wealth Gap: What It Is, Why It Matters, and What Can Be Done About It, Closing the Women's Wealth Gap, January 2017, https://womenswealthgap.org/wp-content/uploads/2017/06/Closing-the-Womens-Wealth-Gap-Report-Jan2017.pdf.

30. Ana Hernández Kent and Lowell Ricketts, Gender Wealth Gap:Families Headed by Women Have Lower Wealth, Federal Reserve Bank of St. Louis, January 12, 2021, https://www.stlouisfed.org/publications/in-the-balance/2021/gender-wealth-gap-familieswomen-lower-wealth.

31. bell hooks, *All About Love* (New York: William Morrow, 2001), x. We would like to recognize Melissa Lee, a member of the co-learning community advising this research, for reminding us of the work of bell hooks on themes directly related to our research questions and outcomes.

32. hooks, *All About Love*, 71–72.

33. 우드 박사는 저명한 아프리카계 미국인 경제학자 비비안 헨더슨Vivian Henderson 박사와Edward Irons 박사가 공동 의장을 맡은 흑인 경제 어젠다에 관한 국가 태스크 포스의 이사를 역임했다. 우드 박사는 1975년 앨라배마 주 애니스턴에서 열린 남부 기독교 리더십 회의에서 그들의 공동 작업에 대해 보고했다.

34. Michael Brown, A Service Year for the Nation's Young People Would Hasten King's Vision for America, *Huffington Post* (blog), January 18, 2015, https://www.huffpost.com/entry/a-serviceyearfor-the-na_b_6497294. In a blog post on the *Huffington Post* contributor platform, Michael Brown, City Year CEO and co-founder, writes, "Among Dr. King's most compelling visions is that of a Beloved Community: a community in which people of different backgrounds recognize that we are all interconnected and that our individual well-being is inextricably linked to the wellbeing of others."

35. hooks, *All About Love*, x–xi.

36. Jeffrey Pfeffer, *Dying for a Paycheck: How Modern Management Harms Employee Health and Company Performance—and What We Can Do About It* (New York: HarperCollins Publishers, 2018), 3.
37. 콤턴 재단Compton Foundation의 전 전무이사인 엘렌 프리드먼Ellen Friedman은 우리 연구에 관한 대화에서 '소진된 다수'라는 용어를 공유했다. 엘렌은 재단의 한 이사가 미국의 지배적인 노동 방식과 만연한 경제적 불의가 사회에 누적적으로 미치는 영향을 설명하기 위해 이 문구를 사용했다고 언급했다.

2장_ 디자인할 권리를 되찾기

1. 브레이크아웃 활동가 간의 회복 탄력성 수준에 대한 측정 항목은 다음과 같다. 해고가 거의 없거나 전혀 없다. 금융 및 여타 유형의 위험 소거. 더 적응력이 뛰어난 팀, 탄력적인 공급망으로 이어지는 협력자, 고객 및 공급업체와의 강력하고 신뢰받는 관계, 협업 구조로부터 전반적인 권한을 부여받았다는 느낌. 이러한 현상은 브레이크아웃 활동가가 일하는 방식과 유사하게 집단주의적 접근 방식을 구현하는 기업의 경제적 탄력성에 대한 광범위한 연구를 통해 확인된다. 마크 슈나이버그Marc Schneiberg의 기사에 따르면, 대불황 동안 협동조합이나 지역사회 은행과 같이 협력 구조에 기반 기업이 더 많은 주에서는 일자리 손실이 적었고 불황의 여파에도 일자리가 증가했다. Marc Schneiberg, Organizational Infrastructures for Economic Resilience: Alternatives to Shareholder Value-oriented Corporations and Unemployment Trajectories in the US During the Great Recession, in *Organizational Imaginaries: Tempering Capitalism and Tending to Communities through Cooperatives and Collectivist Democracy*, eds. Katherine K. Chen and Victor T. Chen (Bingley, UK: Emerald Publishing, 2021), 187–228.
2. 디자인할 권리는 세계인권선언에 명시된 여러 권리와 관련되어 있다.(http://www.un.org/en/universal-declaration-human-rights/) 이는 또한 사회 참여 권리와 같은 국제법의 원칙과도 연결된다. (https://www.humanrights.is/en/human-rights-educationproject/human-rights-concepts-ideas-and-fora/substantivehuman-rights)
3. Adam Simpson, Capital Bias vs. Generative Design w/ Marjorie Kelly, September 20, 2017, in *The Next System Podcast*, podcast, https://thenextsystem.org/learn/stories/episode-6-capital-bias-

vsgenerative-design-w-marjorie-kelly.

4. Caitlin Rosenthal, *Accounting for Slavery: Masters and Management*(Cambridge, MA: Harvard University Press, 2018), 134.

5. Michael Sainato, 'I'm not a robot': Amazon workers condemn unsafe, grueling conditions at warehouse, *Guardian*, February 5, 2020, https://www.theguardian.com/technology/2020/feb/05/amazon-workers-protest-unsafe-grueling-conditions-warehouse.

6. Vilna Bashi Treitler, *The Ethnic Project: Transforming Racial Fiction into Ethnic Factions*(Stanford, CA: Stanford University Press, 2013), 54.

7. Robert Reich, Who Benefits from Racism?(blog), June 16, 2020, https://robertreich.org/post/621130262966878209.

8. Correcting and reinforcing feedback loops are often called negative and positive feedback loops, respectively.

9. Orly Lobel, NDAs Are Out of Control. Here's What Needs to Change, *Harvard Business Review*, January 30, 2018, https://hbr.org/2018/01/ndas-are-out-of-control-heres-what-needs-to-change.

10. James Surowiecki, *The Wisdom of Crowds: Why the Many Are Smarter than the Few and How Collective Wisdom Shapes Business, Economies, Societies, and Nations* (New York: Anchor Books, 2004), 36.

11. Venkat Ramaswamy and Francis Gouillart, The Power of Co-Creation: *Build It with Them to Boost Growth, Productivity, and Profits* (New York: Free Press, 2010).

12. Joanna Levitt Cea and Jess Rimington, Creating Breakout Innovation, *Stanford Social Innovation Review*, Summer 2017, https://ssir.org/articles/entry/creating_breakout_innovation.

3장_ 7가지 실행 방안

1. Robin Wall Kimmerer, The Serviceberry: An Economy of Abundance, *Emergence Magazine*, December 10, 2020, https://emergencemagazine.org/essay/the-serviceberry/. 에서 인용

2. J.K. Gibson-Graham, Jenny Cameron, and Stephen Healy, *Take Back the Economy: An Ethical Guide for Transforming Our Communities* (Minneapolis: University of Minnesota Press, 2013), xiii.

3. Nicholas W. Eyrich, Robert E. Quinn, and David P. Fessell, How One Person Can Change the

Conscience of an Organization, *Harvard Business Review*, December 27, 2019, https://hbr.org/2019/12/how-one-person-can-change-the-conscience-ofan-organization.

4. S. Fisher Qua and Keith McCandless, More Magic, Less Mystery: Sustaining Creative Adaptability with Liberating Structures [Part1 of 3], *Medium* (blog), May 14, 2020, https://keithmccandless.medium.com/more-magic-less-mystery-f9bc2d614e85. 인기있는 퍼실리테이션 툴킷인 리버레이팅 스트럭쳐스Liberating Structures의 두 기고자인 S. 피셔 쿠아S. Fisher Qua 와 키스 맥캔리스Keith McCandless에 따르면 이 현상은 자연계에 의해 뒷받침된다. 〈More Magic, Less Mystery〉에서 그들은 지구상의 생물 다양성을 설명하기 위해 '인접 가능' 이론을 제안한 이론 생물학자 스튜어트A. 코프먼Stuart A. Kaufman의 *At Home in the Universe: The Search for Laws of Self-Organization and Complexity*를 인용한다. 그는 다른 새로운 조합을 추가하면 DNA의 새로운 단백질 조합이 열린다고 제안한다. 생명은 가능한 한 인접한 곳으로 계속 확장된다. 생명은 생물 다양성을 가능하게 하고 제한하는 지속적인 공진화共進化 과정에서 무료로 스스로 질서를 유지한다. 가능한 것의 경계는 탐구할수록 커진다."

5. 모든 공동 학습자의 명단은 10~13쪽을 참조.

런웨이

1. About RUNWAY, RUNWAY, https://www.runway.family/runway-overview.
2. Pioneering Universal Basic Income for Entrepreneurs," *RUNWAY Magazine*, September 2021, 24–28, https://static1.squarespace.com/static/5f92023ca9102437ea92d188/t/6139411d3933f311f5040c59/1631142231261/RUNWAY-Magazine-01-0921-spreads.pdf.
3. Pioneering Universal Basic Income, *RUNWAY Magazine*, 24–28.
4. Pioneering Universal Basic Income, *RUNWAY Magazine*, 24–28.
5. "The Runway Project: 2018–2019 Impact Report, RUNWAY, https://static1.squarespace.com/static/5f92023ca9102437ea92d188/t/5f977689b4dfb969e9cfe1bb/1603761807613/annual-report-091919.pdf.
6. 경제 혼란에 대한 획기적인 연구로 널리 알려진 제시카Jessica는 경제 민주주의 센터 연구원, RSF 사회 금융 통합 자본 연구원, 나달 쿠밍스Nathan Cummings 재단 연

구원, BALLE(Business Alliance for Local Living Economies) 지역 경제 연구원 및 스탠포드스쿨의 평생 연구원이다. 듀크대학교와 서던대학교 경영대학 공공정책학 박사, 하버드대학교 허친스 아프리카계 미국인 연구 센터 힙합 아카이브 및 연구소의 정치 권력 및 사회 변화 연구원이다. 뉴욕 타임스 베스트셀러 *Decolonizing Wealth*의 저자 에드가 빌라누에바는 그의 작품을 현대 자선 활동과 투자 요구의 "약"이라고 부른다.

4장_ 의사 결정권 공유하기

1. Frederic Laloux, *Reinventing Organizations: A Guide to Creating Organizations Inspired by the Next Stage of Human Consciousness* (Brussels, Belgium: Nelson Parker, 2014), 135.
2. Joreen (Jo Freeman), The Tyranny of Structurelessness, in *Radical Feminism*, eds. Anne Koedt, Ellen Levine, and Anita Rapone (New York: Quadrangle Books, 1973), http://feminist-reprise.org/docs/RF/TYRANNY_STRUCTURELESSNESS.pdf.
3. Joreen, The Tyranny of Structurelessness, 297–98.
4. CommunityRule, https://communityrule.info/.
5. Dana Miranda and Rob Watts, What Is a RAC I Chart? How This Project Management Tool Can Boost Your Productivity, Forbes Advisor, March 25, 2022, https://www.forbes.com/advisor/business/raci-chart/.
6. Clarifying Responsibilities with MOCHA, The Management Center, October 28, 2021, https://www.managementcenter.org/resources/assigning-responsibilities/.
7. Wynton Marsalis and Geoffrey Ward, *Moving to Higher Ground: How Jazz Can Change Your Life* (New York: Random House, 2008),38–40.
8. Mary B. Anderson, Dayna Brown, and Isabella Jean, *Time to Listen: Hearing People on the Receiving End of International Aid* (Cambridge, MA: CDA Collaborative Learning Projects, 2012), https://www.cdacollaborative.org/publication/time- to-listen-hearing-peopleonthe-receiving-end-of-international-aid/.

심장연구연합

1. Heart Research Alliance (website), heartresearchalliance.org/.

5장_ 관계를 우선순위에 두기

1. Sarah Jaffe, *Work Won't Love You Back: How Devotion to Our Jobs Keeps Us Exploited, Exhausted, and Alone* (New York: Bold Type Books, 2021), 9.
2. What Is Radical Candor?, Radical Candor, https://www.radicalcandor.com/.
3. What We Do, Pathways to Resilience, https://pathwaystoresilience.net/about.
4. Kelly Ryan, Community Picnic: It's about us, Incourage Community Foundation, August 2, 2016, https://incouragecf.org/news-media/blog-entry/community-picnic-us/.
5. Google, Guide: Understand team effectiveness, re:Work, https://rework.withgoogle.com/print/guides/5721312655835136/.
6. Interaction Institute for Social Change, interactioninstitute.org/; Change Elemental: changeelemental.org/; Norma Wong. 노마 웡Norma Wong (Norma Ryuko Kawelokū Wong Roshi)은 젠 연구기관Zen Studies Institute과 Daihonzan Chozen-ji의 교사로 거의 40년 동안 젠Zen 수행을 했다. 그는 하와이, 미국 대륙, 캐나다 토론토에서 의료 커뮤니티에 헌신하고 있다. 그는 지역 사회 및 정의 운동가들의 사고 및 전략 파트너로 일하고 있다. (wechooseallofus.sched.com/speaker/norma_wong.1y3eil2v.)

인커리지 커뮤니티 재단

1. '신뢰하자Hold in Trust'는 키 소트브리지의 상표등록된 캐치프레이즈이다. 자세한 내용은 웹사이트 참조. https://www.kithoughtbridge.com/

6장_ 역사를 존중하기

1. Nwamaka Agbo, What Is Restorative Economics? https://www.nwamakaagbo.com/restorative-economics.
2. '리더의 내면 작업The Inner Work of the Leader'은 키 소트브리지의 상표등록된 캐치프레이즈이다. 자세한 내용은 웹사이트 참조. https://www.kithoughtbridge.com/

3. The Emergence Collective, https://www.emergence-collective.net/.
4. Jessica Gordon Nembhard, *Collective Courage: A History of African American Cooperative Economic Thought and Practice* (University Park: Penn State University Press, 2014).
5. bell hooks, *All About Love* (New York: William Morrow, 2001), 234.

텐스퀘어드

1. 텐스퀘어드는 SAI와 Rapid Results Institute의 협업으로 개발되었으며, 월트 디즈니 컴퍼니의 자금과 지원을 받아 터키, 브라질, 중국의 수십 개 기업에서 시범적으로 사용되었다.
2. Social Accountability International, "TenSquared," November 19, 2015, YouTube video, 2:46, https://youtu.be/JoVDiFhlFiU.
3. 텐스퀘어의 프로그램을 통해 얻은 다른 성과 사례도 있다. 브라질의 한 전자제품 제조 회사는 근로자를 위한 인체공학적 환경을 개선하고 작업장 부상과 관련된 결근을 40% 줄였다.(https://sa-intl.org/resources/tensquared-case-studies/reducing-workplace-injuries-withergonomic-innovation-tensquared-case-study/) 중국의 한 전자제품 제조 회사에서 근로자의 대피 시간을 75% 단축했다.(https://sa-intl.org/resources/tensquared-case-studies/improving-emergency-preparednesstensquared-case-study/)
4. Social Accountability International, TenSquared Turkey Pilot Final Report, August 2019, 16, https://sa-intl.org/resources/tensquared-case-studies/tensquared-turkey-final-report/.
5. Social Accountability International, TenSquared.
6. Social Accountability International, TenSquared.
7. Social Accountability International, TenSquared.
8. Social Accountability International, TenSquared.

7장_ 다양성 추구하기

1. David Rock and Heidi Grant, Why Diverse Teams Are Smarter, Harvard Business Review, November 4, 2016, https://hbr.org/2016/11/why-diverse-teams-are-smarter; Aparna Joshi and Brett H. Neely, A Structural-Emergence Model of Diversity in Teams, *Annual Review of*

Organizational Psychology and Organizational Behavior 5, no. 1 (January 2018), 361–85, https://doi.org/10.1146/annurev-orgpsych-041015-062421.
2. Lisa H. Nishii, The Benefits of Climate for Inclusion for Gender-Diverse Groups, *The Academy of Management Journal* 56, no. 6 (December 2013), 1754–74, https://doi.org/10.5465/amj.2009.0823.
3. KA McKercher, *Beyond Sticky Notes: Co-Design for Real: Mindsets, Methods and Movements* (self-pub., 2020), 152.
4. Edgar Villanueva, *Decolonizing Wealth: Indigenous Wisdom to Heal Divides and Restore Balance* (Oakland, CA: Berrett-Koehler Publishers, 2018), 57.
5. Liberating Structures, https://www.liberatingstructures.com/.

스탠딩 락

1. Wikipedia, Dakota Access Pipeline, last modified May 5, 2022, www.en.wikipedia.org/wiki/Dakota_Access_Pipeline.

8장_ 다양한 출처에서 지식 습득하기

1. Sinziana Dorobantu and Dennis Flemming, It's Never Been More Important for Big Companies to Listen to Local Communities, *Harvard Business Review*, November 10, 2017, https://hbr.org/2017/11/its-never-been-more-important-for-big-companiestolisten-to-local-communities.
2. Lingtao Yu and Mary Zellmer-Bruhn, What Mindfulness Can Do for a Team," *Harvard Business Review*, May 31, 2019, https://hbr.org/2019/05/what-mindfulness-can-do-for-a-team; Clay Routledge, "Bring the Outdoors into Your Hybrid Work Routine, *Harvard Business Review*, September 16, 2021, https://hbr.org/2021/09/bring-the-outdoors-into-your-hybrid-work-routine.
3. Kenneth Jones and Tema Okun, White Supremacy Culture, in Dismantling Racism: *A Workbook for Social* (ChangeWork, 2001), reprinted by Minnesota Historical Society Department of Inclusion and Community Engagement, https://www.thc.texas.gov/public/upload/preserve/museums/files/White_Supremacy_Culture.pdf.
4. C. Otto Scharmer, *Theory U: Learning from the Future as it Emerges* (San Francisco, CA: Berrett-

Koehler Publishers, 2009).

5. Russ Volckmann, 10/13—Otto Scharmer: Theory U—Leading from the Future as It Emerges, *Fresh Perspective, Integral Leadership Review*, October 13, 2013, http://integralleadershippreview.com/10916-otto-scharmer-theory-u-leading-future-emerges/.
6. Ron Friedman, Regular Exercise Is Part of Your Job, *Harvard Business Review*, October 3, 2014, https://hbr.org/2014/10/regularexercise-is-part-of-your-job.
7. Henna Inam, Lead with Your Body in Mind, *Forbes*, May 13, 2014, https://www.forbes.com/sites/hennainam/2014/05/13/lead-withyour-body-in-mind/?sh=2e28c29549578.
8. Emma Seppälä and Johann Berlin, Why You Should Tell Your Team to Take a Break and Go Outside, *Harvard Business Review*, June 26, 2017, https://hbr.org/2017/06/why-you-should-tell-your-team-totake-a-break-and-go-outside.
9. KA McKercher, What is Co-Design, in *Beyond Sticky Notes: Co-Design for Real: Mindsets, Methods and Movements* (self-pub., 2020), accessed at https://www.beyondstickynotes.com/what-is-codesign.
10. Palena Neale, 'Serious' Leaders Need Self-Care, Too, *Harvard Business Review*, October 22, 2020, https://hbr.org/2020/10/ serious-leaders-need-self-care-too.

크리에이티브 리액션 랩

1. Creative Reaction Lab, Redesigners for Justice: the leaders we need for an equitable future, *Medium* (blog), September 23, 2019, https://medium.com/equal-space/redesigners-for-justice-theleaderswe- need-for-an-equitable-future-d3a73459ba60.

9장_ 시간이 있다는 것을 신뢰하기

1. Tema Okun, Sense of Urgency, White Supremacy Culture, https://www.whitesupremacyculture.info/urgency.html.
2. Juliet B. Schor, *The Overworked American: The Unexpected Decline of Leisure* (New York: Basic Books, 1993), 50.
3. Schor, *The Overworked American*, 50.

4. Okun, Sense of Urgency.

5. Ayana Young, Transcript: Dr. Bayo Akomolafe on Slowing Down in Urgent Times, January 22, 2020, *in for the wild*, podcast, 1:29:15, https://forthewild.world/podcast-transcripts/https/forthewildworld/listen/bayo-akomolafe-on-slowing-down-inurgent-times.

6. Ayana Young, "Transcript: Dr. Bayo Akomolafe."

10장_ 다양한 출처에서 지식 습득하기

1. Eric Ries, *The Lean Startup: How Today's Entrepreneurs Use Continuous Innovation to Create Radically Successful Businesses* (New York: Random House, 2011).

2. KA McKercher, *Beyond Sticky Notes: Co-Design for Real: Mindsets, methods, and movements* (self-pub., 2020), 34.

3. Kenneth Jones and Tema Okun, White Supremacy Culture, in *Dismantling Racism: A Workbook for Social Change Groups* (ChangeWork, 2001), accessed via Minnesota Historical Society Department of Inclusion and Community Engagement, https://www.thc.texas.gov/public/upload/preserve/museums/files/White_Supremacy_Culture.pdf

4. Philanthropist MacKenzie Scott graces INPEACE with a $5 Million Gift for Education in Indigenous Communities, INPEACE, February 25, 2022, https://inpeace.org/philanthropist-mackenzie-scott-graces-inpeace-with-a-5-million-gift-for-education-inindigenous-communities/.

11장_ 시간이 있다는 것을 신뢰하기

1. 최소 5년 이상 추적 관찰한 27명의 브레이크아웃 활동가 표본에서 6명이 반발을 경험했다. 주로 경험한 반발의 형태는 다음과 같다. 브레이크아웃 작업을 주도한 직원 해고(1명), 브레이크아웃 작업에 필요한 자금 지원 거부 또는 철회(1명), 새로운 리더 무리가 변화를 철회하고 기존업무방식을 복원하는 리더십 변화(3명), 브레이크아웃 혁신 작업을 주도한 개인에 대한 위협 및 법적 조치 시도(1명)였다.

2. Joanna Cea and Jess Rimington, Designing with the Beneficiary: An Essential Strategy to Optimize Impact, *Innovations: Technology, Governance, Globalization* 11, no. 3–4 (Summer–Fall 2017): 98–111, https://doi.org/10.1162/inov_a_00259.

3. Heather Cox Richardson, April 7, 2022, *Letters from an American* (newsletter), https://heathercoxrichardson.substack.com/p/april-7-2021.
4. Richardson, April 7, 2022.
5. Matthew Wills, A Critical Look at Gilded Age Philanthropy, *JSTOR Daily*, May 5, 2016, https://daily.jstor.org/gilded-age-philanthropy/.
6. Kevin D. Williamson, Why Not Fewer Voters? *National Review*, April 6, 2021.nationalreview.com/2021/04/why-not-fewer-voters/?taid=606d835e99742000014749f2.
7. Mike Solon and Bill Greene, The Filibuster Helps Nobody, and That Means You, *Wall Street Journal*, June 20, 2021, https://www.wsj.com/articles/the-filibuster-helps-nobody-and-that-means-you-11624226249.
8. Thomas Hobbes, *Leviathan: Or The Matter, Forme & Power of a Commonwealth, Ecclesiasticall and Civill* (Cambridge, UK: Cambridge University Press, 1904), accessed via Google Books, https://www.google.ca/books/edition/Leviathan/-UA5AQAAMAAJ?hl.
9. Hobbes, *Leviathan*, 95–96.
10. Garrett Hardin, Southern Poverty Law Center, https://www.splcenter.org/fighting-hate/extremist-files/individual/garrett-hardin.
11. E.P. Thompson, Customs in Common (London: Penguin Books,1993), 107. Simon Fairlie, "A Short History of Enclosure in Britain," *The Land: An occasional magazine about land rights* 7(Summer 2009)에서 인용, https://www.thelandmagazine.org.uk/articles/short-history-enclosure-britain.
12. Simon Fairlie, "A Short History of Enclosure in Britain," *The Land: An occasional magazine about land rights* 7 (Summer 2009), https://www.thelandmagazine.org.uk/articles/short-history-enclosure-britain.
13. Rebecca Solnit, *A Paradise Built in Hell* (New York: Penguin Books, 2009).
14. 리안 아이슬러 박사의 획기적인 연구는 파트너십 시스템과 지배 시스템에 대해 논의한다. 지배 시스템은 "궁극적으로 공포나 힘에 의해 뒷받침되는 하향식 서열 체계, 즉 남자 위에 남자, 여자 위에 남자, 인종 위에 인종, 종교 위에 종교, 자연 위에 인간"인 반면, "파트너십 시스템의 구성은 가족, 경제, 국가 또는 부족에서 보다

민주적이고 평등적인 구조와 같은 핵심 구성 요소를 상호 지원하는 것으로 구성된다." 지배 체제에서는 "남성과 여성 모두 돌봄을 포함하여 고정관념적으로 '여성적'이라고 여겨지는 모든 것을 평가절하"한다. Riane Eisler, *The Chalice and the Blade: Our History, Our Future* (New York: HarperCollins, 1987), 13.

15. Robin Wall Kimmerer, The Serviceberry: An Economy of Abundance, *Emergence Magazine*, December 10, 2020, https://emergencemagazine.org/essay/the-serviceberry/.

16. 식민지화 이전의 미국은 특정 인간 사회의 토지 사용 규칙에 따라 각각 관리되는 원주민 공유지의 퀼트였다. Allan Greer, Commons and Enclosure in the Colonization of North America, *The American Historical Review* 117, no. 2 (April 2012), 365–86, https://doi.org/10.1086/ahr.117.2.365.

17. Jessica Gordon Nembhard, *Collective Courage: A History of African American Cooperative Economic Thought and Practice* (University Park: Penn State University Press, 2014).

18. Our Vision, Zebras Unite Co-op, https://zebrasunite.coop/our-vision; Zebra's Fix What Unicorns Break, *Medium*(blog), March 8, 2017, https://medium.com/zebras-unite/zebrasfix-c467e55f9d96.

19. "거의 하룻밤 사이에 농민 반란은 지역적 문제를 넘어 봉건 질서에 대한 대규모 위협이 되었다. 1347년 이후 이러한 봉기는 봉건주의의 권력, 생산, 자연 논리의 근본적인 붕괴라는 시대적 위기에 대한 체제 전반의 대응이었다." Jason W. Moore and Raj Patel, *A History of the World in Seven Cheap Things: A Guide to Capitalism, Nature, and the Future of the Planet* (Oakland: University of California Press, 2018), 12.

20. Jason W. Moore and Raj Patel, Unearthing the Capitalocene: Towards a Reparations Ecology, Resilience, January 4, 2018, https://www.resilience.org/stories/2018-01-04/ unearthing-the-capitalocene-towards-a-reparations-ecology/.

21. Moore and Patel, Unearthing the Capitalocene.

22. Robin Wall Kimmerer, Corn Tastes Better on the Honor System, *Emergence Magazine*, https://emergencemagazine.org/feature/ corn-tastes-better/.

23. Fairlie, A Short History of Enclosure in Britain.

24. Matthew Desmond, In order to understand the brutality of American capitalism, you have to start on the plantation, in *The 1619 Project*, *The New York Times Magazine*, August 14, 2019, https://

www.nytimes.com/interactive/2019/08/14/magazine/slaverycapitalism.html.

25. Tiya Miles, Municipal Bonds: How Slavery Built Wall Street, in *The 1619 Project*, *The New York Times Magazine*, August 18, 2019, 40. Accessed via https://pulitzercenter.org/sites/default/files/inlineimages/sRbkkE41duC2XGTmp5SM5C0mOCyDZ4saROooccRM5t4NjkCgcj.pdf.

26. Fairlie, A Short History of Enclosure in Britain.

27. Mary Watkins, *Mutual Accompaniment and the Creation of the Commons* (New Haven, CT: Yale University Press, 2019), 291.

28. Fairlie, A Short History of Enclosure in Britain.

29. *Global Analysis* 2020, Front Line Defenders, February 9, 2021, https://www.frontlinedefenders.org/en/resource-publication/global-analysis-2020.

30. *Miners Shot Down*, directed by Rehad Desai (2014), documentary film, 84 min., https://minersshotdown.co.za/.

31. Jonathan Watts, Berta Cáceres, Honduran human rights and environment activist, murdered, *Guardian*, March 4, 2016, https://www.theguardian.com/world/2016/mar/03/honduras-bertacaceres-murder-enivronment-activist-human-rights.

32. Jim Yong Kim, Joyce V. Mullen, Alec Irwin, and John Gershman, eds., *Dying for Growth: Global Inequality and the Health of the Poor* (Monroe, ME: Common Courage Press, 2000), 26.

푸시 버펄로

1. 지원주택은 노인, 장애인, 저소득층 등 주거지와 노숙에 가장 취약한 사람들이 지역사회에 머물며 번영할 수 있도록 적정가격의 주택과 집중적인 보건 및 사회 서비스를 통합하는 지역사회 개발 전략이다. Ehren Dohler, Peggy Bailey, Douglas Rice, and Hannah Katch, Supportive Housing Helps Vulnerable People Live and Thrive in Community, Center on Budget and Policy Priorities, May 31, 2016, https://www.cbpp.org/research/housing/supportive-housing-helps-vulnerable-people-live-and-thrive-inthe-community.

12장_ 사랑받는 경제의 실천

1. WRMCA recognizes Wisconsin Rapids Recreation Complex project, *Wisconsin Rapids City*

Times, April 29, 2021, https://wrcitytimes.com/2021/04/29/wrmca-recognizes-wisconsinrapids-recreation-complexproject/; Wisconsin Rapids Regional Aquatics Center, *Athletic Business*, https://www.athleticbusiness.com/project-galleries/aquatic-design-portfolio/E6zOVr6l93/wisconsin-rapids-regional-aquatics-center-wisconsin-rapids-wi.

2. J.K. Gibson-Graham and Kelly Dombroski, eds., *The Handbook of Diverse Economies* (Cheltenham, UK: Edward Elgar Publishing, 2020), 197.

3. Organically Grown Company Pioneers Groundbreaking Ownership Structure to Maintain Mission & Independence in Perpetuity, RSF Social Finance (press release), July 9, 2018, https://rsfsocialfinance.org/2018/07/09/organically-grown-companypioneers-groundbreaking-ownershipstructure-to-maintainmission-independence-in-perpetuity/. 브루스 캠벨은 "투자자 고문으로서 블루닷은 비투자자 이해관계자의 영향력을 높이고 기존의 소수 투자 권리를 극적으로 제한하는 투자 및 거버넌스 문서를 조정하는 데에 도움을 주었다."라고 설명한다.

4. 우드 박사는 "그것은 국가가 모든 시민이 노동의 소득뿐만 아니라 자본의 소득에 대한 권리를 가질 수 있도록 할 때"라고 덧붙였다.

5. "선하고 정의로운 사회는 자본주의 테제도 공산주의 안티테제도 아닌 개인주의와 집단주의의 진리를 조화시키는 사회적으로 의식적인 민주주의이다." Dr. Martin Luther King Jr., *Where Do We Go from Here: Chaos or Community?* (Boston: Beacon Press, 2010), 197, originally published in 1967, accessed via https://www.google.ca/books/edition/Where_Do_We_Go_from_Here/ka4TcURYXy4C?hl.

6. Pioneering Universal Basic Income for Entrepreneurs, *RUNWAY Magazine*, September 2021, 24–28, https://static1.squarespace.com/static/5f92023ca9102437ea92d188/t/6139411d3933f311f5040c59/1631142231261/RUNWAY-Magazine-01-0921-spreads.pdf.

7. John Ikerd, The Case for Community Food Utilities, *Metro Caring* (blog), October 15, 2020, https://www.metrocaring.org/blog/2020/10/15/guest-blog-the-case-for-community-food-utilities.

썬더밸리 커뮤니티 개발 회사

1. Community Development Corporations (CDCs), Community-Wealth.org, https://community-

wealth.org/sector/community-development-corporations-cdcs.
2. Social Enterprise, Thunder Valley Community Development Corporation, https://www.thundervalley.org/initiatives/socialenterprise.
3. Social Enterprise, Thunder Valley Community Development Corporation.
4. Housing & Home Ownership, Thunder Valley Community Development Corporation, https://www.thundervalley.org/initiatives/housing-and-home-ownership.
5. Housing & Home Ownership, Thunder Valley Community Development Corporation.

13장_ 삶을 향해 일의 방향을 바꾸기

1. Dayna Baumeister, *The Biomimicry Resource Handbook*: A Seed Bank of Best Practices (self-pub., 2014).
2. Thomas D. Seeley and P. Kirk Visscher, Group decision making in nest-site selection by honey bees, *Apidologie* 35, no. 2 (March–April2004), 101–16, https://doi.org/10.1051/apido:2004004.
3. 생체 모방을 업무 방식에 적용할 때는 여러 종의 협업, 조직화, 적응 방식에서 나타나는 깊은 패턴을 살펴보고 성공 전략으로 반복해서 나타나는 회복탄력성을 확보하는 것이 중요하다. 토비 헤르츨리히는 일례로 우리는 개미, 벌, 거위가 아니기 때문에 인간이 아닌 단일 종의 전략을 모방하는 것은 실수라고 강조했다.
4. A Conversation with Author Janine Benyus, The Buzz, Biomimicry 3.8, October 12, 2016, https://biomimicry.net/the-buzz/resources/conversation-author-janine-benyus/.
5. Ayana Young, Transcript: Dr. Bayo Akomolafe on Slowing Down in Urgent Times, January 22, 2020, in *for the wild*, podcast, 1:29:15, https://forthewild.world/podcasttranscripts/https/forthewildworld/listen/bayo-akomolafe-on-slowing-down-in-urgent-times-155.
6. Arturo Escobar, *Designs for the Pluriverse: Radical Interdependence, Autonomy, and the Making of Worlds* (Durham, NC: Duke University Press, 2018).
7. Robin Wall Kimmerer, Corn Tastes Better on the Honor System, *Emergence Magazine*, https://emergencemagazine.org/feature/corn-tastes-better/.
8. Ayana Young, Transcript: Dr. Bayo Akomolafe on Slowing Down in Urgent Times.
9. Charles Eisenstein, Transcript: The Wound of Separation, January 29, 2019, YouTube video, 6:15,

https://charleseisenstein.org/video/the-wound-of-separation/.
10. Charles Eisenstein, Transcript: The Wound of Separation.
11. Karen Barad, *Meeting the Universe Halfway: Quantum Physics and the Entanglement of Matter and Meaning* (Durham, NC: Duke University Press, 2007).

에필로그

1. 이 글은 공동 학습 커뮤니티 회원인 앤드류 델몬트, 안토네트 D. 캐롤, 브라이언 맥라렌, 브라이아나 디폰조, 에드 휫필드, 에녹 엘웰, 제시카 노우드, 존 아이커드, 캐서린 타일러 스콧, 린 쿠니, 모리스 BP-위크, 라화 기르마치온의 글에서 발췌했다.

7가지 실행방안과 생명의 원칙

1. Janine M. Benyus, A Biomimicry Primer, *Biomimicry 3.8 Resource Handbook*, 2011, https://biomimicry.net/b38files/A_Biomimicry_Primer_Janine_Benyus.pdf.
2. Janine Benyus, Biomimicry in action, TEDGlobal, July 2009, video, 17:23, https://www.ted.com/talks/janine_benyus_biomimicry_in_action?language=en.
3. Biomimicry Institute, Entropy: Non-directional Carpet Tiles, http://toolbox.biomimicry.org/wp-content/uploads/2016/03/CS_Interface_TBI_Toolbox-2.pdf.
4. Dayna Baumeister, Key Criteria for Building Enduring Partnerships, Synapse, October 16, 2017, https://synapse.bio/blog/2017/10/16/key-criteria-for-building-enduring-partnerships.
5. Tanveer Naseer, Migrating Geese—A Lesson in Leadership and Collaboration, *Tanveer Naseer Leadership* (blog), n.d., https://www.tanveernaseer.com/migrating-geese-a-lesson-in-leadership-andcollaboration/.
6. Bernhard Voelkl, Steven J. Portugal, Markus Unsöld, James R. Usherwood, Alan M.Wilson, and Johannes Fritz, Matching times of leading and following suggest cooperation through direct reciprocity during V-formation flight in ibis, *Proceedings of the National Academy of Sciences* 112, no. 7 (February 2, 2015), 2115–20, https://doi.org/10.1073/pnas.1413589112.
7. John A. Vucetich, Rolf O. Peterson, and Thomas A. Waite, Raven scavenging favours group foraging in wolves, *Animal Behaviour* 67, no. 6 (June 2004), 1117–26, http://doi.org/10.1016/

j.anbehav.2003.06.018.

8. Eric W. Seabloom, Compensation and the Stability of Restored Grassland Communities, *Ecological Applications* 17, no. 7 (October 2007), 1876–85, https://doi.org/10.1890/06-0409.1; David Tilman, Johannes Knops, David Wedin, Peter Reich, Mark Ritchie, and Evan Siemann, The influence of functional diversity and composition on ecosystem processes, Science 277, no. 5330 (1997), 1300–1302, https://doi.org/10.1126/science.277.5330.1300.

9. Anon., Tallgrass Prairie: Basic Information, National Park Service, https://www.nps.gov/tapr/planyourvisit/basicinfo.htm.

10. Brian Resnick, Trump doesn't have a science adviser. This slime mold is available, *Vox*, April 5, 2018, https://www.vox.com/ science-andhealth/2018/3/6/17072380/slime-mold-intelligencehampshire-college.

11. Jay Griffiths, Dwelling on Earth, *Emergence Magazine*, October 3, 2019, https://emergencemagazine.org/essay/dwelling-on-earth/.

12. Gwyneth Dickey Zakaib, The peppered moth's dark genetic past revealed, *Nature*, April 14, 2011, https://doi.org/10.1038/ news.2011.238

옮긴이 정민용
대학에서 커뮤니케이션&저널리즘을 공부한 후 콘텐츠 상품 기획, 마케팅커뮤니케이션 업무를 해왔다. 옮긴 책으로는 《감정적 자석》이 있다.

비러브드 이코노미
일을 변화시키는 7가지 실천 방안

초판 1쇄 발행 2024년 5월 20일

지은이 제소 리밍턴 · 조안나 레빗 세아
옮긴이 정민용

펴낸이 고은애
펴낸곳 북스앤디지털
출판신고 제 25100-2018-000023 호
전화 02-6448-6322
메일 book@booksndigital.co.kr

한국어판 출판권 ⓒ 북스앤디지털 2024
에쏘프레소는 북스앤디지털의 출판 브랜드입니다.

ISBN 979-11-986459-1-3 (03320)

※ 잘못 만들어진 책은 서점에서 교환하여 드립니다.
※ 이 책의 본문에는 '을유1945' 서체가 사용되었습니다.